BIBLIOTHÈQUE SCIENTIFIQUE INTERNATIONALE

A. BAIN

LA SCIENCE DE L'ÉDUCATION

BIBLIOTHÈQUE
SCIENTIFIQUE INTERNATIONALE

PUBLIÉE SOUS LA DIRECTION

DE M. ÉM. ALGLAVE

XXXI

LA SCIENCE

DE

L'ÉDUCATION

PAR

Alex. BAIN

Professeur à l'Université d'Aberdeen (Écosse).

CINQUIÈME ÉDITION

PARIS

ANCIENNE LIBRAIRIE GERMER BAILLIÈRE ET Cie

FÉLIX ALCAN, ÉDITEUR

108, BOULEVARD SAINT-GERMAIN, 108

1885

PRÉFACE

Dans cet ouvrage, nous considérons autant que possible l'art d'enseigner au point de vue scientifique, c'est-à-dire que nous apprécions et nous corrigeons les maximes généralement reçues, en les ramenant aux lois les mieux démontrées de l'intelligence.

Nous avons consacré trois chapitres à l'étude de l'intelligence et des émotions dans leurs rapports avec l'éducation. Dans le reste de l'ouvrage, nous avons traité les points qui se rapportent d'une manière plus spéciale à notre sujet.

Certains termes et certaines locutions jouent un rôle important dans toutes les discussions ; nous nous sommes efforcé, dès le début, de leur assigner un sens précis. Ce sont : la mémoire, le jugement, l'imagination, le passage du connu à l'inconnu, l'analyse et la synthèse, les leçons de choses, l'instruction et la discipline, faire bien une seule chose.

Nous avons aussi étudié à part les valeurs éducationnelles des différentes études comprises dans les programmes usuels, et surtout celle des études scientifiques.

Les chapitres sur l'ordre des études — ordre psychologique et ordre logique — présentent, d'une manière avantageuse selon nous, un certain nombre de points importants. D'abord, il est indispensable de savoir quel est l'ordre dans lequel les facultés se développent, et quelle influence cet ordre doit avoir sur celui des études. Telle est la question psychologique. En second lieu, il existe un ordre qui dépend des rapports des études elles-mêmes ; dans la majorité des cas, il est assez évident ; mais il peut quelquefois être dissimulé par certaines circonstances. C'est là ce que j'appelle le problème logique ou analytique de l'éducation.

Une fois ces préliminaires éclaircis, nous abordons le sujet principal, les méthodes d'enseignement. Après avoir parlé des premiers éléments de lecture, nous arrivons à la question délicate du commencement des connaissances proprement dites. Ceci nous amène aux leçons de choses, qui, plus que tout autre moyen d'enseignement, demandent à être traitées avec soin ; sans cela, un procédé admirable pourrait, dans des mains inhabiles, n'être plus qu'une affaire de forme, séduisante mais sans valeur. Nous examinons ensuite les méthodes que l'on peut appliquer à la géographie, à l'histoire et aux sciences.

Dans ce travail, nous donnons une place spéciale à la langue maternelle, et nous examinons en détail tout ce qui se rapporte à son étude : le vocabulaire, la grammaire, la rhétorique et la littérature.

Nous consacrons un chapitre à l'examen de la valeur qu'il faut assigner de notre temps au latin et au grec. La disposition provisoire, d'après laquelle les connaissances supérieures n'ont été, pendant plusieurs siècles, accessibles que par l'intermédiaire de deux langues mortes, a maintenant fait son temps. On doit donc se demander si l'on a découvert pour ces deux langues quelque utilité nouvelle qui justifie la dépense de temps et de peine qu'elles coûtent, maintenant que leur utilité primitive n'existe plus. Comme il nous semble que le système actuellement en vigueur sera tôt ou tard modifié, nous indiquons ce qui nous paraît être, pour l'éducation supérieure, le plan d'études de l'avenir.

Pour l'éducation morale, nous avons cherché à bien montrer les points où les erreurs semblent le plus à craindre. Quant à la religion, nous nous sommes borné à la considérer dans ses rapports avec l'enseignement moral.

Un chapitre assez court sur l'éducation artistique est destiné à dissiper certaines erreurs généralement répandues, surtout au sujet des rapports entre l'art et la morale.

Dans tout ce travail, nous nous sommes efforcé de combattre la confusion plus encore que l'erreur. Les méthodes d'éducation ont déjà fait de grands progrès, et il ne faut pas espérer que quelque découverte imprévue puisse brusquement changer tout le système actuel. Mais nous croyons qu'il reste encore bien des améliorations à faire. Le grand point, selon nous, est la division du travail, pour réaliser un grand progrès dans l'art d'enseigner, il faut séparer les études distinctes que l'on a trop souvent le tort de confondre.

ALEX. BAIN.

LA
SCIENCE DE L'ÉDUCATION

LIVRE PREMIER
LES BASES PSYCHOLOGIQUES

CHAPITRE PREMIER
QU'EST-CE QUE L'ÉDUCATION ?

En quoi consiste l'étude scientifique d'un art. — Différentes définitions de l'éducation : 1° l'idée prussienne; l'évolution harmonieuse; 2° la définition de James Mill; elle est trop étendue; les divisions ordinaires de l'éducation embrassent trop de choses; l'hygiène doit en être exclue; 3° la définition de J. S. Mill. — Le domaine du maître d'école est le véritable guide à suivre. — Le but final : le bonheur; dans quelles limites. — Influence de la plasticité de l'esprit. — La partie psychologique et la partie logique ou analytique. — Nécessité de définir d'une manière précise les termes principaux. — Concours de l'expérience et de la théorie. — La conduite de l'intelligence est en dehors de l'éducation.

Pour étudier scientifiquement un art, il faut d'abord y appliquer les principes fournis par les différentes sciences qui s'y rattachent, comme, par exemple, on applique les lois de la chimie à l'agriculture ; puis, dans toute la discussion, observer une précision et une rigueur extrêmes pour énoncer, déduire et démontrer toutes les maximes ou les règles qui constituent l'art.

C'est à la fécondité des pensées et à la clarté des préceptes que l'on reconnaîtra la valeur de la méthode scientifique que l'on aura adoptée.

Je citerai d'abord la définition contenue dans l'idéal que se sont formé les fondateurs du système national prussien. « L'éducation, disent-ils d'une manière concise, est l'évolution harmonieuse et égale des facultés humaines; » définition que Stein développe ainsi : « C'est une méthode fondée sur la nature de l'esprit, pour développer toutes les facultés de l'âme, réveiller et nourrir tous les principes de vie, en évitant toute culture partielle et en tenant compte des sentiments qui font la force et la valeur des hommes [1]. » Cette définition, évidemment dirigée contre l'éducation comprise dans un sens trop étroit, visait sans doute d'une manière spéciale les nombreuses omissions de l'enseignement d'autrefois, qui négligeait l'éducation du corps et des muscles, celle des sens ou de l'observation, et la culture du goût ou le côté artistique. En outre, elle donne à entendre que jusqu'ici les maîtres sont loin d'avoir fait assez pour l'intelligence elle-même, pour l'éducation morale dans son sens élevé, et enfin pour l'art d'être heureux.

S'il avait toujours cet idéal devant les yeux, un bon maître chercherait à tirer tout le parti possible des facultés de ses élèves; il ferait plus encore : il éviterait avec soin toute exagération dans la culture de telle ou telle faculté, et apporterait une juste *proportion* dans tout son enseignement. Produire des élèves qui seraient exclusivement habiles linguistes, ou bons observateurs, ou hommes de science abstraite, ou amateurs éclairés des arts, ou adroits à tous les exercices du corps, ou imbus de sentiments élevés, ou profonds théologiens, serait considéré comme la preuve d'un enseignement imparfait.

La définition prussienne, quoique bonne en elle-même, ne saurait se prêter aux circonstances particulières, telles que les dispositions marquées de certains individus pour une chose plutôt que pour une autre; les avantages que retire la société des aptitudes prééminentes pour certaines fonctions, quand même ces aptitudes auraient été développées par une culture exclusive; la difficulté de mettre l'homme tout entier d'accord avec lui-même; enfin les bornes forcément imposées à l'influence du maître, d'où la nécessité de choisir, selon leur importance relative, les facultés sur lesquelles elle doit s'exercer.

Bien que la tâche soit difficile, il n'est pas impossible de tenir compte de ces différentes considérations en appliquant la théorie du développement harmonieux; mais, cela fait, on pourra se demander s'il y a un avantage réel à prendre cette théorie pour base fondamentale de l'éducation.

Dans un article fort remarquable qu'il a donné à l'*Encyclopædia Britannica*, James Mill présente l'éducation comme ayant pour but « de faire autant que possible de l'individu un instrument de bonheur, d'abord pour lui-même, et ensuite pour ses semblables. » Mais ceci n'est après tout qu'une nouvelle forme de la réponse à la première question du catéchisme de Westminster : « Quelle est la fin

1. Donaldson, *Lectures on Education*, p. 88.

principale de l'homme? » Tout ce que nous pouvons demander au maitre, qui n'est qu'un individu, c'est de contribuer pour sa part à l'accroissement du bonheur des hommes dans l'ordre que nous venons d'indiquer. Sans aucun doute, cette définition touche au fond du sujet bien mieux que la formule allemande. Elle ne s'inquiète ni de l'harmonie, ni de la généralité, ni de l'intégrité du développement individuel, et ne les admet qu'autant qu'elles peuvent aider à atteindre le but final.

James Mill n'est pas seul à vouloir donner trop d'étendue à la question. On subdivise ordinairement l'éducation en éducation physique, éducation intellectuelle, éducation morale, éducation religieuse et éducation technique. Or, si nous examinons ce que l'on doit entendre par éducation physique, nous voyons que c'est l'art de procurer à l'homme une santé parfaite par une alimentation, des vêtements et un régime général habilement choisis. Mill traite ce sujet dans son article, et M. Herbert Spencer y consacre un chapitre très intéressant dans son ouvrage sur l'*Éducation*. Cependant il me semble que, quelle que soit son importance, l'éducation physique peut être laissée de côté. Elle ne dépend en aucune manière des principes et des considérations sur lesquels le maitre proprement dit s'appuie pour accomplir son œuvre. L'éducation telle qu'on la comprend généralement ne gagne rien à la discussion de ce sujet, qui d'ailleurs ne reçoit lui-même aucune lumière nouvelle d'un rapprochement avec les règles que suit le maitre proprement dit. La santé ou la vigueur du corps est la première condition nécessaire lorsqu'il s'agit de faire l'éducation du corps ou celle de l'esprit, mais le maitre ne se charge pas de fixer les règles de l'hygiène.

Il nous sera peut-être permis de qualifier d'inadvertance cette association de l'hygiène et de l'éducation; mais, en tout cas, elle ne saurait nous engager dans une discussion difficile. Nous n'en dirons pas autant de la partie de ces définitions qui veut que le but de l'éducation soit d'amener les hommes au bonheur, à la vertu, à la perfection. Peut-être nous accordera-t-on sans peine que l'éducation n'est qu'un des moyens, un des intermédiaires qui conduisent au but final. Toutefois il pourra se produire bien des différences d'opinion sur ce qui constitue le bonheur, la vertu ou la perfection. De plus, la véritable place de cette discussion est dans les traités de morale et de théologie, et, si on l'introduit dans le domaine de l'éducation, elle ne doit y être reçue que sous toutes réserves.

Avant d'aborder cette difficulté, la plus grande de toutes, je veux encore parler de quelques autres définitions de l'éducation qui me semblent pécher par le trop d'étendue. Je puis citer ici le second Mill, qui, à l'exemple de son père et contre l'usage de presque tous les théoriciens, débute, *more scientifico*, par une définition. Selon lui, l'éducation comprend « tout ce que nous faisons pour nous-mêmes et tout ce que les autres font pour nous dans le but de nous rapprocher de la perfection de notre nature. Dans son acception la plus large, elle comprend même les effets indirects produits sur le caractère et sur les facultés de l'homme par des choses dont le but direct est tout différent : par les lois, les formes de gouvernement, les arts industriels, les différentes formes de la vie sociale, et même encore par des faits physiques indépendants de la volonté de l'homme, tels que le climat, le sol et la position locale. » Il admet cependant que c'est là une manière très-large d'envisager la question, et il donne en conséquence une autre définition moins étendue, mais allant plus droit au but qu'il se propose : « L'éducation est la culture que chaque génération donne à celle qui doit lui succéder, pour la rendre capable de conserver les résultats des progrès qui ont été faits, et, s'il se peut, de les porter plus loin. »

La première de ces définitions est trop large, même pour la philosophie de l'éducation la plus étendue, et de plus elle conduit nécessairement à discuter sur ce qui constitue la perfection. Les influences que le climat, la position géographique, les arts, les lois, le gouvernement et les différentes formes de la vie sociale exercent sur le caractère de l'homme, constituent une des questions les plus intéressantes de la sociologie, et c'est là seulement qu'il convient de les étudier. Ce que nous faisons pour nous-mêmes, et ce que les autres font pour nous, afin de nous rapprocher le plus possible de la perfection de notre nature, peut être ou ne pas être l'éducation dans le sens précis de ce mot. Je ne crois pas qu'il convienne d'introduire dans la question de l'éducation ainsi comprise, l'influence directe des récompenses et des châtiments. Sans aucun doute, nous faisons quelque effort pour nous perfectionner, et la société prend part aussi à l'œuvre de notre éducation, dans un sens suffisamment exact de ce mot ; mais l'influence générale de la société dans la distribution des châtiments et des récompenses n'est pas le fait essentiel de l'éducation comme je la comprends, quoique ce soit une partie accessoire de quelques-unes de ses fonctions légitimes.

La définition la plus concise de Mill n'est pas absolument inexacte ; l'action formatrice exercée sur chaque génération par celle qui l'a précédée mérite, à bien des égards, le nom d'éducation ; mais cette définition est plutôt ambitieuse que scientifique ; il n'y a rien à en tirer, et elle n'amène pas naturellement le développement qui suit.

L'article ÉDUCATION de l'*Encyclopédie* de Chambers me fournit la définition suivante : « L'éducation, dans le sens le plus large de ce mot, est donnée à l'homme soit pour son bien soit pour sa perte, par tout ce dont il fait l'expérience depuis le berceau jusqu'à la tombe (il faudrait plutôt dire que tout cela le forme, le fait, l'influence).

Mais, dans le sens le plus restreint et le plus ordinaire, on entend par éducation les efforts dont le but exprès est de former les hommes d'une certaine façon ; les efforts des hommes faits pour éclairer l'intelligence et former le caractère de la jeunesse (c'est insister un peu trop sur le fait de l'influence extérieure), et plus spécialement le travail des maitres proprement dits. » Cette dernière considération est celle qui se rapproche le plus du point principal, savoir : les moyens et les méthodes employés par le maitre, car, quelque le maitre ne soit pas seul pour travailler à l'œuvre qui lui est confiée, cependant c'est lui qui personnifie la méthode dans toute sa simplicité et sa pureté. Si, à force de recherches, d'inventions et de discussions, nous élevons son art à la hauteur de l'idéal, nous aurons fait presque tout ce qu'il est permis d'attendre de la science et de l'art de l'éducation.

Je reviens à la plus grande difficulté, c'est-à-dire à celle de savoir quel est le but de l'éducation, ou, si ce but est le bonheur et la perfection de l'homme, quelles indications définies ce fait fournit au maitre. J'ai déjà fait remarquer que cette question appartient à d'autres sciences, et, si ces sciences n'ont pu y donner de réponses claires et unanimes, le maitre ne peut être tenu de remplir cette lacune.

La solution de ce problème offre deux points difficiles, l'un évident, l'autre moins facile à saisir, mais dont l'ensemble représente tout ce que le maitre peut faire.

Le premier point est de déterminer quelles sont les choses que tous les hommes s'accordent à reconnaitre comme nécessaires. Le nombre en est considérable, et les exemples en sont frappants. Ce sont les sujets universellement traités dans les écoles.

Le second point a rapport aux choses sur lesquelles les hommes ne sont pas d'accord ; le maitre devra établir ce que coûteront ces acquisitions douteuses, car cette considération doit former au moins un des éléments de la décision à prendre à leur sujet. Les maitres les plus habiles sont ceux qui peuvent le mieux nous dire dans quelle mesure l'éducation peut contribuer à adoucir les mœurs, à donner l'habitude de l'abnégation, à favoriser l'équilibre de toutes les facultés, à développer l'homme tout entier, et à bien d'autres choses encore.

Nous verrons qu'une partie de la science de l'éducation consiste à donner l'analyse la plus approfondie de toutes les acquisitions complexes. C'est d'après cette analyse que l'on pourra calculer ce qu'elles coûtent, et par ce moyen il sera plus facile de reconnaitre si l'on demande au maitre des choses contradictoires.

En recherchant ainsi le but de l'éducation, nous sommes arrivés, pour ainsi dire sans le vouloir, au travail de l'école. Peut-être faudra-t-il apporter bien des modifications à ce fait pour lui donner une forme scientifique; mais rien ne peut être plus utile pour guider et éclairer nos recherches dès le début.

Or, le fait primitif et essentiel pour le succès de l'œuvre du maître d'école, c'est avant tout la propriété plastique de l'esprit. De là dépendent non-seulement l'acquisition des connaissances, mais encore toutes les acquisitions possibles. La manifestation la plus claire de cette qualité consiste dans la faculté de conserver par la mémoire les connaissances acquises. A ce point de vue, la chose principale dans l'art de l'éducation est la recherche des moyens de développer la mémoire. Ceci nous amène naturellement à examiner quelles sont les différentes aptitudes intellectuelles qui contribuent d'une façon directe ou indirecte à cette fonction. En d'autres termes, nous devons demander à la science de l'esprit humain tout ce qu'elle peut nous apprendre sur les conditions de la mémoire.

Quoique la mémoire, c'est-à-dire la faculté d'acquérir et de retenir les faits, dépende principalement d'une seule et unique propriété de l'intelligence, qui mérite en conséquence l'étude la plus approfondie, il y a plusieurs autres facultés dépendant et de l'intelligence et de la sensibilité, qui contribuent au résultat général et doivent être prises en considération dans une étude scientifique de l'éducation.

Nous avons ainsi obtenu une première subdivision de notre sujet, la partie purement psychologique. Une autre branche de la science de l'éducation, d'une importance non moins grande, est restée sans nom jusqu'à présent. C'est la recherche de l'ordre le meilleur et le plus naturel à donner aux différents sujets d'étude, d'après leur simplicité ou leur complexité relative et leur dépendance mutuelle. Pour réussir en éducation, il est nécessaire de ne présenter un sujet à l'élève qu'après qu'il s'est rendu maitre de tous les sujets qui peuvent l'y préparer. Ceci est assez évident dans certains cas : l'arithmétique se place avant l'algèbre, la géométrie avant la trigonométrie, la chimie inorganique avant la chimie organique; mais, dans bien des cas, l'ordre naturel se trouve voilé par les circonstances, et exige une recherche très-minutieuse. J'appellerai ceci la branche analytique ou logique de la théorie de l'éducation.

Toute méthode scientifique doit avant tout, par un examen complet et approfondi, se rendre bien exactement compte du sens des principaux termes qu'elle emploie. Pour la science de l'éducation, par exemple, le sens vague du seul mot « discipline » empêche de résoudre bien des questions.

Une autre remarque qui s'applique d'une manière spéciale au sujet qui nous occupe, c'est qu'en toute chose la connaissance nous vient surtout de la combinaison des principes généraux fournis par les sciences avec des observations et des expériences bien conduites et faites dans la pratique ordinaire. Toute grande question a besoin de la convergence de ces deux lumières. En langage technique, nous appelons cette convergence « l'union de la méthode déductive et de la méthode inductive ». Les déductions doivent être obtenues séparément par la méthode qui leur est propre, et avec toute la précision possible. Les inductions sont les maximes de la pratique, préalablement purifiées par de nombreuses comparaisons et par toutes les précautions nécessaires.

Je me propose ainsi d'écarter de la science de l'éducation tout ce qui appartient à des parties bien plus étendues de la culture humaine, pour concentrer mon attention sur ce qui constitue exclusivement l'éducation, c'est-à-dire sur les moyens de constituer les facultés acquises des êtres humains. Évidemment, il s'agit pour le maître de communiquer ce qu'il sait; mais l'éducation s'étend aux facultés non intellectuelles de l'être moral, aux activités et aux émotions, toujours sous l'empire des mêmes forces.

L'éducation n'embrasse pas l'emploi de *toutes* nos fonctions intellectuelles. Ce n'est pas par le même art que l'on dirige les facultés vers le travail productif, comme par exemple celui des professions libérales, les recherches scientifiques, ou les créations artistiques. Dans l'une et l'autre branche, il faut tenir compte des principes de l'esprit humain; mais, bien qu'elles se rencontrent quelquefois, elles sont assez distinctes pour qu'il y ait avantage à les considérer séparément. Dans son traité pratique intitulé *The Conduct of the Understanding* (Conduite de l'entendement), Locke traite sans distinction des facultés d'acquisition, de production et d'invention. ·

CHAPITRE II

RAPPORTS DE LA PHYSIOLOGIE ET DE L'ÉDUCATION

Nécessité évi..c ate de la santé physique et de ses conditions. — La plasticité de l'esprit envisagée à son point de vue physiologique. — La
force des différents organes n'est pas la même chez tous. — Le cerveau peut être nourri aux dépens des autres organes, et *vice versa*. —
L'intelligence et l'émotion peuvent se disputer les forces du cerveau. —
La mémoire ou faculté d'acquisition envisagée comme développement
cérébral; ce qu'elle coûte.

C'est la science physiologique, jointe aux observations empiriques
accumulées par nos devanciers, qui doit nous guider dans la recherche des moyens à employer pour développer et amener à leur pleine
maturité les facultés physiques des êtres vivants. C'est là, nous le
répétons, une action essentiellement distincte de l'éducation proprement dite.

L'art de l'éducation suppose l'existence d'une certaine moyenne
de santé physique, mais ne recherche pas les moyens d'entretenir
ou d'augmenter cette moyenne. Son point de contact avec la physiologie et l'hygiène est limité à la fonction plastique ou acquisitive
du cerveau, à la propriété d'affermir les rapports nerveux indispensables à la mémoire, à l'habitude et à toute faculté acquise.

Mais, dans l'état actuel de la physiologie, nous arrivons bientôt au
bout de ses applications à l'économie de la faculté plastique. Nous
ne pouvons donc compter dans cette étude que sur les résultats de
notre expérience directe du travail de l'éducation, corrigés ou éclairés
quelquefois par les lois physiologiques déjà démontrées. Cependant il y aurait de l'ingratitude à méconnaitre les services rendus à
l'éducation par la doctrine physiologique de la base physique de la
mémoire.

En effet, nous devons à la physiologie la connaissance d'un fait général très important : elle nous enseigne que la mémoire dépend d'une propriété ou faculté nerveuse, entretenue par la nutrition, comme toutes les autres facultés physiques, et soumise à des alternatives d'exercice et de repos. Elle nous apprend également que, comme toutes les autres fonctions, la plasticité du cerveau peut être arrêtée dans son développement par le manque d'exercice, ou épuisée par l'excès contraire.

Au point de vue de la physiologie pure, je crois nécessaire d'appeler l'attention particulièrement sur une circonstance. Le corps humain est une grande association d'organes ou d'intérêts : digestion, respiration, muscles, sens, cerveau. Quand le corps est fatigué, il y a souffrance pour tous les organes en général ; si on le restaure, tous les organes en général prennent une vigueur nouvelle. Telle est la première conséquence de cette association, et la plus évidente. Ajoutons toutefois que les êtres humains sont constitués d'une manière inégale sous le rapport des différentes fonctions ; les uns sont forts par l'estomac, les autres par les muscles, les autres par le cerveau. Chez tous, le renouvellement des forces se manifeste également ; les organes prédominants reçoivent une part proportionnelle au capital de chacun : à celui qui a beaucoup, beaucoup sera donné. Enfin, et c'est là une considération dont il faut bien tenir compte, l'organe qui se trouve déployer le plus d'activité à un moment donné reçoit alors plus que sa part, de sorte qu'en exerçant inégalement les différents organes on leur assure par cela même une part inégale de nourriture.

Mais voici le point important. Pour accroître la propriété plastique de l'esprit, il faut nourrir le cerveau. Il est assez naturel de penser qu'on obtiendra ce résultat en nourrissant le corps tout entier ; et en effet on réussira, pourvu que d'autres organes n'aient point d'exigences exorbitantes qui leur assurent une part exagérée, ne laissant plus que fort peu de chose pour l'organe de l'esprit. Si les muscles ou les organes digestifs travaillent trop, le cerveau ne pourra donner ce qu'on lui demandera. Mais si le cerveau est organisé par la nature, ou surexcité par une stimulation énergique, de manière à s'attribuer la part du lion dans la nourriture générale, c'est le résultat contraire qui se produira : les fonctions intellectuelles se trouveront exaltées, et les autres plus ou moins affaiblies. Tel est l'état qui accompagne un grand déploiement de force intellectuelle.

Mais il faut aussi établir une distinction entre les fonctions intellectuelles elles-mêmes, car elles sont très-différentes, et s'excluent mutuellement. Pour me faire comprendre, je n'ai pas besoin d'établir des subdivisions très nombreuses. Le contraste le plus marqué est celui qui existe entre les fonctions émotionnelles et les fonctions intellectuelles, entre le sentiment en tant que plaisir, douleur et excitation, et le sentiment en tant que connaissance. Dans leurs manifestations extrêmes, ils sont hostiles l'un à l'autre : l'intelligence souffre sous l'empire d'une émotion excessive; lorsque l'intelligence fait un grand effort, les émotions disparaissent, dans certaines limites qu'il est inutile de fixer ici.

Mais l'intelligence, dans le sens le plus large du mot, n'est pas identique à l'opération de la mémoire ou opération plastique. Le meilleur moyen d'arriver aux lois de cette phase particulière de notre intelligence, c'est de l'étudier comme un fait purement intellectuel. Cependant elle peut être envisagée sous un aspect physiologique qui confirme amplement nos observations. Au point de vue physique ou physiologique, la mémoire ou la faculté d'acquisition est une série de processus nerveux, la formation d'un certain nombre de sentiers battus sur certaines lignes de la substance cérébrale. Or, l'on peut dire de prime abord qu'au point de vue des besoins de nutrition c'est là l'acte de l'intelligence qui entraine la plus forte dépense. Exercer une faculté déjà acquise doit être bien plus facile, bien moins coûteux que de constituer une faculté nouvelle. Nous pouvons être parfaitement en état de suffire au premier de ces actes, tout en étant complètement incapables du second. En réalité, le succès dans une acquisition nouvelle, considéré d'après les probabilités physiologiques. doit être l'œuvre de ces moments rares, choisis et particulièrement favorables, où l'énergie cérébrale est à la fois abondante et bien dirigée.

CHAPITRE III

L'ÉDUCATION DE L'INTELLIGENCE

Toutes les branches de la psychologie sont applicables à l'éducation, surtout la psychologie de l'intelligence. — Le DISCERNEMENT, fondement de l'intelligence. — Conditions du discernement : 1° esprit en éveil ; 2° absence de toute excitation étrangère ; 3° intérêt ; 4° juxtaposition. — Exemples de discernement. — RÉTENTIVITÉ. — Sa loi fondamentale : nécessité de la durée ou de la répétition. — Circonstances accessoires. — *Circonstances générales favorables à la rétentivité :* 1° l'ÉTAT PHYSIQUE ; la rétentivité comparée aux autres fonctions du cerveau, au point de vue de la dépense d'énergie ; moments les plus favorables au travail rétentif ; 2° la CONCENTRATION. — Influence de la volonté. — Le plaisir du travail. — Action de la douleur. — Excitation neutre. — Ses modes les plus favorables. — La mémoire suit la délicatesse de discernement. — La vivacité des transitions. — La RESSEMBLANCE OU L'ACCORD. — Choc produit par la ressemblance dans la diversité. — La découverte des ressemblances est favorisée, 1° par la petitesse des différences ; 2° par la juxtaposition ; 3° par l'accumulation des exemples. — FACULTÉ DE COMBINAISON. — Ses conditions : 1° objets à combiner ; 2° idée claire du résultat auquel on veut arriver ; 3° tentatives répétées. — ALTERNANCE ET SUSPENSION DE L'ACTIVITÉ INTELLECTUELLE. — Le sommeil est la seule suspension complète de l'action intellectuelle. — Soulagement donné à l'esprit par l'alternation des exercices. — L'étude et le jeu. — L'audition et l'exécution. — La pratique de ce qui a été appris. — La mémoire et le jugement. — Les langues et les sciences. — Alternance des différentes études.

Le travail le plus important dans la science de l'éducation doit être l'étude de toutes les lois psychologiques qui ont un rapport, direct ou indirect, avec l'action acquisitive de l'intelligence. Toutes les branches de la psychologie donnent de bons résultats, mais c'est surtout de la psychologie de l'intelligence qu'on peut en attendre. Des trois grandes fonctions que l'intelligence présente en dernière analyse, — discernement, accord et fonction rétentive ou mémoire,

— c'est la dernière qui s'identifie de la manière la plus complète avec l'art de l'éducation; mais les deux autres y entrent aussi comme éléments, chacune à sa manière.

Discernement.

L'esprit a pour point de départ le discernement. La conscience de la différence est le commencement de tout exercice de l'intelligence. Eprouver une impression nouvelle, c'est constater un changement : si la température d'une salle s'élève de dix degrés, un changement de sensation nous avertit de ce fait; si nous n'éprouvons aucun changement de sensation, aucune conscience d'altération, le fait extérieur est perdu pour nous; nous ne le remarquons pas, et l'on dit que nous ne le savons pas.

Notre intelligence a donc pour limite absolue notre faculté de discernement. Les autres fonctions de l'intelligence, la faculté rétentive par exemple, n'entrent en jeu qu'après que nous avons constaté une différence entre un certain nombre d'objets. Si nous ne sentions pas d'abord la différence entre la lumière et l'obscurité, le noir et le blanc, le rouge et le jaune, nous n'aurions pas de scènes visibles que nous pussions nous rappeler; même avec la faculté rétentive la plus développée, nous ne pourrions conserver aucun souvenir du monde extérieur : l'absence de sensation entraîne nécessairement une absence de mémoire.

Allons encore plus loin. La délicatesse du sentiment des différences donne la mesure de la variété et de la multitude de nos impressions premières, et, par conséquent, des faits accumulés dans notre mémoire. Si un homme n'entend que douze notes différentes sur l'échelle musicale, ces notes sont pour lui les limites de la mémoire des sons; si un autre en perçoit cent différentes, ses idées ou ses souvenirs de sons se trouvent multipliés dans le même rapport. L'action de la faculté de retenir s'étend aussi loin que celle de la faculté de saisir les différences; elle ne peut faire davantage.

Nous avons reçu de la nature une certaine faculté de discernement pour chaque mode de sensibilité. Nous savons tout d'abord distinguer, avec plus ou moins de délicatesse, les perceptions fournies par la vue, l'ouïe, le toucher, l'odorat, le goût; et la délicatesse de chaque sens est bien loin d'être égale chez différents individus. Telle est la première origine des différences de caractère intellectuel, et des goûts et des tendances variés que l'on remarque chez différentes personnes. Si un individu peut, dès le principe, apprécier cinq nuances de couleur là où un autre n'en distingue qu'une seule, les carrières de ces deux hommes sont esquissées d'avance, et la distance entre elles sera bien marquée.

Il est très important, sans doute, de reconnaître cette inégalité native avant de déterminer la tendance spéciale que l'on doit donner à l'éducation d'un enfant. Mais, pour celui qui enseigne, il est plus important encore de se rendre compte des moyens par lesquels il peut activer et accroître la faculté de saisir les différences. Partant de ce fait que, tant que l'intelligence n'a pas reconnu la différence qui existe entre deux choses, elle n'a pas encore fait le premier pas, le maître devra examiner quelles circonstances et quelles conditions sont favorables ou défavorables à l'exercice de la faculté de discernement.

La première condition, qui ne s'applique pas à la seule fonction de discernement, mais bien à toutes les fonctions intellectuelles, c'est que l'esprit soit vigoureux, frais et éveillé. S'il est faible, languissant, endormi, il ne peut percevoir les différences. Pour tout travail intellectuel, il faut que l'esprit soit vif, éveillé, dans la plénitude de sa force et de son activité. Si l'assoupissement de l'intelligence provient simplement de sa paresse, le maître aura recours à des moyens artificiels pour dissiper cet assoupissement et réveiller l'esprit. Il aura à tirer l'élève de l'état si bien nommé *indifférence*, c'est-à-dire état où il ne reconnaît plus les différences qui existent réellement entre plusieurs impressions.

Il se peut que l'esprit soit frais et vif, mais que ses forces s'exercent dans une fausse direction. Il existe entre l'activité intellectuelle et l'activité émotionnelle une opposition bien connue, qui produit entre elles une certaine incompatibilité. Sous l'empire d'une émotion vive, les forces intellectuelles diminuent et n'obéissent plus qu'à cette émotion. Il faut que l'esprit soit calme pour que sa faculté de discernement, de même que toutes ses autres facultés, s'exerce d'une manière profitable. Nous discuterons plus loin, avec tous les détails qu'il exige, le sujet si délicat de la manière dont le maître doit gouverner et diriger les diverses émotions.

Il ne faut pas oublier que les exercices intellectuels sont en eux-mêmes essentiellement insipides et sans attrait. Au point de vue de l'effort qu'ils exigent, ils causent dans une très-faible mesure le plaisir que produit toujours l'exercice régulier d'une faculté exubérante; mais ceci s'applique surtout au travail d'élèves déjà avancés, et n'est que bien peu marqué au début de l'éducation. La première circonstance qui donne quelque intérêt à l'exercice de la faculté de distinction, est une impression de plaisir ou de douleur. Il faut que l'acte de discernement amène avec lui une conséquence pour que l'esprit en soit vivement frappé. Une différence complètement dépourvue d'intérêt n'attirera jamais l'attention d'un élève.

Le passage du froid au chaud, de l'obscurité à la lumière, de l'effort au repos, de la faim à la réplétion, du silence au bruit, nous présente autant de faits qui ont plus ou moins d'intérêt et qui produisent, par conséquent, une impression plus ou moins vive. Mais ce sont là des faits qu'accompagne toujours une sensation bien marquée. Pour meubler l'intelligence, il faut que l'esprit puisse percevoir des changements moins grands et moins marqués ; ce qui caractérise la nature intellectuelle, c'est la faiblesse de l'émotion qui lui est indispensable pour percevoir une différence. Il est évident qu'une démonstration bruyante et furieuse attire toujours l'attention, et aboutit à la perception d'une différence ; mais, dans ce cas, le résultat obtenu est réellement payé trop cher.

Un des meilleurs moyens pratiques de faire reconnaitre et retenir la différence entre deux faits, est de les placer immédiatement l'un après l'autre, ou, ce qui revient au même, de les juxtaposer. Le passage rapide de l'un à l'autre rend évidente une différence qui resterait inaperçue si on laissait s'écouler un certain intervalle entre les deux, surtout si l'on permettait à un autre objet d'occuper l'esprit pendant cet intervalle. Cette règle est, pour ainsi dire, évidente par elle-même, et son application donne de bons résultats lorsque les circonstances s'y prêtent ; mais il est rare que les maitres, et les démonstrateurs en tirent tout le parti qu'ils pourraient. La diversion la plus légère suffit généralement pour en faire oublier l'importance.

Pour comparer deux notes, nous les faisons entendre rapidement l'une après l'autre ; pour comparer deux nuances d'une même couleur, nous les juxtaposons ; pour comparer deux poids, nous en mettons un dans chaque main, et nous examinons tour à tour chacune des sensations qu'ils déterminent. Voilà des cas simples et familiers. Mais la comparaison de deux formes est une opération plus compliquée, pour laquelle nous ne procédons plus de même. S'il ne s'agit que d'apprécier des longueurs, nous les mettons côte à côte ; de même aussi pour deux angles. Pour le nombre, nous pouvons disposer les deux groupes d'objets sur des lignes parallèles et voisines, — par exemple, trois objets sur l'une des lignes et quatre ou cinq sur l'autre, — de manière à constater facilement la différence.

La constatation d'une simple différence de grandeur n'est qu'une affaire de juxtaposition. La forme, considérée indépendamment de la grandeur, est moins facile à faire saisir. Pour établir la différence entre un triangle et un quadrilatère, on peut compter les côtés de chacune de ces figures, et remplacer la différence de forme par la considération plus simple d'une différence de nombre. Un triangle rectangle, un triangle acutangle et un triangle isoscèle se comparent par la juxtaposition de leurs angles. La différence entre un cercle et une ellipse est marquée par celle de la courbure et des diamètres : dans l'un, la courbure est uniforme et tous les diamètres sont égaux ;

dans l'autre, la courpure est variable et les diamètres sont inégaux. Quant à la différence entre une courbe fermée et une courbe ouverte, elle est assez évidente par elle-même.

Ainsi les formes géométriques peuvent se ramener à des bases de comparaison très-simples, et le maître les analysera de la manière que nous venons d'indiquer. Pour les formes irrégulières et capricieuses, les termes élémentaires auxquels elles se ramènent sont encore les mêmes : dimensions linéaires, nombre, dimensions angulaires, courbure ; mais on peut guider l'attention de bien des manières diverses. Quelquefois il y a une ressemblance frappante et qui s'impose, pour ainsi dire, à l'esprit, avec une différence très-légère et qui échappe presque aux yeux, comme il arrive pour les chiffres 3 et 5, et pour les lettres C et G de notre alphabet. L'alphabet hébraïque en fournirait des exemples encore plus marqués. En pareil cas, il faut indiquer très-clairement ou même exagérer la petite différence qui existe. On peut aussi avoir des modèles de même grandeur que l'on superpose, afin que le rapprochement fasse ressortir la différence. Le maître devra faire un effort spécial pour appeler toute l'attention de l'élève sur le détail qui constitue cette différence, et lui demander ensuite de le reproduire de sa main. Il consacrera, par exemple, une leçon spéciale à demander à l'élève les chiffres ou les lettres qui sont presque pareils, et les points de différence qui existent entre eux.

Si l'on s'élève plus haut dans les méthodes à suivre pour l'étude des différences, les meilleurs exemples sont ceux où il s'agit de constater à la fois des différences et des points de ressemblance. Nous y reviendrons plus tard, après avoir examiné la faculté intellectuelle d'accord ou de ressemblance. Ce que nous tenions à établir ici avant tout, c'est la nécessité de l'acte de discernement comme prélude de toute impression intellectuelle, et comme base de l'accumulation de connaissances à laquelle on donne le nom de mémoire. La faculté de constater les ressemblances est également indispensable ; mais il n'est ni nécessaire ni utile d'examiner ici l'exercice de cette faculté avant d'avoir étudié la faculté plastique de l'intelligence.

Rétentivité ou mémoire.

La mémoire est la faculté qui joue le plus grand rôle dans l'éducation. C'est elle qui rend possibles les accroissements intellectuels, ou, en d'autres termes, l'acquisition de capacités que la nature ne nous avait pas données.

Toute impression que nous subissons a une certaine durée si elle est assez forte pour éveiller la conscience au moment où elle se produit ; elle peut persister après que la cause à laquelle elle est due a cessé d'agir ; elle peut reparaître plus tard, à l'état d'idée ou d'impression renouvelée par la mémoire. Une flamme qui jaillit brusquement éveille notre attention, produit une forte impression sur la vue, et devient une idée ou un dépôt conservé par la mémoire. Plus tard, nous pensons à la flamme sans la voir en réalité.

Il est rare qu'un fait qui ne s'est produit qu'une seule fois laisse une idée durable qui puisse revenir d'elle-même ; le plus souvent, il faut pour cela plusieurs répétitions du même fait. La fixation de l'impression exige un certain temps : il faut ou prolonger le premier choc, ou le renouveler à plusieurs reprises différentes. Telle est la première loi de la mémoire ou faculté de rétention ou d'acquisition : « c'est la pratique seule qui produit la perfection ; » « c'est en exerçant une faculté qu'on lui donne de la force ; » et bien d'autres maximes semblables. Telle est au fond la règle suivie de temps immémorial par nos maîtres d'école : il faut répéter et recommencer une leçon, et ne l'abandonner que quand elle est bien sue.

Tout progrès dans l'art d'enseigner dépend de l'attention avec laquelle nous observons les différentes circonstances qui favorisent l'acquisition, ou qui diminuent le nombre de répétitions nécessaires pour obtenir tel ou tel résultat. Il y a de grandes économies à faire sur la faculté plastique de l'organisme humain ; et, quand nous aurons poussé ces économies jusqu'à leurs dernières limites, nous aurons atteint la perfection dans une des branches principales de l'art de l'éducation. Ainsi il est indispensable de rechercher avec le soin le plus minutieux toutes les conditions connues qui favorisent ou qui arrêtent le développement plastique de l'organisme.

Bien que certains philosophes aient affirmé que tous les esprits sont, pour ainsi dire, égaux au point de vue de la facilité d'acquisition, il faudrait qu'un maître d'école eût bien peu d'expérience pour partager cette manière de voir. L'inégalité des différents esprits au point de vue de l'assimilation des leçons, dans des circonstances absolument identiques, est un fait bien constaté ; et c'est là un des obstacles que présente l'enseignement donné simultanément à un certain nombre d'élèves groupés dans une même classe. Pour en triompher, il faut beaucoup de tact et d'habileté pratique, qualités qu'aucune théorie d'éducation ne peut donner.

Les diverses acquisitions intellectuelles diffèrent entre elles par certains détails secondaires, dont nous nous occuperons après avoir étudié à fond les conditions générales applicables à toutes. Parmi ces acquisitions, celles qui présentent le contraste le plus marqué sont celles qui dépendent de l'intelligence et celles qui dépendent des sentiments et de la volonté. Au nombre des acquisitions intellectuelles proprement dites nous rangerons les arts mécaniques, les langues, le monde matériel, les sciences, les beaux-arts, chacun avec ses subdivisions.

Circonstances générales favorables à la mémoire.

La première de ces circonstances est l'état physique de l'individu. Nous avons déjà eu occasion d'en parler à propos de la physiologie, et aussi dans nos remarques sur la faculté de discernement. L'état physique comprend la santé générale, la vigueur et l'activité de l'organisme au moment où s'exerce la faculté, en y ajoutant comme condition indispensable qu'une portion suffisante de la nourriture, au lieu d'être consacrée exclusivement à activer les fonctions physiques, soit dirigée vers le cerveau.

Dans l'intérêt de l'activité intellectuelle, il faut que le système musculaire, le système digestif et, en un mot, toutes les parties de l'organisme, soient exercés dans la mesure qui donne à l'organisme tout entier son maximum de force générale, sans jamais dépasser cette mesure. On pourrait aller plus loin s'il s'agissait des plaisirs du corps ; mais ce n'est pas là ce dont nous nous occupons. Un homme doit donc exercer ses muscles, se nourrir bien, donner à la digestion le temps d'accomplir sa tâche, et enfin prendre assez de repos, — le tout pour assurer à l'esprit la plus grande somme de force possible, surtout s'il s'agit du travail difficile de l'éducation. L'état actuel de nos connaissances physiologiques et médicales nous permet même d'indiquer, pour un cas donné, les proportions raisonnables de chacun de ces éléments.

Tout semble indiquer qu'au point de vue purement physique la production des impressions sur le cerveau, bien qu'elle ne soit jamais suspendue pendant l'état de veille, est bien loin d'être toujours égale. Nous savons tous que, dans certains moments, nous sommes incapables de recevoir des impressions durables, tandis que dans d'autres notre sensibilité se trouve exaltée à un point extrême. Cette différence ne peut se ramener tout entière à une plus grande énergie intellectuelle ; il se peut qu'une réserve de force considérable soit destinée à d'autres actes de l'esprit, comme par exemple à l'accomplissement de simples actes de routine, et qu'il n'en reste que fort peu pour retenir de nouvelles impressions ; nous sommes en état de lire, de causer, d'écrire et de prêter attention aux exercices ; nous pouvons nous livrer à nos émotions et suivre une occupation donnée, sans être en état d'ajouter aux faits que possède notre mémoire ou d'acquérir des connaissances nouvelles. Même les actions auxquelles nous prenons part sont quelquefois oubliées au bout d'un temps très court.

Qu'y a-t-il donc de remarquable et d'unique dans l'alimentation physique de la propriété plastique du cerveau? A quels moments cette propriété est-elle dans la plénitude de son action? Quelles sont les choses qui l'alimentent et la conservent d'une manière spéciale?

Bien que ce sujet n'ait pas encore été suffisamment étudié, les faits déjà connus semblent nous autoriser à affirmer que la fonction plastique ou rétentive c't *la plus haute énergie* du cerveau, le comble de l'activité nerveuse. Pour enraciner une tendance nouvelle, pour mettre une impression en état de se suffire à elle-même et de se reproduire à volonté, nous sommes en droit de supposer qu'il faut consommer plus de force nerveuse que pour toute autre espèce d'exercice intellectuel. Les moments propices à l'accumulation des connaissances par la mémoire, à la formation des habitudes et des acquisitions nouvelles, sont donc ceux du maximum de force en réserve. Il faut en outre une réunion de circonstances favorables à la manifestation la plus considérable de l'énergie cérébrale, et, entre autres, l'activité complète de l'organisme, jointe à l'absence de toute cause qui pourrait rapidement y mettre obstacle.

Pour prouver ce que j'avance, je me servirai du genre de travail intellectuel qui paraît tenir le second rang sous le rapport de l'énergie cérébrale qu'il exige. L'exercice de la faculté de raisonnement — la résolution de problèmes nouveaux, l'application d'une règle à des cas nouveaux, le travail intellectuel des professions sérieuses, comme par exemple celle du droit — exige un effort d'esprit considérable, et sa facilité dépend de la vigueur du cerveau au moment où l'on veut s'y livrer. Néanmoins, les travaux de ce genre exigent moins de force que le travail de la mémoire; nous pouvons nous y livrer à des moments où notre mémoire se refuserait à recevoir des impressions nouvelles et durables. Dans la vieillesse, à un âge où nous ne sommes plus en état d'acquérir des talents nouveaux, nous pouvons encore nous livrer avec succès à un travail de raisonnement; nous pouvons étudier des questions nouvelles, inventer de nouveaux arguments et de nouvelles preuves, décider ce qu'il faut faire dans tel ou tel cas qui ne s'était pas encore présenté.

La faculté de combinaison présente tous les degrés, depuis l'essor le plus hardi de l'invention et de l'imagination, jusqu'au point où il ne s'agit plus que répéter à la lettre un texte connu d'avance. Quand un prédicateur compose un nouveau discours, il exerce plus ou moins la faculté de combinaison; mais s'il récite des prières et des formules, s'il lit un passage, il n'y a plus là qu'une réminiscence. Cette dernière forme d'énergie intellectuelle est celle qui exige le moins d'effort; elle est possible même quand la vigueur cérébrale est à son minimum. Quand la faculté d'acquisition ne peut s'exercer, celle de combinaison peut encore agir ; quand l'intelligence n'a plus la force de s'écarter, même un peu, de la routine ordinaire, la réminiscence littérale est encore possible.

Un autre travail intellectuel auquel nous pouvons nous livrer lorsque la faculté d'acquérir par la mémoire est émoussée en nous, est celui des recherches et des notes. Pour faire des recherches, pour prendre des notes, il faut un certain effort d'attention, qui n'est pas possible si le flux nerveux est au plus bas, mais qui le devient dès que l'énergie cérébrale se relève un peu. Quand le littérateur ou l'homme de science ne peut plus se fier entièrement à sa mémoire pour conserver les faits nouveaux que lui présentent ses lectures, ses observations ou ses réflexions, il peut encore les rechercher et en prendre note. Ainsi, aux moments de la journée où la mémoire devient moins active, on peut encore étudier avec fruit à l'aide du cahier de notes et du carnet.

Les émotions, lorsque celles-ci ne sont ni violentes ni excessives, peuvent être rangées parmi les actions qui exigent le moins de dépense intellectuelle ; nous pouvons donc nous y livrer à des moments où nous serions incapables d'accomplir tout travail d'un ordre plus élevé, et surtout celui d'ajouter quelque chose aux connaissances et aux aptitudes que nous possédons déjà. Ici encore, il y a différents degrés ; mais, d'une manière générale, nous pouvons dire que l'amour ou la haine, le commandement ou l'adoration, sont des actes auxquels suffisent les degrés inférieurs de la force nerveuse, bien qu'ils soient impossibles pour l'esprit arrivé aux dernières limites de l'épuisement.

Cet examen rapide des dépenses relatives de force cérébrale qu'entraîne l'exercice des diverses facultés intellectuelles, nous permet de juger des heures, des moments et des circonstances les plus favorables au travail de la mémoire. On peut admettre qu'aux premières heures de la journée l'énergie totale de l'organisme est à son maximum, tandis qu'elle baisse vers le soir ; ainsi la matinée est le moment des acquisitions intellectuelles. Pendant les deux ou trois heures qui suivent le repas du matin, la force de l'organisme est probablement à son maximum ; un repos complet d'une heure ou deux et un second repas — suivi d'exercice physique lorsque le travail a été sédentaire — préparent le cerveau à un nouvel effort, qui ne vaudra probablement pas le premier, si ce n'est dans la jeunesse ; enfin, quand la vivacité de ce second mouvement sera émoussée, il pourra y avoir, après un temps de repos, une troisième phase d'application, mais avec des résultats bien inférieurs à ceux de la première ou même de la seconde. Il ne faut jamais entreprendre de travail d'acquisition bien sérieux dans cette dernière phase, car il est impossible de compter beaucoup sur la plasticité de l'organisme ; mais on peut encore tirer bon parti des facultés de combinaison et de routine.

L'ordre régulier de la journée peut quelquefois être troublé par des circonstances exceptionnelles ; mais ces exceptions ne font que confirmer la règle. Si nous sommes restés sans rien faire pendant les premières heures du jour, notre esprit pourra sans doute être plus frais et mieux disposé au travail le soir ; mais cette application tardive ne compensera pas la perte des premières heures : l'énergie nerveuse décroitra peu à peu à mesure que le jour s'écoulera, quelque facile que soit la tâche que nous lui aurons imposée. Nous pouvons aussi, à un moment quelconque de la journée, déterminer une explosion d'énergie nerveuse, par un effort persévérant et par une stimulation qui fasse affluer le sang au cerveau, sans tenir compte du temps et des circonstances ; mais cet effort entraine toujours une perte de force et un trouble des fonctions.

Règle générale, c'est pendant la saison froide que l'organisme a son maximum de vigueur, et c'est en hiver que l'on travaille le mieux. Les résultats du travail d'été sont relativement médiocres.

Pour se rendre compte de la manière dont la plasticité intellectuelle varie aux différentes époques de la vie, on pourrait aussi évaluer les forces totales de l'organisme à chaque époque, et chercher ensuite la part de ces forces mise à la disposition du cerveau ; mais, comme il faut tenir compte d'autres circonstances encore, j'aime mieux ne pas aborder ici cette question.

Bien des détails de l'économie de la faculté plastique ont un côté physique aussi bien qu'un côté intellectuel. Tels sont, par exemple, ceux qui ont rapport à la tension et au relâchement de l'attention, aux intervalles et aux changements des exercices, à la régularisation de l'excitation nerveuse et à d'autres points encore. Tous ces détails appartiennent en réalité à l'étude de la fonction rétentive ; mais nous croyons ne devoir envisager maintenant ce sujet que sous son point de vue purement intellectuel.

Tous les secours que l'esprit fournit à la plasticité peuvent se ramener à une seule idée, celle de CONCENTRATION. Toute adhésion, toute impression produite sur la mémoire, toute tendance communiquée à l'esprit entraine une certaine dépense de force nerveuse ; et plus cette dépense est grande, plus le résultat est satisfaisant. Mais pour cela il faut détourner les forces intellectuelles de tout autre travail qui pourrait nuire au premier ; surtout, il faut compenser toute dépense excessive de forces que celui-ci pourrait exiger.

Avant tout, il est donc indispensable de bien connaitre les circonstances qui produisent la concentration de l'esprit. Nous admettons que les forces intellectuelles disponibles sont suffisantes, et nous cherchons les moyens de leur imprimer une direction convenable. Or, il est évident que la volonté est la principale influence qui intervient en pareil cas, et, nous le savons, les principaux stimulants de la volonté sont le plaisir et la douleur. C'est ainsi que la question se présente au premier abord; mais ce que nous savons en psychologie va nous permettre d'en déterminer les éléments avec un peu plus de précision encore.

Et d'abord, la volonté elle-même, considérée comme faculté active ou dirigeante, c'est-à-dire le mouvement des organes d'une manière déterminée sous l'influence d'un mobile, est une faculté développée par la culture : très-imparfaite au début, elle se perfectionne par l'exercice. Aucun encouragement ne peut déterminer un enfant d'un an à battre des mains sans hésitation, à montrer un objet du doigt, à se toucher le bout du nez, à avancer l'épaule gauche. Les actes de volonté les plus élémentaires, l'ABC de toutes les acquisitions supérieures, ont besoin d'être appris par des procédés tout spéciaux ; et, tant qu'ils n'ont pas fait assez de progrès pour être soumis à l'influence d'un mobile, le maitre n'a absolument aucune prise sur la volonté.

Dans un autre ouvrage, où j'ai exposé la manière dont la volonté se développe, j'ai décrit ces premiers débuts tels que je les conçois. La question n'est pas sans importance pour la pratique de l'éducation, puisqu'elle nous indique le moment où l'instruction mécanique devient possible, et les obstacles qu'elle peut rencontrer au début, malgré toute la plasticité dont le cerveau peut être doué. Le principal travail pour une classe enfantine semble donc devoir être de discipliner les organes, en les habituant à agir dans la direction que le maitre leur indique.

Si nous passons maintenant aux influences qui favorisent la concentration, nous assignerons la première place au charme intrinsèque, c'est-à-dire au *plaisir causé par l'action elle-même*. La loi de la volonté, envisagée au point de vue de sa plus grande puissance, c'est que le plaisir continue le mouvement par lequel il est produit. Toute la force dont l'esprit dispose à un moment donné se porte vers l'exercice qui cause le plaisir. Le plaisir immédiat que nous obtenons stimule nos efforts les plus énergiques, si ces efforts contribuent à le prolonger. C'est ainsi qu'une impression est rendue plus profonde, qu'une tendance ou une inclination se trouve confirmée, que plusieurs actes sont associés entre eux par notre intelligence : le sentiment de plaisir qui se produit en même temps éveille l'attention, et laisse dans l'esprit une empreinte presque ineffaçable.

Pour que le plaisir agisse avec toute l'efficacité possible comme stimulant de la volonté, deux choses sont nécessaires : d'abord nous ne devons pas être soumis en ce moment à quelque routine habituelle d'actions volontaires qui détournent les forces de la volonté, comme le ferait, par exemple, une promenade dans un jardin d'agrément ; en second lieu, le plaisir ne doit pas être intense et tumultueux. Puisqu'un grand plaisir et un grand effort intellectuel s'excluent mutuellement, il ne faut jamais avoir recours à un stimulant trop énergique quand il s'agit d'obtenir celui de tous les résultats intellectuels qui exige le plus de forces, la formation de nouvelles aptitudes durables. Un plaisir calme et qui nous suffit pour le moment, en l'absence de toute grande tentation, est le meilleur stimulant de nos efforts pour apprendre. Si ce plaisir est de nature à augmenter peu à peu, il n'en vaudra que mieux ; *un faible commencement avec un accroissement régulier*, qui n'absorbe jamais trop l'esprit, est le meilleur stimulant pour les facultés intellectuelles. Pour agrandir encore davantage le champ de la stimulation, sans risquer d'arriver à un excès nuisible, nous pourrions commencer du côté négatif, c'est-à-dire par la douleur ou la privation, que nous ferions peu à peu décroître dans le cours du travail, jusqu'à ce qu'elle fût enfin remplacée par la joie que cause un plaisir croissant. Tous les grands éducateurs de la jeunesse, depuis Socrate jusqu'à nos jours, semblent admettre la nécessité de soumettre d'abord l'élève à un certain degré de souffrance : fait pénible assurément, mais que nous sommes forcés de reconnaître comme une dure vérité. D'ailleurs la souffrance joue dans l'éducation un plus grand rôle encore que nous ne l'avons dit jusqu'ici, comme on le verra dans le chapitre suivant.

Une satisfaction modérée, causée par le plaisir même d'apprendre, est certainement le moyen le plus agréable et le plus efficace de cimenter les unions que nous voulons former dans l'esprit. Nous exprimons ordinairement cette loi en disant qu'un élève a du goût pour son travail, qu'il y va de tout *cœur*, qu'il apprend *con amore*. Ce fait est bien connu ; mais l'erreur qui s'y rattache consiste à conseiller ou à vouloir imposer cette disposition à tous les élèves et dans tous les cas, comme si elle pouvait se commander, et qu'elle ne fût pas elle-même une cause de dépense de forces intellectuelles. Le cerveau ne peut donner un plaisir exceptionnel sans le faire payer.

Au nombre des motifs de concentration des forces de l'esprit, après le plaisir actuel, il faut placer le plaisir *en perspective*, l'acquisition d'une connaissance qui nous causera plus tard de la satisfaction. Ce stimulant a toute l'infériorité que comporte la simple idée du plaisir comparée à sa réalité. Malgré cela, il admet différents degrés et peut exercer une influence considérable. Très-souvent, lorsque des enfants ont bien travaillé, leurs parents les récompensont de leurs succès en leur donnant un peu d'argent; dans ce cas, l'idée du plaisir est presque égale à l'impression que causerait un plaisir actuel. D'un autre côté, les promesses de fortune et d'honneur que l'instruction donnera dans un grand nombre d'années, sont rarement très-efficaces pour déterminer l'esprit à s'appliquer à telle ou telle étude particulière.

Examinons maintenant l'action de la souffrance. En vertu de la loi de la volonté, la souffrance nous fait reculer devant ce qui la cause. Une étude pénible nous repousse, tout comme une étude agréable nous attire et nous retient. Le seul moyen d'utiliser la souffrance comme stimulant à l'étude, est d'en faire la conséquence de la négligence ou de la non-exécution du travail prescrit; nous trouvons alors un plaisir relatif à faire notre devoir. Telle est la théorie des punitions infligées pour défaut d'application. Ce mobile est, sous tous les rapports, inférieur à tous les autres; et il ne faut pas perdre de vue cette infériorité quand on y a recours, comme tous les maitres sont trop souvent forcés de le faire pour la généralité des écoliers La souffrance est toujours une perte de force cérébrale, tandis que le travail de l'élève exigerait la totalité de cette force. La punition n'agit donc qu'avec une perte considérable, et cette perte s'accroit encore si elle arrive jusqu'à la phase de terreur bien définie. Tout le monde a vu des cas où la sévérité rendait un élève absolument incapable de faire le travail qui lui était prescrit.

Sans adopter aucune des théories faites *à priori* sur la question de savoir s'il est possible de décider l'esprit humain au travail par un système ingénieux de leçons attrayantes, nous affirmons, sans crainte de nous tromper, que, si l'on tient compte des conditions physiques, si l'on ne donne aux élèves que des tâches qui ne soient pas au-dessus de leurs forces, si on les aide dans une juste mesure par des préceptes intelligibles, quoique des punitions puissent être fréquemment nécessaires, elles ne devront jamais être assez fortes pour amener le découragement et épuiser l'énergie plastique.

Les mêmes remarques s'appliquent exactement à la souffrance en perspective, en tenant compte bien entendu de la différence qui existe entre la réalité et l'idée. Tout va bien quand la perspective d'une punition exerce une influence suffisante, car les suites que la négligence dans le travail peut entraîner pour l'avenir sont si variées et si considérables, qu'elles dispensent alors d'avoir recours à tout autre motif. Mais comme l'intelligence des enfants n'a généralement qu'un sentiment assez faible de l'avenir, pour le bien comme pour le mal, les punitions infligées au moment même ne peuvent jamais être remplacées que par des punitions très-proches, très intelligibles et inévitables.

Lorsque nous étudions l'esprit humain, nous sommes forcés, dans bien des cas, d'établir une distinction subtile entre le sentiment d'un plaisir ou d'une souffrance et celui d'une émotion qui n'est pas nécessairement agréable ou désagréable. Nous sommes obligés d'établir la même distinction pour le sujet qui nous occupe. Il existe une forme de concentration intellectuelle qui a reçu, à bon droit, le nom d'excitation, et qui ne saurait avec justesse être appelée agréable ou désagréable. Un bruit violent, un choc soudain, un mouvement de rotation rapide nous émeut, nous réveille ou nous excite ; il peut aussi nous causer un plaisir ou une souffrance, mais il peut également être tout à fait neutre ; et, même quand il y a plaisir ou souffrance, il y a une influence distincte de celle qu'exerceraient ces deux sentiments par eux-mêmes. L'esprit entre pour le moment dans un état d'excitation qui exclut les autres occupations intellectuelles ; nous sommes absorbés par ce qui a produit cet état, et nous ne pouvons subir les influences extérieures que quand il a cessé. De là il suit que l'excitation est par excellence le moyen de produire une impression, de graver une idée dans l'esprit ; c'est un stimulant essentiellement intellectuel. Il n'est pas besoin de dire qu'en vertu de la loi d'incompatibilité des deux manières d'être contraires l'excitation ne doit être ni violente ni assez vive pour causer une perte de forces. A un degré modéré et dans une juste mesure, l'excitation est identique à l'attention, à l'absorption intellectuelle, à la concentration des forces sur l'action plastique, de manière à conserver à l'état de souvenir l'objet qui se trouve au foyer intellectuel. L'excitation ainsi définie n'a aucune valeur comme but, mais en a beaucoup comme moyen ; et ce moyen contribue au progrès de notre esprit en y gravant quelque enchaînement d'idées utiles.

Il nous reste à énoncer une autre subtilité, une distinction de distinction. Après avoir opposé le sentiment en tant qu'excitation au sentiment en tant que plaisir ou souffrance, nous devons séparer les modes d'excitation utiles de ceux qui sont inutiles ou même pernicieux. L'excitation utile est celle qui est bornée et limitée au sujet que l'on veut graver dans l'esprit ; l'excitation inutile, et pis qu'inutile, est celle qui s'étend au hasard, sans se rapporter à rien de particulier. Il est facile de produire cette dernière espèce d'excitation, — état vague, sans règle et tumultueux, — qui ne peut servir à aucune fin déterminée ; mais il faut la regarder plutôt comme une force perturbatrice que comme un moyen d'appeler et de concentrer l'attention sur un travail.

La véritable excitation qui convient à un sujet donné est celle qui naît de ce sujet même, s'y attache et s'y borne. Or, la recette pour produire ce genre d'excitation consiste dans une application continue de l'esprit au milieu d'un calme extérieur parfait. Bornez autant que possible toute autre action des sens, fixez l'attention uniquement sur l'action qu'il s'agit d'apprendre, et, en vertu de la loi de persistance nerveuse et intellectuelle, les courants cérébraux prendront graduellement plus de force, jusqu'à ce qu'ils aient atteint le point où ils ne sont plus utiles pour le moment. C'est là l'idéal de la concentration par l'excitation neutre.

L'ennemi de cette neutralité si désirable est le plaisir qui vient du dehors, car l'esprit de l'enfant ne peut résister à la distraction d'un plaisir actuel, ou même à l'idée d'un plaisir encore lointain. C'est à dessein que les fenêtres des classes sont disposées de manière que les élèves ne puissent voir ce qui se passe au dehors ; c'est à dessein aussi que tout ce qui pourrait les amuser au dedans est soigneusement supprimé, du moins tant que dure la partie difficile d'une leçon. Une petite souffrance, ou du moins la crainte de la souffrance, *pourvu qu'elle soit légère,* n'est pas défavorable à la concentration intellectuelle.

Il nous reste à examiner un point important, celui du rapport entre la mémoire et la faculté de discernement, que nous avons signalé lorsque nous avons commencé à parler de celle-ci. L'étude de ce rapport nous fera mieux comprendre encore le véritable caractère de l'excitation qui concentre les forces sans les distraire ni les dissiper. Le moment d'un discernement délicat est celui où la force intellectuelle domine, car l'émotion dédaigne les distinctions subtiles, et rend l'esprit incapable de les sentir. Le calme des émotions permet à l'esprit de consacrer toutes ses forces aux actions intellectuelles en général, parmi lesquelles l'action fondamentale est la perception des différences. Or, plus nous pouvons consacrer d'énergie mentale à l'observation d'une différence, mieux nous sentons cette différence, et *mieux elle s'imprime en nous.* Le même acte qui est favorable à la perception des différences l'est aussi à la conservation des faits par la mémoire. Il est impossible de séparer ces deux phénomènes. Aucune loi de l'intelligence ne semble mieux établie que celle de l'union intime entre la faculté de discernement et celle de rétention. Tous les phénomènes pour lesquels notre perception des différences est grande — couleurs, formes, sons, goûts — sont aussi ceux que notre mémoire retient le mieux. Toutes les fois que l'attention peut se concentrer sur un sujet de manière à nous en faire sentir tous les détails les plus délicats, — ce qui est une autre manière d'exprimer la perception des différences, — cette circonstance même fait une impression profonde sur la mémoire, et nul moment n'est plus favorable pour graver profondément un fait dans la mémoire.

La perfection de l'excitation neutre consiste donc essentiellement dans l'application intense des forces intellectuelles à un acte ou à une série d'actes de discernement. Si nous pouvons l'obtenir par un moyen, quel qu'il soit, nous pouvons être sûrs que les autres conséquences intellectuelles de cet état s'ensuivront naturellement. Il est rare et difficile d'y arriver pour l'enfance et la première jeunesse, parce que les conditions, positives et négatives, de son plus haut degré, se trouvent rarement réunies. Néanmoins il est bon de savoir quelles sont ces conditions, et l'étude que nous venons de faire n'a eu d'autre but que de les indiquer.

Le plaisir et la souffrance ne remplissent pas seulement leur fonction propre, qui est de diriger les actions volontaires ; ils agissent aussi pour produire une simple excitation, pour ranimer la flamme de l'esprit, qui rend plus énergiques tous les actes intellectuels, y compris les impressions de la mémoire. Nous maintenons, bien entendu, la distinction entre l'excitation qui concentre les forces et celle qui les disperse, entre l'excitation qui *se porte sur* un travail et celle qui *s'en écarte*. Le plaisir, pourvu qu'il ne soit pas trop grand, est un auxiliaire plus favorable que la souffrance ; mais, d'un autre côté, celle-ci est un stimulant ou un excitant plus énergique : sous l'influence d'une douleur vive, les forces se tendent rapidement vers un but donné, jusqu'à ce que l'on arrive au point où elles se perdent au lieu d'agir d'une façon utile. Ceci nous ramène à la théorie de Socrate, et à l'emploi de la torpille ou du taon pour préparer au travail l'esprit de l'élève.

Pour nous rendre compte de la mesure dans laquelle la douleur agit comme stimulant de l'intelligence, il suffit de nous rappeler ce que nous avons bien des fois éprouvé quand nous étions au collège. Tout élève qui apprend une leçon par cœur se la répète un certain nombre de fois avec le livre, puis il essaye sans livre. Il échoue complètement, et cet échec lui cause un léger chagrin. Il revient au livre, puis essaye de nouveau sans son aide. Il échoue encore, mais cette fois il se torture la mémoire pour retrouver le fil qu'il a perdu. Le chagrin de ces échecs et les efforts qu'il fait stimulent les forces intellectuelles, et éveillent une attention sérieuse et énergique. Quand l'élève reprend le livre, son esprit est bien mieux disposé à recevoir les impressions nécessaires ; les anneaux trop faibles reçoivent une force nouvelle, et le succès de l'épreuve suivante démontre l'efficacité de la discipline imposée à l'esprit.

Je n'ai plus qu'une remarque à faire pour terminer cette étude des conditions de la plasticité : la faculté de discernement et la mémoire reçoivent toutes deux le même secours de la rapidité et de la vivacité des transitions. On dit généralement que tout changement vif et brusque produit une *impression* forte ; or, ceci s'applique également à la faculté de discernement et à celle de rétention. Les limites vagues, peu marquées et mal définies peuvent rarement être distinguées, et les sujets auxquels elles s'appliquent échappent à la mémoire. Cette considération rend souvent de grands services à ceux qui s'occupent d'éducation.

La ressemblance ou l'accord.

Je ne crois ni aller trop loin ni faire une comparaison inexacte en appelant cette faculté la force de gravitation du monde intellectuel. Pour la compréhension, la perception des ressemblances est aussi importante que la force plastique représentée par la rétentivité ou mémoire. Les méthodes à suivre pour arriver aux hauteurs les plus grandes de la science générale sont fondées sur les circonstances qui accompagnent la reconnaissance des choses semblables au milieu d'un grand nombre de dissemblables.

Malgré toute la variété que présente le monde tel que nous le connaissons, variété qui s'adresse à notre perception des différences, il présente aussi beaucoup de répétitions ou de ressemblances, et par conséquent d'unité. Il existe un grand nombre de nuances des mêmes couleurs, que notre œil sait distinguer entre elles, et cependant la même nuance se reproduit souvent à notre vue. Il existe bien des formes variées, — forme ronde, forme carrée, spirale, etc., — que nous distinguons parfaitement lorsqu'elles se trouvent opposées les unes aux autres, et en même temps nous voyons telle ou telle forme revenir sans cesse. A première vue, ce fait semble être absolument sans importance ; le grand point semble être d'éviter de confondre les objets différents — le bleu avec le violet, le cercle avec l'ellipse ; si le bleu se présente une seconde fois, nous n'avons qu'à le traiter comme nous l'avons déjà fait.

Mais en agissant ainsi nous allons trop vite, et nous ne tenons pas compte d'une considération essentielle. Ce qui donne au principe de ressemblance une position prédominante, c'est la *diversité* qui l'accompagne. La forme ronde que nous avons d'abord vue dans un anneau ou un sou, nous est présentée aussi par la pleine lune, tandis que les circonstances qui accompagnent cette forme ronde nous offrent des différences qu'il est indispensable de constater. Mais, malgré ces différences, il est important de reconnaître l'accord qui existe entre les différents objets sous le seul rapport de la propriété à laquelle on donne le nom de rondeur.

Lorsqu'une impression faite dans une certaine situation se répète dans une situation différente, la dernière impression nous rappelle la première, malgré la différence qui existe entre les deux ; on peut dire que ce rappel à notre souvenir est un nouveau genre de choc ou d'éveil de la conscience, auquel nous donnerons le nom de choc ou d'éclair de l'identité au milieu de la différence. Un morceau de charbon et un morceau de bois sont différents, et nous les envisageons d'abord comme tels. Si nous les mettons dans le feu, l'un et l'autre se mettent à flamber, donnent de la chaleur et se consument. Voilà un choc d'accord, qui devient une impression durable par rapport à ces deux objets. C'est de chocs de ce genre que se compose la moitié de ce que nous appelons connaissance.

Toutes les fois qu'une différence existe, nous devons la sentir ; de même, toutes les fois qu'il y a un accord, il faut que nous le sentions. Laisser passer l'un ou l'autre sans en tenir compte est stupidité. Notre éducation suit ces deux lignes à la fois, et si le maître nous prête quelque secours, il doit le faire pour l'une aussi bien que pour l'autre. Nous avons déjà indiqué les artifices qui favorisent la perception des différences, et les influences qui y font obstacle ; presque tout ce que nous avons dit à ce sujet s'applique aussi à celle des ressemblances. Lorsqu'il s'agit de reconnaître les ressemblances au milieu des différences, certains cas sont faciles, tandis que pour d'autres l'esprit a besoin de secours.

Nous signalerons de nouveau, pour la perception délicate des ressemblances, *l'opposition qui existe entre les actes intellectuels et les émotions.* C'est seulement en l'absence de toute émotion que les exercices intellectuels de l'ordre le plus élevé sont possibles. Ce fait doit mettre les maîtres en garde contre l'emploi trop fréquent des punitions, aussi bien que contre le plaisir et toute autre émotion. Mais nous allons en tirer une conséquence plus spécifique encore.

Nous aborderons tout de suite le problème des connaissances générales. Ce que l'esprit a le plus de peine à apprendre, ce sont les connaissances générales. Un fait général, une idée générale ou une vérité générale, est un fait qui se représente au milieu de circonstances différentes. Le mot chaleur, par exemple, sert à nommer un de ces faits généraux. Il existe un grand nombre d'objets distincts, fort différents les uns des autres, mais qui se ressemblent tous en ce qu'ils déterminent la sensation que nous nommons chaleur, — le soleil, un feu, une lampe, un animal vivant. L'intelligence discerne la ressemblance ; elle en est frappée, malgré toutes les différences entre ces objets, et par ce discernement elle arrive à une idée générale.

Or, la grande pierre d'achoppement pour l'élan généralisateur de l'esprit, c'est la présence des différences individuelles. Il se peut que ces différences soient faibles et insignifiantes ; il se peut aussi qu'elles soient très-grandes. Si l'on compare deux feux entre eux, on est frappé de leur ressemblance, et les différences qu'ils peuvent présenter sous le rapport de la grandeur, de l'intensité, du combustible, ne sauraient faire perdre de vue cette ressemblance. Au contraire, l'extrême dissemblance qui existe entre un rayon de soleil et un tas de fumier en fermentation, nuira singulièrement à la perception du point de ressemblance qui existe entre ces deux objets ; trop souvent cette lutte entre la ressemblance et la différence nous fait méconnaître celle-là, et retarde la découverte des vérités les plus importantes.

La méthode de *juxtaposition* peut servir à découvrir les ressemblances tout aussi bien que les différences. Nous pouvons grouper les propriétés communes aux corps qu'il s'agit de comparer, de manière à mieux faire ressortir leur ressemblance. Ce résultat est obtenu soit par le rapprochement des objets, comme cela arrive lorsqu'on cherche les différences, soit par leur contact symétrique, comme lorsque l'on compare les deux mains en les appliquant l'une sur l'autre, le pouce sur le pouce et les deux petits doigts réunis. Les juxtapositions symétriques ont l'avantage de montrer tout à la fois les ressemblances et les différences. La généralité de cette méthode est fort grande, et c'est un des moyens artificiels d'instruction les plus puissants que puisse employer un maître.

L'*accumulation* d'un grand nombre d'exemples est indispensable pour graver un fait général dans l'esprit. C'est seulement en montrant un grand nombre de fois en quoi consiste la ressemblance, et en isolant ce rapport de tout ce qui pourrait en distraire l'esprit, que l'on peut donner une impression suffisante d'une idée générale importante. Je ne puis examiner ici les divers obstacles que l'on a à surmonter lorsque l'on suit cette méthode, ni exposer les raisons qui empêchent de l'appliquer aux questions les plus élevées ; je dirai seulement que l'intérêt qui s'attache aux cas particuliers détourne constamment l'attention, et que le maître, aussi bien que l'élève, cède quelquefois à cette séduction.

La perception des ressemblances nous rend d'autres services encore, en devenant un secours précieux pour la mémoire. Quand nous avons à apprendre une leçon absolument nouvelle, nous sommes forcés d'en graver toutes les parties dans notre cerveau par la plasticité de cet organe, et il faut nécessairement un certain temps pour cimenter et mûrir toutes ces impressions. Si au contraire la leçon donnée contient des parties que notre cerveau possède déjà, nous nous trouvons dispensés du travail qu'exigeraient ces parties, et nous n'avons à apprendre que ce qui est nouveau pour nous. Quand nous savons tout ce qui a rapport à une certaine plante, nous pouvons facilement apprendre ce qui concerne les autres plantes de la même espèce ou du même genre, car il ne nous reste plus qu'à étudier les points par lesquels elles diffèrent de la première.

On voit tout de suite l'importance de ce fait pour le développement de l'esprit. Une fois que nous avons acquis un certain nombre de connaissances, — arts manuels, langues, dessin, — rien de ce qui se présente n'est plus absolument neuf pour nous, et le nombre des sujets qui peuvent être nouveaux décroît à mesure que nous apprenons davantage. La plasticité du cerveau est bien loin de s'accroître avec les années ; mais la facilité avec laquelle nous acquérons des connaissances nouvelles va toujours grandissant, parce qu'au fond ces connaissances sont si peu nouvelles que les nouveaux rapports cérébraux à établir se réduisent à fort peu de chose. L'air le plus original que puisse composer le génie musical le plus rare sera bien vite appris par un musicien instruit.

Ce fait si important se manifeste sans cesse dans la pratique de l'enseignement. Le maître peut aider et guider l'élève dans les cas où il ne sent pas la ressemblance qui existe réellement ; il doit aussi lui demander d'indiquer dans quelle mesure un exercice nouveau contient des faits déjà connus. Les obstacles et les moyens d'en triompher ont déjà été indiqués. Quand les sujets sont complexes, on a recours au rapprochement régulier, et il se peut aussi que l'on ait à combattre l'attrait que présentent les cas particuliers [1].

Faculté de combinaison.

Dans bien des parties de l'éducation, l'effort à faire ne consiste pas simplement à graver dans notre mémoire les faits présentés à l'esprit, mais bien à nous faire exécuter quelque opération nouvelle, quelque chose que nous n'avions pas pu faire jusqu'alors. Tels sont, par exemple, nos premiers essais pour parler, pour écrire et pour apprendre un art mécanique ou manuel. Il en est de même encore pour les actes intellectuels d'ordre supérieur, par exemple lorsqu'il s'agit de nous représenter par l'imagination des objets que nous n'avons pas vus. Je n'irai pas cependant jusqu'à comprendre parmi ces actes intellectuels l'invention ou la découverte, parce que la culture de la faculté créatrice n'est pas comprise dans le sujet qui nous occupe.

La psychologie de la faculté de combinaison est d'une simplicité remarquable. Certaines conditions fondamentales se retrouvent dans tous les cas, et c'est en observant ces conditions que nous pourrons,

1. Quand les maîtres, pour mieux graver les faits dans la mémoire des élèves, leur demandent d'établir les rapports de cause et d'effet, de moyen et de fin, d'antécédent et de conséquent, il s'agit réellement d'établir l'accord qui existe entre ces faits et des impressions acquises antérieurement.

comme maîtres, prêter tout le secours possible aux élèves qui luttent contre les difficultés.

La faculté de combinaison suppose nécessairement des *objets à combiner*, des facultés déjà acquises à exercer, à diriger, à combiner d'une manière nouvelle. Il faut marcher avant de se mettre à danser; il faut articuler des sons simples avant de pouvoir articuler des mots; il faut tracer des bâtons et des jambages avant de former des lettres; il faut se représenter des arbres et des arbustes, des fleurs et des pelouses, avant de pouvoir se représenter un jardin.

La conséquence pratique de ce principe est également évidente et incontestable; elle s'applique à l'éducation tout entière, et n'a jamais pu être entièrement négligée, bien qu'elle n'ait certainement jamais donné tous les fruits qu'on serait en droit d'en attendre. Avant de commencer un exercice nouveau, il faut que nous y arrivions graduellement par la pratique des exercices préliminaires ou préparatoires. Pour les exercices les plus matériels, tels que ceux de la parole et de l'écriture, des échecs viennent souvent rappeler les maîtres à l'observation de ce principe; au contraire, ils le perdent de vue quand les phases successives d'un travail sont trop subtiles pour être saisies; par exemple, lorsqu'il s'agit d'expliquer quelque doctrine scientifique.

Lorsque nous voulons faire une combinaison nouvelle, il faut que nous ayons une idée claire du résultat auquel il s'agit d'arriver; il faut aussi que nous ayons les moyens de juger de la mesure dans laquelle nous avons réussi. L'enfant qui apprend à écrire a son modèle devant lui; le soldat dans les rangs voit son chef de file, ou entend la voix du sergent instructeur. Toutes les fois que nous avons devant nous un modèle bien net et bien intelligible, nous avons de grandes chances de réussir; si au contraire notre idéal devient confus et indécis, nous hésitons et nous n'obtenons rien de bon. Si un maître est là pour nous guider par son blâme ou son approbation, ce devra être un homme d'un jugement solide et toujours d'accord avec lui-même; mais s'il n'est pas d'accord avec lui-même, et qu'il soit aujourd'hui d'un avis et demain d'un autre, il ne pourra que nous déconcerter et nous perdre.

Tous les modèles ont le défaut de contenir certains traits particuliers à leur auteur, mêlés à l'idéal qu'il avait en vue. Chaque maître nous communique inévitablement sa *manière*, et trop souvent certains élèves ne prennent du maître que cette manière, parce qu'il est généralement plus facile de la saisir que de s'assimiler ce qu'il y a de vraiment bien dans l'enseignement. Le remède en pareil cas consiste à comparer entre eux un certain nombre de bons modèles, comme un capitaine de navire compare entre eux les différents chronomètres dont il est muni.

Lorsque nous suivons un modèle dont la perfection est trop grande pour que nous puissions y atteindre, — par exemple, lorsqu'un enfant copie un modèle d'écriture gravé, — il nous faut un second jugement pour nous dire si nos fautes sont graves et fondamentales, ou seulement légères et inévitables. C'est là qu'intervient l'expérience du maître : il pourra rendre notre voie semblable à la lumière de l'aurore, qui devient de plus en plus brillante jusqu'à ce que le jour soit complet, ou il pourra nous laisser dans une perplexité désespérante. Le véritable rôle du maître est de nous montrer où sont nos fautes, en quoi elles consistent, et pourquoi ce sont des fautes.

Le seul moyen d'arriver à une combinaison nouvelle est d'essayer avec persévérance, jusqu'à ce que nous ayons réussi. La volonté détermine certains mouvements ; nous voyons qu'ils ne donnent pas ce qu'il faudrait, et nous les arrêtons ; nous en essayons d'autres, et nous recommençons ainsi, jusqu'à ce que nous ayons produit la combinaison que nous cherchions. Essayer et se tromper, tels sont les moyens d'acquérir des facultés nouvelles ; seulement, si les conditions que nous venons d'exposer se trouvent remplies, le nombre des tentatives infructueuses en sera d'autant moindre. Si nous avons été bien guidés vers la combinaison qui convient, et si nous avons une idée bien claire du but qu'il s'agit d'atteindre, il ne nous faudra pas beaucoup de tentatives : la suppression rapide de tout faux mouvement nous amènera bientôt à celui qui est juste.

L'acquisition d'une nouvelle combinaison manuelle — écriture, natation, arts mécaniques — exige un véritable effort de nos facultés, et pour y réussir il faut la réunion de toutes les circonstances favorables que nous avons indiquées à propos de la faculté rétentive. Vigueur et activité du corps et de l'esprit, absence de distractions et d'émotions vives ou étrangères à ce qui nous occupe, motifs de réussite : telles sont les circonstances qu'il faut tâcher de réunir quand on veut réaliser une combinaison difficile. Au contraire, la fatigue, la crainte, l'agitation, en un mot toutes les émotions qui épuisent les forces, nous enlèvent nos chances de succès.

Très-souvent, il arrive que nous sommes obligés d'interrompre nos efforts ; mais les résultats de la lutte ne sont pas entièrement perdus pour cela. Elle nous aura du moins appris à éviter certaines directions, limitant ainsi le cercle de nos tentatives pour la prochaine occasion. Au bout de deux ou trois répétitions de ces tentatives, séparées par des intervalles de repos, si nous n'arrivons pas à la combinaison que nous cherchons, c'est une preuve qu'il nous manque quelque exercice préparatoire, et il faut revenir sur nos pas pour mieux aborder la question. Il se peut que nous ayons déjà appris les mouvements préliminaires, mais que nous ne l'ayons

pas fait d'une manière assez ferme et assez certaine pour être sûrs
de bien les exécuter dans une combinaison

De l'alternance et de la rémission de l'activité.

Dans la marche ordinaire de l'éducation, les élèves s'occupent à la
fois de plusieurs branches distinctes, de sorte que dans une même
journée ils peuvent avoir à étudier trois ou quatre facultés, ou
même davantage.

Voici les principes à suivre pour l'alternance et la rémission des
différents modes d'exercice et d'application de l'esprit :

Le *sommeil* est le seul état où l'esprit et le corps suspendent d'une
façon complète et absolue toute dépense de forces, et dans le sommeil parfait, c'est-à-dire sans rêves, cette suspension est la plus
entière. Tout ce qui abrège le temps qui doit être donné au sommeil,
tout ce qui l'agite et le trouble, est une perte de forces.

Pendant l'état de veille, il peut y avoir cessation de tel ou tel
travail, avec un repos de l'organisme plus ou moins complet. Ce
sont nos repas qui font le mieux diversion au travail, en changeant
le cours des idées, tandis que le corps se repose.

L'exercice physique ou musculaire, quand il alterne avec le
travail intellectuel sédentaire, est au fond un mode de rémission
accompagné d'une dépense de forces nécessaire pour rétablir
l'équilibre des fonctions physiques. Il y a eu afflux d'un excès de
sang au cerveau; l'exercice des muscles détourne cet excès. L'oxydation des tissus a été ralentie; l'exercice des muscles est le moyen
le plus direct de l'accroître. Mais des observations exactes nous ont
appris que ces deux effets salutaires cessent de se produire lorsque
vient la fatigue, et que l'exercice trop prolongé, au lieu de reposer
l'organisme, ne fait que l'épuiser davantage.

Le point réellement important pour nous est de savoir ce que
nous gagnons à quitter un genre d'occupation pour passer à un
autre. Pour répondre à cette question, il faut tenir compte de bien
des considérations diverses.

Il est clair qu'il ne faut jamais que le premier exercice ait été
prolongé au point de produire un épuisement général. Un conscrit
qui vient de terminer l'exercice du matin n'est guère en état d'aller
sur-le-champ en classe prendre une bonne leçon d'arithmétique.
Les études musicales de certains acteurs peuvent être assez fa-
tigantes pour empêcher toute autre étude. L'acquisition de tel ou
tel talent particulier peut avoir pour nous assez d'importance pour
que nous voulions y consacrer toute la plasticité de notre organisme.

Quand les courants cérébraux persistent à suivre les mêmes

lignes, et se refusent à se tourner d'un autre côté, ce n'est là au fond qu'une autre forme d'épuisement.

Toute étude nouvelle et difficile présente certaines phases sur lesquelles il peut être bon de concentrer momentanément la plus grande énergie de la journée. En général, cette plus grande énergie correspond à la première partie du jour; mais, quelle que soit la difficulté spéciale dont il s'agisse, il serait bon de relâcher un peu toutes les autres études sérieuses ou pénibles jusqu'à ce qu'elle fût surmontée. Je ne veux pas dire qu'il faille absolument laisser de côté tout le reste; mais il y a dans presque toutes les études de longs espaces où l'on semble avancer, tandis qu'au fond l'on ne fait que répéter des efforts déjà familiers, et le maître doit autant que possible s'arranger de manière à faire concorder les moments de plus grande tension sur une des lignes avec ceux de rémission sur les autres.

Il n'y a guère d'étude ou d'exercice dont la complication et la variété soient assez grandes pour exiger l'emploi de toutes les forces de l'organisme; d'où il suit que, dans nos changements d'exercices intellectuels, nous devons préférer ceux qui laissent dans l'inaction aussi peu de nos facultés que possible. Ce principe s'applique nécessairement à toutes les opérations de l'esprit — acquisition, production, jouissance ; — mais il est bien entendu que nous ne devrons pas nous laisser tromper par une simple apparence de diversité.

Cherchons à indiquer les différences de sujets qui reposent l'esprit lorsqu'il passe de l'un à l'autre.

Bien des genres de changement ne sont au fond qu'une simple rémission de l'effort intellectuel. Quand on passe d'un travail sérieux et difficile à un travail facile, le plaisir que cause le changement est dû, non à la nature du nouveau travail, mais bien au soulagement que cause la cessation du premier. Quand on veut diminuer la tension des facultés, il vaut quelquefois mieux leur donner pendant quelque temps un travail facile que les laisser absolument oisives.

La substitution du jeu au travail offre le double avantage de l'exercice des muscles et d'une réaction agréable. Remplacer une occupation simplement laborieuse par une autre que l'on aime, c'est jouir réellement de la vie. Passer de la contrainte à la liberté, de l'obscurité à la lumière, de la monotonie à la variété, de la privation à l'abondance, c'est passer de la souffrance au plaisir. Ce changement, qui est la récompense effective du travail, est aussi la condition du renouvellement des facultés pour les rendre propres à supporter de nouvelles fatigues.

Serrons la difficulté de plus près encore, et donnons un exemple qui fasse comprendre le genre de changement qui peut avoir lieu sans que l'on cesse d'étudier, de sorte que tout en soulageant l'intelligence on ne la laisse pas cependant inactive. L'étude présente en général deux phases distinctes, celle d'observation et celle d'exécution. S'il s'agit d'exercices de vive voix, nous écoutons d'abord et nous répétons ensuite; pour les exercices manuels, nous regardons le modèle, puis nous le reproduisons. Or le vrai secret, l'économie des forces intellectuelles, est de savoir proportionner convenablement la durée de ces deux phases. Si l'on prolonge trop la tension d'esprit qu'exige l'observation, nous perdons l'énergie nécessaire pour agir à notre tour, et en outre notre esprit reçoit plus qu'il ne peut absorber. D'un autre côté, l'observation doit durer assez pour que nous soyons saturés de l'impression qu'elle est destinée à donner, et il faut que la quantité reçue mérite réellement la peine d'être reproduite. Quand on travaille d'après un modèle dont on dispose à volonté, on apprend la juste proportion qu'il faut établir entre l'observation et l'exécution. Au contraire, le maître court risque d'exagérer l'un ou l'autre de ces actes; il peut en donner trop à la fois, ce qui est la faute la plus ordinaire, ou encore il peut ne donner que de petites portions insignifiantes, qui ne suffisent pas pour éveiller l'énergie intellectuelle des élèves.

Quand une fois une combinaison difficile a été effectuée, le plus fort est fait; mais l'acquisition n'est pas encore complète : il reste à répéter et à pratiquer ce qui vient d'être trouvé, pour le rendre facile et en assurer la conservation. La tâche est relativement aisée : c'est celle du soldat une fois sa première année terminée. Sans doute il y a encore un travail plastique qui s'effectue, mais il n'exige pas la même dépense de forces que les premières luttes. Une fois qu'on en est là, d'autres acquisitions intellectuelles sont possibles, et c'est le moment d'y travailler. Évidemment il y a soulagement pour l'élève qui passe d'un sujet entièrement nouveau, et auquel son intelligence n'est pas habituée, à des exercices qu'il a déjà pratiqués, et qu'il n'a plus qu'à continuer et à graver plus profondément dans son esprit.

Avant de nous occuper des diverses études nouvelles qu'il est bon de faire alterner, il ne sera pas hors de propos de dire quelques mots des deux différentes facultés intellectuelles que nous nommons mémoire et jugement. Elles sont distinctes sous tous les rapports, de sorte que le passage de l'une à l'autre est bien un changement réel. La mémoire est presque identique à la faculté rétentive ou plastique, que j'ai considérée comme celle dont l'exercice entraîne la plus grande dépense de forces pour l'intelligence et pour le cerveau. D'un autre côté, l'action du jugement peut n'être que l'exercice de la faculté de discernement; elle peut aussi être une perception de ressemblance et d'identité; enfin elle peut encore comporter un acte de combinaison. Le jugement est la faculté de notre esprit qui tire parti des impressions déjà existantes, par opposition à celle qui ajoute à la somme de ces impressions. La plus séduisante et la plus productive de toutes nos facultés intellectuelles est celle de la perception des ressemblances, qui nous permet de remonter du particulier au général, de reconnaître l'unité dans la variété, et de dominer la multiplicité de la nature au lieu de nous laisser dominer par elle.

Il y aurait encore beaucoup à dire pour montrer complètement la nature de l'opposition entre les actes intellectuels qui dépendent de la mémoire et ceux qui dépendent du jugement. Les langues et les sciences représentent assez bien cette opposition, bien que l'étude des langues n'exclue pas l'exercice du jugement, et que les sciences exigent celui de la mémoire. Mais, pour les langues, c'est la rétentivité qui est surtout en jeu, et pour les sciences le grand point est de reconnaître l'unité dans la variété. Aussi le passage de l'une de ces études à l'autre présente-t-il une différence et un changement véritables pour l'esprit; seulement, dans l'enfance, le rôle le plus important appartient à la mémoire machinale, qui agit alors plus facilement que l'autre faculté, pour des raisons qu'il est aisé de deviner.

Nous pouvons maintenant examiner quelles sont les études qui constituent les changements ou diversions les meilleures pour détendre l'esprit sur un point, tout en permettant d'avancer sur un autre point. Pour les exercices des muscles, nous distinguerons plusieurs régions distinctes : le corps en général, la main, la voix pour les sons articulés et la voix pour le chant. Passer de l'une de ces régions à une autre est un changement presque complet. En outre, au point de vue du sens que nous exerçons, nous pouvons faire travailler alternativement l'œil et l'oreille, ce qui donne un autre changement complet. De plus, le travail de chaque organe peut porter sur des phénomènes distincts : l'œil perçoit également les couleurs et les formes; l'oreille, la musique et les sons articulés.

Un autre changement qui repose bien l'esprit est le passage de la lecture d'un livre ou d'une leçon orale à l'examen d'objets concrets, ce qui a lieu presque constamment dans les sciences d'observation et les sciences expérimentales. Ce changement est presque aussi grand que lorsque l'on passe d'un sujet abstrait, comme les mathématiques, à une science concrète et expérimentale, telle que la botanique ou la chimie. Le changement est plus grand encore si l'on passe du monde matériel au monde intellectuel; mais, dans ce cas, on est exposé à être souvent trompé par les apparences.

On a dit avec raison que l'arithmétique repose l'esprit après un certain temps consacré à la lecture et à l'écriture; en effet, l'effort de l'intelligence et la direction qu'on lui imprime pour faire des calculs et résoudre des problèmes sont bien différents de ceux qu'exige une leçon de lecture. On considère à juste titre les mathématiques comme le travail le plus difficile et le moins attrayant pour la généralité des esprits, et cependant il peut y avoir des occupations qui les fassent accepter comme un délassement agréable. J'ai connu des ecclésiastiques qui, pour se reposer des devoirs de leur ministère, se mettaient à résoudre des problèmes d'algèbre et de géométrie.

L'étude des beaux-arts est toujours une diversion agréable, soit parce qu'elle met en jeu des organes sensibles aux nuances, soit parce qu'elle donne un sentiment de plaisir qui n'entre que pour une bien faible part dans les autres études. La partie la plus attrayante de l'éducation morale a un certain rapport avec les arts ; mais ses exercices les plus sérieux sont une nécessité pénible, et non un délassement d'une autre occupation.

Les récits, les incidents émouvants et les sujets d'un intérêt général servent surtout comme récréations et comme sources de plaisir. Considérés à tout autre point de vue, ils rentrent dans une des études principales et dépendent de la mémoire, du jugement ou de la faculté de combinaison, et doivent être traités en conséquence.

L'éducation physique, les beaux-arts, — qui sont eux-mêmes une réunion d'alternances, — les langues, les sciences, ne nous présentent pas une liste complète de toutes les acquisitions intellectuelles ; mais ils nous indiquent les principaux genres d'études dont la substitution l'un à l'autre délasse l'esprit et favorise l'économie de l'ensemble de ses forces. Comme je l'ai déjà dit, chacune de ces études admet des changements d'attitude et d'exercice : après avoir écouté, on répète ; après avoir appris une règle, on l'applique à des cas nouveaux ; enfin, d'une manière générale, du savoir on passe à la pratique.

Le passage d'une langue à une autre, qui n'est qu'un changement dans la nature des impressions, est un délassement moins complet que les autres changements de travail, mais qui néanmoins est réel. Il le sera surtout si les exercices ne sont pas les mêmes dans les deux langues, car, après avoir appris une liste de mots latins le matin, apprendre le soir une liste de mots allemands n'est point du tout un délassement.

Quand on passe d'une science à une autre, il se peut, comme nous l'avons déjà dit, que le changement soit très-grand ou qu'il soit insignifiant. De la botanique à la zoologie il n'y a qu'une différence d'objet matériel, sans changement dans la forme du travail. Les mathématiques pures et les mathématiques mixtes sont absolument la même chose. Passer de l'algèbre à la géométrie ne donne qu'un repos insuffisant ; de la géométrie à la trigonométrie et aux sections coniques, ne délasse aucune faculté.

Certains petits changements donnent un délassement véritable et ne doivent pas être dédaignés. Passer d'un maître à un autre — en admettant, bien entendu, que tous deux enseignent bien — est un repos sensible et agréable ; même le changement de salle, de place, de posture, est un remède contre la fatigue et facilite les efforts ultérieurs. Un élève fatigué trouvera même plaisir, s'il ne peut changer de sujet, à changer de livre [1].

Quelques sujets présentent des aspects si divers qu'ils semblent renfermer les éléments d'une occupation suffisamment variée : telles sont la géographie, l'histoire et la littérature, lorsqu'on les étudie au double point de vue de la connaissance des faits et de la manière de les exprimer. Cependant cette variété n'est pas une chose absolument désirable. Il faudrait que la partie analytique de la science de l'éducation décomposât ces études complexes en leurs éléments constitutifs, et examinât non seulement la part que chacun de ceux-ci apporte à notre culture intellectuelle, mais encore les avantages et les désavantages que présente leur mélange.

1. Dans les gymnases allemands, où les règles sont sévères et le travail exigé des élèves considérable, on permet à ceux-ci de consacrer un jour par semaine aux études qu'ils préfèrent.

CHAPITRE IV

LES ÉMOTIONS MORALES.

Idées de plaisir ou de souffrance qui s'attachent aux objets. — Conditions
spéciales des souvenirs heureux. — Les mouvements passionnés et
violents. — Distinction entre l'éducation morale et les mobiles du devoir. — Répugnance pour le mal en soi. — ACTION DES MOBILES : — 1° LES
SENS. — Les châtiments et la sensibilité. — Souffrances musculaires ;
souffrances nerveuses ; ennui. — Privation de nourriture. — Châtiments
corporels. — 2° LES ÉMOTIONS. — *La terreur.* — La crainte n'accompagne
pas toujours la souffrance. — Inconvénients de la crainte employée
comme moyen d'action. — *Les mobiles sociaux.* — Ensemble des sentiments sociaux. — Leurs formes les plus intenses ne conviennent pas
pour l'éducation. — Comment la sociabilité peut nous exciter au travail. — Influence de la multitude sur l'individu. — *Les sentiments mauvais et anti-sociaux.* — Nécessité de réprimer la colère et la cruauté. —
Exercice légitime des passions méchantes : — Les punitions réelles ou
imaginaires ; la moquerie ; les jeux. — La colère comme moyen de
discipline. — *Le sentiment du pouvoir.* — Pouvoir réel et pouvoir imaginaire. — Leur importance comme mobiles — *Les sentiments de personnalité.* — Complaisance et estime pour soi. — Amour des louanges
ou de l'admiration. — Mesure à observer dans la louange. — Blâme,
censure.

On peut dire que l'éducation morale est celle qui présente les
plus grandes difficultés ; pour l'entreprendre, il faut d'abord être au
courant de ce que nous savons sur les lois qui régissent les sentiments et la volonté. Les sentiments et la volonté ont certaines forces
qui préexistent à toute culture, et, de plus, la culture leur en fait
acquérir de nouvelles ; mais l'impossibilité de mesurer d'une manière
rigoureuse l'intensité des sentiments et des émotions rend fort difficile l'appréciation exacte des effets de ces deux genres de forces.

Les lois générales de la rétentivité s'appliquent également aux
émotions. La répétition et la concentration intellectuelle sont indis-

pensables pour que l'esprit en vienne à attacher à un objet une idée de plaisir ou de souffrance. Mais les caractères particuliers des émotions exigent que nous ajoutions quelque chose à ce qui a déjà été dit. Peut-être le meilleur moyen de mettre en lumière les points sur lesquels nous voulons insister, est-il d'indiquer les sentiments dépendant de la faculté émotionnelle et de la volonté qui frappent surtout l'attention de tous ceux qui s'occupent d'éducation.

Nous citerons d'abord l'association d'une idée de plaisir ou de peine aux différents objets qui se sont trouvés auprès de nous dans nos moments de bonheur ou de souffrance. Tout le monde sait que nous regardons avec plaisir les objets, d'abord indifférents, que nous avons souvent vus dans des moments de bonheur. Parmi les exemples les plus familiers de ce sentiment, l'on peut citer les idées que nous attachons à tel ou tel lieu : si notre vie est heureuse, notre attachement pour les lieux que nous habitons et pour leur voisinage va toujours croissant ; nous ne les quittons qu'avec un profond chagrin, et, quand nous avons quelques jours de liberté, c'est avec joie que nous allons revoir les lieux témoins de notre bonheur passé. Nous devons compter aussi parmi les sentiments acquis les idées que nous attachons aux objets qui ont servi à nos occupations, à nos goûts et à nos travaux. Nos meubles, nos outils, nos armes, nos curiosités, nos collections, nos livres, nos tableaux, en un mot tout ce qui nous entoure, acquiert par les sentiments que nous y attachons un prix qui nous fait mieux supporter les ennuis de la vie. La nature essentielle de l'affection et ce qui la distingue de l'émotion, c'est d'être la confirmation et l'accroissement de l'attachement que nous a d'abord inspiré un objet. A mesure que nos connaissances deviennent plus étendues, nous établissons de nombreuses associations de sentiments avec des choses purement idéales, par exemple avec des lieux, des personnages ou des incidents historiques. Il me suffit d'indiquer ici, comme agrandissant encore le vaste champ des sentiments acquis, les cérémonies, les rites et les formes, qui jouent un si grand rôle dans la vie. Le problème de la distinction entre les effets primitifs et les effets dérivés n'est autre que celui de l'appréciation exacte de ces plaisirs acquis.

Quiconque s'occupe d'éducation ne peut s'empêcher de jeter un regard de convoitise sur le champ qui s'ouvre ici, et qui présente à son art un tableau si attrayant. C'est le domaine des possibilités indéfinies, si séduisant pour les esprits qui voient tout en beau. Faire l'éducation uniquement par le bonheur et par une douce combinaison d'associations d'idées agréables, quelle charmante perspective ! Sidney Smith a dit avec justesse : « Si vous rendez des enfants heureux dans le présent, vous leur assurez pour dans vingt

ans le bonheur que donne le souvenir d'une enfance heureuse. »
Ceci s'applique évidemment à la vie de famille ; mais on peut le
réaliser aussi dans la vie de collège, et quelques esprits enthou-
siastes ont même été jusqu'à supposer que le collège peut être
assez bien organisé pour effacer l'impression d'une vie de famille
qui aurait été malheureuse.

Ce n'est pas quelques jours, mais bien plusieurs années, qu'il faut
pour établir ces douces associations d'idées. J'ai cherché, dans un
autre ouvrage [1], à exposer la psychologie de cette action, et je ne
reviendrai pas ici sur les principes et les conditions que je crois
avoir établis. Mais ce serait m'écarter de la suite naturelle des idées
que de ne pas appeler ici l'attention de mes lecteurs sur la vitesse
toute différente avec laquelle s'établissent les associations de sentiments pénibles : dans ce cas, la marche des impressions est bien
moins lente, et ne subit ni arrêt ni interruption.

A certaines exceptions près, le plaisir a pour termes physiques
corrélatifs la vitalité, la santé, la vigueur, l'accord harmonieux de
toutes les parties de l'organisme ; il exige une alimentation suffisante, une excitation qui ne soit pas poussée trop loin, l'absence de
tout ce qui pourrait blesser ou irriter un organe. La souffrance
résulte du manque d'une de ces conditions, et par conséquent il
est aussi facile de la produire et de l'entretenir qu'il est difficile
d'assurer l'état contraire. Rappeler un écho ou un souvenir de
plaisir, c'est reproduire l'abondance, la juste mesure et l'harmonie
des facultés, ou du moins leur apparence. On peut y arriver assez
facilement lorsque tel est l'état réel des facultés au moment donné ;
mais la réciproque est bien loin d'être vraie. Ce qu'il faudrait, c'est
pouvoir déterminer un état général de satisfaction, quand la disposition réelle des facultés est tout au plus neutre ou indifférente à cet
égard, et, même au milieu d'une souffrance réelle, aller jusqu'à
ramener le sentiment du plaisir par la force de la rétentivité. Pour
des motifs qu'il est facile de discerner *à priori*, une telle faculté
n'est pas de celles que l'on acquiert sans de longs efforts.

La souffrance, au contraire, est facile à produire en réalité et à
reproduire par l'imagination. Il est toujours facile de se brûler les
doigts, et il l'est également d'associer l'idée de souffrance à celle
d'une flamme, d'un tison ou d'un fer chaud. Si nous visitons une
belle maison en simple curieux, les idées de bien-être et de jouissance qu'elle éveille nous causent un certain plaisir ; mais nous
sommes relativement bien plus attristés lorsque nous pénétrons
dans les logis misérables des pauvres ou dans les sombres cellules
d'une prison.

1. *The Emotions and the Will*, 3ᵉ éd., p. 83.

Pour bien comprendre la facilité avec laquelle se produisent les sentiments pénibles, il faut étudier les mouvements passionnés, c'est-à-dire les sentiments caractérisés par de brusques explosions. Ces mouvements entraînent toujours une grande dépense de force vitale ; il est toujours facile de les déterminer directement, et il ne l'est pas moins de les attacher à des choses indifférentes qui les déterminent indirectement. Ils sont très-rarement désirables en eux-mêmes ; nous devons donc nous efforcer d'en arrêter et d'en modérer l'action première, et de faire disparaître toute occasion qui pourrait les ramener. Un des meilleurs exemples que nous en puissions donner est la terreur, qui n'est après tout qu'une manifestation violente d'énergie dépensée en pure perte sous l'influence de certaines formes de souffrance. Si elle est souvent éveillée par ses causes naturelles, elle s'attache avec une facilité désastreuse aux circonstances accessoires, et fait des progrès rapides. Après la terreur vient l'irascibilité, qui est également une émotion à explosion brusque. Ce sentiment aussi, lorsque ses causes naturelles tendent à le produire facilement, agrandit bientôt son domaine par de nouvelles associations d'idées. A tous les points de vue, il est plus dangereux que la terreur. En effet, celle-ci est un état si misérable que nous la réprimerions si c'était possible. La colère, au contraire, bien qu'elle contienne des éléments pénibles, est de sa nature un sentiment luxuriant ; il se peut fort bien que nous ne voulions ni la réprimer lors de sa première apparition, ni l'empêcher de s'étendre à des objets secondaires. Lorsqu'une personne nous a profondément irrités, notre colère déborde sur tout ce qui lui appartient. S'il y a là un plaisir, ce plaisir se développe rapidement, car les haines peuvent être vives, même dans l'enfance. La combinaison de terreur et d'irascibilité qui produit ce que l'on nomme antipathie, est un sentiment facile à déterminer — à moins de lui opposer une résistance énergique — et non moins facile à cultiver, de sorte que son développement est bien loin de marcher avec la lenteur qui caractérise celui des plaisirs, dont nous avons parlé plus haut. Un troisième exemple, non moins remarquable, de manifestation brusque d'un sentiment par une vive explosion, nous est fourni par le rire, qui peut être produit soit par des causes naturelles, soit par des stimulants factices ou indirects. Pour le rire, l'excès même de l'agitation qu'il produit en provoque la suppression ; de plus, il est rare que l'âge ne tende pas à en restreindre plutôt qu'à en agrandir la sphère. Comme expression de blâme et de mépris, sa culture est aussi facile que celle de la malveillance qui le détermine. Nous citerons encore les explosions de la douleur, émotion qui exerce une influence puissante, et qui, si l'on n'y met obstacle, ajoute à sa force naturelle celle d'une habitude qu'il n'est que trop facile de contracter. Enfin, à la tendresse se rattache un mode de manifestation vive dont le seul défaut est d'être trop forte pour durer ; elle produit une ardeur passagère à laquelle peuvent trop souvent succéder la froideur et l'oubli. Ce mouvement aussi s'étend spontanément, et nous offre l'exemple d'une rapidité peu désirable dans l'explosion d'un sentiment.

Nous n'avons fait que présenter ici un résumé de faits bien connus dans l'histoire des sentiments. On sait également que les manifestations trop vives sont le défaut de la jeunesse, défaut que les années et le développement des facultés corrigent en grande partie. Les luttes de la vie ordinaire nous apprennent à devenir moins expansifs et à maitriser nos sentiments, et la réflexion nous engage chaque jour davantage à réprimer nos premiers mouvements, ce qui a pour résultat de ralentir ou même d'empêcher leur transformation en habitudes. Les deux conditions principales indispensables à l'exercice de cette influence extérieure et à l'adoption d'habitudes contraires, sont, je l'ai déjà dit ailleurs, une initiative puissante et une série non interrompue de conquêtes. Il suffit de donner des exemples de la manière dont ces conditions s'appliquent à chaque émotion en particulier, pour faire connaitre par cela même les caractères spéciaux de chaque genre : crainte, colère, amour, etc.

Les associations d'idées qui offrent le plus d'intérêt sont toujours celles auxquelles leur influence sur la conduite, au point de vue du bien et du mal, a fait donner le nom de « morales ». Pour la dernière classe dont nous avons parlé, ce rapport est tout à fait direct, tandis qu'il n'est qu'indirect pour la première. Mais, en abordant ce sujet au point de vue exclusif de la culture morale, il faut traverser dans une nouvelle direction le domaine des idées générales qui se rapportent aux émotions.

Le progrès moral est évidemment un accroissement de la force de la faculté dite morale, ou faculté de conscience, accroissement de force qui a po..r résultat, selon l'expression de Butler, de lui donner une puissance égale à son droit. Mais pour accroitre une force il faut d'abord la connaitre ; si elle est simple, il faut la définir dans sa simplicité ; si elle est composée, il faut en indiquer les éléments afin de pouvoir les définir. La manière dont Bentham et James Mill ont traité la question de la culture morale, en dehors de toute idée conventionnelle, fera bien comprendre ce que je veux dire. Mill applique au sens moral la théorie de la dérivation poussée jusqu'à ses extrêmes limites, et son esquisse de la marche à suivre pour l'éducation morale est naturellement conforme à cette manière de voir. Il analyse impitoyablement les vertus cardinales ; en voici un exemple : « La tempérance est en rapport avec la souffrance et le plaisir. Il s'agit de rattacher à chaque souffrance et à chaque plaisir les groupes d'idées qui, d'après l'ordre des faits, tendent en dernier ressort, de la manière la plus efficace, à accroître la somme des plaisirs et à diminuer celle des souffrances. » Les partisans d'une faculté morale suivraient, pour inculquer la tempérance, une méthode différente, mais que je juge inutile de développer ici.

Quoi qu'il en soit, c'est un fait incontestable que de tout temps les moyens employés pour assurer la conduite morale des hommes ont été les peines et les récompenses, c'est-à-dire la souffrance et le plaisir. Cette méthode a généralement atteint le but qu'on s'était proposé ; elle a touché les ressorts qui font agir les êtres humains, quelle que soit la couleur de leur peau. Aucun homme n'a besoin de qualités intellectuelles spéciales pour concevoir une crainte salutaire des peines dont dispose l'autorité civile. Comme nous sommes naturellement disposés à fuir les souffrances de toute nature, nous cherchons nécessairement à éviter celle qui se présente sous la forme d'une punition. Ce mouvement ne dépend pas plus de l'éducation que celui qui nous porte à éviter la faim, le froid ou la fatigue.

Quand on refuse d'admettre l'existence d'une faculté spéciale, différente de tous les autres éléments reconnus de l'esprit, — sentiment, volonté, intelligence, — on ne doit pas pour cela être considéré comme ayant dit que la conscience est purement une affaire d'éducation, car, sans avoir reçu aucune éducation, l'homme peut être moral dans le sens le plus étendu de ce mot. Ce que nous entendons par la théorie de la dérivation de la conscience, c'est que tout ce que celle-ci renferme peut se ramener à l'un ou à l'autre des faits fondamentaux de notre nature, d'abord à la volonté, mise en jeu par la souffrance et le plaisir, et ensuite aux impulsions sociales et sympathiques. La combinaison de ces facteurs donne à la bonne conduite un élan presque irrésistible, partout où s'exerce l'influence extérieure de la loi et de l'autorité. Sans doute l'éducation est un troisième facteur d'une certaine valeur, mais il est possible d'en exagérer l'influence tout aussi bien que de la compter pour trop peu. Je ne dois pas me tromper de beaucoup en affirmant que les soixante-quinze centièmes de la faculté morale moyenne représentent l'influence exercée sur la volonté par les châtiments et les récompenses que distribue la société.

Au risque d'engager la théorie de l'éducation dans une discussion qui y semblera peut-être étrangère, je crois qu'il est nécessaire de faire ces déclarations avant de rechercher les associations des émotions et de la volonté qui constituent la partie artificielle et acquise de notre nature morale. Le rôle important que joue ici l'éducation est assez démontré par la différence qui existe entre les enfants qui sont abandonnés à eux-mêmes et ceux qui sont élevés avec soin ajoutons cependant que ce n'est pas à l'éducation seule qu'il faut attribuer cette différence.

Quand une fois il est bien compris que le mal entraine toujours un châtiment, il ne semble pas que l'éducation puisse ajouter à la répugnance naturelle que ce châtiment inspire à l'esprit ; et, d'un autre côté, lorsqu'une récompense nous est présentée pour nous encourager à une certaine conduite, nous n'avons pas besoin de leçons spéciales pour nous déterminer à la mériter. Il y a, il est vrai, une faiblesse trop connue qui annule souvent l'action de ces motifs : je veux parler de celle qui nous fait céder à quelque attrait actuel et puissant. L'éducation pourrait quelque chose pour corriger cette faiblesse, mais elle agit rarement dans ce sens. Le maitre qui y réussirait aurait fait beaucoup plus que ce que comporte l'amélioration morale proprement dite.

Parmi les sentiments distincts qui viennent fortifier les mouvements naturels d'accord avec le devoir moral, je crois pouvoir citer le développement d'une répugnance immédiate, indépendante et désintéressée, pour tout ce qui est constamment dénoncé et puni comme mal. C'est là un état ou une disposition d'esprit qui fait partie d'une conscience bien développée ; elle peut se produire spontanément sous l'influence de l'autorité sociale, et elle peut être aidée par l'action du maitre. Mais il se peut aussi qu'elle ne se manifeste pas. Elle correspond au sentiment qui fait que certains avares aiment l'argent pour lui-même, mais elle ne se produit pas avec autant de facilité. Avant tout, il ne faut pas que l'esprit traite l'autorité comme un ennemi avec lequel on doit compter, et auquel il ne faut obéir que quand on ne peut pas faire mieux. Il faut que l'on accepte de bon cœur le système social et l'action de ses châtiments, ce qui ne peut provenir que de bons instincts joints à la pensée des maux dont ces châtiments préservent le genre humain. C'est une position favorable dans le monde, aidée par de bons sentiments, qui nous habitue à cette répugnance pour les actions immorales considérées en elles-mêmes et indépendamment des châtiments qu'elles entrainent ; et alors, même quand personne n'est là pour nous voir, nous remplissons nos devoirs, non dans le sens étroit de la lettre, mais avec la largeur de l'esprit. Il serait difficile d'indiquer à première vue et sans y avoir réfléchi, la manière dont le maitre pourrait contribuer à favoriser ce développement spécial.

Dans l'éducation, on se trouve à tout moment en présence de l'action des mobiles. Or, la théorie des mobiles est celle de la sensation, de l'émotion et de la volonté ; en d'autres termes, c'est la psychologie des facultés sensitives et des facultés actives

Action des mobiles : les sens.

Les plaisirs, les souffrances et les privations infligées aux sens sont les premiers mobiles, les plus infaillibles et peut-être aussi les plus forts. Sans parler de leur importance au point de vue de la conservation personnelle, nous pouvons dire qu'ils constituent la principale pièce de résistance du festin de la vie.

Quand on envisage les sens au point de vue des sensations qu'ils déterminent, c'est-à-dire au point de vue du plaisir et de la souffrance, il est impossible de ne pas reconnaitre l'inexactitude de la classification universellement admise. En effet, bien qu'au point de vue de l'instruction ou de l'intelligence les cinq sens soient les voies réellement importantes pour arriver à l'esprit, cependant, au point de vue de la sensation ou du plaisir et de la souffrance, négliger de parler de la susceptibilité des divers organes est nécessairement omettre une partie considérable du sujet. Quelques-uns de nos plus grands plaisirs et de nos souffrances les plus vives partent de la région de la vie organique — digestion, circulation, respiration, bon ou mauvais état des muscles et des nerfs.

Pour agir sur des êtres humains, ce genre de sensibilité est une première ressource. On peut y compter avec plus d'assurance peut-être que sur tout autre. Au fond, presque toutes les punitions purement physiques rentrent dans le domaine des sensations organiques. C'est parce que la punition menace les parties vitales de l'organisme qu'elle est redoutable. Elle n'est que le degré inférieur de ce qui, poussé plus loin, détruit la vie elle-même.

Par exemple, les muscles sont le siège d'un grand nombre de sensations, les unes agréables, les autres douloureuses : plaisir d'un exercice salutaire, souffrances causées par la privation de cet exercice ou par un excès de fatigue. Dans la jeunesse, quand tous les muscles, ainsi que les sens, sont pour ainsi dire neufs, les organes musculaires peuvent procurer ou de grands plaisirs ou de grandes souffrances. Accorder à l'activité des organes son entier exercice peut devenir une précieuse récompense; le lui refuser, c'est infliger une souffrance ; pousser cet exercice au delà des limites des forces sera une souffrance plus grande encore. Notre discipline pénale emploie ces deux formes de souffrance : aux jeunes elle applique la peine la plus douce, la privation d'exercice ; aux adultes, qu'il faut traiter plus sévèrement, elle inflige la torture d'un excès de fatigue.

Le système nerveux aussi est sujet à une dépression organique, et quelques-unes de nos souffrances proviennent de cette cause. L'état bien connu auquel on donne le nom d'ennui n'est qu'un malaise nerveux ; il est causé par un exercice exagéré d'une partie du système nerveux. Poussé à l'extrême, il devient presque intolérable. Telle est la souffrance que causent les pensums des écoliers, la prison, et en un mot tout ce qui est monotone. Les souffrances aiguës du système nerveux qui proviennent de causes naturelles, sont représentées par les douleurs névralgiques. C'est dans les souffrances artificielles graduées, agissant directement sur les nerfs au moyen de l'électricité, que nous pouvons chercher les châtiments corporels de l'avenir, qui devront remplacer le fouet et les tortures musculaires.

A l'abondance ou à la privation de la nourriture qui est indispensable à notre corps se rattache nécessairement une somme considérable de plaisir et de souffrance. Le manque absolu de nourriture, l'insuffisance des aliments et leur mauvaise qualité produisent un abattement et des souffrances qui peuvent devenir atroces, et dont la crainte est le motif le plus puissant qui décide les êtres humains à travailler, à mendier ou à voler. Au contraire, une nourriture abondante et substantielle est par elle-même une source de plaisir presque suffisante. Les stimulants que nous fournissent les divers états entre ces deux extrêmes, nous permettent d'exercer **sur la conduite** humaine une influence considérable.

On peut faire une distinction instructive entre la privation et la faim, ainsi qu'entre leurs contraires. La privation est une insuffisance réelle de matières nutritives dans le sang ; la faim est la voix de l'estomac qui réclame sa nourriture aux heures où il a l'habitude de la recevoir : c'est une sensation locale qui peut être très-aiguë, mais que n'accompagne jamais l'abattement profond causé par l'inanition. Notre sang peut avoir encore bien assez de substances nutritives à sa disposition au moment où la faim nous fait déjà souffrir. Punir un enfant en lui retranchant, une fois par hasard, un des trois ou quatre repas de la journée, ne saurait avoir le moindre inconvénient au point de vue de sa santé, et peut en même temps produire sur lui une impression salutaire comme motif d'action. Diminuer d'une manière absolue les éléments nutritifs mis à la disposition de l'organisme, est une punition fort rigoureuse ; infliger par la faim une souffrance passagère n'est pas du tout la même chose.

La réunion des plaisirs très-vifs du goût avec la satisfaction de l'estomac et le bien-être que cause l'abondance des éléments nutritifs dans un corps vigoureux, constitue une somme considérable de sensations agréables. Entre le minimum nécessaire à la conservation de la vie et la nourriture luxueuse que permet la richesse, l'échelle est fort étendue, et offre un vaste champ d'influence pour l'éducation des enfants. Comme leur régime ordinaire est fort au-dessus du strict nécessaire, tout en restant bien au-dessous du superflu exagéré, le maitre peut agir soit en réduisant, soit en accroissant le bien-être, sans risque d'affaiblir ou de trop donner; et, comme les enfants sont généralement friands, ce mobile exerce sur eux une grande influence. Le maître qui voudra s'assurer ce moyen d'action sur ses jeunes élèves aura soin de régler leur régime de manière que des changements en bien ou en mal soient faciles. Chez les pauvres, ce moyen d'influence n'existe pour ainsi dire pas; pour punir les coupables, il est alors nécessaire de descendre d'un degré et d'avoir recours à la verge.

Tels sont les principaux moyens d'agir sur la sensibilité organique pour récompenser et pour punir. La férule et la verge agissent sur l'organe du toucher, mais en réalité l'effet qu'elles produisent doit être rangé parmi les souffrances de la vie organique plutôt que parmi les sensations du toucher : la douleur produite vient d'abord du dommage causé au tissu, et, si elle est poussée trop loin, elle détruit la vie elle-même. Comme toutes les douleurs physiques aiguës, elle agit en inspirant une terreur salutaire, et il est certain que c'est le châtiment favori de toutes les époques et de toutes les races humaines. Cette peine ne doit être appliquée que dans des limites strictement définies; mais la définition de ces limites se rattache à des idées qui ne viendront que plus tard.

Les cinq sens ordinaires ne remplissent pas seulement des fonctions intellectuelles, mais ils peuvent encore, dans bien des circonstances, devenir pour nous des sources de plaisir ou de souffrance. Un maître habile fera souvent de ces plaisirs un motif déterminant pour ses élèves. Quant aux souffrances, il pourrait sans doute les employer aussi de la même manière ; mais, sauf les exceptions que nous avons déjà indiquées, il le fait bien rarement. Nous ne punissons pas les enfants en les soumettant à de mauvaises odeurs ou en leur faisant avaler des substances amères. Des sons durs et discordants peuvent devenir une véritable torture; mais on ne les emploie pas dans l'éducation. Les souffrances éprouvées par les organes de la vue peuvent être fort intenses; mais, comme punition, on ne les trouve que dans les codes les plus barbares.

Nous ne parlerons pas encore des principes généraux des punitions, mais nous passerons sur-le-champ aux émotions les plus élevées, dont la nature est éminemment complexe. Il est rare que des sensations simples se produisent dans toute leur pureté, c'est-à-dire sans être mêlées à des émotions.

Action des mobiles : les sentiments.

La classification, la définition et l'analyse des sentiments forment un chapitre important de la psychologie. Les applications d'une théorie complète des sentiments sont nombreuses, et son développement systématique doit pouvoir suffire à toutes ces applications. Nous limiterons ici ce sujet à ce qu'exige l'action des mobiles dans l'éducation.

Nos regards sont tout d'abord attirés par le vaste domaine de la sociabilité, qui comprend les émotions et les affections sociales. Ensuite viennent les sentiments anti-sociaux : colère, malveillance et amour de la domination. Les sources et les ramifications de ces deux groupes principaux représentent à peu près les trois quarts de la sensibilité qui s'élève au-dessus des sens proprement dits. Ce ne sont pas là, à vrai dire, toutes les sources de sentiments ; mais, en dehors de celles-ci, il n'en est pas d'autres dont l'importance soit aussi grande, sauf celles qui peuvent provenir de la combinaison de l'action des sens avec les premières.

Les beaux-arts sont la source de grands plaisirs, et peuvent également produire de grandes souffrances. Les uns, qui dépendent des deux sens supérieurs, sont des sensations proprement dites ; les autres sont dus à des rapports avec les intérêts généraux des sens (beauté de l'utile) ; certains peuvent être appelés intellectuels — perception de l'unité dans la variété ; enfin la grande majorité semblent provenir des deux grandes sources que nous venons d'indiquer.

L'intelligence, considérée d'une manière générale, est une source de plaisirs divers, et aussi de souffrances qui se rattachent nécessairement à notre éducation intellectuelle. Le maître devra soigneusement tenir compte du plaisir que cause l'acquisition d'une connaissance nouvelle, et de la peine que coûte tout travail intellectuel.

Les plaisirs de l'action ou de l'activité jouent un fort grand rôle dans l'éducation, et méritent par conséquent une étude toute spéciale.

L'estime de soi-même, l'orgueil, la vanité, l'amour des louanges sont des sentiments puissants et dont l'analyse exige une grande délicatesse. Tout homme qui est chargé de diriger des êtres humains doit très-souvent faire appel à ces sentiments. En les flattant, il est sûr de causer un grand plaisir ; en les blessant ou en les contrariant, il inflige une souffrance non moins grande.

Nous n'avons pas encore parlé d'un genre d'émotion qui est formidable comme source de souffrance et comme motif d'action : je veux parler de la crainte ou de la terreur. Ce n'est que sous la forme de réaction ou de soulagement qu'elle peut devenir une source de plaisir. Habilement employé, ce sentiment devient un moyen d'agir avec force sur tous les êtres doués de sentiment, et surtout de leur épargner des souffrances inutiles.

En passant rapidement en revue ces différentes sources d'émotions, ainsi que d'autres moins importantes, notre but est de traiter une fois pour toutes et le mieux possible les différentes questions d'éducation qui dépendent de l'action des mobiles. Nous aurons à signaler les exagérations généralement admises sur certains points, et le trop peu d'importance accordé à d'autres, et nous nous efforcerons de présenter dans de justes proportions et dans toute leur étendue les sentiments dont le maître peut tirer parti.

La terreur.

L'état de l'esprit appelé terreur ou crainte peut être représenté en quelques mots comme un état de souffrance et d'abattement extrême, qui annule notre activité et nous porte à exagérer toutes nos idées sur ce qui en est la cause. Ce sentiment ajoute en réalité à la souffrance pure et simple que causerait un mal actuel. Il est produit par l'avant-goût ou la perspective d'un mal, surtout si celui-ci est très-grand, et plus encore si la nature en est mal définie.

Dans l'éducation, la terreur est un accessoire de la punition. Nous pouvons agir sur l'esprit par la perspective du mal sans déterminer l'état de terreur ; par exemple, lorsque ce mal est léger et bien défini : une petite privation bien connue, une dose modérée d'ennui, peuvent être des punitions salutaires sans qu'il s'y mêle les frissons et la souffrance de la crainte. La perspective d'une punition sévère produira la crainte, surtout si celui qui en est menacé ne sait pas jusqu'où ira cette sévérité.

Dans l'éducation morale supérieure, la crainte ne doit être employée qu'avec la plus grande réserve. Le mal qu'elle cause est si grand, qu'on ne doit en faire usage que comme dernière ressource. La crainte épuise l'énergie, détourne l'esprit du but principal, et nuit ainsi aux progrès intellectuels que l'on voulait obtenir. Son seul résultat certain est de paralyser et d'arrêter l'action, ou bien encore de concentrer les forces sur un seul point, en produisant un affaiblissement général. Le tyran qui agit par la terreur pourra désarmer des rebelles, mais il ne réussira pas à faire qu'ils le servent avec ardeur.

De tous les moyens d'éducation, le plus mauvais est l'emploi de terreurs spirituelles ou superstitieuses. Rien ne saurait justifier l'emploi des terreurs superstitieuses, sauf peut-être le cas où elles seraient appliquées à la punition des plus grands criminels, des perturbateurs de la paix de l'humanité. Sur une petite échelle, nous savons quelles frayeurs elles causent aux enfants ; sur une plus grande échelle, nous pouvons citer l'influence des religions, qui agissent presque exclusivement par la crainte d'une autre vie.

Comme les autres passions grossières, la terreur peut être adoucie et atténuée jusqu'à n'être plus qu'un léger stimulant, et la réaction qui la suit fait plus que compenser la souffrance qu'elle a causée.

Les meilleurs exemples que nous puissions citer de ce bon emploi de la crainte nous sont fournis par nos grands écrivains, dans les terreurs sympathiques de la tragédie, ou dans les terreurs bientôt dissipées d'une intrigue bien conçue. Au point de vue de ses rapports moraux et sous sa forme élevée, ce sentiment se manifeste par la crainte d'affliger ou d'offenser une personne pour laquelle nous avons de l'amour, du respect ou de la vénération. Même alors, la crainte comporte un assez grand degré d'abattement; mais, en somme, l'effet produit est salutaire et élevé. Tous les supérieurs doivent aspirer à être craints de cette façon.

La timidité, ou prédisposition à la crainte, est un trait de caractère bien marqué et dont les maitres doivent soigneusement tenir compte. La faiblesse générale du corps ou de l'esprit est accompagnée de timidité; celle-ci peut encore être le résultat de mauvais traitements prolongés, et d'idées fausses sur le monde. En fait de culture intellectuelle ou de grands efforts dans une direction quelconque, on ne peut attendre que peu de chose des natures essentiellement timides : très-faciles à gouverner au point de vue des fautes d'action, elles le sont bien moins pour celles d'omission.

Triompher des craintes superstitieuses est un des objets les plus importants de l'éducation envisagée sous son aspect le plus large. Ce n'est pas par des leçons directes que l'on peut y arriver; ce résultat si désirable est un des fruits indirects et les plus précieux de l'étude exacte de la nature, c'est-à-dire de la science.

Les mobiles sociaux.

Les mobiles sociaux sont peut-être de tous les sentiments qui contribuent à l'éducation ceux qui ont le plus d'étendue et de simplicité.

Les plaisirs que donnent l'amour, l'affection, les égards mutuels, la sympathie ou la sociabilité, constituent le plus grand bonheur de la vie humaine, et, par conséquent, sont l'objet constant de nos désirs et de nos efforts, et la cause de nos plus grandes jouissances. La sociabilité est un fait complètement distinct des nécessités absolues de l'existence et des plaisirs des cinq sens ; il ne me semble pas qu'elle puisse s'y ramener par l'analyse la plus profonde ou par la recherche de l'évolution historique de l'esprit, quelque loin qu'elles soient poussées. Cependant, comme les choses nécessaires à la vie et les plaisirs positifs et négatifs des sens proprement dits nous viennent surtout par l'intermédiaire de nos semblables, cette cause augmente énormément la valeur des considérations sociales, et en fait, à tout prendre, un des principaux objets que recherchent les hommes. Il semble assez étrange qu'on ait jamais pu dédaigner ce mobile, surtout lorsqu'on s'occupe d'éducation ; cependant il y a des théories et des méthodes qui n'y attachent qu'une importance secondaire.

Le sentiment social considéré dans toute son étendue compte parmi ses éléments énergiques l'amour sexuel, les affections de famille et l'amitié, et, comme éléments plus faibles, les sentiments que nous avons pour les masses. C'est aux éléments les plus énergiques que nous emprunterons nos exemples de l'influence des sentiments sur l'éducation, parce que nous y verrons à la fois les avantages et les inconvénients du stimulant social. Le *Phédon* de Platon nous offre un tableau idéal fort remarquable de la philosophie inspirée par Éros, c'est-à-dire l'attachement tel que l'entendaient les Grecs. L'amour ordinaire des deux sexes l'un pour l'autre ne présente de nos jours que bien peu d'exemples de hautes aspirations intellectuelles ; d'ailleurs c'est un mobile dont on n'a pas à tenir compte dans la théorie de l'éducation première. Nous voyons souvent des mères s'appliquer à des études pour lesquelles elles n'ont au fond aucun goût, afin de contribuer aux progrès de leurs enfants. Cela vaut certainement mieux que rien ; un but secondaire peut quelquefois faire reconnaître et développer un goût que l'on continue ensuite à cultiver pour lui-même.

Les sentiments très-vifs, à cause de leur vivacité même, ne conviennent pas comme motifs d'étude sérieuse. Le travail intellectuel le plus pénible, celui qui consiste à poser les bases, doit être terminé avant que s'allume le feu de l'amour sexuel et de l'amour paternel ou maternel ; quand ces passions atteignent leur plus haut degré, l'activité intellectuelle est suspendue, ou du moins est détournée de sa voie régulière. L'influence que deux amants exercent l'un sur l'autre ne contribue en rien à leur éducation, faute de conditions favorables. Sans doute, l'amour inspire des efforts considérables ; mais il y a rarement d'un côté des idées assez élevées, et de l'autre une facilité d'adaptation assez grande pour réaliser l'influence mutuelle que Platon et les romanciers nous présentent comme possible. Des complaisances bien différentes et d'un ordre inférieur, de l'un et de l'autre côté, peuvent entretenir le sentiment ; si l'on exige plus, il disparait.

La condition la plus favorable à l'étude et à la culture intellectuelle en général est une amitié entre deux personnes, ou au moins un petit nombre, toutes aimant l'instruction pour elle-même et fondant leur attachement sur cette circonstance. Un certain degré d'affection mutuelle pour d'autres raisons rendra cette liaison parfaite ; mais l'affection sensuelle exagérée du couple que nous présente Platon ne donne jamais un terrain favorable à une culture d'un ordre élevé. En réalité, ces attachements, tels qu'ils existaient en

Grèce, produisaient des dévouements qui allaient jusqu'au sacrifice de tous les biens et de la vie même ; et ce sont là les résultats les plus élevés qu'ils aient donnés dans les temps modernes.

Le dernier point de vue sous lequel on peut envisager la sociabilité — je veux parler de l'influence exercée par la multitude en général — est le motif d'action le plus fort et le plus durable, et agit sur l'éducation avec une puissance incontestable. La présence d'une assemblée réveille, agite et domine l'individu ; elle l'électrise en quelque sorte, et l'entraîne pour ainsi dire irrésistiblement dans le sens où s'exerce son influence. Tout effort fait en présence d'une multitude d'hommes change de caractère par cela même, et produit une impression bien plus profonde.

La connaissance de cette influence du nombre nous permet de mieux comprendre les avantages de l'enseignement dans les classes, les collèges, et en un mot dans tous les établissements où l'on réunit un grand nombre d'élèves. La puissance qui s'exerce en pareil cas est complexe, et peut se ramener à plusieurs éléments distincts. Le motif social, sous sa forme pure de tendance au groupement et de sympathie mutuelle, n'est pas le seul qui agisse, car alors il aurait pour effet de favoriser exclusivement tout ce qui s'appuierait sur l'assentiment général, et d'amener l'individu au niveau de la masse.

Par exemple, l'exercice fait par un régiment correspond à peu près à cette situation : chaque soldat est sous les yeux de la masse et aspire à être ce que sont les autres, ou, en tout cas, bien peu au-dessus ; la coopération sympathique de la masse guide, stimule et récompense les efforts de l'individu. Même si un soldat était destiné à agir isolément, la meilleure éducation à lui donner serait encore celle prise en commun, complétée par un certain temps d'exercices séparés, pour le préparer à sa position détachée ou indépendante.

Dans tous les cas où l'instruction est donnée à un grand nombre d'élèves réunis, le sentiment social s'exerce surtout sous la forme pure que nous venons de supposer, et donne les résultats indiqués. La classe tend à atteindre un certain niveau d'instruction généralement en faveur ; ceux qui sont naturellement peu disposés à monter jusque-là sont poussés en avant par l'influence de la masse. Si la société ne mettait en jeu aucune autre passion énergique, il en résulterait une sorte de communisme ou de socialisme ayant pour caractère principal l'immobilité dans la médiocrité ; tout serait correct jusqu'à un certain niveau, mais il n'y aurait ni distinction ni supériorité individuelles.

Tout en agissant sur les affections et les sympathies, la société est la dispensatrice des biens et des maux collectifs, et son influence est nécessairement toute-puissante dans toutes les directions. Si ce stimulant n'était jamais appliqué qu'à une culture intellectuelle élevée, les résultats en seraient tels que l'imagination ose à peine les représenter. Mais il est bien des moyens différents de se concilier la faveur de cette puissance, car on y arrive même par la fraude et la déception ; c'est seulement par hasard qu'elle favorise l'instruction. Malgré cela, les récompenses que donne la société ont souvent servi à encourager le génie le plus élevé, — l'éloquence de Démosthène et les poésies d'Horace et de Virgile, — formes du génie qui sont notoirement alliées au travail le plus persévérant et le plus ardu. La même influence, lorsqu'elle s'exerce tout à la fois par le blâme et l'approbation, est, selon moi, la principale source de la moralité ordinaire des hommes, et l'inspiratrice des vertus exceptionnelles.

Les sentiments anti-sociaux et mauvais.

La colère, la haine, l'antipathie, la jalousie, le mépris, de même que l'amour ou l'affection, s'appliquent aux autres, mais dans un sens opposé. Malgré les incidents pénibles qui s'attachent à leur manifestation — d'abord une offense, puis le danger des représailles, — ces sentiments sont la source d'un plaisir immédiat, lequel très-souvent n'est pas inférieur à ceux de l'amitié et de l'action en commun, et quelquefois même leur est supérieur. Dans bien des cas, on consent à renoncer aux jouissances sociales et sympathiques pour se livrer au plaisir de la méchanceté.

Dans l'éducation, ces sentiments sont une cause de graves inquiétudes. Il est quelquefois des moyens d'en tirer parti, mais le plus souvent le devoir du maître et du moraliste est de les combattre parce qu'ils ne peuvent produire que le mal.

Comme la colère est une passion d'explosions et d'accès, on doit autant que possible la réprimer chez les enfants ; mais pour cela il faut toute l'influence des parents et des maîtres. La contrainte momentanée qu'impose la présence d'un supérieur redouté ne pénètre pas assez profondément pour engendrer une habitude, et l'enfant cherche et trouve facilement les occasions où il peut sans danger se livrer à cette passion. Le seul moyen de lutter contre la colère, soit que nous la considérions comme détruisant le calme de l'esprit, soit que nous y voyions une source de mauvaises actions, c'est de cultiver les sympathies et les affections. Le contraire de l'irascibilité est cette disposition qui nous porte à oublier le mal qu'on nous a fait, pour ne songer qu'à celui fait aux autres ; si donc nous réussissons à encourager cette disposition, nous diminuerons d'autant la part de la méchanceté. Parmi les moyens secondaires à opposer à la colère, il faut compter, outre le remède général du blâme, l'appel au sentiment de la dignité personnelle et la considération des conséquences funestes de cette passion.

La forme la plus mauvaise que prenne la méchanceté est celle d'une cruauté froide et réfléchie, qui n'est que trop fréquente surtout chez les enfants. Le plaisir de torturer des animaux et des êtres humains faibles et sans défense découle de la source intarissable de la méchanceté; ce penchant doit être réprimé, s'il le faut, avec la plus grande sévérité. Quant aux souffrances infligées à des êtres qui peuvent riposter, elles produisent ordinairement leur propre remède, et la leçon donnée par les conséquences d'une mauvaise action est une des plus profitables. Lorsque nous trouvons à qui parler, nous apprenons bien vite à réprimer notre penchant à la colère et à la cruauté.

Le plaisir très-vif de la victoire contient celui de la méchanceté relevé encore par d'autres éléments. La chute et la destruction d'un ennemi ou d'un rival sont sans doute les premières circonstances qui ont donné naissance aux mouvements de la méchanceté ; et, maintenant encore, ce sont peut-être là les stimulants les plus énergiques des facultés humaines. Malgré les divers inconvénients que présente le plaisir de la victoire, nous sommes obligés de lui assigner une place parmi les motifs favorables à l'étude et aux progrès intellectuels. Dans les luttes politiques, le plaisir de la victoire exerce toute son influence, et dans celles du collège on retrouve le même mobile. Le problème social qui consiste à trouver le moyen de modérer l'égoïsme avec lequel les individus cherchent à s'emparer des bonnes choses — c'est-à-dire de tout ce qui plait aux sens et les exempte de quelque souffrance, — ce problème, dis-je, est rendu encore plus difficile par le plaisir que chacun trouve à satisfaire sa malveillance naturelle. Réprimer ce sentiment d'une façon absolue est impossible, et il a fallu inventer un certain nombre de dérivatifs plus ou moins compatibles avec le respect des droits de chacun.

Un des principaux dérivatifs de nos instincts de méchanceté est la punition du mal fait aux particuliers ou à la nation. Toute personne reconnue coupable est punie par la loi, et l'indignation excitée par le crime se change en satisfaction causée par la punition. Dans la théorie des peines, on fait une part à la vengeance publique. Songer seulement a prévenir le crime et à corriger les criminels, sans donner cours à aucun ressentiment, exige plus de vertu et d'abnégation que n'en comporte actuellement la nature humaine. Le système moderne qui interdit les exécutions publiques, a pour but de restreindre dans de certaines limites l'exercice du sentiment de vengeance.

L'histoire et les romans donnent à nos instincts vindicatifs une satisfaction imaginaire pour ainsi dire sans limites, on nous racontant les châtiments infligés aux criminels. Les récits qui parlent de malfaiteurs et de leur punition sont à la portée des intelligences les moins développées, et ce genre d'histoires convient même à l'imagination des enfants.

La forme la plus raffinée du plaisir que cause la méchanceté me semble être le sentiment du ridicule et du comique. Il y a un rire vindicatif, haineux et moqueur, qui pousse ce sentiment aussi loin qu'il peut aller sans voies de fait. Mais il y a aussi le rire de l'enjouement et de la plaisanterie, dans lequel le sentiment mauvais semble presque sur le point de s'effacer en faveur d'un sentiment amical. Il n'est pas sans importance de savoir que dans la gaîté, la moquerie douce et la plaisanterie, se trouvent réunis des sentiments contraires, qui se font exactement équilibre ; on dirait qu'on a voulu tirer tout le parti possible de l'amour et de la colère. Les chefs-d'œuvre de moquerie que nous offre la littérature, les plaisanteries de la bonne société, les plaisirs d'une raillerie innocente, tout atteste le succès de cette combinaison difficile. Rien ne peut mieux montrer la vivacité du charme qu'a naturellement pour nous la malveillance, que le plaisir qui reste lorsqu'elle a été réduite à l'état de gaîté innocente. Quand l'exercice réel de ce penchant nuisible leur est refusé, les êtres avides d'émotions en recherchent encore l'apparence. C'est ce que montrent bien les jeux des petits chiens ou des petits chats. Comme ils ne sont pas doués de facultés caressantes fort étendues, ils montrent leur affection en grognant et en faisant semblant de mordre, ce qui parait leur causer le double plaisir de la méchanceté et de la modération. Les enfants aussi font intervenir dans leurs jeux l'apparence de la méchanceté et de la destruction, et, tant qu'il y a équilibre entre le bon sentiment et le mauvais, l'effet produit est fort piquant. En consentant à jouer à leur tour le rôle de victimes, les enfants peuvent s'assurer, sans le payer trop cher, tout le plaisir de la méchanceté ; et c'est là, selon moi, la quintessence de l'amusement.

Le but de cette analyse détaillée est d'attirer l'attention sur la nature précaire de tous ces plaisirs, et de montrer comment il se fait que les jeux et les amusements sont toujours sur le point de devenir sérieux ; en d'autres termes, que l'élément destructeur et malveillant est constamment sur le point de se débarrasser de ses entraves et de passer de l'action imaginaire à l'action réelle. C'est ainsi que dégénèrent souvent les jeux de l'espèce canine et de l'espèce féline, et tel est aussi l'écueil perpétuel des amusements de l'enfance et de ceux de la jeunesse.

Il est également dangereux de flatter les sentiments vindicatifs par des satisfactions imaginaires. Les histoires de vengeance ont toujours une tendance à entretenir les mauvais penchants. Il est vrai que ces récits sont écoutés avec avidité par les enfants ; mais en les faisant on alimente les plus mauvais sentiments au lieu des meilleurs.

Il nous reste à parler d'un autre rapport de l'irascibilité avec l'éducation. Lorsque le blâme est exprimé avec colère, la crainte qu'il inspire est beaucoup plus grande. Celui qui en est l'objet s'attend à une punition plus sévère lorsque la colère s'est manifestée ; aussi est-il naturel de supposer que la colère peut être utile au maître. Mais il y a des limites qu'il est bon de définir. Sans doute tout accroissement de sévérité peut inspirer une terreur salutaire, avec les inconvénients que tout excès entraine à sa suite. Mais la colère ne se produit que par accès, et par conséquent son emploi nuit à la discipline, faute de mesure et de suite ; une fois l'accès passé, l'esprit retombe souvent dans une disposition peu favorable à une répression assez énergique.

La colère peut jouer un rôle important dans l'éducation, pourvu que l'on en soit toujours maître. L'indignation contre le mal s'exprime quelquefois par une attitude qui peut produire d'excellents effets. Il faut pour cela que l'on soit complètement maître de soi-même, et que l'on ne soit pas plus irrité que l'occasion ne le comporte. Il ne suffirait pas au genre humain que le fauteuil du juge fût occupé par une machine à calculer, donnant une condamnation à cinq livres d'amende ou à un mois de prison toutes les fois que l'on mettrait certains faits dans l'appareil récepteur. Une expression de colère contenue est en soi une force : comme elle est à la fois régulière et modérée, elle devient l'image redoutée de la justice, et suffit souvent par sa seule vue à réprimer toute insubordination.

Le sentiment de la puissance.

L'état que l'on nomme sentiment de la puissance représente un des principaux mobiles de l'esprit humain. Toutefois il est fort probable que ce n'est pas un sentiment indépendant. Très souvent il vient directement des biens ou des richesses. Dans d'autres cas, il me semble évident qu'un de ses éléments est le plaisir de pouvoir faire du mal. L'amour de la domination, c'est-à-dire le plaisir de soumettre la volonté des autres à la sienne propre, aurait bien moins d'attraits si le pouvoir de faire du mal aux autres en était retranché.

La puissance réelle nous est donnée par la supériorité physique ou intellectuelle, par la richesse, par l'autorité de notre position. Aussi n'y a-t-il qu'un très petit nombre d'hommes à qui il soit donné de jouir d'une grande puissance. Mais celle-ci est susceptible d'une grande extension imaginaire. Nous pouvons trouver du plaisir dans l'idée d'une puissance supérieure, et cela dans bien des circonstances diverses, qui comprennent à la fois toutes les actions des êtres vivants et toutes les forces de la nature inanimée. Par exemple, le sublime est un idéal de grande puissance.

Nous sommes maintenant presque arrivés au mobile si souvent employé dans l'éducation, qui est la satisfaction que donne aux élèves le sentiment de leur propre activité. Nous étudierons plus tard cette question en détail. Mais, avant cela, nous devons examiner rapidement une autre classe importante de sentiments très-marqués, bien connus sous les noms d'amour-propre, d'orgueil, de vanité, d'amour des louanges. Peu importe qu'ils soient simples ou complexes ; il est certain qu'ils représentent des sentiments fort vifs, et qu'ils jouent un très grand rôle dans l'éducation.

Les sentiments de personnalité.

Le moi comprend bien des choses. La recherche du moi, l'amour du moi sont des mots que l'on pourrait employer sans présenter pour cela de nouveaux sentiments. La somme de toutes les sources de plaisir et de toutes les exemptions de souffrance qui dépendent des sens et des sentiments, pourrait être désignée par le moi. Au contraire, à l'estime du moi, à l'amour-propre, à l'orgueil, à la vanité, à l'amour des louanges se rattachent de nouvelles variétés de sentiments, bien que ce ne soient que des rejetons de quelques-uns de ceux que nous avons déjà étudiés. Nous n'avons pas à rechercher ici l'origine exacte de ces sentiments complexes, si ce n'est lorsqu'il le faudra pour en apprécier la valeur comme mobiles distincts.

Il est incontestable que nous aimons à trouver en nous-mêmes quelques-unes de ces qualités qui, chez les autres hommes, excitent notre amour, notre admiration, notre respect ou notre estime. L'approbation et l'estime de soi-même sont des sentiments d'une grande force. Leur influence salutaire nous fait chercher la perfection ; leur défaut doit être attribué à l'énorme indulgence que nous avons pour nous-mêmes, ce qui fait que nous les cachons ordinairement aux yeux jaloux de nos semblables. C'est seulement dans des occasions toutes spéciales que la persuasion peut agir sur ces sentiments puissants ; ils sont trop souvent disposés à se retourner et à présenter des exigences inadmissibles.

Une forme encore plus élevée du sentiment concentré sur le moi est celui qui porte le nom d'amour des louanges et de l'admiration. Notre plaisir est nécessairement accru lorsque la bonne opinion que nous avons de nous-mêmes est répétée et appuyée par les paroles d'autrui. C'est là une des influences les plus puissantes que l'homme puisse exercer sur son semblable. Elle comporte bien des degrés différents, suivant notre amour, notre respect ou notre admiration pour les personnes qui nous louent, suivant nos rapports avec eux, et enfin suivant le nombre de ceux qui se réunissent pour nous accorder ce tribut.

La louange est une justice rendue au vrai mérite, et elle doit être donnée en dehors de toute autre considération. Mais en récompensant, de même qu'en punissant, nous ne pouvons nous empêcher de regarder au delà du présent; nous mettons devant les yeux des élèves de nouveaux mérites à conquérir. La renommée qui accompagne le talent les excite au travail, et fournit au maître un instrument puissant.

L'éloge n'est efficace et sans danger que s'il est assez bien proportionné au mérite pour avoir l'approbation de tous ceux qu'il concerne. Comme son influence s'étend au delà du moment où il est donné, et qu'il établit des droits pour l'avenir, l'abus irréfléchi des compliments va contre son propre but. L'éloge peut se présenter sous la forme d'une expression amicale, sans rien de plus; dans ce sens, c'est une marque d'affection, qui n'a de valeur qu'à ce titre. Un sourire de satisfaction est une influence morale.

La discipline proprement dite agit par la souffrance; elle ne considère les plaisirs qu'au point de vue de leurs contraires. La valeur réelle des plaisirs n'a plus d'importance que parce qu'elle sert de point de départ pour juger de l'efficacité des privations. Les souffrances opposées aux plaisirs de l'estime du moi et de la louange sont deux des armes les plus puissantes que contienne l'arsenal disciplinaire. Ce sont les deux grands moyens de ceux qui ne veulent pas des punitions corporelles. Tout le système de discipline posé par Bentham dans sa *Chrestomathie* n'est qu'une combinaison des mobiles de l'éloge et du blâme, mobiles qu'il s'efforce de nous présenter comme suffisant à tout.

L'estime du moi a pour contraire l'humilité, sentiment sur lequel l'influence d'autrui n'a que bien peu de prise. Il n'est pas facile, en effet, d'amener les autres à n'avoir d'eux-mêmes qu'une opinion médiocre; avec la grande généralité des êtres humains, c'est chose presque impossible. Pour y réussir, il faut avoir recours au contraire de la louange, c'est-à-dire au blâme. Ici il n'est point d'échec possible; nous pouvons toujours faire sentir notre pouvoir sous cette forme, quel qu'en doive être le résultat pour produire l'humilité. Nous tenons tant à la bonne opinion d'autrui, que le coup porte à l'instant : la diminution ou la perte de l'estime suffit pour nous plonger dans les profondeurs du mépris et nous causer une souffrance indicible. Les efforts mêmes que nous faisons pour nous justifier ne servent qu'à montrer combien nous sentons vivement la censure qui nous frappe. Il est certain que le blâme, habilement manié, constitue le moyen le plus efficace d'influence morale.

CHAPITRE V

LES ÉMOTIONS INTELLECTUELLES

Plaisir de savoir. — Utilité de la science. — Recherche de la certitude.
— Émotions indépendantes du désir de la vérité. — La science; son
austérité; les deux moyens de vaincre la répugnance qu'elle nous inspire. — Eclair de plaisir que produisent les découvertes d'identité et
l'allégement du fardeau intellectuel. — Aversion excitée par la séche-
resse des formules scientifiques. — Opposition entre le concret et l'abstrait. — La relation de cause à effet ne peut se constater que par voie
d'abstraction. — La curiosité des enfants n'est pas toujours de bon aloi.
— *Émotions dues à l'activité.* — Activité naturelle ou spontanée de l'organisme. — Satisfaction que cause l'activité spontanée. — Puissance de
ce sentiment; il ne peut pas toujours être mis en jeu. — Admiration
de l'élève pour la supériorité de son maître. — *Émotions artistiques.*
— Jouissances de l'art. — Ses différents effets : symétrie, proportion,
plan, rhythme, mesure. — La musique considérée comme influence
morale. — La poésie. — *Émotions morales.* — Sympathies; sociabilité;
influence des bienfaits reçus. — *Les sentiments envisagés au point de vue
de la discipline.* — Méthodes erronées. — L'école et la famille. — Principes applicables à l'autorité en général. — Théorie de Bentham sur les
punitions. — La discipline à l'école. — Action des circonstances matérielles. — Influence personnelle du maître; nécessité du tact. — *L'émulation.* — *Les punitions :* la réprimande; la retenue; les pensums; les
corrections manuelles. — *La discipline des conséquences;* ses avantages
et ses inconvénients.

Les sentiments de plaisir que procure l'exercice des facultés intellectuelles sont loin d'avoir l'énergie redoutable des groupes que nous
venons d'étudier. En réalité, même lorsque ces sentiments se manifestent avec leur plus grande vivacité, nous pouvons y reconnaître
l'influence des autres sources d'émotions puissantes.

Il est fort important d'établir d'une manière complète la liste des
différents motifs qui nous font aimer le travail intellectuel. Quels
sont les charmes intrinsèques de la recherche et de la possession de
la science? La difficulté de répondre à cette question est plutôt

accrue que diminuée par cinquante ans de phrases sonores et vides sur ce sujet.

La science est si vaste, elle embrasse tant d'éléments divers que, tant que nous n'en avons pas reconnu les différentes espèces, nous ne pouvons parler en connaissance de cause ni de ses charmes ni de ses difficultés. Certaines parties de la science intéressent tout le monde ; d'autres n'ont d'intérêt que pour le petit nombre. Ce qui ajoute à la difficulté, c'est que les connaissances les plus précieuses sont souvent les moins intéressantes.

Avant tout, il faut établir ici une distinction entre la science individuelle ou concrète et la science générale ou abstraite. Le particulier est toujours tout à la fois intéressant et facile ; le général, sans intérêt et difficile. Quand le particulier n'est pas intéressant, c'est souvent parce qu'il est dominé par le général. Quand le général devient intéressant, c'est par son influence sur le particulier. Un maître serait bien fort s'il savait les meilleurs moyens de triompher de l'aridité des généralités et de la répugnance qu'elles inspirent.

Sans entrer ici dans l'examen des difficultés que présente toute idée abstraite, et des obstacles qui empêchent de la saisir au premier abord, nous rechercherons les mobiles qui viennent en aide aux efforts faits par le maître pour l'inculquer. Mais auparavant il est bon d'étudier les différents genres d'intérêt qui s'attachent aux faits individuels ou particuliers.

Toute connaissance, soit particulière, soit plus ou moins générale, qui se trouve d'une manière évidente en rapport avec un des sentiments vifs que nous avons passés en revue, est par cela même intéressante. Or, bien des espèces de connaissances se rattachent à ces différents sentiments. Pour éviter la souffrance et pour arriver au plaisir, est souvent indispensable de savoir certaines choses ; nous nous appliquons donc volontiers à l'étude de ces choses, et notre ardeur est d'autant plus grande que leur rapport avec la satisfaction de nos désirs est plus évident. C'est ainsi que nous acquérons, au sujet du monde et de l'homme, une multitude de connaissances qui deviennent souvent la base des acquisitions intellectuelles les plus importantes.

Ce qui diminue notre disposition à acquérir ces connaissances dont les fruits sont immédiats, c'est leur côté difficile ou aride ; trop souvent nous préférons l'ignorance au travail intellectuel, même sur les sujets les plus importants.

Tous les objets naturels qui contribuent à notre subsistance, à nos besoins, à nos plaisirs, ou qui servent à nous préserver de quelque souffrance, ont, chacun en particulier, un grand intérêt pour nous, et ne tardent pas à être connus au point de vue de leur utilité spéciale. Nos aliments et les moyens divers de les obtenir, nos vêtements, nos demeures, nos moyens de défense, les substances qui peuvent stimuler nos sens, sont autant de sujets que nous étudions avec ardeur, et qui se gravent facilement dans notre mémoire. Malgré son importance vitale, cette branche de nos connaissances est sou·vent considérée comme peu relevée ; mais elle a tout au moins le mérite de la vérité. Nous ne sommes point portés à tromper en pareille matière, et nos erreurs, lorsque nous en commettons, viennent de l'obscurité du sujet plutôt que de quelque indifférence de notre part ou du désir d'altérer les faits. Ce sont ces connaissances qui ont d'abord fourni aux hommes le meilleur critérium de certitude.

Il existe une autre classe d'objets, en rapport, non avec les nécessités immédiates de notre subsistance, de notre sûreté et de notre bien-être, mais avec les satisfactions des sens et des sentiments supérieurs, avec les plaisirs du toucher, de la vue et de l'ouïe, avec les sentiments sociaux et anti-sociaux. Cette classe comprend tous les objets de l'univers qui nous frappent le plus vivement : le soleil et la sphère céleste, les couleurs variées et l'étendue sublime de la terre, les objets sans nombre, animés et inanimés, qui excitent nos sens ou nos sentiments. Plus les êtres humains sont au-dessus des premiers besoins matériels, plus ils sont accessibles à ces influences qui agrandissent la sphère de leurs connaissances naturelles. C'est en inspirant ces sentiments que les objets particuliers excitent l'intérêt et deviennent connus. Mais l'intérêt le plus puissant est celui qui s'attache aux êtres vivants, et particulièrement à ceux de notre espèce. Les impresssions intellectuelles produites par tous les objets de cette classe sont vives, mais ne sont pas nécessairement d'accord avec les faits.

Quoi qu'il en soit, c'est des objets particuliers que vient la première origine des connaissances, ainsi que l'intérêt et la facilité que présente leur acquisition. Cet intérêt et la facilité qui en résulte sont fort variables. Bien des objets particuliers n'inspirent d'abord aucun intérêt ; mais un certain nombre d'entre eux peuvent en prendre plus tard, lorsque nous y découvrons quelque rapport avec d'autres objets intéressants.

Une grande distinction à établir entre les objets de nos connaissances, est celle qui existe entre le mouvement ou changement et l'immobilité ou inaction. C'est le mouvement qui nous intéresse le plus ; la vie immobile n'est intéressante que par comparaison avec la vie en mouvement. Tout ce qui se meut éveille et captive notre attention ; celle-ci se détourne des objets immobiles pour se porter sur ceux en mouvement, et notre esprit perçoit avec rapidité les impressions que produisent ces derniers.

Ce coup d'œil rapide jeté sur la sphère du particulier et de l'attrait qu'il offre à l'esprit, n'est qu'une préparation à l'examen de la partie la plus ardue de la science, l'étude du général. Toutes les difficultés des connaissances supérieures tiennent à la généralisation, c'est-à-dire à la vue de l'unité dans la pluralité. Ce n'est pas trop de toute l'habileté des meilleurs maitres pour aplanir les difficultés de ce travail. Mais en ce moment nous ne voulons que déterminer les mobiles qui sont en rapport avec la connaissance des généralités considérées par opposition aux faits particuliers.

La connaissance généralisée, c'est-à-dire la science proprement dite, consiste à rattacher au même fil des classes entières d'objets, de faits ou d'opérations. La nature même de cette action montre assez que ce doit être plus difficile que de retenir un fait particulier. Reproduire l'idée d'un arbre unique que nous avons pu examiner très-souvent et à loisir sous tous ses aspects, est à peu près l'acte le plus facile de l'attention ou de la mémoire. Reproduire l'idée de dix arbres en partie semblables et en partie différents les uns des autres, est un travail évidemment tout autre : la simplicité relative se trouve ici remplacée par une complexité laborieuse. Tel est le travail qu'exigent à chaque instant les connaissances supérieures.

Le premier sentiment qui se rattache au travail de la généralisation des faits, et qui sert à alléger le fardeau imposé à l'esprit, est le plaisir causé par la découverte de l'identité dans la diversité, plaisir dont le charme magique a été senti de tout temps par ceux qui cherchent la vérité. Un grand nombre des plus belles découvertes de la science ont consisté, non à mettre au jour quelque fait particulier nouveau, mais à reconnaitre la ressemblance qui existe entre des objets que l'on avait regardés jusqu'alors comme tout à fait dissemblables. Telle a été, par exemple, la grande découverte de la gravitation universelle. La reconnaissance d'une force identique dans les mouvements des planètes et dans celui d'un projectile lancé sur la terre, a dû produire sur l'esprit de son auteur l'effet d'un éclair d'une vivacité inexprimable ; et après mille répétitions, le plaisir qu'elle cause subsiste toujours.

Au sentiment de surprise agréable que donne la découverte d'une ressemblance entre des objets qui semblaient tout à fait différents, se joint un autre sentiment non moins agréable, celui de délivrance d'un fardeau intellectuel. Ce fait peut sembler, à première vue, en contradiction avec ce que nous avons dit plus haut sur la peine plus grande que donne le travail de généralisation ; mais cette contradiction n'est qu'apparente. Conserver l'empreinte d'un seul objet ou d'un seul fait, quand on a eu tout le temps de l'étudier, est l'effort le plus facile que l'on puisse demander à l'intelligence. Mais nous sommes en rapport avec une telle multitude d'objets, qu'il nous faut apprendre à connaitre et à nous rappeler un nombre énorme d'entre eux ; aussi nous sentons-nous bientôt accablés par le travail sans fin exigé de notre esprit. Tel est le nombre des personnes, des endroits, des maisons, des objets naturels que nous sommes forcés de connaître, que notre mémoire court risque d'être épuisée avant d'avoir suffi à tout. C'est alors que la découverte des identités vient abréger ce travail. Si un nouvel objet est exactement le même qu'un autre déjà connu, nous n'avons pas à faire le travail d'une impression nouvelle ; s'il y a une légère différence entre les deux, c'est cette différence seule que nous avons à apprendre. Dans la pratique, le monde présente une foule de ressemblances, mais accompagnées de certaines différences : nous profitons des ressemblances, et il ne nous reste qu'à nous rappeler les différences. Ce qui constitue la difficulté d'une idée générale, c'est qu'elle représente une multitude d'objets semblables sous certains rapports, mais différents sous d'autres. C'est au prix de cette difficulté que nous obtenons une énorme économie de travail intellectuel.

Quand nous sommes en présence d'une multitude d'objets particuliers, et que des éclairs d'identité viennent en détruire l'isolement apparent, nous avons fait un progrès dans leur connaissance, et nous exprimons notre satisfaction en disant que nous comprenons le fait en question, et que nous nous en rendons compte. L'éclair s'est trouvé expliqué le jour où l'on a constaté son identité avec l'étincelle électrique. Cette découverte a donné naissance à deux émotions : d'abord, la surprise agréable causée par l'identité de deux faits si différents et si éloignés l'un de l'autre par leur nature, et ensuite la satisfaction de se dire qu'on avait appris ce que c'est que l'éclair. Ainsi des découvertes d'identité nous permettent d'expliquer le monde, de trouver les causes des phénomènes, de dissiper en partie l'obscurité mystérieuse qui nous environne de toutes parts.

Dès que nous avons découvert l'identité d'objets particuliers que nous avions jusqu'alors considérés comme différents, l'intérêt de cette découverte suffit pour nous y attacher. Tel est le côté attrayant des généralités. Leur côté repoussant est le langage technique qu'il a fallu inventer pour les retenir et les exprimer — expressions générales ou abstraites, figures, formules. Lorsqu'on veut d'abord initier l'esprit à ce langage lui-même, tant que la puissance de condensation et d'élucidation des identités ne s'est pas encore révélée, tout cet appareil semble n'être qu'un jargon informe. Aussi a-t-on cherché à donner quelque soulagement à l'esprit en enseignant les symboles arides de l'arithmétique et de la géométrie à l'aide d'exemples concrets, et en donnant, pour toutes les sciences abstraites, un nombre de faits particuliers suffisant pour faire comprendre les généralités. Cette méthode est bonne en soi ; mais l'intérêt véritable, qui triomphe de l'aridité du sujet, ne naît que quand nous savons nous servir des généralités pour découvrir les identités, pour résoudre les difficultés et abréger le travail. La meilleure condition pour arriver à ce résultat est d'être déjà familiarisé jusqu'à un certain point avec les sujets auxquels les formules sont applicables. Le goût de l'algèbre et de la géométrie se développe rapidement chez ceux qui ont pu voir la façon merveilleuse dont la première découvre les propriétés curieuses des nombres, et la seconde celles des figures. Une certaine facilité à retenir les symboles abstraits, après un effort modéré, suffit pour nous faire trouver un plaisir véritable à cette étude. Il en est de même pour les généralités de toutes les branches des connaissances humaines. Si nous savons persévérer jusqu'à ce qu'elles donnent des fruits, en nous faisant comprendre les faits qui avaient déjà attiré notre attention, nous nous trouvons dès lors soutenus dans notre travail par un intérêt vraiment scientifique, dont le fondement réel, quoique caché, est le plaisir causé par la découverte de ressemblances entre des objets particuliers différents, et par l'allègement du travail intellectuel nécessaire pour comprendre le monde. Tels sont les sentiments qu'il faut éveiller dans l'esprit des élèves lorsqu'il est accablé sous le poids des abstractions.

L'opposition entre le concret et l'abstrait, qui n'est qu'une autre manière d'exprimer l'opposition entre le particulier et le général, fait ressortir encore davantage le caractère éminemment composite ou complexe du particulier. Tout objet particulier est ordinairement un composé d'un grand nombre de qualités, chacune desquelles doit à son tour en être séparée, pour arriver aux idées générales : une boule, par exemple, possède, outre sa forme ronde, les propriétés nommées poids, dureté, couleur, etc. Or cette nature composite, en charmant plusieurs sens à la fois, donne un plus grand attrait aux individus, et nous porte à résister au procédé de décomposition et d'étude séparée que l'on désigne par les noms d'abstraction et d'analyse. Ce sont les individus avec toutes leurs influences multiples qui nous inspirent du goût ou de l'affection; et plus nos sens, et particulièrement celui de la couleur, sont charmés, plus nous éprouvons de répugnance pour l'acte de classification ou de généralisation. Un feu est un objet qui produit une impression particulière très-vive; passer de cette impression à l'idée générale de l'oxydation du carbone sous toutes ses formes, y compris des cas qui n'ont absolument aucun charme intrinsèque, c'est quitter avec répugnance une contemplation agréable. Les sentiments que nous venons d'indiquer — le plaisir de l'identité et l'allègement du travail, — servent à combattre cette répugnance.

Le second des deux mobiles que nous avons réunis — l'allègement du travail intellectuel — peut être envisagé à un autre point de vue. Les objets, considérés comme agents actifs dans l'économie générale de l'univers, comme causes ou instruments de changements, agissent par telle ou telle de leurs qualités ou de leurs propriétés à part, et non par leur individualité totale ou leur ensemble. Une barre de fer, un tisonnier, est un objet particulier concret; mais lorsque nous nous en servons, nous mettons en jeu ses diverses qualités prises séparément. Nous pouvons l'employer comme poids ; dans ce cas, ses autres propriétés ne servent à rien. Nous pouvons nous en servir comme de levier, et alors nous tirons parti uniquement de sa longueur et de sa cohésion. Nous pouvons en faire un moteur, et alors son inertie, et peut-être sa forme, sont ses seules propriétés utilisées. Dans tous ces exemples, nous ne tenons aucun compte des propriétés magnétiques, chimiques et médicinales du fer. Or, cette considération nous révèle un moyen important de venir en aide à l'abstraction ; je veux parler de la séparation analytique des propriétés, que l'on peut opposer au penchant par lequel l'esprit s'attache à l'individualité concrète. Quand nous voulons atteindre un but pratique, nous devons suivre la méthode adoptée par la nature ; et, comme celle-ci agit en isolant les qualités différentes, nous devons les isoler par la pensée, c'est-à-dire abstraire ou considérer une propriété à l'exclusion des autres. Lorsqu'il s'agit d'exercer une forte pression, nous ne pensons aux différents corps qu'au seul point de vue de leur poids, quelles que soient d'ailleurs toutes les autres manières dont ils charment ou attirent nos sens. Par là, nous généralisons ou nous formons une idée générale de poids ; le motif de cette conception a été le besoin ou la nécessité pratique.

Ce motif de besoin pratique nous amène directement au cœur même de l'idée de causalité, considérée sous un aspect purement théorique. La cause d'un phénomène est l'agent qui déterminerait ce phénomène si nous en avions besoin. La cause de la chaleur dans une chambre est la combustion ménagée dans de certaines conditions. Nous nous servons de ce fait dans un but pratique, et nous pouvons aussi en faire usage simplement pour satisfaire notre curiosité. Nous entrons dans une pièce chaude ; nous voulons savoir comment elle l'est devenue, et nous sommes satisfaits lorsqu'on nous dit qu'il y a eu quelque part, ou qu'il y a encore, un feu en communication avec cette pièce.

Ainsi, à mesure que nous entrons nous-mêmes en communication matérielle avec le monde extérieur, et que de là nous passons à l'examen de l'idée générale de causalité, nous nous trouvons poussés vers l'abstraction et l'analyse, actes qui répugnent si vivement à une grande partie de nos sentiments. Voilà donc un point par lequel la science peut pénétrer dans notre esprit ; et sans cela, il aurait peut-être fallu lui ouvrir l'entrée par une véritable opération chirurgicale.

Ces observations peuvent servir à faire comprendre l'action du sentiment que l'on nomme curiosité, et que l'on regarde avec raison comme un moyen puissant d'instruction. Le mot curiosité exprime l'émotion de la connaissance envisagée comme désir, et, plus spécialement, le désir de surmonter une difficulté intellectuelle déjà éprouvée. La curiosité véritable appartient à la phase des idées avancées et exactes sur le monde extérieur.

Très-souvent la curiosité des enfants, ainsi que celle de bien d'autres personnes encore, est de mauvais aloi. Ce peut être simplement un mouvement d'égoïsme, un désir de déranger, de se faire écouter et servir. On fait des questions, non pour s'instruire, mais pour se donner une émotion. Quelquefois les questions d'un enfant nous fournissent l'occasion de lui apprendre quelque chose; mais c'est assez rare. Par des approches habilement dirigées vers un fait scientifique, lorsque celui-ci n'est pas au-dessus de la portée d'un enfant, nous pouvons éveiller sa curiosité et arriver à graver ce fait dans sa mémoire. Demandez à un enfant de soulever un poids considérable d'abord avec la main, et ensuite à l'aide d'un levier ou d'un assemblage de poulies, et vous exciterez probablement en lui un certain degré de surprise, suivie du désir d'en savoir plus sur la cause de la différence qu'il vient d'observer. Mais un grand défaut de l'esprit des enfants est sa facilité à admettre l'idée personnelle ou anthropomorphique de cause. Cette disposition est sans doute favorable à l'explication théologique de l'univers, mais elle ne convient en aucune façon aux sciences physiques. Un enfant qui a un peu de curiosité voudra savoir ce qui fait pousser l'herbe, tomber la pluie, siffler le vent, et en général la raison de tout ce qui est accidentel et exceptionnel; au contraire, il sera assez indifférent à ce qui est familier, constant et régulier. Quand quelque chose va mal, l'enfant veut y remédier, et cherche les moyens d'y arriver : la pratique ouvre ainsi une entrée par laquelle la vérité peut pénétrer dans l'esprit, pourvu que la faculté de compréhension ait assez de maturité. Mais l'obstacle fondamental subsiste toujours, et cet obstacle, c'est l'impossibilité d'aborder la science par un point quelconque et d'en bouleverser l'ordre à volonté : il faut commencer d'une façon régulière, et il se peut que nous ne réussissions pas toujours à éveiller la curiosité de l'élève sur un point qui convienne exactement à la phase intellectuelle où il se trouve. Tous les maîtres savent, ou devraient savoir, l'art de donner à un fait un air de merveilleux ou de mystère avant de l'expliquer; or cet artifice, oujours efficace dans la marche régulière d'une exposition scientifique, n'est qu'une peine perdue dans tout autre cas.

Les jeunes enfants, ceux que nous cherchons à attirer par la douceur, ne sont pas bien en état d'apprendre le pourquoi d'un phénomène naturel important; il est même impossible de le leur faire désirer.

Ils ne sont guère accessibles qu'à ce qui charme les sens, à la nouveauté et à la variété, qui, de concert avec tel ou tel goût accidentel, laissent dans leur esprit l'empreinte des aspects pittoresques ou concrets du monde extérieur, soit en repos, soit en mouvement, la dernière impression étant la plus puissante. Ils peuvent encore comprendre les conditions les plus saillantes d'un grand nombre de changements, sans cependant aller jusqu'aux causes premières. Ils apprennent que pour faire du feu il faut un combustible que l'on allume; que pour faire pousser des légumes il faut qu'on les plante ou qu'on les sème, et qu'ensuite l'été leur donne de la pluie et du soleil. L'enfant doit toujours, pour arriver à la science, passer par la connaissance empirique du monde extérieur, qui a précédé la science; et dans ce passage nous pouvons le guider de manière à le préparer à ce qui lui sera révélé plus tard. A un autre point de vue, la prétendue curiosité des enfants sert surtout à fournir à notre littérature comique des situations risibles.

Les plaisirs de l'activité.

On recommande souvent aux maîtres d'encourager l'activité des élèves, de leur faire trouver eux-mêmes les faits et les principes qu'ils ont besoin de connaître. Cette question demande à être étudiée avec soin.

L'être humain a en lui une certaine spontanéité d'action due à une force centrale et indépendante des sentiments qui peuvent en accompagner l'exercice. Cette spontanéité est fort grande chez les enfants; on la remarque plus chez certaines personnes, et l'on dit qu'elles ont un tempérament actif. Elle distingue certaines races et certaines natures; on la retrouve même dans les différences qui existent entre les diverses familles d'animaux; elle varie aussi avec l'état général des forces physiques. Cette activité éclaterait et se dépenserait sous la forme d'un effort quelconque, utile ou inutile, quand même le résultat devrait en être parfaitement indifférent au point de vue du plaisir ou de la souffrance. On cherche ordinairement à en tirer profit en lui donnant une direction utile, au lieu de la laisser, sinon servir au mal, du moins se perdre sans fruit. Elle met plus ou moins de temps à s'épuiser; mais, tant qu'il en reste même un peu, le travail n'est pas pénible.

Bien que le courant spontané de l'activité se montre et se comprenne le plus facilement dans le domaine de l'exercice musculaire, elle appartient aussi aux sens et aux nerfs, et comprend l'action de l'esprit aussi bien que celle du corps. L'effort intellectuel de l'attention, de la volition, de la mémoire et de la pensée provient jusqu'à un certain point d'une accumulation de forces, après le repos et la réfection; et dans cette mesure on peut le considérer comme n'ayant rien de réellement laborieux. Ici encore, pour obtenir un résultat utile, il ne faut qu'une bonne direction.

L'activité, que nous considérons ainsi comme indépendante du sentiment, est cependant accompagnée de sentiment, et d'un sentiment de plaisir, dont le maximum se manifeste au début de l'action. Le plaisir est le mobile permanent de l'activité, et toute l'activité naturelle de l'organisme humain — musculaire ou nerveuse, peu importe, — est une source de plaisir, jusqu'à ce que l'organisme arrive à un certain point de déplétion.

Si, de plus, notre activité s'exerce d'une manière productive, c'est-à-dire si elle donne quelque satisfaction en dehors de celle que cause l'exercice, c'est autant d'ajouté au plaisir de l'action même. Lorsqu'au plaisir d'exercer notre intelligence nous ajoutons la satisfaction que cause l'acquisition de quelque connaissance nouvelle, nous avons, je crois, le maximum du plaisir que peut donner le travail intellectuel.

Mais nous voulons dire bien plus encore lorsque nous parlons de satisfaire l'activité spontanée de l'élève. Cette expression s'applique à l'acquisition des connaissances nouvelles moins par communication directe que par les efforts indépendants de l'esprit, qui les tire de filons même inexplorés. Pour cela, il faut que l'on mette l'élève, autant que possible, sur la voie suivie par le premier explorateur, et qu'on lui donne à la fois les plaisirs de la découverte et ceux du triomphe et du succès. Ce tableau flatteur est quelquefois présenté comme un des moyens réguliers à la disposition du maître ; mais j'aime mieux le considérer comme un expédient exceptionnel, et qui ne peut servir que dans des circonstances toutes spéciales.

Évidemment, il n'est pas bon que le maître parle constamment, sans jamais demander à ses élèves de reproduire à leur tour et d'appliquer ce qu'il a dit. Il y a là un oubli de l'activité spontanée des élèves, mais cependant plutôt dans la forme que dans le fond. Écouter un enseignement et s'en pénétrer sont des modes d'activité; seulement il peut y avoir excès et disproportion avec les autres exercices qui sont nécessaires pour graver les connaissances dans l'esprit. Quand toutes ses facultés sont régulièrement exercées, l'élève peut éprouver une certaine satisfaction de la manière dont il apprend, et ce n'est là qu'une récompense bien légitime de ses efforts. Nous ne supposons pas ici que l'esprit indépendant de l'élève puisse se suffire à lui-même, mais nous admettons seulement qu'il a une intelligence à la hauteur de sa tâche, et qu'il peut reproduire fidèlement l'enseignement qu'il a reçu. Les éloges ou l'approbation du maître et de ceux qui s'intéressent à l'élève, sont une récompense de surcroît.

Sans doute le sentiment de l'invention ou de la création a dix fois plus de puissance ; mais, comme il ne peut presque jamais être réel, il faut chercher à le produire au moins dans l'imagination. Pour y réussir, un maître habile exposera à ses élèves une série de faits tendant tous à une certaine conclusion, et leur laissera le soin de trouver cette conclusion. Saisir le juste milieu entre un effort trop minime pour avoir du mérite et un autre trop grand pour les élèves ordinaires, voilà en quoi consiste le talent du maître. Mais tout ceci fait partie des friandises et des bonbons de l'enseignement, et ne saurait rentrer dans la méthode régulière.

N'oublions pas que, quoique le plaisir de l'invention soit un mobile d'une puissance extraordinaire, qui prime tous les autres chez certains esprits, et qui est encore plein de charme quand il est imaginaire, cependant ce n'est pas pour tous les esprits le seul mobile étranger qui puisse aider le maître. Il existe un mobile opposé, de sympathie, d'affection et d'admiration pour une sagesse supérieure, qui agit dans l'autre sens, qui nous fait aimer à recueillir et à apprendre à la lettre l'enseignement du maître, et qui réprime avec rigueur tout exercice indépendant de notre jugement par lequel nous voudrions nous approprier une partie de son mérite. Sans doute, cette tendance peut dégénérer en servilité ; elle peut favoriser la perpétuation de l'erreur et la stagnation de l'esprit humain ; mais, quand elle ne va pas trop loin, ce n'est, après tout, que l'attitude qui convient à un élève. Elle accompagne un sentiment convenable de la réalité : l'élève n'est en effet qu'un élève, et non un maître ou un inventeur ; il doit pendant longtemps écouter humblement avant de se hasarder à proposer quelque chose de mieux. Ceux qui commencent un art ou une science doivent avoir une foi aveugle et qui ne discute pas ; un élève doit amasser bien des connaissances avant d'avoir assez de matériaux pour se livrer à un travail original ou faire des découvertes. Il vient un moment où cette attitude doit changer, et où l'élève a le droit d'être indépendant ; mais il est rare qu'il arrive avant que le maître ait terminé son œuvre. Même pour ceux qui sont dans nos grandes écoles, sauf quelques esprits d'élite, l'indépendance serait prématurée, et toutes les fois que les maîtres ont cherché à en faire un moyen d'action, et qu'ils ont engagé les élèves à critiquer librement l'enseignement, les résultats obtenus ont été des plus minimes [1].

1. Il ne serait peut-être pas sans utilité, bien que cela pût nous entraîner trop loin, d'insister sur le mauvais côté de ce désir de donner une forme nouvelle et originale à toutes les connaissances acquises. Il recherche le changement pour l'amour du changement, et ne se contente

Les émotions artistiques.

Ce sujet est nécessairement très-vaste; mais quelques points convenablement choisis suffiront pour la fin que nous nous proposons. Le but principal, le but réel des beaux-arts est la jouissance. Or, tout ce qui peut contribuer sur une grande échelle à nos jouissances, étend son influence sur tout ce que nous faisons. Nous allons voir quelles sont, pour l'éducation, les conséquences de ce principe.

Les émotions que donnent les arts sont rarement considérées comme étant uniquement une source de jouissances. Le plus souvent, on les regarde plutôt comme une influence morale et un moyen précieux d'éducation. Toutefois nous devons avant tout y voir une source de plaisir, et un but final sous ce rapport. Leur rôle dans l'éducation intellectuelle est celui de tout plaisir qui n'est pas excessif : ils nous animent, nous reposent et nous encouragent au travail.

Certains effets généraux des arts exercent une bonne influence sur le début. Tels sont la symétrie, l'ordre, le rhythme, et même la simplicité régulière et la proportion, qualités que l'on doit retrouver dans la vie de l'école tout comme dans la vie domestique. La proportion, la simplicité régulière, des couleurs bien choisies, sont les éléments qui conviennent à l'intérieur d'une école; ajoutons-y, pour les élèves eux-mêmes, l'ordre, la propreté et la bonne tenue, sans que les exigences en soient rebutantes et tyranniques.

Dans les exercices de l'enfance, la mesure et le rhythme jouent un grand rôle.

De tous les arts, le plus accessible, le plus répandu et le plus puissant est la musique. De tous les plaisirs de l'homme, la musique est peut-être le plus innocent et celui qui coûte le moins cher. De tout temps, les hommes en ont été avides, à tel point que nous nous

jamais de ce qui est bien. Il multiplie les variations de forme et d'expression pour représenter les mêmes faits, ce qui n'a d'autre résultat que de compliquer inutilement tous les sujets; en outre, il discute tout ce qui est établi, uniquement parce que c'est établi, de sorte qu'il n'y a plus rien de solide. C'est la crainte de cet amour fiévreux du changement qui a fait conserver, malgré leur imperfection, certains livres : les *Éléments* d'Euclide, par exemple, qui avaient été adoptés par hasard. Les esprits naturellement soumis regardent ceci comme moins pernicieux que la lutte qui s'engagerait entre les esprits remuants et révolutionnaires, bouleversant et changeant tout à l'envi, sans qu'il y eût au-dessus d'eux de tribunal pour les mettre d'accord. C'est une maxime reconnue dans la tactique législative, qu'aucun projet de loi ne peut être adopté sans amendement par une chambre populaire : il n'est pas dans la nature des collectivités humaines d'accepter quoi que ce soit avec simplicité, et sans mettre la main à la pâte.

demandons comment on a jamais pu vivre sans elle. Aux époques primitives, elle était unie à la poésie, et l'élément poétique avait une valeur égale à celle de son accompagnement musical, sinon même plus grande. Comme les moralistes ont toujours blâmé la recherche du plaisir pour lui-même, et ne l'ont permis que comme auxiliaire de la morale et des devoirs sociaux, les législateurs se sont occupés uniquement de déterminer le genre de musique le plus propre à développer les vertus morales et les qualités les plus élevées de l'esprit. Telle est l'idée que l'on retrouve dans les théories d'organisation sociale de Platon et d'Aristote. En effet, il est incontestable que les différents genres de musique exercent sur l'esprit une action bien différente : les deux genres extrêmes, la musique militaire et la musique religieuse, sont bien connus de tout le monde, et l'imagination peut nous fournir sans peine une foule de nuances intermédiaires [1].

Assurément, la puissance de la musique est fort grande, mais toute momentanée ; elle anime l'esprit, l'encourage, le calme et le console. Mais l'étude des faits ne nous permet pas de lui attribuer une influence morale persistante ; rien n'est plus fugitif que l'émotion produite par un morceau de musique. En dehors de sa valeur comme addition aux jouissances de la vie, je n'oserais affirmer qu'elle exerce dans l'éducation aucune influence, soit morale soit intellectuelle. Tout au moins, si elle a quelque action dans la sphère morale, je ne puis lui en reconnaître aucune dans la sphère intellectuelle. Comme diversion récréative à un travail pénible, elle mérite tout éloge. Pendant les exercices qui sont autant une affaire de récréation que d'éducation, comme la gymnastique et l'exercice militaire, un orchestre est un excellent stimulant. Dans le *Kindergarten* [2], c'est une excellente chose pour terminer le travail de la matinée. Mais pendant une classe ordinaire, ou pendant un travail intellectuel quelconque, la musique ne peut que troubler les idées, comme le savent tous ceux qui ont été dérangés dans leur travail par des musiciens ambulants ou un orgue de Barbarie.

L'abus de la musique, comme tout autre excès, nuit a la culture

---

1. Dans sa *République*, afin de produire une race forte et énergique, Platon interdit non-seulement les airs qui lui semblent dangereux, mais encore les instruments qui conviennent le mieux à ces airs. Il ne permet que la lyre et la harpe, avec la flûte de Pan pour les bergers qui gardent leurs troupeaux ; quant à la flûte et aux instruments à cordes les plus compliqués, il les bannit tous. Il proscrit les airs lugubres, passionnés ou trop doux, ainsi que ceux en usage dans les festins ; ne tolère que le mode dorique et le phrygien, tous deux en harmonie avec des pensées calmes, énergiques et viriles, et prescrit d'y conformer la démarche et les mouvements du corps. (Grote, *Platon*, III, 106.)

2. Petite école primaire maternelle pour les jeunes enfants.

intellectuelle. Cependant plusieurs des hommes les plus éminents qui aient jamais existé, ont aimé la musique avec passion. Luther l'aimait tant, qu'elle semblait faire partie de son être ; Milton s'en servait pour amener l'inspiration poétique. C'étaient là des hommes dont le génie était intimement lié à leurs émotions. Mais chez Jeremy Bentham l'amour de la musique n'avait avec ses travaux d'autre rapport que la jouissance qu'il lui procurait.

La poésie est de la musique avec quelque chose de plus. Ses rapports sont plus nombreux et plus compliqués. Aux premiers âges de la musique, lorsqu'elle accompagnait la poésie, c'était celle-ci qui dominait. La forme poétique — rhythme et mesure — agit sur l'oreille et aide la mémoire ; c'est pour cela qu'on lui fait souvent quitter son domaine véritable pour l'appliquer, comme moyen mnémonique, aux sujets les plus prosaïques du monde. Parmi les sujets poétiques, il faut compter les récits émouvants, qui exercent une influence énorme sur la vie humaine, et qui constituent le premier stimulant intellectuel dont on puisse se servir pour l'éducation.

Les sentiments moraux.

Les sentiments que l'on nomme moraux, à cause de leur tendance, sont le fondement de toute conduite bonne et vertueuse. Les autres sentiments peuvent être tournés vers le même but, mais ils peuvent aussi agir dans un sens tout différent.

Quand le maître parle de ces sentiments en termes plus précis, mais réellement équivalents au fond, il insiste surtout sur le désir de satisfaire ou la crainte de mécontenter les parents ou les supérieurs, ainsi que sur l'esprit d'obéissance : or tous ces sentiments s'acquièrent par la culture.

Tous les sentiments primitifs qui nous portent à nous bien conduire, doivent être de même nature que les sentiments de sympathie ou de sociabilité, lesquels sont éveillés par des moyens définis bien connus de tous ceux qui ont étudié la nature humaine. De tous les motifs qui nous portent à être bons pour les autres, le plus puissant est la bonté de ceux-ci envers nous : quiconque peut y résister mérite d'être gouverné par la crainte seule. La loi dit : « Faites aux autres ce que vous *voudriez* qu'ils vous fissent ; » mais la pratique, qui ne s'élève pas aussi haut, dit simplement : « Faites aux autres ce qu'ils vous font. » En fait de vertu morale, les enfants ne vont guère plus loin.

C'est trop exiger de l'enfance que de lui demander des sentiments généreux et désintéressés pour ceux qui ne lui rendent pas la pareille. Les enfants n'ont que peu de choses en propre ; ils sont réellement pauvres. Pour toute fortune, ils ont une vivacité franche et sans entraves, une grande élasticité d'humeur et des espérances. S'ils renoncent de leur plein gré à une partie de ces biens, ce n'est qu'en échange de biens équivalents. On peut provoquer chez eux des élans d'abnégation, dans lesquels ils engageront peut-être leur avenir d'une manière irrévocable, sans savoir ce qu'ils font. Mais il ne faut pas attendre d'eux une contrainte volontaire prolongée et de tous les moments, si l'on ne leur montre quelque récompense dans le présent ou l'avenir. Il est fort difficile d'amener quelqu'un même à rendre en toutes choses l'équivalent de ce qu'il reçoit.

Les sentiments envisagés au point de vue de la discipline.

L'examen que nous venons de faire des sentiments de l'esprit humain qui peuvent servir de motifs d'action, nous a suffisamment préparés à l'étude de la discipline dans l'éducation. Un maître reconnaît que pendant les classes, et pour rendre celles-ci efficaces, il doit réprimer tous les mouvements irréguliers, et triompher de l'inertie intellectuelle de certains enfants. Pour y arriver, il peut employer bien des moyens, qui correspondent au vaste champ des sensations et des émotions qui font battre le cœur humain.

La question des moyens de maintenir la discipline parmi des masses d'êtres humains a une très-grande portée, et par conséquent a été le sujet d'expériences fort diverses. Dans le vaste domaine du contrôle moral, elle comprend une des principales fonctions du gouvernement, qui est la répression des crimes, action dont on s'est fort occupé depuis quelques années. Réunir toutes les lumières que nous fournit chacune des sphères dans lesquelles doit s'exercer le contrôle moral, c'est contribuer à les éclairer toutes. Sans aucun doute, le passé a présenté de bien grands abus dans toutes les régions où s'exerce l'autorité répressive — dans l'État, dans la famille, dans les écoles, — et ces abus ont presque toujours produit une somme énorme de souffrances inutiles. Peut-être est-ce dans la famille que le mal est le plus général, et qu'il entraîne le plus de conséquences fâcheuses.

Peu à peu, l'on a reconnu diverses erreurs dont étaient entachées les méthodes disciplinaires du passé, tant dans les institutions de l'État que dans la famille. On a découvert les inconvénients graves d'une action fondée sur la crainte seule, et surtout sur la crainte de punitions brutales, douloureuses et dégradantes. On a découvert que les occasions de mal faire peuvent être évitées par mille précautions salutaires, qui font disparaître l'envie même de désobéir. On a reconnu et posé en principe qu'en fait de punitions la certitude est plus efficace que la sévérité ; ajoutons que toute punition doit être proportionnée à la faute. Nous pensons aussi qu'une éducation convenablement dirigée peut étouffer dans son germe toute propension au vice et au crime, et que, tant que cette éducation n'a pas eu le temps de produire son effet, il ne faut pas exposer l'esprit à la tentation. De nos jours, on attache plus d'importance qu'on ne le faisait autrefois à la culture des rapports bienveillants entre les hommes, culture qui tend à restreindre dans des limites plus étroites l'esprit de malveillance entre les individus.

La discipline dans l'éducation suppose nécessairement le rapport d'un maitre à une classe, un homme ou une femme exerçant sur une collection d'élèves l'autorité indispensable au travail que l'on a en vue. Cependant il n'est pas inutile de commencer par rappeler ici les principes qui s'appliquent à l'autorité en général.

L'autorité, le gouvernement, le pouvoir sur les autres n'est pas essentiellement un but ; ce n'est qu'un moyen. De plus, son action est un mal : elle diminue le bonheur d'une façon notable. Restreindre la libre action de l'homme, infliger des peines, établir le règne de la terreur, tout cela ne peut se justifier que s'il s'agit d'empêcher des maux infiniment plus grands que les souffrances que l'on cause soi-même. Au premier abord, ce principe semble n'avoir pas besoin de démonstration ; mais il est loin d'être généralement reconnu. La méchanceté et l'amour de la domination, si profondément enracinés dans le cœur de l'homme, font de la nécessité d'un gouvernement le prétexte de mille excès de sévérité et de répression ; ajoutons encore à ces motifs la facilité pour les gouvernants de s'enrichir aux dépens des gouvernés.

La philosophie sociale travaille, de nos jours, à formuler les limites à imposer à l'autorité et à l'emploi des moyens de répression. Elle demande à l'autorité, non-seulement de n'employer que les peines les plus douces qui puissent atteindre le but qu'elle a en vue, mais encore de justifier chaque fois de son existence même.

L'autorité n'est pas toujours indispensable dans les rapports de maitre à élève. Un élève qui vient de lui-même recevoir l'enseignement d'un maitre, ne se soumet point à son autorité ; il n'y a là qu'un pacte volontaire, qui peut se rompre au gré de chacune des parties. Un professeur n'exerce pas plus d'autorité sur les hommes qui suivent son cours, qu'un prédicateur n'en exerce sur son auditoire ou un acteur sur les spectateurs. Il n'y a dans ces réunions que le degré de tolérance mutuelle qu'exige le bien général ; si quelque perturbateur y manquait, ou l'assemblée elle-même, ou la police en ferait justice. Ni le professeur, ni le prédicateur, ni l'acteur ne sont investis d'une autorité qui leur permette d'empêcher tout désordre dans leur auditoire

L'autorité se manifeste d'abord dans la famille, qui la transmet, avec certaines modifications, à l'école. C'est la comparaison entre ces deux institutions qui est surtout instructive. Le père subvient à tous les besoins de ses enfants, en même temps qu'il exerce sur eux une autorité qui est presque sans limites. Cette autorité est tempérée par l'affection, laquelle dépend d'un échange de rapports bienveillants, et suppose d'ailleurs un nombre limité d'enfants. Le maître n'a point à subvenir aux besoins de ses élèves ; il est payé de ses soins pour eux ; sa seule fonction est de leur donner une certaine instruction définie. Les éléments nécessaires à l'affection font défaut à son autorité, parce que le nombre de ceux sur lesquels elle s'exerce est trop considérable, et la communauté d'intérêts trop limitée ; malgré cela, l'affection n'est pas absolument exclue des rapports de maître à élève, et, dans certains cas bien marqués, elle peut jouer un rôle.

D'un autre côté, la famille et l'école ont quelques points communs assez importants. Toutes deux ont affaire à des esprits encore jeunes, sur lesquels certains mobiles n'ont point de prise. Ni l'une ni l'autre ne peuvent employer des mobiles qui ne conviennent qu'aux hommes faits ; elles ne peuvent faire valoir auprès des enfants les conséquences que leur conduite aura dans un avenir éloigné et inconnu. Les enfants ne se rendent pas compte d'un effet lointain ; ils ne comprennent même pas bien des choses qui exerceront un jour une très-grande influence sur leur conduite. C'est en vain qu'on leur parlerait de richesses, d'honneurs et de satisfaction de conscience. Un demi-congé est plus à leurs yeux que la perspective de se trouver un jour à la tête d'un établissement important.

Il n'est pas non plus toujours possible de faire comprendre aux enfants les raisons pour lesquelles telle ou telle règle leur est imposée ; cependant, avec ceux d'un certain âge on y réussit. Or, la compréhension des motifs qui ont fait adopter une règle est un secours précieux pour en assurer l'exécution, de quelque ordre de gouvernement qu'il s'agisse.

L'exercice de l'autorité, dans quelque sphère que ce soit — dans la famille, dans l'école, dans les rapports de maître à serviteur, de souverain à sujet, dans l'Etat ou dans des sociétés secondaires, — est soumis à bien des règles communes. Ainsi :

1° Il faut, autant que possible, éviter de multiplier les défenses.

2° Les devoirs et les fautes doivent être nettement définis, de manière à être bien compris. Ceci pourra n'être pas toujours possible, mais on devra chercher cependant à y arriver.

3° Les fautes doivent être classées d'après leur plus ou moins de gravité. Ici encore, les distinctions établies doivent être claires, et le langage bien net.

4· L'application des peines est réglée d'après certains principes que Bentham a le premier posés nettement.

5· Il faut profiter des dispositions volontaires selon le degré de confiance qu'elles méritent.

6· Une bonne organisation prévient toute occasion de désordre. On évite les querelles en interdisant les attroupements, les brusqueries et les collisions. On empêche l'improbité en ne lui laissant aucune occasion de s'exercer ; la négligence, **par une surveillance active et par des examens réguliers.**

7° L'observation de certaines formes et d'une certaine étiquette contribue à assurer à l'autorité le respect et l'influence auxquels elle a droit. Tous les actes de la loi sont accompagnés de certaines formes et soumis à un certain rituel ; les personnes revêtues d'autorité sont inviolables. Plus l'obéissance est nécessaire, plus les formes de l'autorité sont sévères et imposantes. Les Romains, les plus grands législateurs du monde, se sont distingués entre tous par la pompe de leurs cérémonies officielles. Même les degrés les moins élevés de l'autorité doivent être entourés d'une légère teinte de formalisme.

8° Bien entendu, l'autorité, avec tout ce qui s'y rattache, n'existe que pour l'avantage des gouvernés et non pour celui du gouvernant.

9· Toute action qui ne viendrait que de l'esprit de vengeance doit être réprimée avec le plus grand soin.

10° Toute personne revêtue d'autorité doit, autant que les circonstances le permettent, se montrer bienveillante, chercher le bien de ses subordonnés, et agir sur eux par la persuasion et les bons conseils, de manière à n'être pas obligée d'avoir recours à la force. Pour que cette politique donne son maximum d'effet, il faut que celui qui l'emploie en connaisse exactement les limites, et ne les dépasse jamais.

11° Les motifs des punitions et des règles de discipline doivent, autant que possible, être expliqués à ceux qu'elles concernent ; ils ne doivent être fondés que sur le bien général. Il faut pour cela que l'éducation nationale comprenne la connaissance de la constitution de la société, qui n'est qu'une réciprocité régulière de tous ses membres, pour le bien de tous et de chacun [1].

1. Tous ceux qui exercent une autorité, de quelque nature qu'elle soit, devraient connaître à fond les conditions et les principes généraux de la punition tels qu'ils sont exposés dans le code pénal de Bentham. La manière large et complète dont cette question est traitée ne peut qu'être d'un grand secours à l'expérience personnelle de chacun ; je crois donc devoir donner ici un résumé succinct de ses principes.

Après avoir bien défini le but véritable de la punition, Bentham indique les circonstances où il ne convient pas d'y avoir recours : d'abord, *quand elle n'est pas motivée,* c'est-à-dire quand il n'y a pas eu de dommage réel — la partie que l'on croyait lésée consentant à ce qui a été

Nous avons indiqué les rapports et les différences qui existent entre l'école et la famille. Le caractère distinctif de l'école, par rapport à l'autorité considérée en général, résulte du but principal auquel elle est destinée, c'est-à-dire de l'instruction, pour laquelle les conditions à imposer sont l'attention et l'application, toutes deux

fait, — ou quand le dommage est plus que compensé par un bienfait plus important; en second lieu, *quand elle est sans action*, ce qui comprend les cas où la loi pénale n'était pas connue du coupable, ceux où il ignorait les conséquences de son action, et enfin ceux où il n'a pas agi librement; en troisième lieu, lorsqu'elle est *sans bénéfice réel*, c'est-à-dire lorsque les mauvais effets de la punition surpassent ceux de la faute (les mauvais effets de la punition, qu'il convient d'ajouter ensemble et de mettre en balance avec ses bons effets, sont la contrainte, l'inquiétude que cause l'appréhension, la souffrance réelle infligée au coupable, la souffrance causée à tous ceux qui sympathisent avec lui). Ensuite viennent les cas où la punition n'est pas nécessaire, c'est-à-dire ceux où le résultat peut être obtenu à moins de frais : par exemple, par l'instruction et la persuasion. Dans cette dernière catégorie, Bentham range d'une façon toute spéciale la propagation des principes pernicieux en politique, en morale ou en religion. C'est par l'instruction et le raisonnement, et non par des mesures pénales, qu'il faut combattre ce genre de délit.

Passant ensuite à ce qu'il nomme l'économie de la punition, Bentham insiste sur la nécessité de donner à l'esprit une idée exacte de ce qu'est la punition. Aussi les meilleures punitions sont-elles celles qu'il est facile d'apprendre et de retenir, et qui en même temps semblent plutôt plus grandes que plus petites qu'elles ne le sont réellement.

Mais le grand point, c'est la *mesure* de la punition : 1° elle doit bien clairement faire plus que contrebalancer le bénéfice de la faute, et par là j'entends non-seulement le bénéfice immédiat, mais encore tous les avantages réels ou imaginaires qui ont poussé le coupable à la commettre; 2° plus est grand le dommage qui résulte de la faute, plus la dépense à faire pour la punir peut être considérable; 3° quand deux fautes entrent en balance, la punition de la plus grave doit être de nature à faire préférer la plus légère; ainsi le vol à main armée est toujours puni plus sévèrement que le vol simple; 4° la punition doit être calculée de manière à fournir, pour chaque partie du dommage causé par le coupable, un motif correspondant qui l'en détourne; 5° la punition ne doit pas dépasser la mesure indispensable pour arriver au but que l'on se propose; 6° il faut tenir compte de toutes les circonstances qui rendent les coupables plus ou moins sensibles à la punition — de l'âge, du sexe, de la fortune, de la position, — car sans cela la même peine frapperait évidemment d'une manière inégale; 7° la punition doit être d'autant plus forte qu'elle est moins certaine; 8° elle doit également être d'autant plus forte qu'elle est plus éloignée, car toute peine incertaine ou éloignée ne produit sur l'esprit qu'une impression assez faible; 9° lorsque la faute indique une *habitude*, il faut augmenter la punition de manière à contrebalancer le bénéfice des autres fautes que le coupable pourrait commettre impunément : c'est là une mesure rigoureuse, mais nécessaire, comme l'est, par exemple, le châtiment appliqué aux faux monnayeurs; 10° quand une punition de nature convenable ne peut être employée que dans une certaine proportion, il pourra être bon d'y avoir recours, bien qu'elle dépasse un peu la mesure de l'offense : tels sont l'exil, l'expulsion d'une société, la destitution; 11° ce précepte s'applique surtout aux cas où la

indispensables à la permanence de toutes les impressions, intellectuelles et autres. Eveiller l'attention, la soutenir par la douceur ou
par la force, tel est le premier but de tout enseignement. Parmi les
influences contraires dont il s'agit de triompher, nous citerons l'incapacité et l'épuisement physiques, l'ennui que cause le travail, les

punition est une leçon morale ; 12° en déterminant la gravité de la peine,
il faut tenir compte des circonstances qui rendent toute punition inutile ;
13° si l'application de ces préceptes comporte quelque action particulière
qui tende à rendre la punition plutôt nuisible que profitable, il faut, bien
entendu, renoncer à cette action.

Pour le *choix* des peines, Bentham énumère toutes les conditions
qu'elles doivent remplir pour être en harmonie avec les préceptes qu'il
vient de donner. La première de ces conditions est la *variabilité* : toute
peine doit comporter différents degrés d'intensité et de durée. Ceci s'applique aux amendes, aux punitions corporelles, à la réclusion, et aussi au
blâme et à la censure. La seconde est l'*équité*, c'est-à-dire l'application
équitable en toute circonstance. C'est là une condition difficile à remplir :
une amende fixe n'est pas une peine équitable. La troisième est la *com-
mensurabilité* : je veux dire par là que les punitions doivent être si bien
proportionnées que le coupable comprenne clairement l'inégalité de souffrance en rapport avec le plus ou moins de gravité de la faute qu'il a
commise. Cette condition est facile à observer pour les peines variables,
comme la prison. La quatrième condition est que la peine soit *caractéristique*, c'est-à-dire qu'elle ait en soi quelque chose dont l'idée soit en
rapport exact avec le crime commis. Bentham donne un certain développement à cette idée, qu'il tient à ne pas laisser confondre avec celle de la
méthode barbare du talion, et cite de nombreux exemples à l'appui, fournis par la famille et l'école. La cinquième condition est que la peine soit
exemplaire, condition qui se rattache à l'impression qu'elle doit produire ;
toutes les formalités qui en accompagnent l'exécution contribuent à
accroître cet effet. Mais Bentham n'a pas assez tenu compte des inconvénients graves qu'entraîne une trop grande publicité, et qui ont déterminé
le législateur à ordonner que les exécutions se feraient loin des regards
de la multitude, sans autre publicité que l'annonce qu'elles ont eu lieu.
La sixième condition est l'*économie* : les peines doivent coûter aussi peu
que possible à l'État, ce que l'on obtient, par exemple, en employant les
prisonniers à un travail productif. La septième est l'*action réforma-
trice* : toute peine doit tendre à affaiblir les mauvais penchants et à fortifier les mobiles salutaires : par exemple, en donnant aux paresseux des
habitudes de travail. La huitième est que la peine mette le coupable
hors d'état de retomber à l'avenir dans la même faute : telle est l'action
exercée par la destitution d'un fonctionnaire coupable. La neuvième est
le caractère *réparateur* : telles sont les peines pécuniaires. La dixième est
la *popularité*. Bentham attache une grande importance à la popularité et
à l'impopularité des châtiments, circonstances qui font que le sentiment
public est favorable ou défavorable à la loi : quand une peine est impo-
pulaire, les jurys ne se décident qu'avec peine à déclarer les accusés
coupables, et il se produit toujours dans le public une agitation en faveur
d'une commutation. La onzième condition est la *clarté de l'expression* :
Bentham critique à ce point de vue les expressions obscures et inintelligibles des anciennes lois anglaises, — *félonie*, *pæmunire*, etc. Enfin la
douzième condition est que la peine soit *rémissible* en cas d'erreur.

distractions que donnent d'autres goûts, et la tendance de tout être humain à se révolter contre l'autorité.

Les moyens à employer avec un seul élève ou avec une classe ne sont pas les mêmes. On peut étudier les qualités individuelles d'un élève isolé, et en tirer parti ; il n'en est pas de même pour une classe. Ici, c'est l'élément de nombre qui est essentiel ; il apporte avec lui certains obstacles et certains avantages, et exige une action toute spéciale.

C'est parce qu'il a affaire à un grand nombre d'individus que le maître se distingue du père, et que son action présente certains rapports avec celle des autorités publiques : son contrôle est plus étendu, ses risques sont plus grands, et sa main doit être plus ferme. Avec un seul élève, nous n'avons besoin que de mobiles personnels ; avec un grand nombre, nous sommes dans la nécessité, souvent pénible, de punir pour l'exemple.

On sait toute l'importance que de bonnes conditions matérielles peuvent avoir pour le succès. Un édifice vaste et bien aéré, assez d'espace pour que tous les mouvements s'exécutent sans choc ni confusion, voilà deux éléments fondamentaux qui rendent la discipline bien plus facile. Ensuite vient la bonne organisation, c'est-à-dire la méthode et l'ordre régulier de tous les mouvements, qui font que chaque élève se trouve toujours où il doit être, et que la masse entière peut être à la fois sous l'œil du maître. Il faut placer ensuite la succession régulière des changements et des suspensions de travail, qui a pour résultat d'éviter la fatigue et de soutenir l'esprit et les forces tant que durent les classes.

Après le matériel et les dispositions générales, viennent les moyens et les méthodes d'enseignement, qui doivent tendre à donner de la clarté aux explications, et à rendre plus facile le travail inévitable de la compréhension. Si à cette clarté, la première de toutes les qualités dans l'enseignement, l'on peut ajouter un intérêt ou un charme extérieur, la chose n'en vaut que mieux ; mais l'intérêt ne doit jamais être acheté aux dépens de la clarté, sans laquelle il est impossible d'atteindre le but.

Il se peut que les qualités personnelles du maître contribuent à augmenter son influence, et qu'il ait un extérieur aimable, une voix et des manières agréables, une expression amicale lorsqu'il croit pouvoir se relâcher de la sévérité souvent indispensable. C'est là le côté de l'attrait et de la douceur. L'autre côté est l'attitude froide, imposante et digne par laquelle le maître sait représenter l'autorité, et rappeler sans cesse au devoir ceux qui seraient tentés de s'en écarter. Il y a peu d'hommes ou de femmes à qui il soit donné de savoir prendre ces deux attitudes dans toute leur perfection ; mais, dans quelques circonstances et dans quelque mesure qu'on le fasse, on y trouvera un moyen efficace à opposer au mauvais vouloir et à la paresse.

Un air de fanfaronnade et de suffisance nuit toujours à l'influence du maître, par l'envie qu'il donne de le prendre en défaut. Au contraire, l'autorité peut toujours être tempérée par un extérieur simple et modeste.

Nous n'avons pas besoin d'insister sur l'importance du *tact*, c'est-à-dire d'une attention toujours en éveil, à laquelle rien de ce qui se passe ne saurait échapper. Si le maître ne voit pas ou n'entend pas bien, il en résulte immanquablement quelque désordre; mais, même quand le maître a le plein usage de ces deux sens, il se peut qu'il ne les emploie pas avec une vigilance suffisante. Cette imperfection seule est un défaut naturel qui rend un homme impropre à l'enseignement, de même qu'un orateur est sûr d'échouer quand il est trop lent à reconnaître l'effet qu'il produit sur son auditoire. Un maître ne doit pas seulement s'apercevoir du désordre au moment où il est déjà bien caractérisé et où il éclate ; il doit lire dans les yeux de ses élèves l'effet produit par son enseignement.

Le calme qui vient, non de la faiblesse, mais du sang-froid et de l'empire sur soi-même, et qui se transforme facilement en énergie lorsqu'il le faut, est un précieux auxiliaire de la discipline. Au contraire, le trouble et l'agitation du maître se communiquent infailliblement à la classe, et nuisent également à l'enseignement et au bon ordre.

Toute erreur, tout échec, toute fausse mesure du maître nuit momentanément à son ascendant. Ces petits accidents arrivent quelquefois, quoi qu'on fasse, et ils n'en rendent que plus dangereux les airs de supériorité déplacée que l'on a pu se donner.

Les mouvements tumultueux auxquels toute multitude est sujette constituent la plus grande difficulté dont le maître ait à triompher. Des êtres humains pris en masse se comportent tout autrement que ces mêmes êtres pris un à un, et il se produit parmi les premiers toute une série nouvelle de forces et d'influences. Un homme seul en présence d'une multitude est toujours au poste du danger. Tout individu qui n'est qu'une unité dans une masse prend un caractère entièrement nouveau. La passion anti-sociale ou malveillante, le plaisir de triompher, qui n'existe plus chez l'individu en présence d'un autre plus puissant que lui, se réveille et s'enflamme quand il se sent soutenu par d'autres. Toutes les fois qu'une attaque générale devient possible, l'autorité d'un homme isolé pèse bien peu dans la balance.

On dit souvent que le maître doit s'arranger de manière à mettre de son côté l'opinion générale ; en d'autres termes, qu'il doit créer dans la classe une opinion en sa faveur. En cela, il est plus facile de mériter le succès que de l'assurer. Il est à craindre que, jusqu'à la fin des temps, la sympathie de la multitude ne se manifeste dans les écoles contre l'autorité. Dans certaines occasions, l'influence de la masse pourra être une garantie d'ordre : par exemple, quand la majorité des élèves tiennent à travailler et en sont empêchés par quelque perturbateur, ou encore quand la classe est généralement bien disposée pour le maître et se laisse seulement aller à quelques mouvements rares et exceptionnels. Quand même le mérite du maître lui aurait donné cet avantage, il ne serait cependant pas pour cela absolument à l'abri d'une explosion, et par conséquent il doit toujours être prêt à la réprimer par des moyens disciplinaires et des punitions. Il pourra toujours employer les calmants, les remontrances douces et amicales ; il pourra, par une tactique vigilante, empêcher le mauvais esprit de se répandre, et montrer aux meneurs qu'il a l'œil sur eux ; mais il faudra toujours qu'il finisse par punir.

C'est cette nécessité de se tenir toujours prêt à réprimer le désordre, tantôt dans des cas isolés, tantôt dans la masse entière, qui exige de la part du maître un air et une attitude d'autorité qui comportent un certain degré de hauteur et de réserve ; la nécessité de cette attitude est d'autant plus grande que les éléments hostiles sont plus développés.

Le bon ordre d'une classe est généralement troublé par deux sortes d'élèves, ceux qui n'ont naturellement aucun goût pour ce qu'on étudie, et ceux qui sont trop en retard pour suivre la leçon. Dans toute école bien organisée, ces deux catégories seraient exclues de la classe.

Toutes ces réflexions nous ramènent à notre sujet final, la punition ; nous ajouterons que les maisons d'éducation, comme tous les autres genres de gouvernement, ont fait de grands progrès sous ce rapport. Nous avons déjà donné les principes généraux des punitions, et il nous reste à voir de quelle façon ils s'appliquent aux écoles. Mais auparavant il faut dire quelques mots de l'emploi des récompenses.

L'émulation. — Les prix. — Les places.

Ces différents mots représentent un seul et même fait, un seul et même mobile, qui est le désir de surpasser les autres et de se distinguer ; nous avons déjà parlé de la valeur de ce mobile. De tous les stimulants du travail intellectuel, c'est le plus puissant que nous connaissions, et, quand il exerce toute son influence, il tient lieu de tous les autres. Mais il présente plusieurs inconvénients : c'est un principe anti-social ; il peut devenir excessif ; il n'agit pas sur tous, et enfin il fait un mérite de la supériorité des dons naturels.

Il est incontestable que de tout temps les plus grands efforts de l'intelligence humaine ont été déterminés par l'émulation, la lutte et l'ambition d'être le premier. Or la question est de savoir si un moindre degré de perfection, accessible aux facultés moyennes, ne pourrait être obtenu sans l'aide de ce stimulant. Si cela était, l'avantage moral serait évident. Quoi qu'il en soit, il n'est nullement nécessaire de le faire intervenir trop tôt, ou d'en faire usage dès le début. Pendant l'enfance, il s'agit de développer les sentiments bienveillants, et il vaut mieux ne pas avoir recours à l'émulation. Pour un travail qui est facile et intéressant, elle serait inutile. Chez les élèves doués d'une facilité peu ordinaire, il faudrait plutôt développer la modestie que l'orgueil.

Les prix et les principales distinctions ne touchent qu'un très-petit nombre d'élèves. Les places agissent plus ou moins sur tous; pourtant, elles n'ont que peu d'importance parmi les derniers d'une classe. Trop souvent, ce qu'ils savent peut être représenté par zéro. Un petit nombre d'élèves qui se disputent avec ardeur la première place, et une masse indifférente, ne constituent pas une bonne classe.

Les prix peuvent avoir de la valeur par eux-mêmes, et aussi comme marque de supériorité. De petits présents faits par les parents sont utiles pour exciter les enfants au travail; quant à l'écolo, ses prix sont la récompense d'une supériorité à laquelle le petit nombre seulement peut arriver. Les récompenses dont dispose le maître sont donc principalement l'approbation et l'éloge, moyen d'action puissant et flexible, mais qui demande à être manié avec tact. Certains genres de mérite sont assez palpables pour être représentés par des chiffres. Dire qu'une chose est bien ou mal, en tout ou en partie, est un jugement également clair; c'est donc une approbation suffisante que de déclarer qu'une réponse est bonne, qu'un passage a été bien expliqué. Ce sont là des éloges que l'envie ne peut attaquer. Bien exprimer une louange est une affaire délicate; il faut beaucoup de tact pour la rendre à la fois exacte et juste. Elle doit toujours s'appuyer sur des faits appréciables. Mais un mérite supérieur n'a pas toujours besoin d'éloges bruyants; l'approbation expresse doit être motivée par des faits qui imposent l'admiration même aux plus jaloux. Le véritable régulateur est la présence de toute la classe réunie; le maître ne parle pas en son propre nom, il ne fait que diriger le jugement d'une multitude avec laquelle il ne doit jamais se trouver en désaccord; son opinion particulière doit toujours être exprimée en particulier. Le principe du jury d'élèves proposé par Bentham, quoiqu'il ne soit pas formellement reconnu dans les méthodes d'éducation modernes, est toujours appliqué tacitement. L'opinion d'une classe, lorsqu'elle a toute sa valeur, est l'accord du jugement de la tête avec celui des membres, du maître et des élèves. Tout autre état de choses est un état de guerre, mais ce dernier est quelquefois inévitable.

Les punitions.

La première forme de punition, celle qui est toujours à la fois la plus prompte et la meilleure, est la censure, la désapprobation, le blâme ; toutes les maximes déjà posées pour l'éloge peuvent s'y appliquer. Un exposé bien net d'une faute également nette, sans observations ni commentaires, est par lui-même un moyen de punition. Quand la faute est accompagnée de circonstances aggravantes, telles qu'une négligence flagrante, on peut ajouter quelques mots de blâme ; mais, en le faisant, on doit avoir le plus grand soin de ne parler qu'avec le discernement et la justice les plus stricts. Les degrés d'une même faute peuvent quelquefois être représentés par des chiffres : on pourra, par exemple, prendre pour base le nombre des leçons non sues, celui des devoirs non faits. Dans ce cas, le simple énoncé des faits est plus éloquent que toutes les épithètes qu'on pourrait y ajouter.

Les reproches énergiques doivent être rares, afin de produire plus d'effet ; le ton de la colère doit être plus rare encore. Quand le maître s'emporte, bien que la colère puisse être excusable, c'est une véritable victoire pour les mauvais élèves, quand même elle leur inspirerait une crainte momentanée. A moins d'avoir une nature absolument mauvaise, un maître qui se laisse aller à la colère ne peut mettre ses actions d'accord avec ses paroles. Au contraire, l'indignation contenue est une arme puissante. Mais ce serait une preuve de faiblesse que de menacer quand on sait qu'on ne peut réaliser ses menaces. Rien n'est plus fatal à l'autorité que de se vanter outre mesure : c'est le moyen infaillible de se rendre ridicule.

Les punitions doivent aller plus loin que les paroles, car au fond l'efficacité du blâme vient des conséquences qu'il doit entraîner. Nous avons déjà dit quels sont les mauvais penchants que la discipline des écoles cherche à combattre, et nous avons constaté que le manque d'application est le plus ordinaire ; nous allons maintenant passer en revue les différentes punitions dont dispose le maître. Il a quelquefois aussi à combattre le désordre et la révolte, mais toujours en vue du but principal.

On a inventé des moyens simples d'agir sur le sentiment de la honte, tels que des postures humiliantes et un isolement mortifiant. Ces moyens produisent un grand effet sur les uns et sont sans action sur d'autres ; leur puissance varie selon la manière dont la classe les envisage, et aussi selon la sensibilité du coupable. Ils sont suffisants pour les fautes légères, mais pas pour les plus graves ; ils peuvent être efficaces au début, mais la répétition leur enlève rapidement tout leur pouvoir. C'est une règle de commencer d'abord par des punitions légères ; pour les bonnes natures, la simple idée d'une punition suffit, et la sévérité n'est jamais nécessaire. C'est un système grossier et maladroit que celui qui n'emploie que des punitions sévères et dégradantes.

La retenue ou privation de récréation est fort désagréable aux enfants et devrait suffire même pour des fautes graves, surtout s'il s'agit de désordre et de désobéissance, fautes contre lesquelles cette punition est indiquée par sa nature même. Tout excès d'activité et de combativité doit être réprimé par la suppression temporaire de l'exercice légitime de ces facultés.

Les pensums ou devoirs supplémentaires sont la punition ordinaire du manque de travail et peuvent aussi être employés contre l'insoumission. La peine réelle consiste dans l'ennui imposé à l'esprit, punition fort grave pour ceux qui n'aiment les livres sous aucune forme. Les pensums entraînent aussi l'ennui de la réclusion et de l'exercice disciplinaire. On peut les ajouter à la honte, et la réunion de ces deux moyens constitue une punition redoutable.

Avec toutes ces ressources diverses habilement ménagées, — émulation, éloge, blâme, humiliations, retenue, pensums, — la nécessité des châtiments corporels est presque annulée. Dans un établissement d'instruction publique bien dirigé, où l'on a établi une gradation bien calculée des divers mobiles, un système qui donne une longue série de privations et de peines de plus en plus fortes doit suffire à tous les besoins de la discipline. La présence d'élèves rebelles à ces moyens d'action serait une anomalie et une cause de désordre, et le vrai remède à employer serait leur envoi dans quelque établissement spécialement destiné aux natures inférieures. L'inégalité de ton moral doit être évitée dans une classe avec autant de soin que l'inégalité de développement intellectuel. Il faut des maisons de réforme ou des établissements spéciaux, pour ceux qui ne peuvent être gouvernés comme la majorité des enfants de leur âge.

Dans les maisons où l'on maintient les châtiments corporels, il faut les mettre tout au bout de la liste des punitions ; le moindre de ces châtiments doit être considéré comme un véritable déshonneur et accompagné de formes humiliantes. Tout châtiment corporel doit être présenté comme une injure grave pour la personne qui l'inflige et pour ceux qui sont forcés d'en être témoins, comme le comble de la honte et de l'infamie. Il ne doit pas se renouveler pour le même élève : si deux ou trois applications de cette peine ne suffisent pas, le renvoi est le seul moyen à adopter.

Le malheur est que les écoles nationales sont tenues de recevoir les natures les plus mauvaises et les plus incultes; mais il ne faut pas que ces natures pervertissent toute une école. Même lorsque des enfants ont été habitués à être battus chez leurs parents, il ne s'ensuit pas que le même système doive être employé pour eux à l'école : les parents sont souvent maladroits en fait d'éducation ; les autres moyens d'influence peuvent leur manquer dans une certaine mesure; le cas peut être pressant. Il est donc facile que l'enfant soit mieux traité à l'école que dans sa famille. Dans bien des cas, l'école deviendra un port de refuge pour les enfants maltraités chez eux, et ceux-ci sauront par leur bonne conduite se montrer reconnaissants de ce régime plus doux.

Mais, en fait, ce ne sont pas toujours les enfants de la misère qui donnent le plus de peine, et ce n'est pas dans les écoles qui leur sont destinées que l'on administre le plus de châtiments corporels. Les sujets les plus difficiles appartiennent souvent à de bonnes familles et se trouvent dans les écoles les plus aristocratiques. On ne devrait pas hésiter à renvoyer des institutions supérieures tous ceux qu'il est impossible de discipliner sans la punition dégradante du fouet [1].

La discipline des conséquences.

Rousseau a dit que les enfants, au lieu d'être punis, doivent être abandonnés aux conséquences naturelles de leur désobéissance ; c'est là une idée fort plausible et qui de nos jours a été reprise par un certain nombre de ceux qui ont écrit sur l'éducation. M. Herbert Spencer, entre autres, a beaucoup insisté sur cette méthode.

Cependant il y a une objection évidente à faire à ce principe :

---

1. Un certain nombre d'hommes célèbres ont déclaré que sans le fouet ils n'auraient jamais rien fait; parmi eux, nous pouvons citer Mélanchthon, Johnson et Goldsmith. Mais il est facile d'expliquer ce fait d'une manière plus large. Autrefois, on ne savait que gâter un enfant ou le battre; point de milieu : quiconque n'avait point recours à la verge était l'ennemi de l'enfant. De nos jours, au contraire, on connaît bien des moyens d'exciter au travail les enfants intelligents, et les châtiments corporels seraient mis au dernier rang, même sous le rapport de l'efficacité.

Il ne faut pas croire que les châtiments corporels, dans la mesure où ils sont admissibles, soient la punition la plus sévère que l'on puisse infliger à l'école. Au point de vue de la simple souffrance, le fouet serait préféré par bien des élèves à l'ennui intolérable de la retenue et des pensums; et, d'un autre côté, une réprimande peut être assez dure pour paraître plus cruelle qu'une correction manuelle. Ce qu'il faut dire, c'est que les autres punitions ne sont ni si susceptibles d'abus, ni si abrutissantes que les châtiments corporels.

c'est qu'il peut avoir des conséquences trop graves pour qu'il soit permis d'en faire un moyen de discipline; il faut souvent garantir les enfants des suites que pourraient avoir leurs actions.

Ce que l'on veut en réalité, c'est dégager les parents et ceux qui les remplacent de la responsabilité du châtiment infligé, pour rejeter celle-ci tout entière sur des agents impersonnels, contre lesquels l'enfant ne peut avoir aucun ressentiment. Mais, avant de compter sur ce résultat, il faut considérer deux choses. D'abord, il se peut que l'enfant devine la ruse et reconnaisse qu'après tout la souffrance qu'il éprouve est le résultat d'un plan adroitement concerté d'avance : par exemple, lorsqu'un enfant qui s'est mis en retard est forcé de rester à la maison. Ensuite, la tendance anthropomorphique, c'est-à-dire le penchant à tout personnifier, ayant sa plus grande force dans l'enfance, tout mal naturel est attribué à quelqu'un de connu ou d'inconnu. L'habitude de regarder les lois de la nature, lors-qu'elles nous font souffrir, comme froides, sans passion et sans inten-tion, ne s'acquiert que très tard et avec beaucoup de peine ; c'est un des triomphes de la science ou de la philosophie. Nous com-mençons ordinairement par en vouloir à tout ce qui nous fait du mal, et nous ne sommes que trop disposés à chercher autour de nous un être réel sur lequel nous puissions décharger notre colère.

Une autre difficulté vient de l'imprévoyance des enfants et de leur peu de souci de l'avenir : dès qu'ils sont sous l'influence de quelque mauvais penchant, les conséquences n'existent plus pour eux. Naturellement, ce défaut diminue avec l'âge, et, à mesure que le sentiment des conséquences se développe, celles-ci deviennent un motif plus puissant à opposer à l'envie de mal faire. Il est alors indifférent qu'elles soient naturelles ou arrangées d'avance.

Parmi les conséquences naturelles qui, dans la famille, servent comme moyens de corriger un enfant, nous pouvons citer les sui-vantes : être condamné à porter les vêtements gâtés par sa faute ; n'avoir pas de nouveaux jouets pour remplacer ceux qu'il a cassés. Le cas où un enfant est obligé d'en dédommager un autre de ce qu'il lui a gâté rentre plutôt dans la catégorie de ce que Bentham appelle les punitions « caractéristiques ».

A l'école, la discipline des conséquences résulte des règles d'après lesquelles le mérite de chaque élève se trouve déterminé par ses actes mêmes, sans que la volonté ou le caractère du maître s'y montre en rien. Le règlement étant invariable et bien compris, tout manquement entraîne sa propre punition.

CHAPITRE VI

DÉFINITION DES TERMES

Nécessité de commencer par bien définir les principaux termes. — La mémoire : Conditions de son développement. — Le jugement. — Différents sens de ce mot. — Opposition entre le jugement et la mémoire. — L'imagination. — La conception. — Difficulté de la développer d'une manière systématique. — La faculté créatrice. — Les livres d'imagination sont surtout des sources d'émotion. — Passage du connu a l'inconnu. — L'application du principe n'est pas toujours facile. — L'analyse et la synthèse. — Différents sens du mot analyse. — L'application du mot synthèse n'est pas toujours juste. — Les leçons de choses. — Origine de cette expression. — Une leçon de choses sert à faire comprendre les mots. — Leçons sur des objets donnés. — L'instruction et la discipline : Sens à attacher à chacun de ces mots. — Savoir bien une chose. — Étude d'un sujet dans tous ses détails. — Utilité d'une étude générale de certains sujets. — Importance de l'unité de méthode. — Abus de la maxime « *multum, non multa.* »

Lorsqu'on discute les questions d'éducation, il se présente des expressions et des termes fort importants, mais dont le sens est ambigu. Certains de ces termes se rapportent à des facultés de l'esprit, telles que la mémoire, le jugement et l'imagination, et il est indispensable d'en comprendre clairement la portée. Il ne l'est pas moins de fixer le sens à attacher aux mots éducation, culture, discipline, lorsqu'on les oppose à ce que l'on entend par instruction.

La mémoire et sa culture.

Apprendre par cœur est une expression qui désigne l'action d'apprendre ou d'acquérir les connaissances qui semblent ne pas exiger l'exercice des facultés plus élevées auxquelles nous donnons les noms de raison et de jugement : par exemple, les noms, les listes de mots dans la grammaire et dans l'étude des langues en général. De même, les événements dont nous avons été témoins se gravent dans notre mémoire, par le seul fait qu'ils ont attiré notre attention. Nous savons aussi qu'une grande partie de la première éducation des enfants consiste à retenir la disposition ordinaire des objets au milieu desquels ils vivent habituellement. Enfin, les rapports les plus simples de cause à effet ne sont d'abord saisis que par l'action de la mémoire.

Pour rendre ces acquisitions plus rapides, il faut remplir certaines conditions que nous avons déjà indiquées comme étant les conditions de la rétentivité ou mémoire. Lorsqu'on les remplit, on dit quelquefois qu'on exerce, qu'on cultive la mémoire. Alors se pose naturellement cette question : Pouvons-nous par quelque artifice cultiver ou fortifier la mémoire, ou la faculté de rétentivité dans son ensemble ? Nous pouvons acquérir des connaissances ; c'est là un fait admis. Pouvons-nous fortifier ou accroître la faculté naturelle d'acquisition ? Sans doute, l'on dit avec raison que toute faculté peut être fortifiée par l'exercice ; mais pour les facultés intellectuelles cet effet est loin d'être simple.

La puissance absolue de la rétentivité dans un esprit donné est une quantité limitée. Le seul moyen d'étendre cette limite est d'empiéter sur une des autres facultés de l'esprit, ou encore de surexciter tout l'ensemble des facultés intellectuelles, aux dépens des fonctions du corps. On peut obtenir une mémoire extraordinaire aux dépens de la raison, du jugement et de l'imagination, ou aussi en sacrifiant la sensibilité. Ce n'est pas là un résultat à désirer.

La forme la plus ordinaire que prend le développement anormal de la mémoire est la spécialisation qui provient de l'application à tel ou tel ordre de faits, et résulte des habitudes d'attention que nous contractons pour nos études principales. C'est par cette tension artificielle qu'un orateur apprend ses discours par cœur avec une facilité relative. La mémoire des lieux se fortifie par l'habitude de l'attention qui résulte de nos occupations spéciales : un ingénieur ou un artiste se rappelle les lieux, non par la supériorité de sa mémoire générale, ni même par une mémoire particulière, mais par la direction constante de son attention sur le sujet qu'il préfère, à l'exclusion de tous les autres.

Par conséquent, au lieu de parler de cultiver la mémoire, nous devons simplement chercher les moyens de favoriser telle ou telle classe d'acquisitions, en nous conformant aux lois connues de la rétentivité.

Le jugement et sa culture.

Le mot jugement est employé par opposition au mot mémoire et comme synonyme des mots entendement et raison. On demande au maitre de cultiver chez ses élèves à la fois la mémoire et le jugement.

L'acte de jugement le plus simple qu'on puisse imaginer est celui qui consiste à comparer deux objets, au point de vue de leur différence, de leur ressemblance, ou des deux à la fois. S'il s'agit d'objets perceptibles par les sens, de deux nuances d'une même couleur par exemple, ce n'est qu'une affaire de distinction à établir par les sens, laquelle dépendra, pour l'exemple que nous avons choisi, de la délicatesse du sens de la vue, du degré d'attention de celui qui regarde, et de la juxtaposition des deux échantillons considérés. Le discernement des ressemblances est soumis exactement aux mêmes conditions.

Lorsque les deux objets qu'il s'agit de comparer entre eux sont des objets complexes des sens, comme deux machines, deux maisons, deux arbres, deux animaux, le nombre des points à considérer est plus grand; mais sous tous les autres rapports l'opération est la même. Si les objets sont connus en partie par le témoignage des sens et en partie par la description verbale de propriétés que l'expérience a révélées, comme lorsqu'il s'agit de deux minéraux, il faut un travail encore plus grand et des précautions plus minutieuses. Il y a en effet une certaine difficulté à envisager un tout complexe sous l'aspect le plus favorable à la comparaison avec un autre, c'est-à-dire en se représentant dans le même ordre les propriétés de l'un et de l'autre. Ce genre d'effort est le résultat d'une discipline intellectuelle. La comparaison de deux points de droit, de deux théories scientifiques, de deux manières différentes de présenter la même doctrine ou d'expliquer le même fait, sont des actes de jugement que facilite beaucoup l'ordre avec lequel on présente les circonstances et les traits particuliers de chaque cas.

Un acte d'une nature encore plus élevée est celui par lequel on juge un objet que l'on a sous les yeux, d'après un point de comparaison intellectuel fourni par une connaissance et une expérience antérieures : par exemple, lorsque nous jugeons de la convenance d'une œuvre d'industrie, d'une œuvre d'art ou d'un projet politique. Ici, le champ de comparaison est vaste ; il s'agit d'examiner les faits collatéraux et de suivre des conséquences. Cet acte intellectuel peut être désigné d'une manière plus exacte que par le nom de jugement : c'est en réalité l'application d'un savoir étendu à la détermination des causes et des effets. Ceci n'est pas seulement une faculté; c'est un grand talent, résultat d'une longue expérience et d'études approfondies sur un sujet particulier.

Un acte intellectuel du même genre est celui par lequel nous arrivons à décider avec sagesse au milieu de circonstances contradictoires, à tenir compte de toutes les parties d'une affaire, au lieu de nous occuper d'un ou deux points seulement. L'homme qui étudie un problème à fond et sous toutes ses faces, sans rien omettre de ce qui se rapporte à la solution, est appelé un homme de jugement; mais il est également impropre de dire que cela constitue une faculté, et de parler de la perfectionner.

Voilà des exemples très-élevés de l'exercice de la faculté de jugement, et qui exigent la plus grande maturité de l'intelligence humaine appliquée à chaque genre d'affaires. Cet ordre de jugement n'appartient pas au domaine du maître d'école. Mais il existe une application de ce terme plus familière, quoique moins exacte, fondée sur son opposition avec la mémoire: il représente alors la faculté de comprendre, par opposition à la faculté de retenir par cœur. Il y a là une distinction réelle et importante, qui serait mieux exprimée par le mot intelligence ou compréhension que par le mot jugement. Un maître a souvent occasion, dans son enseignement, de s'assurer si un élève comprend un passage, un principe ou une règle qu'il a appris par cœur.

Raisonner, expliquer un fait, en donner la raison, sont des opérations intellectuelles qui rentrent presque dans certaines significations du mot jugement. Ces termes sont bien mieux définis et plus précis, parce qu'on s'en sert en logique; aussi est-ce là, plutôt qu'ailleurs, qu'il faut en aller chercher le sens.

L'imagination.

Le mot imagination a un sens fort étendu. Il s'applique à des actes de nature très-diverse, et en s'en servant on risque de rendre obscurs quelques-uns des procédés les plus délicats de l'éducation. Certaines de ses acceptions se rapportent à des fonctions très-élevées, et d'autres expriment la dégradation complète des facultés humaines.

« Sans l'imagination, dit Godwin, il ne peut y avoir d'ardeur véritable pour aucun travail, pour aucune acquisition intellectuelle; sans elle, point de vraie morale, point de sentiment profond des chagrins des autres, hommes, point de zèle ardent et persévérant pour leurs intérêts. » Cette définition empiète sur plusieurs facultés intellectuelles distinctes, dont l'ensemble constitue ce que l'on nomme la sympathie.

La première acception du mot imagination est également exprimée par les mots conception, faculté de concevoir, grâce à laquelle nous pouvons nous représenter l'image d'un objet que nous n'avons pas vu, mais qui nous a été décrit verbalement, avec ou sans le secours de moyens graphiques. Cette faculté croit avec le nombre de scènes et de situations que nous avons pu voir, et dépend de la bonté de notre mémoire pittoresque. L'accroissement des connaissances semble être à peu près le seul moyen de cultiver ou d'augmenter cette faculté ; le maître ne pourrait faire que bien peu pour elle, s'il l'essayait. On peut exercer un élève à concevoir des objets d'après leur description ; mais l'art véritable auquel il faut arriver est celui de la description elle-même.

Entrer dans les sentiments des autres, concevoir ces sentiments, est un acte de sympathie, un exercice d'éducation morale, indispensable à ceux qui veulent jouir de l'histoire, de la poésie et du roman. La sympathie est une des conséquences de notre expérience de la vie, de nos dispositions sociales et de nos connaissances acquises ; mais il n'est pas facile de la réduire en leçons. Comme tout autre enseignement moral, elle peut être excitée vivement par un maitre habile à choisir le bon moment ; mais je ne sache pas qu'il soit possible de la faire intervenir d'après un plan préconçu.

Quand on parle de la conception comme d'une faculté qui peut être développée par l'exercice, on commet l'erreur que nous avons déjà signalée à propos de la mémoire. On peut aider un élève à concevoir certains objets, tels qu'un vaisseau de guerre, une forêt des tropiques ou un paradis, en se servant pour cela d'une description bien faite, et aussi d'esquisses ou de dessins. Mais le seul résultat de cette manière de cultiver la faculté de concevoir, c'est de faire qu'un effort heureux en facilite d'autres de même nature. Comme système pratique, elle n'entre dans aucun mode d'enseignement actuellement employé ; quoique ce soit un accessoire d'un assez grand nombre de nos exercices scolaires, ce procédé n'est appliqué à aucun d'une manière suivie.

L'acception la plus élevée du mot imagination est celle qui représente la faculté créatrice du poète ou de l'artiste, laquelle échappe absolument à l'enseignement direct, bien que toutes les manières d'enrichir notre intelligence puissent y contribuer. Le développement de cette faculté n'entre dans aucun plan d'éducation, parce que c'est un travail au-dessus de celui de l'école. Mais elle a avec les efforts les moins élevés et les plus faciles de l'imagination un élément commun, le sentiment ou l'émotion, qui distingue les créations de l'art de celles de la science. Toute œuvre d'art satisfait quelqu'un de nos sentiments les plus vifs : amour, colère, esprit de vengeance, sentiment du sublime ou du ridicule, et bien d'autres encore. Une invention scientifique est une affaire de pure utilité, et sa valeur se mesure en francs et centimes.

Pour arriver à agir sur les sentiments, l'artiste qui a de l'imagination traite son sujet tout à fait à sa fantaisie ; il exagère, déplace, se permet la fiction et l'extravagance ; en un mot, il n'est pas tenu de se conformer à la réalité. C'est là ce qui donne tant de charme aux livres d'imagination, surtout aux yeux de la jeunesse. Le roman peut donner des émotions bien plus fortes que les évènements de la vie réelle, et c'est à ces effets puissants que nous visons. Mais c'est là plutôt jouir de l'imagination et lui demander des émotions vives, que la cultiver. Se livrer à son imagination, c'est se livrer à ses émotions, et la seule chose à demander, c'est : quelles sont ces émotions ?

Un tel exercice de l'imagination doit être considéré, en premier lieu, comme une source de plaisir, un élément des satisfactions de la vie. Non contents des jouissances que nous donne la réalité, nous cherchons celles que l'idéalité peut nous donner. Or l'idéalité diffère selon les âges : les contes de fées et les extravagances plaisent à la jeunesse ; la poésie de Milton, à l'âge mûr. D'abord il n'y a là rien qui concerne l'éducation ; nous n'y cherchons pas l'instruction, mais seulement les émotions. C'est au père de famille à donner à ses enfants l'amusement des livres d'imagination, tout comme il leur accorde le plaisir d'une partie de campagne ou d'un régal les jours de congé. Ils ont un bon et un mauvais côté, qu'on ne peut pleinement apprécier que par un examen approfondi de l'utilité et de l'abus de la fiction considérée en général.

Quoique le fondement réel de l'intérêt des œuvres d'imagination soit dans les émotions qu'elles excitent, il y a néanmoins un certain élément intellectuel dans les tableaux, les scènes et les incidents qui déterminent ces émotions. Ceux-ci s'impriment dans la mémoire par le sentiment vif qu'ils éveillent ; ils deviennent une partie du mobilier intellectuel et peuvent ensuite servir comme tels. Ils peuvent servir aux créations de notre propre imagination, et contribuent à faire comprendre et à orner les vérités plus sévères que nous enseigne la raison. Si nous passons aux fictions de l'ordre le plus élevé, telles que les œuvres des grands poètes, elles nous fournissent des réunions d'images encore plus belles, en gravant dans notre mémoire les traits les plus sublimes du génie humain. Alors la fiction devient un élément d'éducation. Quelle part doit être faite à cet élément dans nos écoles ? C'est là une question qui sera discutée plus tard.

Cependant il est évident que la présence d'une émotion vive est un secours pour la faculté de conception, dont nous avons déjà parlé ; mais ce secours est en même temps une limite et une influence directrice. La conception est en rapport intime avec le sentiment éprouvé. La conception d'une bataille est un grand effort de combinaison intellectuelle, mais elle n'est jamais complète. Les incidents qui excitent le plus d'intérêt sont conçus avec assez de netteté ; nous choisissons les épisodes les plus frappants de l'action, mais nous ne nous faisons qu'une idée très-imparfaite des dispositions générales.

L'intervention du maître dans la culture de l'imagination doit servir à réprimer toute préférence émotionnelle exagérée et à favoriser l'exercice complet et impartial de la grande fonction intellectuelle, — conception, dans toute l'exactitude de leurs proportions et de leurs détails, de scènes et d'évènements que nous n'avons pas vus, — que l'on nomme imagination historique, par opposition à l'imagination poétique. Sans dédaigner le secours de l'intérêt émotionnel, le maître cherchera à en combattre les tendances injustes et la partialité, sans parler de la manière dont il dénature et fausse trop souvent la réalité. La faculté de rendre les faits pour ainsi dire présents à l'esprit exige un grand effort intellectuel, qui n'est donné que bien rarement même à ceux dont l'éducation est complète : elle constitue un talent véritable, et les tableaux féeriques que nous fait quelquefois entrevoir l'émotion du merveilleux ne sont que de bien faibles manifestations de cette faculté.

Passage du connu à l'inconnu.

Procéder du connu à l'inconnu est une des règles favorites de l'art d'enseigner ; mais cette règle est rarement exposée de manière à nous guider d'une manière bien définie. Dans les cas faciles, le sens en est assez clair : toute explication, par exemple, doit nous ramener à des faits que nous comprenions déjà, sans quoi l'explication elle-même ne pourra être comprise. Il n'y a là que la loi du passage du simple au composé, la règle qui veut que nous nous rendions maîtres d'un degré avant de passer au suivant. Quiconque viole sciemment un précepte si évident est sûr de ne pas réussir ; et celui qui pourrait dire, la main sur le cœur, qu'il ne l'a jamais violé, mériterait une gloire immortelle.

Si une démonstration s'appuie sur des principes mal compris, si une description contient des termes qui n'ont pas de sens pour celui à qui elle s'adresse, si une instruction comporte des actes qui n'ont jamais encore été exécutés, il en résultera nécessairement un échec. Quand l'instruction est donnée sous une forme rigoureusement méthodique, comme dans un cours régulier de science, on suit plus ou moins l'ordre logique, mais souvent avec une certaine difficulté. Dans les phases qui précèdent celle-ci, et où l'enseignement se fait un peu à bâtons rompus, rien ne garantit l'observation de cet ordre. Au fond, ce sont les esprits les moins mûrs qui sont exposés au plus grand désordre, et l'on peut se demander comment il se fait qu'ils retiennent des connaissances présentées dans de telles conditions. Il se peut que ce désordre soit inévitable, mais il n'est certes pas avantageux ; et, dans la suite de ce travail, nous examinerons en détail les causes de cette nécessité et les moyens d'en prévenir les effets fâcheux.

La parole ne peut présenter qu'un seul objet à la fois; les faits et les principes ne peuvent venir que les uns après les autres. Or, pour faire comprendre un sujet difficile, il serait quelquefois à désirer que deux ou trois faits fussent présentés de front et conçus simultanément. C'est là un obstacle dont il faut que l'élève triomphe. Un autre inconvénient, c'est que l'expression du fait le plus clair et le plus élémentaire peut, malgré tous nos efforts pour l'empêcher, introduire d'autres faits qui n'ont pas encore été compris, et par conséquent laisser dans l'esprit un point obscur, qui nuit à l'intelligence de tout ce qui suit, jusqu'à ce que nous arrivions à un fait qui éclaircisse tout.

L'analyse et la synthèse.

Ces deux mots se trouvent souvent dans les règles destinées à servir de guide à ceux qui enseignent. Le sens qu'on y attache ordinairement est fort peu précis. Le mot analyse est le plus clair des deux, grâce à certains exemples spéciaux et bien connus, tels que l'analyse grammaticale d'une phrase. Le sens en est moins clair lorsqu'on l'applique à des lectures; dans ce cas, on entend généralement par analyse l'action de considérer séparément chacune des parties d'un tout complexe. Par exemple, pour analyser une machine à vapeur, on pourra y distinguer le cylindre, le parallélogramme de Watt, le volant, le régulateur, etc. Mais cette opération ne mérite pas un nom si pompeux; le mot description serait tout aussi convenable.

L'acception la plus scientifique du mot analyse est celle qui se rapporte au procédé d'abstraction. Nous analysons une substance concrète, telle qu'un minéral ou une plante; nous en séparons les propriétés constitutives par une série d'abstractions, qui nous permettent d'étudier séparément chaque propriété à son tour. C'est ainsi, par exemple, que l'histoire naturelle décrit un minéral, en en énumérant les propriétés mathématiques, physiques et chimiques. Dans ce sens, le mot analyse est presque superflu et peut quelquefois devenir une cause d'erreur.

Dans une autre de ses acceptions, le mot analyse s'entend de la séparation d'un effet complexe en ses éléments constitutifs, comme lorsqu'on ramène le mouvement d'une planète à deux autres, le mouvement centripète et le mouvement centrifuge. C'est dans le même sens que nous parlons d'analyser le caractère d'un homme, ou ses motifs. Nous pouvons de même analyser une situation politique, en recherchant toutes les influences en jeu pour la produire.

Tous ces sens divers sont assez distincts, mais tous n'exigent pas ce nom spécial, parce qu'ils en ont un autre qui suffit. Sauf le cas bien compris de l'analyse grammaticale et celui de la composition des forces ou des agents, nous aurions avantage à laisser de côté le mot analyse. L'analyse chimique et l'analyse géométrique sont des cas particuliers dont nous n'avons pas à nous occuper ici.

Le mot synthèse est encore moins bien défini, quoiqu'il dût être sous tous les rapports le contraire de l'analyse. Il existe une synthèse grammaticale dont M. Dalgleish a fait un exercice de grammaire, qui consiste à remettre à leur place les membres détachés d'une phrase. Quand il s'agit de la considération des parties distinctes d'un objet complexe, afin de les décrire l'une après l'autre, il n'y a point de synthèse correspondante ; ce mot n'a alors aucun sens.

La séparation par voie d'abstraction des propriétés d'un corps n'a pas besoin de synthèse. Lorsque l'abstraction nous prépare à faire une généralisation inductive, comme la loi de la pesanteur, il existe un procédé inverse d'application *déductive* de la loi à de nouveaux cas, et cette action peut s'appeler synthèse ; mais le nom de déduction est plus juste.

Lorsque nous analysons les forces qui entrent en jeu dans une opération physique, intellectuelle ou sociale, nous n'avons pas besoin de les réunir en un tout, à moins de supposer des situations nouvelles, où la composition s'effectue d'une manière différente. Nous pourrions dessiner l'orbite d'une planète dont la distance au soleil et les autres éléments seraient différents de ceux de toutes les planètes connues.

Se servir des mots analyse ou synthèse pour représenter la méthode à suivre dans une leçon quelconque, c'est faire naître dans l'esprit d'un jeune maître la confusion la plus déplorable, parce que tout ce que ces mots expriment est représenté par d'autres noms plus expressifs et plus faciles à comprendre : description, explication, abstraction, induction, déduction.

Les leçons de choses.

L'expression « leçon de choses » est bien loin d'être claire. Son origine remonte très-probablement au système de Pestalozzi, qui se servait d'exemples concrets pour enseigner les idées abstraites de nombre, et autres du même genre. C'est là un sens parfaitement intelligible, et cette méthode sert de base à l'enseignement de toutes les connaissances générales. Le maître qui veut s'en servir présente a ses élèves des objets concrets choisis de manière à produire tous une certaine impression générale, quelque différents qu'ils soient les uns des autres sous d'autres rapports. Pour graver le nombre quatre dans l'esprit des élèves, on leur présentera un grand nombre de groupes de quatre objets ; pour leur donner l'idée de cercle, on leur montrera beaucoup d'objets ronds, mais différant entre eux par la grandeur, la matière et tous les autres caractères extérieurs.

Une leçon de choses représente une étude entièrement différente, quand il s'agit d'exercer les sens ou le mûrir les facultés d'observation. Dans le cas précédent, on s'occupait de généralités ; dans celui-ci, on cherche au contraire les spécialités. Quand on veut apprendre à un élève à distinguer des nuances délicates d'une même couleur ou des différences de ton en musique, il faut les présenter à ses sens et attirer son attention de ce côté. Dans quelle mesure cela peut-il servir dans l'éducation de l'école? C'est là un point assez douteux. Lorsqu'on enseigne un art spécial, tel que la peinture ou la musique, la distinction délicate des nuances de couleur ou de ton fait partie de l'enseignement même ; mais quand il s'agit de connaître l'univers, cet enseignement spécial peut n'être pas nécessaire, si ce n'est dans certaines occasions ou pour un but spécial. Une grande habileté à mesurer les longueurs d'un coup d'œil, ou à évaluer un poids avec la main, ne fait réellement pas partie de la connaissance approfondie de l'univers.

Tout au moins, le nom de leçons de choses n'est nullement nécessaire pour représenter ce talent spécial. « Culture des sens » serait une expression mieux appropriée, et cette culture est un genre d'exercice très compréhensible, dès que l'utilité en est démontrée.

Un troisième point de vue des leçons de choses est celui qui a rapport à l'acquisition de mots nouveaux, c'est-à-dire, avant tout, a l'association des objets avec leurs noms. Pour établir un rapport entre un mot et une chose, il faut que nous ayons quelque idée de cette chose, idée qui sera fournie par les sens, par l'observation, ou, en un mot, d'une façon quelconque. Les noms que nous apprenons les premiers sont ceux des objets familiers au milieu desquels nous vivons, objets pour la plupart individuels et concrets. L'attention se porte sur un objet; en même temps, on en prononce le nom, et l'association des idées ou la mémoire ne tarde pas à établir entre les deux une union intime. Accroître la connaissance du langage, c'est accroître la connaissance des objets ; et, à mesure que l'occasion se présente de montrer des objets nouveaux et d'attirer l'attention sur ces objets, nous développons l'emploi intelligent du langage, avec lequel s'étend notre connaissance de l'univers, du moins pour les propriétés caractéristiques des objets. Pour employer convenablement les mots, il ne faut pas confondre des objets qui sont différents; il faut en savoir assez pour les distinguer entre eux, bien que nous ne sachions peut-être pas tout ce qui les concerne. Il ne faut pas prendre un chien pour un chat, ni confondre la lampe avec le feu.

Il ne semble pas, à première vue, que les leçons du maître d'école puissent faire beaucoup pour cette connaissance des choses : elle vient en réalité de toute l'expérience de la vie pratique.

De plus, l'expression de connaissance des choses ne convient pas non plus très-bien ici. Un grand nombre des objets que les enfants remarquent, et surtout ceux qu'ils remarquent les premiers, sont les objets particuliers qui les entourent ; mais ce n'est là qu'un premier pas, suivi bientôt d'une opération plus importante. L'enfant en arrive bientôt à employer et à comprendre des termes généraux. Sans doute, ces termes correspondent d'abord à des généralités très-faciles à saisir : lumière, obscurité, gros, petit, chaise, cuiller, poupée, homme, eau, etc. ; malgré cela, pour les comprendre, il ne suffit pas de regarder un seul objet, mais il faut en comparer plusieurs différents, en saisir les points de ressemblance et faire abstraction des différences.

Nous savons aussi qu'un grand nombre de termes représentent des *situations* d'objets plutôt que des objets eux-mêmes. Tels sont tous les noms de temps et de lieu, et tous ceux qui expriment des circonstances. Hier et demain ne sont pas des objets ; dehors, dans la maison, sont des situations. Les mots qui expriment des actions nous offrent aussi une manière différente de considérer l'univers : boire, être debout, venir, parler, pleurer, apporter, sont des mots que les plus petits enfants comprennent, pour avoir observé toute une réunion, tout un groupe de circonstances.

Que dirons-nous encore des états *subjectifs*, qui se présentent de très-bonne heure sur le premier plan, avec les objets du monde extérieur ? L'enfant ne met pas longtemps à apprendre ce que c'est que d'être content ou affligé, que d'aimer ou de ne pas aimer, et il comprend et exprime très tôt ces états élémentaires.

Ainsi, dans l'acquisition du langage il y a plusieurs opérations bien distinctes, qui doivent être considérées à part à mesure qu'elles rentrent dans l'enseignement, et qu'il faut désigner chacune par une expression propre, et non par l'expression vague de leçons de choses, qui n'est bonne qu'à nous égarer.

Il nous reste à considérer encore un autre sens de cette expression. Je veux parler ici de l'habitude de choisir, dans le cours de l'enseignement ordinaire, tel ou tel objet particulier, pour en faire le sujet d'une leçon spéciale et complète. Prenons pour exemple un morceau de houille. Le professeur montre un échantillon de cette substance et appelle l'attention sur son aspect et ses différentes propriétés extérieures, ce qui a généralement pour effet d'engager l'élève à la regarder de plus près et avec plus de soin qu'auparavant. Jusque-là, c'est ce que nous pourrions appeler une leçon d'exercice des sens ou d'observation. Mais le professeur ne s'en tient pas là : il entre dans tous les détails relatifs à l'histoire naturelle et à la chimie de la houille ; il dit d'où elle vient, comment elle se produit d'abord, à quoi elle sert, et quelles sont les propriétés auxquelles elle doit son utilité. Ceci pourrait s'appeler une leçon de renseignements sur un objet. Une substance donnée est prise pour texte d'une dissertation sur des actions et des propriétés naturelles qui s'appliquent à un grand nombre d'autres substances. Il est impossible de faire l'histoire de la houille sans parler de la structure des plantes ; on ne peut non plus en dire les usages sans faire mention de l'union chimique des corps et sans parler de la chaleur. L'à-propos de ce genre de leçons dépend de diverses circonstances sur lesquelles nous aurons occasion de revenir. Il y a là moins une leçon de choses que l'emploi d'un objet comme texte. Cela nous permet de grouper autour d'une unité concrète une foule d'idées et de propriétés très abstraites. Cette forme est très commode pour une conférence populaire, comme nous l'ont montré M. Huxley et M. Carpenter dans leurs conférences sur un morceau de craie.

L'instruction et l'exercice.

La différence entre l'instruction d'une part, et l'exercice, la discipline, le développement des facultés intellectuelles de l'autre, joue un grand rôle dans toutes les discussions sur l'éducation. Le mieux est d'établir cette différence de la seule manière réellement pratique, c'est-à-dire par des exemples de l'une et de l'autre. On allègue souvent que certaines études n'ont que peu d'importance au point de vue de l'instruction, mais sont tellement utiles comme exercices intellectuels qu'elles doivent être préférées à toute autre étude qui n'est qu'instructive. Le but de l'éducation, dit-on, n'est pas d'enseigner des vérités, mais de développer et d'exercer les facultés et les forces de l'intelligence.

Voyons d'abord ce qui a rapport à l'instruction. Les règles fondamentales de l'arithmétique, addition, multiplication, etc., enseignées au point de vue de la pratique seulement, sans égard pour leur théorie ou leurs principes, seraient probablement regardées comme une instruction utile, mais non comme un exercice pour l'esprit. C'est en effet ainsi qu'elles sont considérées par la grande majorité des élèves.

Considérons, en second lieu, notre langue maternelle. Toutes les particularités de la langue, y compris les règles de correction et de

propriété les plus élevées, peuvent être enseignées au seul point de
vue de la pratique du langage, écrit ou parlé, sans que l'on essaye
même de les ramener à un plan méthodique ou d'en donner une explication rationnelle. Ce ne serait là qu'un fait d'instruction, sans rien
de plus ; l'enseignement d'une langue, ainsi dirigé, serait très utile,
mais ne pourrait être appelé un exercice intellectuel. Quand on a
toujours vécu avec des personnes qui parlent d'une manière correcte et élégante, on parle soi-même avec correction et élégance sans
avoir besoin de maître. On pourrait apprendre de même une langue
étrangère ; les langues mortes elles-mêmes pourraient être enseignées sans grammaires et sans règles, par la simple habitude de lire
de bons auteurs.

L'étude des faits historiques n'est, en général, que pure instruction. Il faut observer l'ordre des temps, mais cette contrainte ne
constitue pas un exercice intellectuel. La chronologie nous enseigne
l'ordre dans lequel se sont produits les principaux faits historiques ;
elle fournit à notre mémoire autant d'éléments instructifs que
celle-ci en peut retenir, mais elle n'aspire ni à développer ni à cultiver aucune faculté ; ce n'est, après tout, qu'une des mille manières
d'employer la mémoire.

Les faits géographiques aussi peuvent être simplement instructifs.
Tant qu'on les présente sans lien entre eux et en dehors de tout
système, ce ne sont que des matériaux d'instruction. Mais, si on les
réunit d'après un plan régulier, suivant une méthode descriptive
conçue de manière à les faire retenir et comprendre plus facilement,
ils deviennent, dans une certaine mesure, des exercices intellectuels. Ils forcent les élèves à comprendre le plan d'après lequel ils
sont présentés, et le leur livrent comme un art dont ils peuvent eux-
mêmes se servir pour tous les détails analogues.

Tous les faits relatifs aux opérations des arts de la vie pratique,
qui servent à diriger les artisans dans leurs travaux et à enseigner
à tout le monde les moyens d'arriver à certains résultats avantageux, constituent un vaste ensemble de connaissances utiles. Les
recettes de cuisine, les procédés de l'agriculture et de l'industrie, les
moyens à employer pour combattre certaines maladies, la procédure
des tribunaux, sont des connaissances précieuses, mais ne doivent
pas être considérés comme des exercices pour l'esprit. Nos livres
sur l'art de diriger une maison, de cultiver un jardin, d'élever des
animaux, sont des recueils de renseignements excellents, mais rien
de plus.

Les sciences proprement dites elles-mêmes peuvent contenir des
faits que l'élève apprend simplement comme connaissances utiles. On
peut prendre les conclusions pratiques de certains principes scientifiques et en tirer parti, tout en laissant complètement de côté les

démonstrations, les déductions et les preuves, comme nous l'avons déjà dit à propos de l'arithmétique. Même pour la géométrie, l'élève peut retenir les théorèmes comme autant de vérités applicables à la pratique, sans comprendre la manière dont ils s'enchaînent, c'est-à-dire sans savoir la géométrie comme science. Nous pouvons de même posséder un amas considérable de faits physiques, chimiques et physiologiques, les exposer sans la moindre erreur, et pourtant ne savoir aucune de ces sciences. La même observation s'applique à la connaissance de l'esprit.

Toutefois, il faut qu'une intelligence soit au-dessus de la moyenne pour s'assimiler, se rappeler et appliquer un nombre considérable des règles pratiques et utiles fournies par les différentes sciences. Ce fait ne prouve pas que l'esprit ait été bien dirigé ; mais il montre au moins qu'il y a eu une assez grande dépense de force intellectuelle. Plus le travail est d'un caractère élevé, plus il exige de délicatesse dans le discernement ou d'exactitude dans la perception, pour proportionner les moyens au but que l'on se propose. Pour conduire un navire, pour exercer la médecine, une instruction convenable suffit ; mais cette instruction est d'un ordre supérieur. En un mot, ce que nous appelons instruction pure présente différents degrés au point de vue de la quantité et de la qualité, et les degrés les plus élevés sont de nature à exiger l'emploi des principales facultés et des plus grandes forces de notre esprit.

En réalité, les professions supérieures exigent une telle étendue de connaissances pratiques, qu'il est impossible de les embrasser toutes, de les réunir et de les rendre assez précises, sans avoir recours à une science et à une méthode scientifique qui rentrent évidemment dans ce que nous appelons la discipline intellectuelle.

Examinons maintenant les différents sens du mot *discipline*. On appelle instruction l'application pratique des faits scientifiques ; mais la *méthode* de la science, son ordre systématique, la faculté d'enchaîner une vérité à une autre ou de l'en tirer, est regardée comme une chose différente et supérieure. Le développement complet de la méthode d'Euclide, la réduction des règles de l'arithmétique et de l'algèbre à leurs principes fondamentaux, seraient considérés comme une discipline, un exercice, un développement des facultés.

La plupart des définitions du mot *exercer* sont rendues obscures par l'habitude que l'on a de représenter l'esprit par ses facultés. Nous avons vu que l'expression « exercer la mémoire » est fort vague ; exercer la raison, la conception, l'imagination, etc., ne sont pas des expressions plus claires. Le terme d'éducation morale est bien plus facile à comprendre : il représente l'habitude de réprimer certaines tendances actives de l'esprit et d'en favoriser d'autres, ce qui se fait par une discipline spéciale, tout comme le dressage des chevaux ou l'instruction des soldats. L'analogie n'est pas très grande entre ces exercices et le développement des facultés intellectuelles ; mais cependant elle peut faire comprendre ce que nous voulons dire. Instruire un soldat, c'est l'amener par une série d'exercices gradués à exécuter rapidement un certain nombre de mouvements combinés. Un travail de tête, c'est-à-dire l'acquisition de certaines connaissances, est joint à l'exercice du corps, mais peut être considéré à part. Toutes les autres professions qui demandent une certaine habileté exigent un élément d'instruction analogue ; seulement les aptitudes physiques ne jouent pas toujours le rôle principal dans cette instruction, qui pour beaucoup de professions s'adresse plutôt à la pensée ou aux idées. Par exemple, l'éducation d'un officier est plutôt intellectuelle que physique : il faut qu'il connaisse les configurations, les mouvements, les groupements des masses d'hommes, et qu'il soit toujours prêt à commander le mouvement qui convient à chaque situation. C'est la connaissance applicable à la pratique avec la rapidité de l'instinct.

Nous avons déjà dit que la science peut être acquise sous une forme qui ne dépasse pas le domaine des simples renseignements ; tout au contraire, l'art de l'observation scientifique et celui des recherches scientifiques exigent une instruction proprement dite. Il faut exciter les sens, diriger l'attention, enseigner des procédés, jusqu'à ce que tout cela soit passé en habitude ; sans doute, il s'y joint bien des connaissances de détail. mais elles sont distinctes de l'instruction proprement dite.

La parole aussi, cette faculté si étendue, nous présente bien des faits qui méritent le nom d'instruction pratique. Le débit, c'est-à-dire l'art de ménager la voix, n'est absolument qu'un exercice pratique. L'acquisition des mots isolés est au contraire un exemple de connaissance pure et simple ; c'est la mémoire des mots. La réunion des mots en phrases, conformément aux formes grammaticales et à toutes les autres règles du discours, doit être considérée comme le résultat d'un exercice pratique. L'art encore plus élevé de présenter les pensées sous une forme lucide, s'il n'était connu que par les règles ou la théorie, pourrait être appelé une connaissance ; mais, une fois arrivé à l'état d'habitude, il mériterait le nom d'exercice pratique. C'est pour cela que l'on dit : un orateur, un écrivain exercé. C'est dans ce sens que l'enseignement moral et l'exercice moral sont des choses entièrement distinctes.

La forme, la méthode, l'ordre, l'organisation, considérés par opposition au sujet envisagé en lui-même, ont une valeur propre, et tout ce qui les fait pleinement ressortir et en facilite l'acquisition se trouve justifié par cela seul. Les cibles qui servent à enseigner le tir, les figures de bois sur lesquelles les soldats s'exercent au maniement du sabre, sont fort utiles, bien qu'elles ne représentent pas le but véritable.

Un sujet d'étude, quel qu'il soit, a une valeur réelle dès qu'il sert à nous enseigner des méthodes dont l'utilité s'étend bien au delà de ce sujet même. Les sciences dont les applications représentent un ensemble de règles destiné à aider l'esprit — par la méthode déductive, comme la géométrie et les sciences physico-mathématiques; par l'observation et l'induction, comme les sciences physiques; ou encore par la classification, comme les sciences naturelles — doivent par ce seul motif être mises dans la catégorie la plus élevée des moyens de discipline ou d'exercice intellectuel, indépendamment de la valeur des faits et des principes qu'elles enseignent, considérés isolément ou en détail. Il dépend à la fois du maître et de l'élève de faire ressortir et de développer l'élément de méthode, ou de borner les résultats de chaque étude à fournir seulement certaines connaissances utiles.

La logique n'existe réellement que comme exercice de discipline. Les connaissances qui s'y trouvent mêlées doivent toutes servir à exercer l'intelligence. C'est l'élément de *forme* scientifique, que l'on grave mieux dans l'esprit en l'isolant pour en faire l'objet d'une étude spéciale. C'est la grammaire de la connaissance.

Il y a une forme d'action intellectuelle qui accompagne plus ou moins tout effort productif, celle qui tient compte de toutes les règles et de toutes les conditions nécessaires pour arriver au but que l'on se propose. Nous ne pouvons exécuter un travail sans faire tout ce qu'il exige ; nous ne pouvons conduire une barque sans tourner la voile et le gouvernail d'après la direction du vent. Nous ne pouvons faire une bonne phrase sans remplir une foule de conditions. Pour suivre des règles écrites, il faut bien les comprendre et les appliquer d'une manière juste. C'est là une discipline qui nous enseigne tout ce que nous avons à faire ; ce n'est pas le privilège de telle ou telle étude ou de telle ou telle occupation particulière, et cet enseignement ne s'étend pas nécessairement au delà du sujet spécial auquel nous le devons. De ce qu'un homme est bon chasseur, il ne s'ensuit pas qu'il doive être habile politique ou bon juge, bien que toutes ces occupations aient cela de commun, que celui qui s'y livre doit tenir compte de toutes les conditions nécessaires pour obtenir un effet donné. Un esprit supérieur, comme celui de Cromwell par exemple, saura probablement passer des conditions indispensables au succès dans un genre, à celles qu'exigent d'autres genres fort éloignés, et ainsi deviendra très vite propre à la pratique d'autres travaux. Lorsque nous nous occuperons, dans la suite de cet ouvrage, des valeurs éducationnelles, nous ferons encore mieux ressortir la différence qui existe entre la connaissance et l'exercice.

Bien apprendre une chose.

C'est là une des maximes favorites de l'enseignement public et particulier. Elle s'appuie sur cette idée, qu'il vaut mieux posséder à fond une branche limitée de connaissances ou un art, que parcourir superficiellement un champ plus vaste.

Apprendre bien une chose est une expression susceptible de plusieurs sens différents. D'abord, elle peut indiquer simplement une habitude assez grande d'une connaissance ou d'une application pratique, pour que l'une et l'autre deviennent presque machinales et d'une réussite certaine comme cela arrive pour les personnes très-exercées aux calculs de l'arithmétique. Une répétition prolongée produit ce résultat pour tous les genres de travail, et elle est indispensable à toutes les professions.

En second lieu, bien apprendre une chose peut s'entendre dans un sens plus élevé : cette expression peut indiquer la connaissance complète et minutieuse de tous les détails, de toutes les modifications, de toutes les exceptions, en un mot de tout ce qu'il faut pour posséder à fond un système étendu et compliqué. Telles sont les connaissances d'un bon avocat ou d'un bon médecin : tous deux doivent être au courant de toutes les doctrines principales de leur art et de leurs applications diverses à une foule de cas différents. Telle est l'étendue du savoir que ces deux professions exigent, qu'il est pour ainsi dire impossible d'en embrasser plus d'une. De même, les principales sciences sont également multiples et absorbantes, soit qu'il s'agisse des combinaisons innombrables des formules mathématiques, ou de tous les détails d'une science expérimentale comme la chimie, ou enfin du champ en apparence encore plus vaste de la botanique ou de la zoologie. Quiconque veut posséder à fond une de ces branches des connaissances humaines doit se contenter de n'étudier qu'en partie toutes les autres. L'expression dont il convient de se servir pour représenter cette connaissance supérieure est plutôt *multa* que *multum;* le champ peut être circonscrit, mais son étude détaillée et complète suppose une connaissance multiple. Pour celui qui vise à la science la plus élevée, c'est la seule manière de connaître qui soit vraiment utile.

Au point de vue du savoir, un seul fait, s'il est bien compris, est important, quand même aucun autre ne serait tiré de la même source. La discipline elle-même, en prenant ce mot dans le sens de méthode spéciale, s'apprend surtout avec des matériaux choisis et limités, comme lorsque nous nous servons de la botanique pour étudier la classification. Ni l'un ni l'autre de ces points de vue n'exige que nous consacrions exclusivement notre temps à un seul sujet.

Avec un but bien défini, il faut choisir sur bien des points différents, et la maxime qui nous occupe est ici sans application.

Dans une éducation scientifique bien entendue, les principes fondamentaux de toutes les grandes sciences, appuyés sur des exemples importants et des détails choisis, sont la base indispensable de l'étude complète et approfondie d'une science quelconque. Ceci peut ne pas sembler évident pour les mathématiques, la première des sciences fondamentales; mais c'est un principe applicable à toutes les autres sciences. Il est impossible d'être bon chimiste sans avoir, d'un côté une connaissance suffisante de la physique, appuyée sur les mathématiques, et de l'autre une certaine teinture de physiologie. La connaissance approfondie d'un sujet suppose nécessairement tout ce qui y mène, ainsi que tout ce qui peut contribuer à éclairer, même indirectement, le sujet principal. Il va sans dire que les sujets accessoires ne doivent pas être approfondis avec autant de soin que celui sur lequel ils sont destinés à porter la lumière. Presque toutes les études présentent des degrés divers auxquels on peut s'arrêter, suivant le but que l'on se propose. C'est pour les langues que ceci est le moins vrai, car, tant que nous ne sommes pas arrivés à pouvoir nous servir d'une langue pour communiquer avec nos semblables, nous n'avons presque rien fait.

Celui qui commence l'étude d'une science doit adopter une méthode, un plan, un auteur, quand même ils ne seraient pas absolument parfaits. Lorsqu'il s'agit de poser les bases, il faut éviter tout ce qui pourrait jeter quelque confusion dans les idées. Avant de critiquer, de combattre ou de corriger un système, le maitre doit faire en sorte que ses élèves en connaissent bien tous les détails. Pour la géométrie, par exemple, on prend Euclide, ou tout autre auteur, et on le suit à la lettre, comme si c'était une révélation infaillible; c'est seulement lorsque les élèves le possèdent à fond, qu'il convient d'en montrer les défauts et d'indiquer les modes de démonstration que l'on peut substituer aux siens. Evidemment, il faut faire en sorte de choisir un auteur qui ait le moins de défauts possible. Quand de Morgan nous dit qu'Euclide est le meilleur livre pour les commençants, à cause de ses défauts mêmes, non seulement il fait un paradoxe, mais encore il a positivement tort. Il prétend que les fautes de l'auteur servent à exercer les facultés des élèves. Mais il est facile de trouver pour ces facultés des exercices plus profitables que la critique de fautes qui, n'ayant pas été faites à dessein, ne peuvent que dans des cas bien rares contribuer aux progrès des élèves.

On abuse encore de nos jours de la maxime *Multum, non multa*, dans les universités anglaises, et on s'en autorise pour borner les études aux anciens classiques traditionnels et en exclure les sciences

et la pensée moderne. On prétend que deux ou trois sujets bien
enseignés — et l'on veut dire par là le latin, le grec et les mathématiques — font plus de bien à l'esprit que six ou sept moins
bien appris, quoique parmi ces derniers l'on compte l'anglais, la
physique et la chimie. La même tendance exclusive est, du reste,
manifestée par certains partisans des études modernes, qui vou-
draient exiger des élèves une connaissance minutieuse et pratique
de sciences telles que la chimie, la physiologie et la zoologie. Pour
bien nous rendre compte de la valeur d'une étude donnée, il faut
considérer à la fois ce qu'elle nous donne et ce qu'elle nous fait
perdre en absorbant notre temps.

La maxime *Multum, non multa* est certainement en désaccord
avec la définition de l'éducation la plus généralement admise, d'après
laquelle l'éducation n'est que la culture harmonieuse et bien équi-
librée de toutes les facultés [1].

1. Nous trouvons dans les *Oxford Essays* de 1855 un article de Mark
Pattison sur les études d'Oxford, auquel nous empruntons les observations
suivantes, dues à M. T. Davison, et qui nous semblent pleines de justesse :
« Un homme dont la pensée n'a été exercée que sur un seul sujet ne
sera jamais bon juge de ce sujet; au contraire, en agrandissant le cercle
intellectuel dans lequel il vit, vous accroîtrez dans une proportion bien
plus grande la somme de ses connaissances et la force de son esprit. En
effet, les idées n'exercent pas leur action chacune isolément, mais bien par
voie de groupement et de combinaison, et tous les faits qui appartiennent au domaine de la même faculté de l'esprit s'enlacent et se prêtent
un mutuel appui. C'est en quelque sorte par la comparaison et le discernement des différences que le jugement se soutient. »

CHAPITRE VII

IMPORTANCE RELATIVE DES DIFFÉRENTES ÉTUDES

L'examen des valeurs relatives des différentes études s'applique à la fois aux sciences et aux langues. — La science habitue l'esprit à chercher la vérité. — Opposition entre l'individuel et le général. — Les mathématiques nous offrent le type de la méthode déductive. — Certaines de leurs formules importantes peuvent s'appliquer d'une manière générale à d'autres sciences. — Les mathématiques sont surtout une discipline pour l'esprit. — Elles ne lui donnent pas toutes les qualités. — Les sciences expérimentales et inductives nous apprennent à observer. — Leurs applications. — Les sciences naturelles nous enseignent les règles de la classification. — Leur popularité. — La psychologie. — La logique. — Effets salutaires de l'étude des sciences. — Les sciences pratiques ou appliquées. — Les sciences linguistiques. — Les langues. — Leur valeur dépend des services qu'elles doivent nous rendre. — L'éducation mécanique. — Elle ne doit pas être poussée trop loin. — L'éducation des sens. — Ses diverses applications. — Le dessin considéré d'une manière générale.

Je vais maintenant passer en revue les principales études qui servent à la culture intellectuelle, afin de déterminer l'action particulière que chacune d'elles exerce sur l'esprit. Mon intention n'est pas d'examiner toutes les acquisitions intellectuelles qu'il est possible de définir, mais seulement celles qui rentrent dans le plan ordinaire de l'instruction publique. Un certain nombre de choses très importantes à savoir rentrent plutôt dans le cadre des connaissances que chacun acquiert par soi-même : tels sont, par exemple, les jeux et les arts généralement appelés arts d'agrément.

Le plan que nous nous sommes tracé exige l'examen détaillé des deux principales études dont on s'occupe dans l'instruction publique, les *sciences* et les *langues*. Ces deux branches nous présentent les types les plus purs des connaissances humaines, et il est indispensable d'en bien établir la valeur réelle avant d'aborder les études mixtes, telles que la géographie et l'histoire. Nous dirons un mot des beaux-arts, puis nous les renverrons à un chapitre particulier. Quant aux talents purement mécaniques, comme le dessin et l'adresse manuelle, nous ne les considèrerons qu'au point de vue de leurs rapports avec l'éducation intellectuelle.

Les sciences.

Si nous considérons la science en général, nous pouvons dire tout d'abord que c'est l'expression la plus parfaite de la vérité et des moyens d'y arriver. C'est elle surtout qui fait bien comprendre à l'esprit ce que c'est qu'une preuve, et combien il faut de travail et de précautions pour prouver un fait. La science est le grand correctif de la légèreté, trop naturelle à l'homme, qui le porte à admettre des faits et des conclusions dénués de fondement. Elle nous fait comprendre les différents moyens d'établir un fait ou une loi dans tous les cas possibles, et nous inspire une méfiance salutaire de toute affirmation dépourvue de preuves.

Autrefois, quand la science n'était pas encore née, la meilleure garantie de la vérité était la pratique, et il en est de même aujourd'hui pour tous ceux qui n'ont pas reçu une éducation scientifique. Si l'on ne tient pas compte des conditions naturelles, il est impossible d'arriver en ce monde à des résultats pratiques : pour construire une digue capable de résister à un courant, il faut d'abord calculer la force de ce courant ; pour s'assur r les services d'un homme, il faut commencer par connaitre les mobiles auxquels il obéit. Notre puissance sur le monde matériel et sur le monde moral est directement proportionnelle à notre respect pour la vérité et aux moyens que nous avons d'y arriver. La meilleure épreuve de nos connaissances est dans leurs applications pratiques ; c'est ainsi que l'homme de science les juge, et sur ce terrain l'homme pratique et l'homme de science se rencontrent.

L'homme pratique a un défaut : il ne cherche ses preuves que dans sa propre sphère d'action ; il sait bien rarement aller les chercher plus loin. On peut être fort bon ingénieur, et en même temps plein de préventions sur le chapitre des sentiments de l'homme. Un légiste distingué n'est pas nécessairement bon administrateur.

La science a un autre grand caractère de largeur dans la manière dont elle expose les connaissances générales ou généralisées, l'opposition entre l'individuel et le général, avec les divers degrés de généralité et les différents rapports de coordination et de subordination qu'elle comporte, étant l'âme même de la méthode que nous appliquons aux faits multiples et compliqués. Un esprit sans culture confond dans un fouillis inextricable le général et le particulier, le coordonné et le subordonné. C'est la science qui nous fait le mieux saisir la méthode à suivre pour développer un sujet en allant du simple au composé.

Pour examiner les sciences dans un ordre méthodique, nous pouvons diviser en trois groupes celles qui ont rapport au monde extérieur : les mathématiques, c'est-à-dire la science *abstraite* et *démonstrative;* les sciences *expérimentales,* — physique, chimie et physiologie; enfin les sciences de *classification,* communément appelées histoire naturelle. La science de l'esprit demande à être considérée à part.

Les sciences abstraites.

Les MATHÉMATIQUES, en y comprenant non seulement l'arithmétique, l'algèbre, la géométrie et le calcul différentiel et intégral, mais encore les applications des mathématiques à la physique, ont une méthode ou un caractère bien marqué et tout particulier ; ce caractère est par excellence déductif ou démonstratif et nous présente sous une forme très-voisine de la perfection tout le mécanisme de cette manière d'arriver à la vérité. Après avoir posé un très petit nombre de premiers principes, ou évidents par eux-mêmes ou très faciles à démontrer, les mathématiques en tirent et en déduisent un nombre énorme de vérités et d'applications, par un procédé éminemment exact et systématique. Or, quoique ce mécanisme soit surtout fait pour servir dans le domaine de la quantité, cependant, comme dans tous les sujets que discute l'intelligence humaine on a souvent lieu de recourir au procédé déductif ou démonstratif, considéré par opposition à l'appel direct à l'observation, aux faits ou à l'induction, la connaissance des mathématiques est une excellente préparation à l'emploi de ce procédé. La définition rigoureuse de toutes les idées et de tous les termes principaux, l'énonciation explicite de tous les premiers principes, la marche en avant par voie de déductions successives, dont chacune repose sur une base déjà fermement établie; ni pétition de principe, ni admission de faits sans démonstration, ni changement imprévu de terrain, ni variation dans le sens des termes : telles sont les conditions que suppose le type parfait d'une science déductive. Il faut que l'élève sente bien qu'il n'a rien accepté sans une raison claire et démontrée, et qu'il n'a été influencé ni par l'autorité, ni par la tradition, ni par le préjugé, ni par l'intérêt personnel.

Telle est, à très peu près, l'impression que produisent des études mathématiques régulières. Cette impression serait encore plus forte si la science était plus fidèle à elle-même et si elle ne permettait quelquefois trop de vague dans les définitions et surtout dans les axiomes; enfin si, dans les démonstrations, de simples transitions verbales n'étaient présentées quelquefois comme de nouveaux pas faits en avant. Le temps fera peu à peu disparaître ces défauts, et alors la science sera véritablement ce qu'elle n'est pas encore, la réalisation de la déduction pure.

Outre cette vue générale du raisonnement démonstratif, les détails de la science des mathématiques fournissent à la constitution des facultés raisonnantes quelques-uns de ses éléments les plus précieux.

Ainsi, ce sont les mathématiques qui nous font comprendre la manière de tirer parti de plusieurs éléments concourant à un but commun. Nous avons un résultat déterminé par deux ou trois facteurs, et nous apprenons à calculer l'influence exercée par un changement fait à un ou plusieurs de ces facteurs. Nous voyons qu'un ou deux d'entre eux ne changent pas, et que cependant le résultat varie par suite d'un changement du troisième facteur; nous voyons que tous les facteurs peuvent changer sans que le produit cesse d'être constant, parce que les changements ont été de nature à se neutraliser l'un l'autre; et ainsi de suite. L'application régulière de ce procédé simple aux opérations plus compliquées de la nature et de l'intelligence est la marque d'un esprit cultivé. Le même exercice peut être répété dans l'étude de la mécanique, par rapport aux forces, et ce travail en rend les applications ultérieures encore plus profitables [1].

1. En voici encore quelques exemples. La température d'un jour donné de l'année dépend à la fois de la position du soleil qui correspond à ce jour, et de diverses causes atmosphériques, dont la principale est le vent régnant. « Quand une méthode est appliquée et agit constamment dans un certain sens avec une force régulière et uniforme, son action peut quelquefois être arrêtée par une opposition écrasante, quelquefois diminuée et affaiblie, sans être tout à fait annulée, par des forces contraires et retardatrices. Ainsi la crainte du châtiment est une cause qui agit constamment dans le même sens. Elle tend sans cesse à nous détourner de certaines actions; mais cette tendance peut être combattue dans chaque cas particulier par une foule de circonstances, qui tantôt en affaiblissent et tantôt en annulent l'action. La liberté du commerce tend constamment à faciliter l'afflux des marchandises, et par suite à produire le bon marché; mais, dans tous nos calculs sur la probabilité de ce résultat pour un cas donné, il faut faire entrer en ligne de compte les chances plus ou moins grandes du manque d'une récolte ou de celui des moyens de transport, les craintes inspirées par la guerre ou les bouleversements politiques, et bien d'autres choses encore. La réduction des droits de douane sur une marchandise doit naturellement tendre à en accroître l'importation; mais un changement dans le goût du public, la découverte d'une substance analogue moins chère ou meilleure, pourraient combattre victorieusement cette tendance. » (Lewis, *Methods of Observation and Reasoning in Politics*, vol. II, p. 171.)

L'expression « toutes choses égales d'ailleurs » nous vient des mathé-

C'est surtout par les mathématiques que l'on peut comprendre ce qui rend un problème défini ou le laisse indéfini. L'idée si importante de la résolution d'un problème avec une approximation donnée est un élément de culture rationnelle qui vient de la même source. L'art de trouver la somme des fluxions à l'aide des courbes peut être étendu

matiques et peut servir à nous mettre en garde contre l'erreur de croire qu'un système puisse produire son effet dans tous les cas sans distinction.

Voici un exemple que nous empruntons aux Essais d'Addison sur les plaisirs de l'imagination : « Je considérerai d'abord les plaisirs de l'imagination qui nous viennent de la vue et de l'examen des objets extérieurs ; et, selon moi, ces plaisirs sont tous dus à la vue de quelque objet grand, rare ou très-beau. Il est vrai que certains objets peuvent être assez terribles ou assez répugnants pour que l'horreur ou le dégoût qu'ils inspirent efface le plaisir causé par leur grandeur, leur nouveauté ou leur beauté ; mais il restera cependant un certain mélange de plaisir dans cette horreur ou ce dégoût, suivant que l'une ou l'autre de ces qualités l'emportera sur les autres. » Voilà une allusion faite en passant au principe de la composition des forces. Un esprit bien exercé sur les mathématiques pures et appliquées leur ferait jouer un rôle important dans toute cette étude.

Prenons encore pour exemple les influences complexes qui entrent dans l'idée de nationalité, telles que J. S. Mill les exprime : « On peut dire que des hommes forment une nationalité, quand ils sont unis entre eux par des sympathies communes qui n'existent point entre eux et d'autres hommes, des sympathies qui les portent à agir ensemble plus volontiers qu'avec d'autres hommes, à désirer vivre sous le même gouvernement et à vouloir que ce gouvernement soit exercé exclusivement par eux-mêmes ou par une partie d'entre eux. Ce sentiment de nationalité a pu être produit par des *causes diverses*. Quelquefois il est le résultat d'une identité de race et d'origine. La communauté de langue et de religion contribue beaucoup à le développer. Les limites géographiques doivent être comptées au nombre de ses causes. Mais la plus efficace de toutes est l'identité d'antécédents politiques : l'existence d'une histoire nationale, et par conséquent de souvenirs communs, de motifs communs de fierté et d'humiliation, de plaisir et de regrets se rattachant aux mêmes événements passés. Mais aucune de ces circonstances n'est ni indispensable, ni nécessairement suffisante en soi. » Pour bien traiter une question de ce genre, la connaissance des faits ne suffit pas ; il faut y joindre un esprit pénétré de la conception des éléments concourants et des différents résultats que peuvent donner les variations de ces éléments. C'est par l'étude des sciences mathématiques que l'on peut le mieux et le plus vite arriver à établir cette conception.

Pour donner les signes qui marquent un caractère dépravé, Bentham se sert fort à propos du langage des mathématiques. En voici un exemple : « La force de la tentation étant donnée, la méchanceté de caractère manifestée par une tentative est égale à celle de l'action elle-même. » Et plus loin : « La méchanceté apparente d'une action étant donnée, la dépravation de celui qui la commet est d'autant plus grande que la tentation à laquelle il a cédé est moindre. »

Dans sa *Rhétorique*, liv. I, ch. vii, Aristote, en comparant les différents degrés du bien, se sert à plusieurs reprises du langage des mathématiques.

par l'esprit bien au delà du domaine des mathématiques, où on l'apprend d'abord. La distinction entre les lois et les coefficients trouve son application dans toutes les théories sur les causes. La logique doit aux mathématiques la théorie si importante de la probabilité des témoignages. C'est à tort que Gibbon a dit que les mathématiques rendent l'esprit incapable de s'occuper de sujets où l'on ne peut arriver qu'à la probabilité.

Dans tous ces exemples, nous considérons les mathématiques comme exercice intellectuel, c'est-à-dire comme fournissant des formes, des méthodes et des idées qui font partie du mécanisme du raisonnement, partout où celui-ci revêt une forme scientifique. C'est à ce point de vue que l'étude des mathématiques peut être imposée à tous les élèves. Mais alors ces idées fécondes doivent dominer tout l'enseignement, et le maître doit faire en sorte que leur influence puisse s'exercer sur toutes les autres études. Il ne doit jamais oublier, en effet, que pour les neuf dixièmes des élèves la principale utilité des mathématiques vient de ces idées et de ces formes de pensée qu'ils peuvent appliquer à d'autres connaissances ; la résolution d'un problème n'est le but principal que pour une bien faible minorité.

Au point de vue des connaissances acquises, l'utilité des mathématiques est plus évidente ; mais cette utilité, portée aussi loin qu'elle peut aller, n'existe que pour certaines professions spéciales. Il est bon que tout le monde puisse résoudre sans peine une question d'arithmétique, et on le fera d'autant plus facilement que l'on aura poussé plus loin l'étude de l'algèbre. Sans parler de l'utilité pratique de la géométrie pour les arpenteurs, les ingénieurs, les marins et bien d'autres encore, cette science est d'une utilité plus générale encore par l'habitude qu'elle donne de juger assez exactement et sans peine de la forme, de la distance, de la position et de la configuration des objets, sur une petite échelle aussi bien que sur une grande. Les exemples auxquels nous appliquons les opérations de l'arithmétique et celles de l'algèbre nous donnent en outre bien des connaissances pratiques fort utiles, et, avec un peu de soin, nous en donneraient sans doute encore davantage.

Ceux qui triomphent sans trop de peine des difficultés des mathématiques trouvent dans cette étude un charme qui devient quelquefois une véritable passion. Sans doute, cela n'arrive pas à tout le monde ; mais on peut dire que cette science a en elle les éléments de ce vif intérêt qui est la base des plaisirs de l'étude. Le mécanisme merveilleux de la résolution des problèmes donne à l'esprit la satisfaction qui vient du sentiment de la puissance intellectuelle, et les innombrables combinaisons des mathématiques nous remplissent d'admiration.

Parmi les avantages des mathématiques, il en est qui ne leur appartiennent pas d'une manière exclusive. Ainsi, l'on dit souvent que pour suivre une longue démonstration l'habitude de l'attention soutenue est indispensable ; c'est vrai, mais bien d'autres études que les mathématiques exigent une attention aussi grande. Les avantages que nous avons exposés jusqu'ici sont ceux qui appartiennent en propre aux mathématiques, et qu'elles seules, pour ainsi dire, peuvent donner. Si les sciences physiques semblent en présenter quelques-uns, elles le doivent uniquement aux mathématiques qui ont préparé les voies.

A ce rapide aperçu de ce que font les mathématiques nous devrions, pour plus de clarté, ajouter ce qu'elles ne peuvent faire, et ce que nous n'obtiendrons jamais par elles seules. Les mathématiques ne nous apprennent ni à observer, ni à généraliser, ni à classifier. Elles ne nous enseignent pas l'art indispensable de définir d'après l'examen de quelques objets particuliers. Elles nous mettent en garde contre quelques-uns des artifices de la parole, mais pas contre tous ; elles ne nous sont d'aucun secours lorsque les énoncés et les raisonnements sont embarrassés par le verbiage, les tournures bizarres, les inversions ou les ellipses. Elles n'ont pas la vertu du syllogisme en logique, et, tout en étant elles-mêmes un excellent exercice de logique, elles ne peuvent sous aucun rapport remplacer celle-ci. Leur culture exclusive fausse l'esprit au point de vue de la recherche de la vérité en général, et l'histoire prouve qu'elle a introduit des erreurs graves dans la philosophie et dans les idées générales.

Les sciences expérimentales et inductives.

Nous quittons maintenant le domaine des mathématiques, pures et appliquées, qui comprend une partie considérable de la physique, pour entrer dans celui des *sciences expérimentales* et *inductives*, qui ont toutes un caractère commun au point de vue de la discipline intellectuelle. La partie expérimentale de la physique, la chimie et la physiologie tout entières nous présentent la méthode expérimentale et la méthode inductive dans toute leur pureté.

C'est dans ce vaste champ scientifique surtout que nous pouvons apprendre quelles précautions sont nécessaires pour arriver à la vérité par la voie de l'observation et de l'expérience. Dans les sciences que nous venons de citer, la constatation d'un fait isolé, auquel les ignorants n'attacheraient aucune importance, devient un travail sérieux. Pour trouver le changement de volume que l'oxygène subit lorsqu'il se transforme en ozone sous l'influence de l'étincelle électrique, M. Andrews a répété plusieurs centaines de fois la même expérience.

A la détermination des faits se joint la généralisation par induction, travail dont ces sciences nous offrent les meilleurs modèles. C'est par leur étude plus que par toute autre que nous apprendrons à réprimer la tendance naturelle de notre esprit à trop généraliser. L'histoire des découvertes de la physique est un avertissement perpétuel contre les généralisations trop précipitées, et la logique des sciences expérimentales nous fournit les exemples et les règles à suivre pour arriver à la vérité. En établissant la loi de la gravitation, Newton a donné une grande leçon de généralisation. Il nous a fait voir d'une manière claire toute la différence qu'il y a entre une induction établie et une hypothèse provisoire, et cet enseignement ne doit pas être oublié. C'est du domaine des sciences physiques que la méthode inductive a été transportée à d'autres études : à celle de l'esprit, de la politique, de l'histoire, de la médecine, et à bien d'autres encore.

Les mêmes sciences nous apprennent dans quelles circonstances et jusqu'à quel point on doit se fier aux généralités empiriques et limitées. Elles nous présentent aussi une application pratique des règles des preuves probables, dont les bases ont été posées par les mathématiques. Sur ce point et sur d'autres encore, les sciences physiques sont la meilleure transition des formules abstraites des mathématiques et de la certitude de leurs démonstrations aux régions de la simple probabilité que présentent les affaires humaines.

Nous n'avons fait qu'indiquer quelques-unes des leçons de méthode les plus importantes que nous donnent les sciences physiques. Il faudrait un long chapitre pour montrer, comme nous l'avons fait pour les mathématiques, comment les idées fournies par ces sciences s'infiltrent et pénètrent peu à peu dans nos autres connaissances.

Au point de vue des connaissances pratiques et d'une utilité directe, les trois sciences qui nous occupent sont par excellence la source des connaissances utiles. De la physique, de la chimie, de la physiologie jaillissent mille courants fertilisateurs qui se répandent sur tous les arts et toute la pratique de la vie. Non-seulement ces sciences sont les bases d'une foule de professions spéciales, mais encore elles servent à guider tous les hommes dans une multitude de circonstances différentes. Pour certaines connaissances, nous avons recours aux conseils d'un spécialiste habile ; mais chacun de nous se voit sans cesse forcé d'appliquer quelque loi physique, chimique ou physiologique dans des circonstances où il ne peut demander de conseils. Et, dans la vie civilisée de notre époque, un chef de maison a encore plus besoin de posséder certaines connaissances scientifiques.

Il est à peine nécessaire d'indiquer ici les applications de la physique à tous nos actes les plus ordinaires. Parmi nos ustensiles de ménage se trouvent des leviers, des poulies, des plans inclinés et bien d'autres machines encore. Nous nous servons de fenêtres, de grilles, de cloches, d'horloges ; nous avons à tout instant à examiner si tel ou tel objet est suffisamment soutenu. La circulation de l'eau dans nos maisons et nos jardins nous force à appliquer sans cesse des principes d'hydrostatique et d'hydraulique. Les nécessités de la circulation de l'air, du chauffage, de la ventilation, de l'éclairage au gaz, nous obligent à savoir les principes qui s'appliquent aux fluides aériformes. Ceux de la chaleur se présentent à nous à propos de la tension de la vapeur d'eau et de l'explosion des chaudières. Il ne suffit pas de faire venir des ouvriers quand quelque chose se dérange ; on doit encore comprendre soi-même l'action de toutes les forces naturelles, afin de prendre toujours les précautions convenables, et, si on y arrive à peu près par des connaissances empiriques, on le fait bien mieux encore avec des principes scientifiques.

Les applications immédiates de la chimie à la vie ordinaire sont peut-être moins nombreuses, mais elles ne sont pas moins importantes que celles de la physique. L'action corrosive des acides et des alcalis, le pouvoir dissolvant de l'esprit-de-vin et de l'essence de térébenthine pour les surfaces vernies sur lesquelles l'eau est sans action, la protection des étoffes et des meubles contre les substances chimiques dangereuses qui servent à certains travaux domestiques, et bien des faits relatifs au blanchissage, à la cuisine et à la conservation des provisions de ménage : tout cela exige certaines connaissances chimiques.

L'utilité de la physiologie pour la conservation de la santé et des forces physiques ajoute encore à la valeur des études préparatoires de physique et de chimie, sans lesquelles la physiologie ne peut être qu'imparfaitement comprise. Bien que les résultats les plus importants de la physiologie se résument en certains principes pratiques, — nécessité de respirer un air pur, d'avoir une nourriture saine et assez abondante, de faire alterner l'exercice et le repos, d'assurer la force intellectuelle par de bonnes conditions physiques, — cependant on ne sent guère toute la force de ces grands principes si l'on n'est jusqu'à un certain point familiarisé avec la science physiologique. En outre, bien que la plupart des maladies exigent le secours d'un bon médecin, cependant le concours intelligent du malade est fort utile pour la guérison. Mais, comme la science physiologique est encore imparfaite, même entre les mains les plus habiles, il ne faut pas en exagérer la puissance. Ce qu'elle fait est assez important pour servir de récompense à ceux qui l'étudient ; mais prétendre, comme on l'a fait, qu'elle puisse nous enseigner la modération dans l'appétit sexuel, c'est lui attribuer un résultat qu'aucune science n'a encore pu donner.

Les trois sciences expérimentales que nous venons d'indiquer embrassent un grand nombre de phénomènes, qui, bien compris, nous donnent la clef de bien des actions cachées de la nature. La satisfaction que ces sciences offrent à une curiosité intelligente, doit être comptée au nombre de nos plaisirs les plus élevés ; l'histoire de leurs commencements et de leurs progrès actuels fournit à l'esprit une occupation utile qui donne un nouveau charme à la vie, et enfin, de tous les rapports que nous avons avec nos semblables, ceux qui sont fondés sur l'instruction donnée ou reçue sont assurément les plus nobles et les plus dignes

Les sciences de classification.

La troisième grande région scientifique ouverte à nos recherches est celle qui porte ordinairement le nom d'histoire naturelle, comprenant la minéralogie, la botanique et la zoologie, sciences qui ont pour caractère particulier de créer un *système de classification* rendu indispensable par le nombre énorme des objets auxquels elles s'appliquent. Bien entendu, ces sciences peuvent également être envisagées comme sciences d'observation, d'expérience et d'induction ; en effet, ce sont encore, au fond, les sciences dont nous avons déjà parlé, mais se prêtant à la nécessité de présenter avec ordre la multitude pour ainsi dire innombrable des minéraux, des plantes et des animaux.

Or, apprendre à classifier est en soi une véritable éducation. Aussi, pour toutes les branches de l'histoire naturelle, cet art a-t-il été nécessairement cultivé et porté aussi loin que possible. C'est la botanique qui nous présente la méthode la plus complète, et qui, à ce point de vue, doit être recommandée pour l'éducation première. La minéralogie et la zoologie ont à combattre des difficultés plus sérieuses ; aussi, quand elles réussissent, leur succès en est-il d'autant plus grand.

Bien des détails de la physique, de la chimie et de la physiologie se trouvent répétés d'une façon plus attrayante dans les descriptions d'histoire naturelle : un minéral est présenté comme ayant des propriétés mathématiques, physiques et chimiques ; chaque animal a sa structure anatomique et ses fonctions physiologiques.

Les sciences naturelles contiennent une fort grande quantité de connaissances utiles, plus peut-être pour les arts spéciaux que pour les applications générales. Mais l'*intérêt* des détails concrets est énorme, et c'est la plus facile de toutes les formes d'intérêt scientifique. Bien des gens étudient les animaux, les plantes et les minéraux, et en font collection, sans approfondir les lois de la physiologie et de la physique. Souvent même, nous voyons l'intérêt le plus prononcé accompagner une science minime, par exemple dans la recherche des plantes ; mais ce goût est bon en lui-même, et de plus il prépare à des études plus sérieuses.

Dans les discussions si fréquentes de nos jours entre les partisans de la théorie de la création et ceux de l'évolution, la connaissance de l'organisation des plantes et de celle des animaux est nécessaire à ceux qui veulent juger de la valeur des arguments invoqués de part et d'autre. Les grandes idées émises de nos jours sur la diffusion des végétaux donnent à l'étude de la botanique une grande importance cosmique.

La zoologie est la servante de l'anatomie et de la physiologie humaines, dont l'utilité prime évidemment celle de toutes les autres études.

Quiconque a étudié les sciences mères — physique, chimie et physiologie, — peut aborder les branches correspondantes de l'histoire naturelle, quoiqu'un seul esprit ne puisse s'assimiler tous les détails même d'une seule d'entre elles. Un maître habile devra donc choisir certains points principaux suffisants pour représenter tous les autres, de manière à empêcher les élèves de se perdre au milieu d'une masse énorme de faits. La *méthode* doit être bien comprise, car, dans toutes les études de détail — médecine, droit, géographie, histoire, — elle est indispensable à tout ordre lucide. Dans le style même et dans la composition, la clarté ne dépend pas moins de l'ordre des idées que de la manière de les exprimer, et rien n'est plus propre à enseigner cet ordre que la méthode dont les sciences naturelles nous offrent l'exemple.

De ces sciences nous pourrions passer à la géographie, qui est plus concrète et plus générale encore. Comme elle emprunte le secours de presque toutes les sciences, elle semble les comprendre toutes, ce qui lui donne un charme factice et trompeur, en la faisant paraître comme la grande porte de toutes. Envisagée sans exagération, la géographie nous présente un riche fonds de connaissances pratiques ; elle remplit l'imagination d'idées grandes, variées et intéressantes, et enfin elle constitue la base essentielle de l'étude de l'histoire.

La science de l'esprit.

Parmi les sujets principaux de nos études, je n'ai pas encore parlé de l'*esprit*, qui est expliqué par une science spéciale, connue sous le nom de psychologie.

On convient généralement qu'il est bon d'avoir une certaine connaissance de la constitution de l'esprit, mais il est rare qu'on la cherche dans la science de l'esprit ; le plus souvent, on se contente d'une connaissance puisée à d'autres sources, et que l'on demande à son expérience personnelle, aux maximes usuelles, à l'histoire, aux discours et aux romans. Comme instruction, tout cela peut être bon ou mauvais ; mais, comme méthode et comme exercice intellectuel, c'est absolument sans valeur. En fait, une grande partie de ce que l'on apprend ainsi est faux et inexact, et la science de l'esprit a justement pour but de rectifier ces idées fausses.

Il ne faut aborder la science de l'esprit que quand on y est bien préparé par la discipline et les connaissances que donnent les autres sciences, et plus particulièrement les mathématiques et les sciences expérimentales. Appuyée sur cette base, la psychologie apportera à l'esprit sa propre discipline, avec une connaissance nouvelle et plus exacte des faits intellectuels.

Quelques-uns des plus grands problèmes qui puissent occuper notre attention sont fondés sur la nature de l'homme, et l'étude scientifique de l'esprit a souvent été arrêtée par les solutions trop partiales de questions telles que celle de l'être absolu, des idées innées, du sens moral. Sans une entière impartialité dans l'étude de ces questions subtiles, la théorie de l'esprit peut obscurcir tout ce à quoi elle touche, au lieu d'y apporter la lumière.

On associe ordinairement la logique à la science de l'esprit, quoique la première existe indépendamment de la seconde. La logique, considérée avec la largeur des idées modernes, va bien avec les sciences telles que nous les avons ébauchées. Elle appelle l'attention sur ce qui, dans chaque science, constitue la méthode ou peut servir de discipline, points que l'élève néglige trop souvent, dans son zèle pour l'acquisition de connaissances nouvelles. Même avec les mathématiques, il est bon d'ajouter un commentaire de logique, et il n'est pas moins utile de le faire pour les sciences d'induction et de classification.

Le tableau que nous venons de tracer à grands traits comprend les sciences théoriques auxquelles nous devons toutes nos connaissances, et qui nous donnent la vue la plus complète et la plus systématique des phénomènes naturels de tout ordre. Elles nous présentent la méthode et l'esprit scientifiques dans toute leur perfection, et en même temps nous donnent la plus grande somme de connaissances exactes. Tout ce que peut faire la culture scientifique est fait par l'ensemble d'études que nous venons de présenter. Mais leur résultat le plus important est peut-être le dévouement à la *vérité*, qui doit nécessairement résulter de cette initiation à tous les moyens employés par les recherches modernes, en faisant, bien entendu, la part des faiblesses humaines. Il est inutile d'insister ici sur l'influence que la culture de cette vertu essentielle exerce sur tous les détails de la vie. La disposition naturelle à la véracité ne sert guère sans les méthodes et la connaissance des signes par lesquels on distingue le vrai du faux ; au contraire, ceux qui les possèdent sont rarement en désaccord sur les faits, et n'engagent guère de discussions irritantes sur ce qui est ou n'est pas. Les discussions de ceux qui ont reçu une éducation scientifique ne portent que sur quelques points spéciaux et particulièrement difficiles.

La méthode d'analyse, qui domine toutes les sciences, est en opposition directe avec le procédé primitif et grossier de l'esprit inculte, qui veut toujours considérer les choses en bloc. La constitution anglaise, par exemple, est une masse énorme de dispositions que celui qui possède la science de la politique étudie séparément, afin d'indiquer celles qui contribuent à notre sûreté et à notre bonheur, celles qui y nuisent et doivent par conséquent être modifiées, et enfin celles qui sont neutres ou indifférentes. Le raisonneur vulgaire parlera de l'ensemble comme d'un tout indivisible.

Les rapports de la science avec les beaux-arts demandent à être bien compris. D'abord, la science réprime toute tendance extravagante des arts à s'écarter de la vérité, et contribue ainsi à purifier les œuvres d'art. C'est là un résultat négatif fort important, car les arts ont une tendance incontestable à s'écarter de la vérité pour flatter le goût de l'idéal et les aspirations exagérées de l'homme.

En second lieu, la science révèle des faits, des lois, des aspects nouveaux, qui ont plus ou moins d'intérêt pour nos sentiments, et fournissent ainsi des matériaux à l'artiste. Les découvertes de l'astronomie ont modifié et agrandi nos idées sur la sphère céleste, de manière à développer encore en nous le sentiment du sublime. Les découvertes de la physique nous ont présenté les forces terrestres sous des aspects nouveaux et frappants, qui ont pour résultat de favoriser le sentiment de la poésie et de poétiser la science elle-même.

En troisième lieu, il faut reconnaitre que la science et les beaux-arts suivent des voies dont la différence va jusqu'à un antagonisme marqué. L'analyse, indispensable à la science, est en désaccord avec la tendance de la poésie à ne considérer que l'ensemble des choses ; les expressions abstraites, peu élégantes et techniques par lesquelles la science exprime la vérité, sont en contradiction avec les goûts artistiques ; enfin, la barrière que la rigueur de la vérité scientifique oppose à l'idéalisme de la poésie, diminue nécessairement nos plaisirs artistiques.

En faisant la part de chacune de ces trois considérations, nous en conclurons que, si l'artiste doit se préparer à son art par un certain degré d'éducation scientifique, il ne doit pas cependant avoir toujours l'esprit plongé dans les idées et les formes scientifiques les plus éloignées de la culture esthétique. Deux des esprits de ce siècle les mieux doués sous le rapport de l'imagination, Thomas Chalmers et Thomas Carlyle, ont été dans leur jeunesse de bons mathématiciens ; et, à plus forte raison, l'étude des sciences d'induction et de classification, et celle de la psychologie conviendraient à un homme doué de dispositions artistiques.

Les sciences pratiques ou appliquées.

Les sciences appliquées s'emparent des matériaux fournis par les sciences pures que nous avons énumérées plus haut, et les utilisent de manière à en tirer des résultats pratiques. Dans la science pratique de l'arpentage, les propositions de la géométrie, les règles de l'arithmétique et les formules de l'algèbre sont séparées de l'ensemble général que présente la réunion de ces sciences dans un cours de mathématiques, et présentées dans l'ordre qui convient le mieux au but que l'on se propose. Dans les sciences appliquées, on néglige l'enchaînement scientifique pour ne plus tenir compte que des besoins de l'homme pratique qu'il s'agit de former. Les sciences pratiques de la navigation, de la mécanique, du génie, de la métallurgie, de l'agriculture, de la médecine, de la chirurgie et de la guerre, qui toutes tiennent aux sciences physiques, doivent rester le domaine spécial de professions distinctes. Les branches pratiques de la science de l'esprit humain : politique, morale, droit, grammaire et rhétorique, présentent un intérêt plus général. Il y a donc lieu de nous y arrêter quelques instants.

Commençons par le groupe sociologique, qui comprend la politique, l'économie politique, la législation et le droit ou jurisprudence. La politique est la science du gouvernement, envisagée au point de vue de la forme de celui-ci — monarchique, aristocratique ou républicaine. Elle est en rapport intime avec l'histoire, dont le but le plus élevé est de faire comprendre la constitution et l'action du gouvernement, et de devenir ainsi une science indépendante, sous le nom de philosophie historique ou de philosophie de l'histoire. Cette science, qui n'est pas définitivement constituée, tend cependant de nos jours à s'organiser sous le nom de sociologie.

L'économie politique est une branche distincte de la science politique, ayant pour but l'étude des lois et des conditions les plus favorables à l'industrie. Comme partie de l'éducation, elle tient un rang très-élevé parmi les sciences pratiques. Pour les esprits habitués au raisonnement scientifique, ce n'est pas un sujet difficile; mais il exige cependant les secours de l'enseignement public.

Comme il est bon que l'opinion soit éclairée sur tout ce qui regarde le commerce, tout homme qui a reçu une éducation complète doit savoir un peu d'économie politique; quant. à ceux qui doivent prendre part au gouvernement, cette science leur est indispensable. Elle donne un appui indirect aux habitudes morales de travail, de justice et de véracité, et à ce titre elle mérite d'être enseignée partout; mais alors il faut en diriger l'enseignement de manière à insister sur ces vertus [1].

La législation, dans son acception la plus large, comprend tous les travaux de la législature suprême; mais une partie de ces travaux se rapporte à la constitution du gouvernement, c'est-à-dire à la politique proprement dite, et une autre partie comprend les lois relatives à l'industrie, envisagées dans leurs rapports avec l'économie politique. La législation pénale constitue une autre branche fort importante, dont le but est d'empêcher les crimes et de protéger les droits de chacun. La législation détermine aussi les rapports de famille et les conditions de service; elle s'occupe du paupérisme et de l'éducation; elle règle les rapports de l'État et de la religion. Il n'y a pas de science qui comprenne à la fois tous ces sujets.

Le droit, ou la jurisprudence — ce qui est à peu près la même chose, — est une science bien définie, qui s'occupe de la *forme* et de l'expression des lois, abstraction faite de leur substance. Le droit nous enseigne comment il faut codifier les lois pour en faire un ensemble intelligible, et en quels termes elles doivent être exprimées pour pouvoir être interprétées d'une manière exacte. Il comprend la preuve et la procédure [2].

1. M. William Ellis s'est depuis longtemps fait remarquer par cette application de la science politique. Voir ses *Outlines of Social Economy*.

2. Dans un discours assez récent, sir James Fitzjames Stephen revendique en ces termes pour le droit une place dans l'éducation publique : « Je suis toujours surpris de voir que, tandis que la moindre modification apportée au mécanisme de la confection des lois excite le plus vif intérêt, les lois elles-mêmes, une fois faites, soient traitées, non comme un sujet qui doit entrer dans toute éducation libérale, mais comme un mystère réservé à quelques esprits seulement, et qui ne saurait être communiqué à tous. Il y a longtemps que je pense que les lois pénales, celles sur les contrats et celles sur les dommages, sont des sujets tout aussi intéressants par eux-mêmes que l'économie politique; et il me semble que si le droit était présenté sous une forme intelligible, non-seulement il en résulterait un très-grand avantage général, mais encore on créerait ainsi une nouvelle branche de littérature et d'éducation publique. »

Il est incontestable que le droit est une étude qui nous éclaire sur un grand nombre de points très-importants pour la vie ordinaire. Il nous empêche de former des jugements trop précipités sur la culpabilité de ceux qui sont prévenus de quelque crime; il nous apprend à être justes dans nos rapports avec nos semblables. Si ces enseignements pouvaient

Il existe sur la morale tant de théories contraires, que l'étude de ses bases fait partie de l'éducation supérieure, et qu'on l'associe généralement à la science de l'esprit. Ses préceptes appartiennent aux connaissances populaires ; ils sont inculqués à toutes les époques de la vie, et constituent ce que l'on nomme l'éducation morale.

Les sciences relatives au langage sont la grammaire, la rhétorique et la philologie ; les deux premières nous enseignent à employer la parole d'une manière correcte et efficace ; la troisième, la philologie générale, nous présente des vues théoriques plus élevées, et se rattache à l'évolution historique des races. Chaque langue a sa grammaire particulière, qui s'apprend en même temps que la langue. La rhétorique pose des principes applicables à toutes les langues, mais avec certaines modifications spéciales pour chacune d'elles : une langue à inflexions et une autre qui n'en a pas, ne sauraient admettre les mêmes constructions.

La portée de toutes ces sciences pratiques ne s'étend pas au delà de leurs applications immédiates. Aucune d'entre elles ne peut être considérée comme une science de méthode, de discipline ou d'exercice. Bien des gens soutiennent le contraire pour la grammaire ; nous aurons occasion plus loin d'examiner les arguments qu'ils invoquent. En attendant, nous tenons que ces sciences, par leur appropriation exclusive à leur but pratique, ne font pas toujours bien ressortir les méthodes et les moyens essentiels à la science, et répètent sous une forme moins bonne l'enseignement que les sciences fondamentales ou sciences d'instruction nous donnent par excellence. Comme branches de connaissances pratiques, elles doivent, il est vrai, ne nous présenter que des faits exacts et appuyés sur des preuves suffisantes ; mais elles n'ont pas la prétention de nous enseigner les règles de la démonstration.

Les langues.

Nous entrons maintenant dans le vaste domaine des langues. S'il est vrai de dire que la connaissance de notre langue maternelle nous est indispensable, il ne l'est pas moins que les langues des autres nations ont pour nous un grand intérêt ; aussi doivent-elles entrer dans tout plan d'éducation complet.

Le prix que nous devons attacher à la connaissance d'une langue

être dégagés de la masse des détails indispensables aux hommes de loi, et présentés d'une manière concise, ils mériteraient d'entrer dans le cadre des études libérales.

Bentham recommande de donner au peuple une instruction politique suffisante pour le détourner de tout ce qui pourrait nuire à ses propres intérêts.

dépend de l'usage que nous devons en faire; c'est là un fait géné-ralement admis. Si nous devons entendre du français, parler fran-çais, lire et écrire le français, il faut apprendre cette langue. C'est ainsi que le latin, langue littéraire du moyen âge, devait être appris par tout homme instruit. Mais si nous devons ne pas nous servir du tout d'une langue, ou ne nous en servir que très-peu, comme il arrive pour la majorité de ceux qui apprennent le latin et le grec au collége, cette étude est-elle justifiée par d'autres raisons? Telle est la question débattue de nos jours sur l'utilité des langues mortes. J'examinerai plus tard les arguments invoqués de part et d'autre. Pour le moment, je me contenterai de dire que, selon moi, l'étude des langues a pour principale, sinon pour unique, justification le désir de les employer, en tant que langues, à communiquer et à acquérir des connaissances. Ceci n'exclut pas le plaisir que peu-vent nous donner les compositions poétiques d'une langue étrangère.

Une langue, considérée dans ses premiers éléments, est une série de vocables s'adressant à l'oreille et aux yeux, et reproduits par la voix et la main; nous avons à associer ces signes avec les objets auxquels ils se rapportent, ce qui constitue un travail de mémoire très-considérable. Un autre travail est imposé à la mémoire par la nécessité de retenir l'arrangement usuel des mots et des phrases; mais ici intervient la science pratique de la grammaire, bientôt suivie par une autre science, la rhétorique. Toutefois ces sciences n'ont de valeur que parce qu'elles nous aident à apprendre une langue; si on les emploie à l'acquisition d'une langue superflue, on peut dire qu'elles sont elles-mêmes superflues. Il est vrai que la rhétorique n'est pas bornée à une seule langue; des préceptes presque identiques peuvent s'appliquer à toutes. Mais ce n'est pas une raison pour l'employer à l'étude d'une langue dont on ne se sert pas; il est toujours facile de l'appliquer aux langues que l'on doit parler ou écrire

Les sciences et les langues constituent le vaste champ de l'édu-cation intellectuelle, et comprennent aussi la partie la plus élevée de l'éducation professionnelle. Ce n'est qu'accesssoirement qu'on peut y rattacher l'éducation mécanique et celle des sens, ainsi que l'édu-cation artistique ou morale. A l'art et à la morale nous voulons con-sacrer des chapitres séparés, mais nous pouvons dire maintenant quelques mots sur les deux premiers points.

L'éducation mécanique.

L'éducation mécanique comprend l'adaptation des organes à tous les actes de la vie ordinaire, et l'éducation spéciale en vue d'aptitudes spéciales. L'éducation spontanée de l'enfant commence l'œuvre, que l'imitation et l'instruction viennent achever. L'écriture et le dessin, qui appartiennent à l'enseignement scolaire, ont une partie mécanique ; il en est de même du maniement des outils et de l'apprentissage des différents métiers ; de même aussi, des travaux du ménage et des jeux où l'on exerce le corps. Pour apprendre à jouer d'un instrument de musique, il faut donner à la main une éducation spéciale. On peut comparer à l'éducation de la main celle des organes de la voix pour apprendre à parler et à chanter ; enfin, dans l'étude des attitudes gracieuses il y a une éducation des gestes et de tout le corps.

Une des idées de la théorie de l'éducation première donnée aux enfants dans les Kindergartens, est évidemment de développer en eux les talents manuels, c'est-à-dire de leur apprendre de bonne heure à se servir de leurs mains. Sans parler de tel ou tel art spécial, on sait que tout le monde n'a pas la même adresse manuelle dans toutes les petites circonstances de la vie, et que c'est un grand avantage d'être adroit. Toutefois c'est là un point dont le maître d'école ne peut s'occuper qu'en vue de son enseignement régulier. Si les enfants prennent intérêt à une occupation manuelle, ils y deviendront adroits ; mais ce serait une erreur que de permettre à leur esprit d'être absorbé par des travaux inférieurs, au détriment d'occupations plus élevées.

L'éducation des sens.

On parle beaucoup d'exercer les sens et de faire leur éducation, sans bien définir ce que l'on entend par là. Ici encore, il y a une éducation générale qui convient à tous, et une éducation spéciale pour certains arts. Exercer un sens, c'est accroître sa faculté naturelle de discernement : ainsi l'on apprend à distinguer les nuances les plus délicates de couleur, de ton, d'odeur, de goût et de sensations fournies par le toucher. Un artiste qui s'occupe de couleurs commence par s'exercer à en bien distinguer toutes les différences ; un musicien, un orateur, arrive par l'exercice à acquérir une grande délicatesse d'oreille ; un cuisinier fait l'éducation de son palais. Tel est la signification la plus précise de l'expression « éducation des sens ». Cette faculté supérieure de saisir les nuances des sensations donnera une meilleure mémoire pour tout ce que l'on peut voir, entendre et goûter, de sorte que la faculté concrète de conception se trouvera en même temps accrue.

L'éducation première des sens, telle qu'on la conseille et qu'on la pratique ordinairement pour les enfants, peut donner plusieurs

résultats différents. Elle peut augmenter chez eux la faculté de discerner les nuances des couleurs ; elle peut également développer
en eux l'aptitude à distinguer les formes et les grandeurs visibles,
de manière à leur donner un sentiment plus délicat des grandeurs et
des propriétés des objets. On veut par là jeter les bases de trois
talents différents au moins : premièrement, de celui de juger avec
exactitude et par les yeux des couleurs, des formes et des dimensions des objets ; secondement, de celui d'arranger les couleurs
et les formes en groupes symétriques, de manière à satisfaire le
sens artistique ; troisièmement enfin, de celui de comprendre les
figures géométriques. Le premier de ces talents, celui de juger avec
exactitude et par les yeux des couleurs, des formes et des dimensions, n'est pas d'une utilité générale ; il sert pour les arts spéciaux,
et particulièrement pour le dessin et le tracé des plans, pour lesquels
il est indispensable. Il en est de même du second talent, qui donne
des résultats merveilleux dans les Kindergartens, où les enfants
arrivent à imiter et à exécuter des assemblages symétriques fort
élégants, en groupant des figures plus simples de mille manières
différentes. Mais ceci ne devrait pas être appelé éducation des sens ;
c'est un enseignement spécial du dessin et de l'art de combiner.
Quant au troisième résultat, qui est la préparation de l'esprit à la
géométrie, rien ne montre que celle-ci ait besoin d'une telle éducation ou qu'elle en dépende. Les bases matérielles de la géométrie
sont si peu nombreuses et si simples qu'il est difficile d'échapper à
leur impression, et la science elle-même ne tarde pas à exiger d'une
façon péremptoire que les sens cèdent la place à la démonstration
raisonnée. Sans doute, un géomètre ne doit pas confondre un
triangle avec un carré ou un cercle avec une ellipse, mais il n'a pas
besoin de savoir apprécier rapidement et d'un coup d'œil les proportions exactes de l'ellipse ; ce n'est jamais aux yeux qu'il s'en
remet pour mesurer quoi que ce soit ; il n'a pas besoin de savoir reconnaître par la vue une légère déviation de la perpendiculaire.

Il ne faut pas exagérer l'utilité du dessin considéré à un point de
vue général. Évidemment c'est un talent de main fort précieux ou
même indispensable pour certains travaux spéciaux. Mais, en le
considérant comme base d'éducation intellectuelle, on peut se
tromper sur son influence. On suppose qu'il développe la faculté
d'observation, et qu'ainsi il contribue à donner à l'esprit la connaissance des objets visibles. Mais cette considération est trop vague
pour être juste. Le dessin force l'enfant à observer seulement ce qui
est nécessaire pour le but qu'il se propose, et rien de plus : s'il
s'agit de copier un dessin, il doit en observer les lignes avec soin ;
s'il s'agit de dessiner d'après nature, il s'occupera de la forme
et de la perspective du modèle ; mais ce sont là des actes fort

bornés, et qui n'exigent pas que l'œil sache observer d'une manière générale les objets extérieurs et tous leurs caractères importants. L'élève n'est pas forcé de donner plus d'attention qu'auparavant aux objets qu'il ne se propose pas de dessiner. L'observation, envisagée dans toute son étendue, n'est pas seulement une affaire de sens : elle nous fait interpréter les indications extérieures par l'application des connaissances déjà acquises, et constitue une éducation spéciale dans une sphère limitée. Telle est l'observation chez l'astronome, le géologue ou le médecin.

Quand le dessin est poussé assez loin pour devenir un goût et une passion, il est trop absorbant ; il rompt l'équilibre de l'esprit et le rend impropre à d'autres travaux. Bien plus, au lieu de préparer les voies à la science, en contribuant à graver dans l'intelligence les groupes de détails qui lui sont indispensables, il l'empêche de s'élever du particulier au général, et il revêt les détails particuliers d'un intérêt concret si attrayant que l'esprit préfère alors s'en tenir à ce genre d'intérêt. Un goût et une aptitude modérés pour le dessin peuvent être utiles dans les sciences qui ont un caractère concret, surtout si l'on s'en tient là. Mais, quand on peint et que l'on s'intéresse vivement à la peinture, l'esprit prend un caractère trop exclusivement artistique, et devient rebelle aux procédés abstraits et analytiques des sciences.

LIVRE II

LES MÉTHODES

CHAPITRE PREMIER

L'ORDRE DES ÉTUDES ENVISAGÉ AU POINT DE VUE DE LA PSYCHOLOGIE

Le maître a affaire à un cerveau en voie de développement. — Ordre dans lequel se manifestent les facultés intellectuelles. — Caractères particuliers de l'intelligence naissante. — Les premiers mobiles de la connaissance. — L'activité et le plaisir. — Influence de l'intensité des sensations. — Les forces actives produisent l'expérience. — Moyens d'attirer l'attention sur l'INDIFFÉRENT. — Toute source de plaisir attire l'attention. — Les sens actifs sont toujours occupés. — Nécessité de la contrainte. — Questions à examiner : — A quel âge doit-on commencer l'éducation ? — Quel doit être l'ordre relatif des différentes études ? — A quel âge la mémoire est-elle plus développée ? — Quelles sont les sciences qu'on ne doit aborder qu'assez tard ? — Quel est l'âge le plus favorable aux impressions morales ?

Dans les trois chapitres sur la base psychologique de l'éducation, nous avons omis de parler d'un point important, l'ordre dans lequel se manifestent les facultés de l'esprit. Or il est utile, non-seulement de nous rendre compte des principaux éléments de notre organisation intellectuelle, mais encore de savoir dans quel ordre ces éléments se développent.

Si nous pouvions supposer que, le jour de notre naissance, notre cerveau possédât toutes les facultés physiques qu'il aura à l'âge de vingt-un ans, et qu'en même temps il présentât une table rase au point de vue des impressions de tout genre, l'ordre de nos acquisitions serait exactement l'ordre de dépendance des sujets entre eux. D'abord viendraient les impressions élémentaires simples, bientôt suivies d'autres plus complexes; les impressions concrètes précéderaient les abstraites, et ainsi de suite. L'ordre des études serait réglé avec une grande facilité, et cela d'après l'ordre analytique ou logique. Mais dans la réalité il en est tout autrement [1].

La loi de l'ordre logique n'a point à souffrir de ce que le maître agit sur un cerveau en voie de croissance, et non sur un cerveau parfait ; ce fait y ajoute seulement des conditions nouvelles. Quelques suppositions imaginaires vont mieux faire comprendre comment les choses se passent en réalité.

Il se pourrait que l'état incomplet des premières années allât jusqu'à une incapacité totale de quelque organe important, par exemple, de celui de la vue ou de l'ouïe. Dans ce cas, nous verrions manquer des impressions qui entrent comme éléments essentiels dans certaines connaissances. L'impossibilité de distinguer les couleurs serait un obstacle à la connaissance des objets extérieurs ; et, si le sens des formes manquait, le fait serait plus grave encore. Une part très-considérable de notre éducation serait ainsi arrêtée.

D'un autre côté, les sens pourraient exister, mais à un état si imparfait pendant les premières années, que l'on perdrait son temps en essayant de rien fonder sur de telles bases. Il se pourrait que le cours naturel de la croissance du cerveau fût tel qu'en attendant une année ou deux on pût alors réaliser avec facilité des acquisitions qui plus tôt sont fort difficiles.

En troisième lieu, l'intelligence pourrait être accessible à toutes

1. L'anatomie nous apprend que le cerveau s'accroît très-rapidement jusqu'à l'âge de sept ans ; il a alors atteint, chez le mâle, un poids moyen de 1134 grammes. De sept à quatorze ans, l'accroissement est bien plus lent, puisqu'à ce dernier âge le cerveau n'est arrivé qu'au poids de 1275 grammes ; enfin la progression est encore plus lente de quatorze à vingt ans, âge auquel le cerveau est bien près de son poids maximum. En conséquence, parmi les exercices intellectuels les plus difficiles, quelques-uns, qui seraient impossibles à cinq ou six ans, deviennent faciles à huit, par le seul fait de l'accroissement du cerveau. Ceci est d'accord avec tout ce que nous apprend l'expérience, et, de plus, sert à expliquer les faits qu'elle nous fournit. Il arrive souvent qu'en abordant tel ou tel sujet avec un élève, on échoue complètement ; puis, si l'on y revient au bout d'un an ou deux, on réussit, sans pourtant avoir, en apparence, fait quoi que ce soit pour le préparer sur ce point. Il est vrai que, pendant l'intervalle, l'élève a dû inévitablement acquérir quelque expérience qui prépare la voie. Cette observation me semble surtout applicable aux sujets symboliques et abstraits, tels que l'arithmétique, l'algèbre, la géométrie et la grammaire. Pour ces sciences, une différence de deux ou trois ans est tout.

Mais ce n'est là qu'un des côtés, très-important il est vrai, de la vitesse variable du développement cérébral. Si nous appliquons, par analogie, au cerveau ce que nous savons du système musculaire, nous dirons que les époques de croissement rapide sont aussi celles d'une sensibilité toute spéciale aux impressions produites pendant ces phases. Si le cerveau est encore hors d'état d'aborder les études supérieures, il fait de grands progrès dans celles qui sont moins élevées ; tout ce qu'il peut saisir, il le les propriétés essentielles des objets extérieurs, mais incapable de force d'attention. Chercher à contraindre l'esprit à cette époque de la vie, serait alors gaspiller les forces de l'organisme en nuisant à son développement physique.

Enfin, l'intelligence pourrait être ouverte, et même capable d'attention, sans que les motifs et les sentiments d'intérêt indispensables y fussent suffisamment développés. Les sentiments et les tendances pourraient être momentanément contraires au travail intellectuel, absorbés par des plaisirs et des émotions donnés par les sens, dont les résultats au point de vue des progrès de l'esprit ne pourraient être qu'accidentels, irréguliers et sans suite ; en un mot, il se pourrait que l'imagination eût le pas sur l'étude des faits.

Ces quatre hypothèses correspondent toutes, dans une certaine mesure, à des faits réels. Il est certain que nous retardons le commencement d'un grand nombre d'études, parce que dans l'enfance l'esprit n'est pas encore ouvert même à leurs idées les plus élémentaires, et surtout parce que, faute d'exercice et de persévérance, il nous est impossible d'obtenir l'attention nécessaire. Nous ne voulons pas non plus méconnaître ici l'influence de l'ordre analytique ou logique : il se peut qu'une certaine absorption spontanée et une certaine fixation des impressions fournies par les sens soient indispensables pour permettre d'aborder l'éducation proprement dite.

---

fixe et se l'assimile avec une énergie proportionnée à celle de son accroissement. C'est là un motif de plus de surveiller avec soin les impressions que l'enfant reçoit pendant les sept premières années.

Ce serait faire un grand pas en avant dans l'étude qui nous occupe, que d'arriver à déterminer avec une certaine précision les variations de la plasticité du cerveau aux différentes époques de la vie, en commençant par les années de la petite enfance, où elle est à son maximum, et en continuant jusqu'à sa disparition complète dans la vieillesse : on reconnaîtrait, je crois, que la vitesse de décroissance devient régulière à partir d'une année comprise entre la sixième et la dixième. Mais cette détermination est pleine de difficultés, à cause du grand nombre de circonstances accessoires qui viennent masquer le fait principal.

L'accroissement du cerveau doit évidemment être accompagné du développement d'un certain nombre de facultés innées, sans lesquelles notre éducation serait bien différente de ce qu'elle est. On admet assez généralement de nos jours que le grand nombre de nos idées sur le monde extérieur trouvent la voie préparée par des impressions ou des instincts héréditaires ; mais dans quelle mesure ce fait est-il vrai ? C'est là un point qu'il n'est pas facile de fixer d'une manière exacte. Pour la pratique, il faut observer l'ensemble des apparences que présente le développement de l'esprit de l'enfant, car il est impossible de dégager ce qui dépend du développement du cerveau sous l'influence d'impressions héréditaires, de ce qui est dû uniquement au contact du monde extérieur. Il faut nous contenter de constater l'âge où l'esprit devient capable d'idées abstraites, sans décider si l'antécédent principal est l'accroissement du cerveau ou l'accumulation d'impressions concrètes.

La première ébauche d'une détermination de l'ordre des facultés apparait dans la remarque, si souvent répétée, que l'observation précède la réflexion ; c'est-à-dire, en d'autres termes, que le concret vient avant l'abstrait, remarque vraie en elle-même, mais trop vague. On dit encore que l'imagination se développe avant la raison, mais cette maxime aussi demande quelques explications.

Parmi les questions dont la recherche qui nous occupe en ce moment devrait nous donner la solution, je citerai celle de l'âge auquel les enfants doivent commencer à étudier, et par là je veux dire apprendre à lire. Dans la pratique et dans la théorie on est bien loin d'être d'accord là-dessus, puisque nous voyons varier entre trois et sept ans l'époque de ce début. L'accord n'existe pas davantage sur le moment auquel il faut aborder l'étude des langues ou celle des sciences. Comme les langues dépendent surtout de la mémoire, on doit les commencer de bonne heure, parce qu'alors la mémoire est forte, tandis que le raisonnement ou jugement est encore faible. Pour commencer les sciences, il ne faut pas seulement une certaine accumulation de faits concrets, il faut encore que les facultés émotionnelles aient pris quelque développement, et que l'enfant soit capable de fixer son attention ; or cette aptitude ne se développe qu'assez tard.

Une dernière question assez délicate, mais non sans importance, est celle du moment où commence la connaissance consciente ou subjective, c'est-à-dire celle des faits du monde immatériel, dont un grand nombre sont nécessairement admis sans démonstration dans les premiers livres destinés aux enfants.

Examinons d'abord les caractères particuliers de l'esprit de l'enfant au berceau, et en le faisant nous esquisserons les premières leçons que ces caractères lui permettent de recevoir.

Il n'est personne qui n'ait suivi, avec plus ou moins d'attention, les phases intellectuelles que traversent les êtres humains aux différentes époques de leur développement, et qui n'ait tiré de cette étude une certaine idée vague des changements produits sur les facultés par la marche des années. Mais, dès que nous cherchons à rendre compte de l'ordre de ces changements, nous sommes arrêtés tout d'abord par la difficulté de trouver des termes convenables pour exprimer nos observations. Il existe un certain nombre d'expressions toutes faites dont tout le monde se sert. L'enfant, dit-on, aime l'activité ; il veut toujours s'occuper d'une façon ou d'une autre ; il n'aime pas à s'appliquer longtemps au même objet ; il est gai, joyeux, rieur et plaisant ; il se plait à exercer ses sens, et recherche la sensation en général ; il pousse la curiosité et l'amour de l'examen jusqu'à la destruction ; il est grand imitateur, plein de crédulité et doué d'une imagination qui le porte à tout dramatiser ; il est sociable et sympathique. Sous le rapport plus exclusivement intellectuel l'enfant est observateur et ennemi de l'abstraction ; son esprit est fort par la mémoire et faible au point de vue du jugement.

Pour mettre de l'ordre dans ces observations, il faut les ramener à la classification ordinaire des éléments intellectuels : facultés actives, sens, émotions et facultés intellectuelles. La première chose à examiner est donc l'*activité*. Cette faculté est spontanée et abondante, mais variable, incertaine et indirecte : c'est l'excès de l'énergie naturelle qui déborde. Un des premiers essais d'éducation doit être de chercher à donner à cette activité une direction utile, et le meilleur moyen pour y réussir n'est pas de la violenter, mais bien de la prendre au moment où elle vient de rencontrer une bonne voie. Passons maintenant aux *sens*. Comme ils ont toute leur fraîcheur, et que tout est nouveau, l'enfant trouve la sensation délicieuse et la recherche pour elle-même ; aussi l'action des sens et les jouissances qui en résultent sont-elles très-vives dans l'enfance. Mais c'est le côté émotionnel qui l'emporte d'abord ; le côté intellectuel, qui exige des distinctions délicates, ne se développe que plus tard. La force émotionnelle, tout en préparant la voie à la force intellectuelle, y fait d'abord obstacle. Ensuite viennent les *émotions* proprement dites, par opposition aux jouissances que donnent les sens. Ce sont principalement les sentiments sociaux énergiques — amour et affection ; puis les sentiments anti-sociaux — colère, égoïsme, amour de la domination, et enfin les sentiments de crainte. Toutes ces émotions sont puissantes dès le début de la vie ; en les rattachant à des objets spéciaux, l'éducation peut contribuer à accroître ou à diminuer leur force totale. Enfin nous considérons l'*intelligence*. Ses tendances ou fonctions fondamentales — discernement, perception des ressemblances, rétentivité ou mémoire, — sont à l'œuvre dès le début ; mais l'activité du développement émotionnel les retarde d'abord, tout en accumulant des matériaux qu'elles utiliseront plus tard. L'action intellectuelle est indispensable aux facultés complexes, telles que la curiosité, l'imagination, la faculté dramatique, l'imitation et la fantaisie. Les facultés supérieures de l'intelligence deviennent nécessaires même pour l'observation des faits sous une forme qui mérite ce nom.

La direction des activités, des plaisirs que causent les sens, et des émotions, constitue la partie de l'éducation à laquelle on donne le nom d'éducation morale. Toutes ces forces contribuent aussi, soit comme essentielles, soit comme accessoires, à l'éducation intellectuelle ; mais, pour celle-ci, il ne faut pas oublier que notre guide principal doit être l'ordre dans lequel se développent les facultés intellectuelles.

C'est aux facultés d'activité et de plaisir que nous devons le commencement de la connaissance ; mais la force la plus grande consiste dans la faculté de nous occuper de choses indifférentes en elles-mêmes. Voici comment on peut se représenter les phases successives par lesquelles passe notre esprit.

Tout le monde admet que nos premiers pas dans la connaissance se font sous l'influence d'une activité spontanée et surabondante jointe au plaisir que nous causent les impressions des sens, et que celles-ci, dans toute leur fraîcheur native, sont pour nous une source de grandes jouissances. Dès ce moment, l'esprit sait établir une différence entre bien des objets, et cette distinction des différences est le point de départ de toute connaissance. Mais la distinction des différences n'est pas une vocation primitive de l'esprit de l'enfant ; la jouissance immédiate et continuelle passe avant tout le reste. En présence d'une source de grand plaisir, tout ce qui en cause un moindre disparaît. L'observation, l'attention, la concentration durent autant que la jouissance, et pas plus. Quand le plaisir causé par un objet diminue, l'enfant cherche un objet nouveau. Si la fatigue de l'attention est plus grande que le plaisir que donne l'objet, l'attention se porte ailleurs. Un tel état de choses est, dans une certaine mesure, favorable à la connaissance : l'attrait du plaisir pousse l'enfant à examiner un grand nombre des objets qui frappent ses sens ; son activité incessante le porte à changer souvent de point de vue, et la recherche de l'émotion lui fait examiner à bien des reprises les objets qui l'environnent. En outre, l'*intensité* d'une sensation, agréable ou même désagréable, est une force : elle n'attire pas l'attention par son charme séducteur, mais elle la prend, pour ainsi dire, d'assaut. Des objets indifférents ou même déplaisants se gravent dans l'esprit par la force du choc qu'ils lui impriment. Un vieux proverbe dit que l'étonnement est le commencement de la philosophie. L'étonnement a bien des nuances, mais nous le considérerons abstraction faite du plaisir qui peut s'y joindre. Si le choc est pénible, il va sans dire que l'esprit se révolte, et peut-être même cherche quelque objet plus doux pour oublier cette impression désagréable ; mais l'impression n'en a pas moins été faite, et c'est là un élément de connaissance.

Avant d'examiner la manière dont l'enfant passe des faits propres à graver dans son esprit tous les objets agréables ou pénibles qui le frappent vivement, à ceux qui lui laissent l'impression des objets, en eux-mêmes indifférents et insipides, dont se compose après tout la majeure partie de nos connaissances, je veux d'abord amener l'étude de l'activité intellectuelle au même point que celle de la réceptivité passive. Les forces actives de l'esprit, tout comme les précédentes, commencent par s'attacher à tout ce qui lui présente du charme ou de l'attrait ; tout au moins, elles ne sont pas influencées par des objets insipides. Les organes de mouvement, nous l'avons dit bien des fois, s'exercent d'abord sous la pression des centres actifs, et leur action est déterminée et limitée par l'énergie centrale. Une fois que la vapeur est épuisée, l'action s'arrête. Un certain plaisir accompagne la dépense d'action ; mais celle-ci et le plaisir cessent à la fois, lorsque les décharges nerveuse et musculaire ne se font plus. Sous cette influence, ce n'est que par hasard que les mouvements produisent quelque chose d'utile ; ils ne font jamais d'eux-mêmes aucune des combinaisons qu'exige un travail défini. Sans doute ils se préparent à ces combinaisons. Il est impossible d'admettre que les mouvements variés et répétés auxquels se livre un enfant n'aient pas pour résultat de donner de la force à ses membres et d'agrandir leur sphère d'action, c'est-à-dire de les amener au point où ils peuvent combiner leurs mouvements de manière à les rendre utiles. Je ne recherche point ici les limites exactes des mouvements instinctifs et des mouvements acquis de l'enfance. Il me suffit de constater que les premières combinaisons utiles sont accidentelles ; c'est la découverte de leur utilité qui les fait répéter et continuer, de manière à les transformer enfin en habitudes enracinées et en aptitudes d'action. En un mot, le plaisir et la diminution de la douleur sont les premières causes qui déterminent le développement d'aptitudes nouvelles des organes. Les mains de l'enfant apprennent bientôt à fournir à ses besoins, à chercher des plaisirs, à repousser la souffrance : telles sont les premières aptitudes manuelles. Les mouvements de la tête, du buste, des yeux, de la bouche, de la langue, obéissent aux mêmes mobiles, et c'est là la première phase de leur éducation.

De toutes nos facultés musculaires, la plus instructive est celle du langage articulé. D'abord purement spontanée et émotionnelle, elle ne tarde pas à se prêter à l'expression de nos désirs et de nos intentions, et c'est ainsi qu'elle prend son premier développement. L'accent de la prière, celui de la joie ou de la douleur, cessent bientôt d'obéir à des impulsions purement instinctives, et deviennent des instruments dociles qui expriment les divers sentiments et les désirs de l'enfant. Puis celui-ci prend plaisir à entendre le son de sa propre voix, en s'attachant de préférence aux intonations qui lui semblent les plus agréables. Ensuite vient la première phase d'imitation, celle où l'enfant se plaît à reproduire les sons formés par d'autres personnes. Ici, le mobile est assez avancé et assez complexe, et n'exerce toute sa puissance que plus tard ; mais c'est un bon exemple de ce premier état intellectuel où tout ce qui se fait a pour but une satisfaction immédiate. Assurément, les instincts sociaux se manifestent de fort bonne heure, et parmi leurs manifestations il faut compter l'intérêt que l'enfant prend à telle ou telle personne, en dehors des services qu'on lui rend au point de vue de la nourriture ou des soins indispensables. L'enfant montre bientôt pour les personnes un degré d'affection qui va au delà de la satisfaction de ses premiers besoins, tout en s'y rattachant cependant, et c'est cette affection qui lui fait aimer à imiter ces personnes. Quand il a reproduit un son articulé qu'il vient d'entendre, l'enfant tressaille de joie d'avoir réussi, et ce plaisir le stimule à essayer encore. Il suit l'enfant à toutes les époques, et devient un secours précieux pour le maitre. Celui-ci, trop souvent rebuté d'être forcé de lutter contre la mauvaise volonté d'élèves peu studieux, voit de temps en temps sa tâche allégée par l'action de ce désir d'imiter et de reproduire avec ardeur les résultats de ses propres aptitudes spéciales.

Passons maintenant à la seconde phase de la culture intellectuelle, c'est-à-dire à l'acquisition de l'*indifférent*, sous sa double forme d'impressions passives et de faculté active. Il est impossible d'étudier d'une manière trop approfondie cette transition critique, dont l'importance est à peine égalée — mais jamais surpassée — par celle d'une seule autre transition, celle du concret à l'abstrait.

Il est impossible d'échapper à l'influence du plaisir et de la douleur, envisagés comme motifs d'action. Dire que l'on s'éprend d'amour pour l'indifférent et l'insipide, et qu'on les recherche avidement, c'est faire une pure contradiction de termes. C'est comme *moyens d'atteindre un but* donné que des choses indifférentes en elles-mêmes peuvent attirer notre attention. Nous pouvons être en état de distinguer une très-petite différence entre les longueurs de deux baguettes, entre les poids de deux boules, entre les courbures de deux arcs, entre les nuances de deux rouges, entre les hauteurs de deux notes de musique ; mais si cet acte ne cause aucun plaisir, ne supprime aucune souffrance, n'excite ni étonnement ni sensation violente, nous nous y refusons. En vertu de la première loi, de la condition première de toute conscience, une différence *considérable* éveille l'esprit en lui causant une sorte de surprise, et lui laisse une impression qui devient un élément de connaissance. Un changement marqué dans l'éclairage d'une salle, une brusque variation de l'intensité d'un son, éveille la conscience ; et, plus le sens est délicat, moins le changement qui produit le choc excitateur a besoin d'être considérable. Mais je crains que l'action de la différence pour produire ce choc ou éveiller l'esprit ne soit bien au-dessous de nos capacités et de nos besoins en fait de discernement. Si nous passons d'une salle dans une autre dont la température soit de dix degrés au-dessus ou au-dessous de celle de la première, nous sentons cette différence bon gré mal gré; peut-être une différence de cinq degrés nous frapperait-elle encore; mais il faut des motifs tout spéciaux pour nous faire reconnaître, ce qui n'est pas impossible, une transition d'un degré.

Un des premiers signes de l'accroissement de l'intelligence et de la réception d'impressions durables des objets environnants, est la découverte de circonstances qui se rattachent à ce qui cause du plaisir; d'évènements et d'objets qui précèdent ou accompagnent les choses qui lui sont agréables par elles-mêmes. L'attention, éveillée par ce qui est agréable, se porte sur ces circonstances, qui se trouvent ainsi distinguées, marquées et imprimées dans la mémoire. L'enfant en vient à connaître, non-seulement sa nourriture et ce qu'elle a d'agréable, mais tout ce qui l'accompagne et ce qui en annonce l'arrivée. Un objet qui excite un vif intérêt fait rejaillir cet intérêt sur tout ce qui l'environne, et cet effet devient plus marqué à mesure que les impressions produites par les choses extérieures prennent plus de force et de consistance. Cette influence accroît d'une façon notable le nombre des objets que l'esprit distingue et dont il conserve le souvenir, toujours par un motif intéressé : la recherche du plaisir et le désir d'éviter la souffrance. Les motifs restent les mêmes, mais leur sphère intellectuelle s'étend. Mieux l'enfant distingue les circonstances accessoires de ses plaisirs, plus il est porté à observer et à distinguer toutes choses. Un son très-faible, qui n'est rien comme plaisir et qui ne produit qu'un choc imperceptible, peut cependant indiquer l'approche d'une personne que l'enfant aime, ou d'un plaisir qu'il connaît, et cela suffit pour le faire percevoir et remarquer. Il peut n'y avoir qu'une différence extérieure bien légère entre la tasse de lait que l'enfant aime et celle qui contient une médecine; mais cette légère différence se grave dans son esprit d'une manière ineffaçable.

Nous arrivons maintenant à une autre considération qui nous fait faire un pas de plus dans le domaine de l'attention désintéressée. En l'absence de tout intérêt puissant, les sens actifs ne peuvent s'empêcher de s'exercer momentanément sur ce qu'ils trouvent à leur portée. Sans doute, ils ne s'occupent d'une chose ennuyeuse qu'autant qu'ils n'ont rien de mieux; mais, quand ils y sont forcés, ils se contentent de ce qu'ils trouvent. Les intervalles qui séparent les moments d'excitation plus vive sont donc favorables à la perception des objets peu attrayants et des différences minimes. L'enfant pourra d'abord n'être frappé que par une couleur voyante, — du rouge, du bleu, ou une masse de nuances juxtaposées qui l'impressionneront par leur ensemble. Si l'habitude vient émousser l'intérêt excité par la vivacité de l'effet, l'esprit pourra, faute de nouveaux objets attrayants, revenir à l'ensemble des couleurs et s'éveiller à la distinction des différentes nuances. La découverte d'une différence n'est pas une occupation très-attrayante pour un enfant ; son esprit est plus vivement frappé de la découverte d'une ressemblance ; cependant l'effort de l'esprit pour constater un fait nouveau porte avec lui sa récompense, en donnant à l'enfant la conscience de sa force. Ce qui ressort surtout de cette observation, c'est qu'il ne faut ni gorger ni surexciter l'esprit d'un enfant. Que serait-ce, en effet, que la gaîté tant vantée des enfants, si elle ne pouvait se soutenir qu'à force de stimulants ? N'est-il pas vrai, au contraire, qu'un intérêt assez faible suffit pour les contenter, laissant leur faculté d'attention assez dégagée pour se porter sur les objets moins excitants qui les environnent, de manière à percevoir les petites différences qui élargissent la base de leurs connaissances ?

Nous avons jusqu'ici considéré l'enfant comme n'obéissant qu'à ses propres impulsions et agissant de lui-même, et nous avons cherché à suivre le développement de l'intelligence sous l'influence des mobiles que nous avons supposés. Si maintenant nous passons à la direction artificielle de son attention par l'influence et l'action des autres — c'est-à-dire à l'éducation proprement dite, — nous aurons au fond toujours les mêmes mobiles, mais appliqués d'une autre manière, les facilités et les précautions à prendre restant toujours les mêmes. Il faut maintenant que l'attention de l'enfant se porte sur une classe de différences dont il n'avait pas tenu compte jusqu'ici, sur la différence entre deux, trois et quatre ; sur les diverses nuances de la même couleur, sur celles des sons articulés, et enfin sur les différences minimes et sans intérêt qui existent entre les formes visibles auxquelles nous donnons le nom de lettres. Il n'est pas de plaisir immédiat ou en perspective, pas de choc de surprise, pas d'attrait intrinsèque, suffisant même pour les moments de vide et d'ennui le plus prononcé, qui pût attirer l'attention sur de tels objets, et bien moins encore l'y concentrer d'une manière énergique ; la seule force qui puisse donc agir sur l'esprit de l'enfant est le *sic volo* de la personne chargée de l'instruire. Quelle est donc, d'après les principes généraux, la meilleure marche à suivre pour obtenir le résultat voulu sans cesser d'agir avec douceur ? Avant tout, celui ou celle qui instruit l'enfant doit établir son influence sur les bases les plus solides, de manière à être, autant que possible, dispensé d'avoir recours à la sévérité. Là-dessus tout le monde est d'accord. En second lieu, il faut tenir compte des dispositions naturelles qui se sont manifestées dans la phase précédente, de manière à éveiller, toutes les fois que l'occasion le permet, des influences capables d'agir par elles-mêmes. C'est là un point également admis. Puis vient le moment pénible où il faut aborder ce qui n'a point d'intérêt pour l'enfant, où il faut reconnaître qu'aucun adoucissement, aucun artifice ne saurait rendre agréable tout ce qu'il est indispensable d'apprendre. Le moment du travail difficile est arrivé ; tous les moyens de le retarder ont fini par être épuisés. Que faire alors ? Essayez de vous rendre compte de la mesure dans laquelle l'enfant est capable de l'effort qu'exige l'attention forcée. Utilisez cette faculté dans toute son étendue, sans en abuser, si vous pouvez juger du moyen terme exact. Commencez pour l'enfant l'enseignement de la vie en l'habituant peu à peu à des occupations sans attrait, désagréables et pénibles ; mais ayez soin aussi de donner à son esprit des intervalles de repos et de plaisir.

Examinons maintenant les questions que soulève l'ordre ou le développement des facultés.

A quel âge l'éducation doit-elle commencer ? Nous la commençons trop tôt si nous gênons le développement des forces nécessaires à la croissance ; et, même en supposant que cela n'ait pas lieu, nous la commençons trop tôt encore si les impressions que nous voulons produire exigent une dépense de force intellectuelle beaucoup plus grande qu'il n'en faudrait un peu plus tard. Au contraire, nous la commençons trop tard si nous laissons passer le moment où des impressions bonnes et utiles pourraient être produites sans le moindre inconvénient pour la santé générale. L'erreur est tout aussi possible dans ce sens que dans l'autre.

Ici, le seul guide possible est l'observation. Il faut d'abord rejeter les cas exceptionnels au point de vue soit de la force, soit de la faiblesse de l'intelligence. Nous savons que bien des enfants ont appris à lire dès l'âge de trois ans, sans que leur santé et leur vigueur en aient souffert le moins du monde. Mais ce que nous ne savons pas, c'est si, en commençant à quatre ou cinq ans, ils ne se seraient pas trouvés aussi avancés à quinze qu'ils le sont après avoir débuté plus tôt. Cependant, si un nombre considérable d'enfants ont commencé à étudier entre trois et quatre ans sans inconvénients constatés, sauf quelques cas accidentels, alors un an plus tard doit être une limite sans danger pour tous, à part les cas exceptionnels. Rien ne prouve qu'il soit nécessaire et utile de retarder jusqu'à six ou sept ans le commencement du travail intellectuel. Il faudrait d'abord qu'il fût démontré d'une façon positive que les enfants qui commencent aussi tard avancent ensuite avec une rapidité qui triomphe de toutes les difficultés.

A quelle époque convient-il de commencer l'éducation des mains, celle de la voix, celle des yeux pour l'observation des formes et des couleurs ? Ici, nous nous trouvons en présence d'une faculté naturelle et spontanée qui a besoin d'être dirigée et contrainte ; or cette contrainte est en soi plus ou moins pénible, et ne peut devenir agréable que par l'intérêt qu'excitent les objets sur lesquels les sens s'exercent.

Une autre question est celle de la priorité à donner à tel ou tel genre d'études : langues, leçons de choses, aptitudes mécaniques, impressions morales; lesquelles doivent passer les premières? A quelle époque l'enfant est-il prêt à s'occuper de chacune de ces études, sans effort trop grand pour son âge? Pour chacune, il y a un commencement spontané, suivi de tentatives pour imprimer à ces efforts une direction définie. La règle semble être que les facultés actives passent toujours les premières ; ainsi, les études qui contiennent un élément d'activité viennent avant les autres, en tenant compte, bien entendu, de l'état ;de développement des organes spéciaux. La parole semble être le plus précoce de tous les talents acquis, et devance ordinairement les aptitudes manuelles.

L'activité des yeux se manifeste aussi de très-bonne heure, et ils apprennent rapidement à reconnaître les mouvements visibles, les grandeurs, les formes et tous les rapports d'espace. C'est là la phase de l'observation spontanée et des impressions concrètes, base indispensable de l'enseignement artificiel des choses. L'éducation qui précède celle de l'école consiste à développer la faculté d'articulation chez l'enfant, à lui faire observer les personnes et les objets qui l'entourent, et à lui apprendre à rattacher des noms à ces différents objets. Plus ces trois genres de développement ont été poussés loin, mieux l'enfant se trouve préparé aux leçons plus méthodiques de l'école.

Ensuite vient la question de l'âge auquel la mémoire est la meilleure, et où les acquisitions de pure mémoire passent avant les autres. Ce point est d'un grand intérêt pour le problème de l'étude des langues opposée à celle des sciences, c'est-à-dire des connaissances plus ou moins généralisées, raisonnées et enchaînées entre elles. Or il semble évident que de six à dix ans on ne peut faire que peu d'études exigeant un raisonnement rigoureux, tandis que l'esprit est alors éminemment plastique et impressionnable; il est donc probable que c'est là l'âge du maximum de mémoire pure, maximum qui a pour type les acquisitions linguistiques, c'est-à-dire non-seulement les mots et leurs rapports avec les choses, mais encore des morceaux suivis, des contes, des hymnes et des connaissances réduites en formules.

Les connaissances de fait les plus faciles, pour lesquelles la généralisation ne va pas au delà de ce qui peut contribuer à augmenter l'intérêt et à soulager la mémoire; les détails géographiques et les récits simples, s'adressent plutôt à la mémoire qu'à une faculté plus élevée, et appartiennent par conséquent à l'âge dont nous parlons.

Si les sciences plus difficiles, telles que la grammaire, l'arithmétique et la mécanique, ne peuvent être comprises que plus tard, cela vient non-seulement de la nécessité de meubler d'abord l'esprit d'exemples concrets, mais encore du manque de la faculté de contraindre l'attention à faire les combinaisons et les séparations d'idées indispensables ; or cette faculté doit dépendre avant tout de l'âge, bien que son développement puisse être hâté par les efforts du maître. Mais le plus souvent, en faisant commencer trop tôt à un enfant l'étude des sciences, on n'aboutit qu'à les faire pénétrer dans la mémoire seule, qui dans l'enfance accepte même des phrases dénuées de sens. Au moment du maximum de plasticité intellectuelle, qui peut se trouver de sept à onze ans, l'intérêt, bien qu'il soit utile, n'est pas indispensable ; la conscience de la puissance exercée suffit pour que le travail ne soit pas rebutant pour l'enfant.

Dans les familles riches, on profite ordinairement de cette plasticité du premier âge pour jeter les bases de la connaissance des langues étrangères : français, anglais, allemand, suivant le pays. Cette habitude est bonne en soi, mais il est facile de comprendre qu'il n'est pas impossible de surcharger la mémoire. Tout en profitant du moment où celle-ci est plus souple, il ne faut pas négliger de développer peu à peu et avec une sage lenteur la faculté de raisonnement. L'âge de raison ne doit, sous aucun prétexte, être retardé, pas plus qu'il ne doit être trop hâté. Il ne faut jamais écraser les facultés sous d'énormes leçons composées de mots à apprendre par cœur, car l'intelligence même de leur sens concret pourrait être étouffée par cette méthode, qui retarderait doublement le développement de la faculté de raisonner.

Ce moment de la plus grande plasticité de l'esprit présente un intérêt tout particulier au point de vue des impressions *morales*. Les commandements, les maximes, les instructions verbales sont facilement retenus par la mémoire ; même les doctrines religieuses, bien que plus compliquées, peuvent s'y graver à jamais par une répétition assez fréquente entre six et dix ans. Mais tout ceci est, en dehors de la conduite proprement dite. Il faut habituer l'enfant à l'obéissance, développer ses affections et ses sympathies, et lui apprendre à prévoir les conséquences éloignées de ses actes. Pour l'obéissance, la crainte est un moyen puissant, à cause de la faiblesse et de l'impressionnabilité de l'enfant. Les autres éléments moraux sont plus difficiles à développer, et l'on peut même se demander si cette époque de plasticité est favorable aux impressions de plaisir, en admettant que l'enfant soit entouré d'objets agréables. Je serais porté à répondre affirmativement, mais en ajoutant que la dépense de force intellectuelle exigée par cette acquisition est considérable, et que, dans les cas ordinaires, il se peut qu'en deux ou trois ans les progrès faits de ce côté ne soient pas très-marqués. Cependant ces rapports reposent sur la même base que les affections et les sympathies morales.

Quant à la prévision des conséquences, l'enfant n'y arrive que fort lentement. Elle exige un grand développement de la faculté de conception, joint à certaines associations d'idées qui doivent avoir acquis une grande force avant de pouvoir servir au but que l'on se propose. La force de l'opposition que l'on a à combattre de la part des impulsions si vives de l'enfance, donne la mesure de l: force de cette combinaison.

CHAPITRE II

L'ORDRE DES ÉTUDES ENVISAGÉ AU POINT DE VUE
DE LA LOGIQUE

Exemples de l'ordre logique. — Le passage du *concret* à *l'abstrait*. — Il y a classement dès le début, mais l'idée abstraite exige un saut brusque. — Méthode à suivre : 1° choix des détails ; — 2° disposition des exemples ; — 3° accumulation continue : les exemples brillants sont un embarras ; utilité des contrastes ; — 4° avantage à tirer de la perception de l'accord ; — 5° faire voir que la cause et l'effet dépendent de propriétés isolées ; — 6° les détails représentatifs contribuent à faire retenir l'idée ; — 7° définition par la parole. — Ce que signifie l'ordre analytique ou logique. — Cas auxquels l'ordre ne peut s'appliquer : — 1° les corrélatifs se présentent ensemble, mais l'ordre d'énonciation est indifférent ; — 2° mélange d'idées appartenant à différents degrés de connaissance ; — 3° satisfaction des sentiments ; — 4° impatience d'arriver aux points intéressants ; — 5° pour être retenue, une formule n'a pas toujours besoin d'être comprise ; — 6° des propositions détachées peuvent être comprises dans une certaine mesure ; — 7° on peut emprunter les règles de sciences différentes ; — 8° culture des organes ou des facultés indépendantes ; — 9° la connaissance du langage et celle des choses marchent de front.

Dans le chapitre qui précède, nous avons cherché à résoudre le problème de l'ordre des études au point de vue du développement des facultés, sans tenir compte des impressions reçues. Nous allons maintenant envisager l'ordre des impressions elles-mêmes, d'après leurs rapports logiques.

Considérons, par exemple, la parole. Voici l'ordre logique à suivre dans cette étude : 1° articulation des syllabes ; 2° réunion des syllabes en mots ; 3° réunion des mots en phrases suivies. Dans nos conceptions du monde matériel, nous procédons encore avec la même simplicité : des formes, des couleurs, des objets élémentaires nous passons aux combinaisons binaires, ternaires, et à d'autres plus compliquées encore, des mêmes éléments. Jamais de transition brusque ou de solution de continuité sur aucun point. Il en est de même pour les arts mécaniques. Notre degré de développement détermine le moment où il faut commencer, et, quand une fois l'étude est commencée, elle suit une marche rigoureusement analytique. Il se peut que l'on fasse quelquefois la faute de vouloir aller trop vite, c'est-à-dire de faire un nouveau pas en avant sans avoir bien mûri le précédent ; le remède est facile : il suffit d'éclaircir par des exercices répétés le point qui était demeuré obscur.

Dans l'étude des machines, nous passons des parties séparées à la considération de l'ensemble. De même, l'anatomiste qui veut décrire le corps humain commence par la charpente osseuse, pour passer ensuite aux muscles, aux viscères, etc.

S'il y a quelque exception à cette marche progressive, elle se trouve dans le passage si important du concret à l'abstrait, du particulier au général. Il est vrai, jusqu'à un certain point, que l'étude des faits particuliers nous mène aux faits généraux ; mais il n'y a plus là la même transition imperceptible, la même continuité non interrompue, que lorsque nous passons des syllabes aux mots, de l'arbre à la forêt, d'un air facile à un autre un peu plus difficile. Il y a un saut brusque à faire pour passer de l'étude de la vie dans les cas particuliers à celle de la vie en général ; nous nous sentons entrés dans une sphère nouvelle, et il nous faut encore une faculté nouvelle.

Cette action nouvelle exige une phase distincte de développement cérébral, et il faut pour cela que nous ayons atteint un certain âge, quelles que soient d'ailleurs les impressions préparatoires que nous ayons reçues. La loi d'ordre logique exige seulement que le concret vienne d'abord et l'abstrait ensuite ; mais ce fait n'est pas la seule chose dont il faille tenir compte. Cependant, comme le passage du concret à l'abstrait a une très-grande importance pour l'éducation au point de vue de la méthode et des procédés, il est bon d'en exposer bien nettement toutes les conditions et les circonstances.

L'esprit humain peut se livrer tout d'abord, et se livre en effet, d'une manière suivie et sans interruption, à l'acte de *classement*. L'enfant discerne et identifie ; quand il a identifié un certain nombre d'objets de la même espèce — des chaises, des cuillers, des feux, des chiens, des êtres humains, — il a formé des classes ; il est arrivé au général en même temps qu'au particulier. Cependant ces classements ne vont pas jusqu'à l'abstraction. Ils ne sont pas poussés assez loin pour arriver aux difficultés de la généralisation. Bien des classes sont formées sans peine par l'enfant, et ne sont pour ainsi dire que des listes d'objets particuliers : eau, aliments, jouets, lumières, arbres, chevaux; dans tout le domaine de l'expérience, l'enfant s'habitue de bonne heure à faire un pas aussi facile; mais ce n'est encore que dans des cas assez rares qu'il s'élève un peu plus.

C'est que pour prendre un vol plus hardi il faut à l'enfant une certaine maturité d'esprit, un certain accroissement de forces qui lui permette d'élever ses conceptions jusqu'au second et au troisième degré de la généralisation. C'est le moment où il faut préparer l'esprit à manier les symboles, à passer des perceptions des sens aux conceptions abstraites, pour arriver à étudier les nombres et les formes, dégagés en apparence de tout rapport avec les objets particuliers.

L'enfant peut, sans beaucoup d'aide, continuer à accumuler les classes du premier degré, et, si on l'abandonnait à lui-même, il continuerait sans doute ainsi jusqu'à la fin de ses jours. Ce n'est que par un enseignement formel qu'il s'élève aux degrés suivants, qu'il examine un meuble, un outil, un quadrupède, une opération d'arithmétique, une sensation, une société; une très-grande partie des leçons qu'il reçoit sont consacrées à ce travail. Il se fait à tout propos et à toute heure ; le maitre doit toujours être prêt à répondre, ou tout au moins il doit savoir s'il peut le faire au moment où l'enfant le questionne. Le maitre ne saurait être trop au courant des conditions qui assurent le succès dans l'enseignement des généralités. En réalité, c'est là le fait fondamental, l'essence même de l'exposition proprement dite.

C'est une vérité universellement reconnue, je le répète, que, pour arriver à une idée générale ou abstraite, la préparation essentielle est la connaissance des objets particuliers. Mais ce fait évident n'est pas la seule chose dont il faille tenir compte. La simple présence des objets particuliers ne suffit pas pour produire l'idée de généralité ; il faut encore tenir compte de leur nombre et de leur nature : il peut y en avoir ou trop, ou trop peu ; il se peut même qu'ils nuisent au développement de l'idée générale.

Considérons d'abord le choix des objets particuliers. Ce choix doit être dirigé de manière à présenter toutes les variétés extrêmes. Il faut éviter d'accumuler les exemples identiques, qui ne font que charger l'esprit sans utilité : des exemples variés sont nécessaires pour montrer toutes les combinaisons possibles de la qualité que l'on étudie. Pour bien faire concevoir la propriété abstraite de rondeur, ou le cercle, il faut présenter à l'élève plusieurs exemples concrets dans des conditions différentes de grandeur, de couleur, de substance, de position et de rapports. Pour bien expliquer ce que c'est qu'un édifice, il faut citer des exemples d'édifices de destinations diverses.

Les exemples par lesquels il vaut mieux commencer sont ceux dont le trait principal est la qualité même qu'il s'agit de faire comprendre, tandis que les qualités accessoires y sont presque effacées. Nous n'avons jamais à notre disposition une circonférence abstraite telle que celle dont parle Platon ; nous ne pouvons présenter une circonférence concrète qui n'ait pas une grandeur définie ; mais nous pouvons réduire la circonférence matérielle à n'être qu'une ligne noire fort mince sur un fond blanc. Deux ou trois de ces circonférences, de différentes grandeurs, avec une autre tracée en blanc sur fond noir, et une dernière d'une autre couleur encore, suffisent pour éliminer toute considération autre que celle de la forme, et il n'est guère possible d'aller plus loin dans l'abstraction de la qualité de rondeur. Au contraire, si nous nous étions servis d'exemples où les qualités accessoires fussent prédominantes ou intéressantes par elles-mêmes, l'attention de l'élève ne se serait pas portée sur la forme. Le soleil tel qu'il se montre à midi, l'horizon vu en pleine mer, le cercle des pierres de Stonehenge, seraient des exemples fort mal choisis pour faire comprendre l'idée de rondeur; mais, une fois que cette idée a été acquise par une autre voie, il est facile de la retrouver dans ces exemples aussi.

Il faut placer les exemples de manière à faire ressortir leurs points de ressemblance. Si ce sont des objets matériels, ils seront disposés d'une façon semblable et symétrique pour l'œil. Pour comparer les nombres des objets — trois, quatre, cinq, — il faut en faire des rangées commençant au même niveau. Les cônes et les pyramides doivent être montrés reposant régulièrement sur leur base. Les végétaux et les animaux seront disposés d'une manière symétrique qui permette de les comparer sans peine. Cette méthode doit être suivie pour l'étude des points de ressemblance aussi bien que pour celle des différences.

Tout le monde sait que dans les descriptions verbales le parallélisme des membres de phrase est un des artifices ordinaires de la rhétorique.

On ne doit pas se lasser de multiplier les exemples, jusqu'à ce que l'effet voulu soit produit. Quand il s'agit de graver dans l'esprit de l'élève une généralité nouvelle, il faut momentanément laisser de côté tout le reste, afin de n'avoir à craindre ni distractions ni interruptions ; alors nous pouvons accumuler des exemples convenablement choisis, en les présentant dans l'ordre le meilleur, jusqu'à ce que le sentiment de la ressemblance qui existe entre eux ait effacé celui de leurs différences. Le véritable type du mode d'exposition d'une idée générale ou abstraite est la phalange thébaine : concentration de forces écrasantes sur un seul et même point.

Un grand nombre d'idées abstraites sont le résultat d'impressions

accidentelles reçues en passant, tantôt d'un côté et tantôt de l'autre.
C'est la partie de notre éducation due au hasard ; si elle est moins
efficace, l'on peut dire aussi qu'elle est moins fatigante. Il est bon
de profiter de tout ce que l'on gagne par ce moyen ; mais le maître
ne doit jamais donner à son enseignement ce caractère irrégulier.
Quand il expose une vérité, sa leçon doit être suivie et complète. Si
l'esprit de ses élèves est assez développé pour comprendre l'idée
d'inertie, le maître doit arranger une série d'exemples qui mettent
bien en lumière le fait général, malgré toutes les différences qu'ils
peuvent présenter sous d'autres rapports.

Le maître s'appliquera avant tout à choisir des exemples montrant clairement le point de ressemblance qui existe entre tous. Un
exemple douteux trouble toujours l'harmonie générale ; un exemple
qui présente par lui-même un intérêt trop vif, nuit encore plus à
l'impression générale qu'il s'agit d'obtenir. On ne tient pas toujours
assez compte de cette dernière considération ; on cherche les exemples les plus intéressants, afin d'attirer l'attention, et l'on y réussit
souvent, mais pas comme il l'aurait fallu. Au lieu de diriger l'esprit
vers l'idée abstraite, de tels exemples le fixent sur eux et sur leurs
caractères concrets ou particuliers [1].

Le contraste entre deux objets différents est une ressource toujours prête, et qui abrège le travail en excluant tout de suite les
idées susceptibles d'être confondues avec celle que nous avons en
vue. Pour graver dans l'esprit l'idée d'un cercle, nous le mettons à
côté d'une ellipse. Avec un groupe d'objets destiné à faire comprendre le nombre abstrait quatre, nous mettons un groupe composé
de trois et un autre de cinq objets. Nous montrons le blanc et le noir
l'un à côté de l'autre. Pour mieux expliquer en quoi consiste le luxe,
nous citons des exemples de mœurs simples et frugales. Tout maître
doit savoir trouver des contrastes ou des oppositions aussi bien que
des exemples et des faits particuliers.

Nous savons que les grands obstacles à la conception des idées
générales sont l'inaptitude naturelle de l'esprit à prendre intérêt aux
généralités, et sa préférence pour les faits particuliers et concrets ;

1. Ainsi Macaulay, dans ses brillants discours sur le bill de réforme,
invoque comme argument en faveur d'un changement dans les institutions anglaises l'accroissement et le développement de la Grande-Bretagne. Les exemples qu'il cite à l'appui de sa thèse sont nombreux et
probants, mais en outre ils ont quelquefois un intérêt et un éclat qui
détournent l'esprit du point principal. « Qui peut dire, s'écrie-t-il, que dans
cent ans d'ici il n'y aura pas, sur le bord de quelques-unes des baies
aujourd'hui muettes et solitaires des Hébrides, un autre Liverpool, avec
ses bassins, ses magasins et ses forêts de mâts ? Qui peut dire que les
énormes cheminées d'un autre Manchester ne s'élèveront pas dans les
déserts du Connemara ? »

nous devons donc également connaitre les forces opposées qui sont favorables à cette conception. La première de ces forces est l'éclair de la ressemblance.

Lorsque des objets jusque-là regardés comme distincts nous révèlent tout à coup quelque point de ressemblance, notre esprit est à la fois arrêté et satisfait, et cette découverte constitue un élément puissant d'intérêt intellectuel, qui non-seulement nous réconcilie avec la généralité et l'abstraction, mais encore, dans les cas les plus importants, leur donne un charme positif. La différence même des faits comparés et le travail d'esprit qu'il avait fallu auparavant pour les retenir, contribuent au plaisir que cause cette découverte.

La seconde manière de vaincre la répugnance de l'esprit à passer de l'intérêt qu'il sent pour les faits individuels aux idées abstraites, est la connaissance du rapport de cause à effet dans le monde. L'idée de cause et d'effet, qui est pour ainsi dire le commencement de la science, est une des premières qui apparaisse à l'esprit de l'enfant. Les mouvements les plus simples sont suivis de conséquences appréciables : un certain bruit accompagne la chute d'une chaise ; une certaine satisfaction accompagne l'absorption des aliments. Ces faits, que l'enfant apprécie avec justesse dès le début, sont pour lui le commencement de la connaissance des causes. Or, tout agent qui détermine un changement ou un effet perceptible n'agit que par *une seule* des nombreuses propriétés qu'il possède en tant qu'objet concret. Une chaise affecte l'œil par sa forme, la main par la résistance qu'elle lui oppose, l'oreille par le bruit qu'elle fait en tombant ; et, comme ces effets se manifestent séparément et chacun à sa manière, ils amènent l'esprit à analyser ou abstraire les propriétés qui les causent. C'est par la séparation des effets que nous arrivons d'abord à reconnaitre la pesanteur comme une propriété des corps, et que nous pouvons regarder le poids d'une chaise comme une propriété distincte qui lui est commune avec d'autres objets. Sans cette expérience des effets, nous ne pourrions nous dégager ni si tôt ni si facilement de l'individualité collective des choses. C'est en s'asseyant d'abord sur sa petite chaise, puis sur d'autres chaises ou sur des tabourets, que l'enfant apprend ce que c'est qu'un siége en général ; cette expérience lui permet donc d'arriver à une généralité bien marquée.

Pour que l'esprit retienne une généralité, il faut surtout qu'il ait une bonne *représentation* d'exemples particuliers. Le nombre de ces exemples qui est nécessaire dépend du caractère de l'idée générale. Pour une forme simple, pour la pesanteur, la fluidité, la transparence, un très-petit nombre d'exemples suffit ; pour l'idée de métal, de plante, d'arbre, d'oiseau, d'aliment, de force, de société, il en faut un assez grand nombre.

Il va sans dire que l'on donne le nom en même temps que l'idée générale; puis, quand le moment en est venu, on y ajoute la définition, qui contribue avec les exemples particuliers et concrets à mieux graver l'idée dans l'esprit. La définition s'appuie sur quelques idées plus simples, dont elle suppose la possession préalable par l'esprit; son succès est en raison du plus ou moins d'exactitude de cette supposition. Pour arriver à l'idée générale de cercle, par exemple, nous avons : 1° les spécimens concrets, 2° le nom, et 3° les termes de la définition d'Euclide. Le groupe ainsi formé constitue dans notre esprit l'idée générale de cercle.

Dans les cas où une idée générale est formée d'autres idées déjà connues, la définition est une explication complète et suffisante, qui dispense des exemples particuliers. C'est ce qui a lieu dans les mathématiques, lorsque l'esprit est assez avancé pour être familier avec les idées élémentaires de nombre, d'égalité, de ligne, d'angle, de plan et de courbe. Ce serait perdre son temps, quand on en est là, que d'insister sur des exemples particuliers de triangle, de carré, de polygone, de cercle ou de sphère.

Dans le cours ordinaire des études élémentaires, on suit le plus souvent, sans s'en rendre compte, une méthode mixte. Pour expliquer le mot « royaume », par exemple, le maître citera des royaumes particuliers, tels que l'Angleterre et la Belgique, et en même temps donnera la définition d'un royaume en disant que c'est un pays gouverné par un roi. Peut-être arrive-t-il plus souvent encore que l'on donne d'abord la définition, puis les exemples particuliers à l'appui. Ainsi l'on définit un fleuve comme étant un cours d'eau formé par un grand nombre de ruisseaux venus des terrains élevés, et qui se réunissent dans un lit commun, par lequel le fleuve se rend à la mer. Des exemples convenables viendront ensuite faire comprendre les différentes parties de cette définition.

Après avoir expliqué le passage du concret à l'abstrait, nous arrivons à l'ordre analytique ou logique de l'enseignement, dans lequel nous distinguerons plusieurs parties principales :

La première, et la plus évidente de toutes, est le passage du simple au complexe ;

La seconde, le passage du particulier au général et à l'abstrait.

Ces deux parties doivent être regardées comme fondamentales et embrassant presque tous les faits. Toutefois elles présentent plusieurs points de vue importants, qui méritent d'être signalés comme s'ils constituaient des cas distincts.

La troisième partie est le passage de l'indéfini au défini. Ainsi un fait peut d'abord être présenté sous une forme vague, indéfinie et sans restriction ; on nous dira, par exemple, que tous les corps tombent à terre ; puis on nous enseignera le même fait avec toutes ses circonstances et ses modifications — chute oblique de l'eau dans les fleuves, mouvement ascendant de la fumée, éruption des volcans. En astronomie, on dit d'abord aux élèves que le soleil est immobile au centre de son système, et que les planètes décrivent des cercles autour de lui. Plus tard, on change ces cercles en ellipses dont le soleil occupe un des foyers. Enfin l'on fait voir que le centre réel est le centre de gravité du soleil et de toutes les planètes. Si l'on commence par ne pas dire à l'élève certaines circonstances importantes, c'est uniquement pour s'accommoder à sa faiblesse ; il est difficile de faire autrement, et en même temps il faut procéder avec une certaine prudence, afin de ne pas lui donner d'impressions fausses.

En quatrième lieu vient le passage de l'empirique au rationnel ou scientifique. Ceci n'est au fond qu'une des formes de la transition du concret à l'abstrait ; mais c'est une phase qui mérite d'être considérée à part, comme marquant par excellence le commencement de « l'âge de raison ».

La connaissance empirique est bonne et suffisante dans bien des cas, et il se peut que ce soit tout ce que l'on puisse apprendre en une fois sur un sujet donné. Cependant, comme de nos jours un grand nombre de connaissances peuvent être expliquées scientifiquement, il faudra tôt ou tard arriver à les présenter à l'élève sous cette forme plus élevée, quand même il serait nécessaire de le faire rester pendant un temps dans la région plus basse de l'empirisme. Notre première connaissance du jour et de la nuit, de l'été et de l'hiver, des marées, des neiges qui couronnent les montagnes, de la rosée, des orages, de la nécessité de la chaleur et de l'humidité pour la végétation, est tout empirique. Cette connaissance peut être, à tout prendre, très-exacte, et elle a longtemps suffi à nos pères. Son caractère empirique convient même à la première partie de notre éducation : nous pouvons comprendre un fait en lui-même, quand nous sommes encore incapables d'en comprendre la raison. C'est pour cela que nous comptons cette phase comme appartenant à l'ordre régulier de l'éducation. Mais c'est essentiellement la transition du concret à l'abstrait ; la raison d'un fait n'est qu'une généralité plus élevée à laquelle on ramène celui-ci : par exemple, la raison de la chute des corps est la gravitation universelle ; celle de la combustion est la combinaison chimique.

Si un homme arrivait à la maturité de l'intelligence sans avoir rien appris de toute une classe de faits naturels — de la *géologie* par exemple, — il serait inutile de commencer par la phase empirique. On pourrait dans ce cas lui présenter les faits matériels comme les conséquences scientifiques des lois de la géologie, au lieu de les lui faire apprendre sous une forme provisoire. Cette méthode a ses avantages.

Bien des personnes ne connaissent pas les propriétés les plus simples du triangle, du parallélogramme ou du cercle, avant de les apprendre dans un cours de géométrie.

En cinquième lieu, il est indispensable de suivre rigoureusement l'ordre analytique lorsque nous voulons développer la faculté de conception. Pour concevoir une combinaison nouvelle de couleurs et de formes, il faut être bien familiarisé avec les couleurs et les formes élémentaires. Pour concevoir un cylindre de marbre, il faut connaitre à la fois une surface de marbre et la forme cylindrique. Pour arriver à concevoir une roue d'or, il faut avoir vu un grand nombre de roues de voiture, et avoir bien acquis l'impression de l'or.

En sixième lieu, de l'esquisse nous passons aux détails. Telle est la maxime principale de l'art de décrire pour la géographie, par exemple. La même règle s'applique à l'histoire, mais avec certaines modifications.

Enfin, règle générale, nous passons du matériel à l'immatériel, du physique à l'intellectuel. C'est le monde physique que nous comprenons le premier, mais dès le début nous avons une certaine connaissance du monde intellectuel ; nous apprenons à reconnaitre nos sensations de plaisir et de peine, et à prendre part aux mêmes sentiments chez ceux qui nous entourent. La première apparition en nous de l'intérêt littéraire suppose cette faculté, qui est la base sur laquelle agissent les récits à sensation.

Telles sont les principales lois de l'ordre logique ou analytique, et, si nous pouvions les suivre d'une manière rigoureuse, la marche de l'éducation serait facile. Mais il est loin d'en être ainsi dans la pratique : nous rencontrons à chaque pas des obstacles qu'il est bon de signaler d'avance, afin de trouver les moyens de les éviter ou de les surmonter quand il est possible de le faire.

Pour mieux dégager la voie, il est bon d'indiquer certains cas auxquels l'ordre ne s'applique pas nécessairement.

En premier lieu, il faut tenir compte de l'existence des *corrélatifs*. Les corrélatifs doivent être étudiés ensemble, et, bien que l'un soit toujours énoncé avant l'autre, l'impression voulue n'est produite qu'après que les deux ont été présentés à l'esprit. L'exemple le plus frappant de ce fait est la corrélation entre les faits particuliers et le fait général. Il faut bien que l'un précède l'autre, mais le concours des deux est indispensable pour le sens. Le fait général ne peut se comprendre sans les faits particuliers ; de leur côté, ceux-ci ne sont rien tant qu'ils n'ont pas donné le fait général. On admet souvent que les faits particuliers doivent nécessairement venir avant le fait général, mais il n'y a pas là de nécessité absolue : un fait général peut être énoncé d'abord, et ensuite être démontré par les faits particuliers. L'ordre ne dépend point du fait de la corrélation, car aucun des deux termes ne peut être compris sans l'autre ; le sens dépend de la combinaison des deux facteurs. Il est vrai que l'esprit doit être d'abord familiarisé avec les objets concrets avant de pouvoir s'élever jusqu'aux généralités et aux abstractions ; mais les faits ne sont pas encore connus comme faits particuliers rentrant dans une loi générale. Ils sont connus à quelque autre point de vue, et doivent être tournés dans la direction nouvelle qu'on veut leur faire prendre. L'enfant connait des poids, mais il ne les connait pas comme des faits de gravitation universelle ; il ne les envisage pas au point de vue de la loi de la pesanteur donnée par Newton. Quand on voudra enseigner cette loi, il faudra ranger d'un côté les faits particuliers et de l'autre la loi générale, et l'heureuse union des deux mettra en lumière la loi de la pesanteur. Mais l'ordre relatif des faits particuliers et des règles générales n'est pas invariable. Pour bien des sujets, la méthode la plus courte sera d'énoncer d'abord la loi générale et de passer ensuite aux cas particuliers, suspendant ainsi le résultat final jusqu'à ce que l'esprit ait pu réunir les deux. Si la règle générale n'est ni difficile ni trop compliquée, si elle n'exige pas une longue série d'expressions abstraites privées de la lumière des cas particuliers, alors le mieux est peut-être de la retenir provisoirement comme une formule dépourvue de sens, mais qui sera bientôt expliquée par des exemples. De cette façon, les exemples eux-mêmes n'ont rien à attendre ; la règle générale est déjà là, et ils y rentrent les uns après les autres.

Quand on décrit des objets visibles, il faut en indiquer les dimensions, la forme et la couleur ; mais il n'y a entre ces faits aucune priorité naturelle. L'esprit a ordinairement la patience d'attendre qu'ils aient tous été indiqués. Une boule noire, d'un pied de diamètre, voilà les trois éléments descriptifs rangés dans l'ordre de forme, couleur et dimensions ; cet ordre est aussi bon qu'un autre, mais sans être meilleur.

Dans les différentes idées relatives à la société, nous trouvons les mêmes corrélations et la même suspension du sens, jusqu'à ce que ces corrélations soient devenues complètes. L'idée d'Etat suppose celles de souverain et de sujets, et ne peut être comprise que quand les deux autres ont été expliquées. L'ordre dans lequel se fait cette explication est sans importance.

Dans les sciences physiques aussi, l'action réciproque des termes est la règle. Pour la transmission de la force, il y a toujours deux corrélatifs, celui qui donne et celui qui reçoit, et il faut nécessairement commencer par l'un des deux ; mais le fait n'est complet que quand le second aussi a été nommé.

Le maître devra donc toujours, dans son enseignement, réunir les faits corrélatifs dans l'ordre qui convient le mieux à chaque cas particulier. En réalité, il n'y a pas là d'exception à la loi de l'ordre logique.

En second lieu, on ne peut pas toujours éviter de *mêler ensemble des idées qui supposent différents degrés de développement intellectuel*. Une explication ne devrait contenir que des faits déjà compris ; mais il est presque impossible, au début de l'éducation, de ne pas s'écarter quelquefois de cette règle salutaire. Parmi les noms nouveaux présentés à une intelligence naissante, un certain nombre n'ont encore aucun sens pour elle, et quelquefois il en résulte une obscurité complète pour ce qu'on lui explique ; d'autres fois, quoique l'élève n'ait pas tout compris, il en saisit cependant assez pour faire un pas en avant, et avec le temps il arrive à la connaissance complète de ce qui était d'abord resté confus dans son esprit. Bien que ce soit inévitable, c'est cependant un mal, qu'il faut viser à contenir dans les limites les plus étroites. Tant qu'on n'aura pas réussi à rendre tous les sujets également clairs, et à assigner à chaque sujet la place qui lui convient dans l'ordre général des études ; tant que les élèves pourront aborder les études plus élevées avant de posséder suffisamment celles qui précèdent, nous trouverons de ces points obscurs dans leur esprit, et de temps en temps la compréhension sera arrêtée par l'absence de quelque notion essentielle.

Toutes les études présentent inévitablement au début des mots que les élèves ne pourront comprendre entièrement qu'après avoir fait quelques pas en avant. Une idée vague et confuse est la seule chose possible pour le moment ; peut-être le champ visuel tout entier s'en trouvera-t-il d'abord obscurci, mais il faut néanmoins avancer toujours, guidé par les lueurs que l'on entrevoit. En persévérant ainsi malgré les obstacles, et en revenant quelquefois sur ses pas pour prendre un nouvel élan, on voit les différentes idées se prêter un mutuel appui, et l'obscurité se dissiper peu à peu.

C'est dans les explications scientifiques ou raisonnées, c'est-à-dire dans la science proprement dite, que le manque de suite est le plus sensible. Quand nous recueillons des faits, des objets, des impressions détachés, sans chercher à les expliquer, à les classer ou à les concilier, nous ne sommes astreints à aucun ordre déterminé. Peu importe alors que nous commencions par une chute d'eau ou un moulin à vent. Aussi, dans la partie de notre éducation qui est principalement consacrée à apprendre des mots, n'y a-t-il, pour ainsi dire, presque aucun ordre. De plus, il peut être absolument impossible de trouver une raison pour faire passer telle histoire toute mepoè avant tel autre.

Comme une grande portion de l'éducation première est complètement décousue, empirique, terre à terre et préparatoire, l'ordre dans lequel on y présente les différents sujets semble de peu d'importance. La préférence entre eux est déterminée par les circonstances, et par l'intérêt que les élèves manifestent. On grave les objets dans l'esprit au moment où ils se présentent de la manière la plus favorable, en dehors de la leçon aussi bien que pendant. Mais il faut que le maître comprenne bien le niveau auquel il se trouve : ce n'est pas le moment de présenter à de jeunes intelligences les doctrines qui unissent les faits et en font une science. Dès qu'il vise à ce résultat, sa position n'est plus la même, et il faut qu'il se trace un plan scientifique, auquel il devra rester rigoureusement fidèle.

Les contes, les poèmes, les histoires, les descriptions de voyages, de pays, d'animaux, ont des caractères fort mêlés ; le simple et l'inintelligible y figurent souvent côte à côte. L'enfant s'empare des miettes de sens et d'intérêt qui sont à sa portée, et dédaigne le reste. Mais il n'y a pas de raison pour ne pas chercher à maintenir tout l'ensemble sur un même niveau.

Sur ce point comme sur tant d'autres encore, on voit intervenir le *plaisir des sens*. Un récit peut, même sans être compris, avoir en soi assez d'éléments de plaisir : la seule forme poétique, la régularité des vers et la rime suffisent, avec l'harmonie des mots, pour produire cet effet. De même, certains passages, dans un sujet qui n'est que médiocrement compris, peuvent émouvoir. Tel est le résultat de la poésie, et aussi de l'onction des maximes de morale et de religion.

L'impatience d'arriver à un sujet intéressant peut nous pousser à franchir trop vite, ou même à passer tout à fait les points intermédiaires et préparatoires. Cela arrive surtout à ceux qui étudient seuls ; un des devoirs du maître est de résister à cette tendance. Quand nous sommes abandonnés à nous-mêmes, nous ne voyons pas toujours ce qui nous sépare nécessairement du but qu'il s'agit d'atteindre.

La *mémoire des mots*, qui atteint son plus grand développement un peu avant la maturité de la faculté d'abstraction, nous apporte bien des éléments que nous ne comprenons pas bien ; plus cette mémoire est développée en nous, plus nous pouvons apprendre sans avoir bien compris. On dit souvent que la connaissance de la signification des faits — par exemple, du rapport de cause à effet ou de tout autre rapport rationnel — est d'un grand secours pour la rétentivité ; mais ce n'est pas toujours vrai. La mémoire des mots dispense de tout cela.

Il faut profiter de la phase où l'esprit retient facilement les mots pour y planter certains jalons qu'il est moins facile de poser plus

tard. Les principes, les maximes, les théorèmes, les formules, les
définitions, qui ont besoin d'être gravés dans la mémoire, peuvent
être donnés un peu avant d'être tout à fait compris. Mais il ne faut
pas abuser de cette licence. D'abord, la mémoire ne les acceptera
pas s'ils sont entièrement dépourvus d'intérêt ; il faut qu'il y ait
soit dans la forme, soit dans le fond, quelque chose qui plaise à
l'esprit ; sans cela, il n'y aura pas avantage à les donner avant leur
temps. Les règles en vers peuvent généralement être apprises sans
peine. Une formule scientifique peut être présentée sous une forme
qui frappe, et qui la fasse retenir avant qu'elle soit bien comprise. Si le sujet s'adresse aux sentiments, une faible lueur de sens
suffira ; ou encore, une partie que l'élève comprend fera passer le
reste qu'il ne comprend pas.

Les vérités présentées sous la forme d'antithèses bien marquées
s'apprennent facilement avant d'être comprises. Cette définition,
« Une ligne est une longueur sans largeur, » a un sens réellement
obscur, mais elle est très-facile à retenir. Ce principe de physique,
« Tous les liquides cherchent leur niveau, » grâce à son caractère de
brièveté et de personnification, se classe facilement dans la mémoire. Les proverbes que nous entendons souvent répéter autour de
nous, se gravent dans notre mémoire bien avant que nous ne puissions les comprendre. Un maître pourra réussir, à force d'insistance,
à graver dans l'esprit de ses élèves une règle longue, prolixe, sèche,
dépourvue d'harmonie et inintelligible pour eux ; mais, de quelque
service qu'elle doive être lorsqu'elle sera bien comprise plus tard, la
violence faite actuellement à l'esprit ne sera en réalité que d'un médiocre avantage.

On peut, même dans les sujets qui exigent le plus de liaison, *dé-
tacher de l'ensemble certaines propositions* avec leurs preuves, et les
présenter de manière à les faire comprendre dans une certaine mesure. Ce n'est là, au fond, que revenir à la phase empirique après
être entré dans le domaine de la raison ou de la science. Bien des
esprits sont incapables de l'effort nécessaire pour suivre l'enchainement d'une science de démonstration, et peuvent néanmoins saisir
certaines parties du raisonnement, de manière à réussir dans les
examens ; ils n'échouent que si on leur demande l'ensemble complet
d'une théorie.

Comme tout ce que l'on retient par la seule mémoire des mots,
cette manière d'apprendre est fort insuffisante, et n'offre à l'esprit
que des bribes de savoir, sans système ni méthode, et surtout sans
cette faculté de reproduire à son tour que donne une science de déduction une fois qu'on la possède bien.

Ce n'est pas manquer de suite que d'*emprunter à plusieurs sciences
différentes* les règles que l'on veut appliquer à la pratique. On peut

se servir des règles de l'arithmétique sans en savoir la théorie. C'est encore la phase empirique, où l'on procède sans suite. Pourvu que nous comprenions les règles, nous pouvons les appliquer à la pratique, quoique nous en ignorions la théorie générale, et que nous soyons absolument incapables d'en rendre compte. Dans certains cas, l'ignorance de la théorie ne nuit en rien à l'application des règles ; ce n'est que dans les arts supérieurs, comme la mécanique, le génie, la médecine, la politique, que les applications exigent la connaissance des principes et des raisons sur lesquels on s'appuie.

La *culture des facultés ou des organes distincts* n'exige aucun ordre particulier ; il n'y a point d'ordre qui s'impose entre la couleur, la forme et le nombre. Le chant ne précède ni ne suit le dessin ; les exercices du chant sont même presque indépendants de ceux de la parole articulée. Il n'y a point d'âge fixe pour acquérir une manière de parler et un ton élégants ; la seule règle est de prendre les organes tandis qu'ils sont encore flexibles, et avant qu'ils n'aient contracté de mauvaises habitudes. Il en est de même de la démarche et de la tenue, de la danse et de la gymnastique, et aussi de l'adresse des mains. De son côté, l'éducation morale ne dépend pas entièrement de l'instruction et de l'intelligence ; l'obéissance peut commencer avant l'affection. La morale qui s'appuie sur les raisons et les conséquences est nécessairement forcée d'attendre que celles-ci puissent être comprises, ce qui n'a lieu que bien plus tard. Enfin il n'y a aucun motif d'enseigner telle ou telle langue avant les autres ; il y a un léger avantage à apprendre le latin avant les langues vivantes qui en dérivent ; mais entre le latin et l'allemand il n'y a point de priorité définie.

Pour apprendre, il n'est pas indispensable de pouvoir lire ; on peut tout enseigner de vive voix. Il faut choisir avec discernement le moment où l'on doit faire intervenir les livres dans l'éducation. Longtemps après qu'un enfant sait lire, il est encore incapable de beaucoup apprendre dans les livres.

La *connaissance des mots* et celle *des choses* doivent marcher de front. Mais les deux n'avancent pas nécessairement du même pas ; l'une peut aller plus vite que l'autre. La connaissance des choses acquise par l'observation personnelle et solitaire n'apporte pas avec elle celle des mots. Toute connaissance communiquée suppose l'emploi du langage, mais il se peut que l'attention ne se porte pas également sur les faits et sur les expressions. Il peut y avoir progrès dans le langage, tandis que la connaissance des choses reste presque stationnaire, ce qui veut dire que l'élève acquiert de jour en jour plus de facilité pour exprimer les mêmes choses. Il n'y a pas un seul fait qui ne puisse être présenté d'une demi-douzaine de manières. Ainsi, tout en étant inséparable des choses, le langage peut faire des progrès sans qu'il en soit de même de la connaissance des choses ; et le même fait est vrai de celle-ci par rapport au langage. Quand deux études se tiennent, la simple préférence d'attention accordée à l'une des deux la fait avancer, tandis que l'autre reste presque stationnaire. Nous en trouvons la preuve dans la différence qui existe entre la facilité naturelle pour le langage et la facilité pour les faits. Un homme ne peut avoir la faculté de parler sans avoir aussi des objets auxquels s'applique son langage ; mais son abondance d'expressions peut être bien plus grande que sa connaissance de faits à exprimer.

CHAPITRE III

ORDRE DES ÉTUDES. — CAS DOUTEUX

Dans la marche ordinaire de l'éducation, il y a un ordre dont il
n'est pas permis de s'écarter. La lecture et l'écriture sont deux études
dont on ne peut intervertir l'ordre. Dans tous les arts manuels, il
faut d'abord apprendre certains mouvements simples, afin de les
combiner ensuite pour obtenir des effets plus compliqués. On pourra
quelquefois hésiter sur celui de ces mouvements qu'il conviendra
d'apprendre le premier; il faudra peut-être une analyse délicate
pour décider laquelle des deux actions est la plus élémentaire : par
exemple, on pourra se demander si, pour apprendre l'écriture, il
vaut mieux commencer par des bâtons ou des jambages courbes.

Pour l'arithmétique, la seule question qui puisse s'élever est celle
de l'ordre respectif à assigner à la pratique et à la théorie. Dans les
nouvelles méthodes d'enseignement, ce qui était autrefois purement
empirique, machinal et affaire de mémoire — la table d'addition et
celle de multiplication, — est maintenant, jusqu'à un certain point,
raisonné dès le début. Je veux dire qu'au moyen d'exemples matériels on montre que 4 et 5 font 9, et que 3 fois 7 font 21, et qu'on
s'appuie sur ces faits matériels pour graver dans la mémoire les

résultats de ces deux opérations. Ce n'est pas encore là de l'arithmétique raisonnée ; nous en approchons, mais nous n'y sommes pas arrivés. Les enfants ont de la peine à comprendre la théorie des fractions ordinaires et des fractions décimales ; il est très-rare qu'ils arrivent à celle de la règle de trois. Les tables et le maniement des fractions s'apprennent bien plus vite que la théorie, qu'il vaut certainement mieux ne pas aborder à un âge où elle semble si difficile. Les opérations suffisent à elles seules pour intéresser l'esprit, sans qu'il soit nécessaire d'y ajouter des démonstrations : le succès dans les exercices de calcul qu'on donne aux élèves est assez pour les stimuler.

Sous certains rapports, ces connaissances ont d'ailleurs un caractère réellement scientifique : les termes sont tous bien compris, les règles suivies avec exactitude, et les résultats obtenus avec précision. Il n'y a rien de décousu, aucune idée vague à rectifier, aucune notion fausse à désapprendre. Il ne manque absolument que la théorie, la raison, la démonstration qui doit tout relier, et cela ne peut venir que plus tard.

Il n'y a point de rapprochement exact à faire entre l'arithmétique et la grammaire, ni de motif pour faire passer une de ces études avant l'autre. La grammaire ne se divise que d'une manière vague en deux phases, chacune parfaite en soi. L'ordre d'enseignement grammatical que donnent les modèles de notre plan d'études officiel, ne représente pas l'ordre véritable qu'il faut suivre. D'après le questionnaire du modèle II, l'élève doit indiquer les substantifs contenus dans le passage qu'il vient de lire ; d'après le modèle III, il doit indiquer les substantifs, les adjectifs et les adverbes ; le modèle IV lui demande toutes les parties du discours ; le modèle V, l'analyse élémentaire des propositions ; le modèle VI, l'analyse grammaticale en général.

Vouloir faire durer trois années l'étude des parties du discours, c'est procéder d'une manière tout à fait arbitraire ; c'est admettre sans preuves ni raisons à l'appui que l'enfant comprend le substantif un an plus tôt que l'adjectif et le verbe, et ceux-ci avant de comprendre le pronom, la préposition et la conjonction. Ce qui est vrai, c'est que l'on peut enseigner le pronom dès que l'élève a bien compris le substantif, et que le verbe, l'adverbe et la préposition se tiennent étroitement. En outre, pour bien enseigner les parties du discours, on doit faire intervenir dès le début l'analyse des phrases.

D'un autre côté, comme il faut que l'élève ait compris toutes les parties du discours avant qu'on puisse lui donner une seule règle de grammaire, ou corriger une seule de ses fautes d'après les principes de la grammaire, le plan que nous venons de critiquer a l'énorme inconvénient d'annuler pendant un temps fort long l'intérêt pratique que cette étude pourrait présenter. Pendant deux ans au moins, l'élève est condamné à ne parcourir qu'un champ stérile. Cette circonstance seule est déjà une fort grande perte de force. Dans l'étude de l'arithmétique, l'élève recueille, pour ainsi dire dès le début, les fruits de son travail, puisqu'on lui donne à résoudre des questions et à faire des appplications qui peuvent avoir pour lui un intérêt pratique [1].

Quant à l'ordre à suivre dans l'étude de la langue maternelle, il n'y en a pas de déterminé pour les vocables eux-mêmes : ils se présentent selon les occasions et les choses ou les sujets dont on s'occupe. L'élève apprend d'abord la partie grammaticale et la construction des phrases, en entendant et en répétant des phrases suivies. S'il est entouré de personnes qui parlent correctement, il acquerra de suite un langage correct, et n'aura besoin ni de grammaire ni d'enseignement scolaire pour connaître sa langue, — sauf, bien entendu, les tournures les plus délicates. Il apprend tout par la pratique, sans recevoir ni demander des raisons dont il n'a le plus souvent aucun besoin.

En Angleterre, le maître d'école ordinaire a affaire à des élèves qui parlent leur langue d'une manière déplorable. Non-seulement ils ne savent que fort peu de choses, mais encore ce peu ils l'expriment très-mal ; ils ne possèdent qu'un petit nombre de termes, généralement mal choisis ; leurs phrases sont embarrassées, et leur manière de s'exprimer est incorrecte au double point de vue des règles et des tournures. Si l'on pouvait leur faire comprendre la science de la grammaire, ce serait le moyen le plus court de les instruire. Mais l'éducation commence bien trop tôt pour que cela soit possible, et le maître est forcé de les instruire par la pratique, remettant à plus tard l'enseignement théorique. Il est absurde de supposer que la connaissance — si l'on peut dire qu'il y ait connaissance — de trois parties du discours sur sept puisse servir de base à un bon exposé scientifique de la grammaire. Dans leurs exer-

---

1. Pendant les trente dernières années, la grammaire anglaise a subi une véritable révolution, et les définitions des parties du discours ont été presque entièrement changées. Dans un autre ouvrage — le *Companion to the Higher Grammar*, — j'ai insisté sur ce sujet. Les anciennes définitions rendaient cette science profondément illogique, et peu propre à remplir son rôle principal.

Je ne crois pas que sous aucune forme la grammaire puisse être pour l'esprit un moyen de discipline scientifique ou logique. Je doute qu'aucune science pratique, sauf la logique elle-même, puisse enseigner à l'esprit autre chose que le sujet dont elle traite, et la grammaire ne fait pas exception sur ce point, malgré les efforts qu'on a tentés pour lui donner plus d'influence. J'en ai donné les raisons dans un article sur « l'Enseignement de la langue anglaise », dans le numéro d'août 1869 de la *Fortnightly Review*.

cices de lecture, dans l'enseignement oral du maître, les élèves entendent un langage à la fois régulier et correct, ainsi que des termes choisis et expressifs. Dans leurs propres réponses, au contraire, ils font sans cesse des fautes de grammaire et d'expressions, que le maître doit signaler et corriger sur-le-champ, sans pouvoir encore leur expliquer pourquoi. Souvent il leur fournit l'occasion de placer quelqu'un de leurs termes provinciaux, afin de mieux les en corriger. Même ceux qui quittent l'école avant d'être arrivés à l'âge où l'on étudie la grammaire — ce ne doit pas être avant dix ou onze ans — doivent en savoir déjà assez pour ne plus tomber dans les erreurs les plus vulgaires, sinon même pour parler et écrire d'une manière tout à fait correcte.

Bien qu'il n'y ait pas de priorité naturelle entre l'arithmétique raisonnée et la grammaire — celle-ci est une étude essentiellement raisonnée, — nous pouvons dire que la grammaire est bien plus difficile que l'arithmétique, et qu'elle exige une plus grande maturité d'esprit. Sous le rapport de la difficulté, je comparerais volontiers la grammaire au commencement de l'algèbre ; et ici j'appelle grammaire l'analyse logique, les définitions des parties du discours et les fonctions équivalentes des mots isolés, des locutions et des propositions. La grammaire a d'autres parties moins difficiles : les variations et la formation des mots sont plus aisés que les parties du discours et la syntaxe ; mais ce n'est guère la peine de s'occuper de ces points faciles avant l'âge où toutes les parties de la grammaire peuvent être comprises.

De six à neuf ans, les enfants ont déjà assez à faire pour apprendre des mots et graver dans leur mémoire des modèles de phrases, sans compter les exercices de prononciation et de lecture. Outre les pièces de vers, on peut encore leur faire apprendre de petits morceaux de prose, choisis pour les qualités du style. Pendant cette période, il n'y a jamais besoin d'analyser une phrase ; mais on pourra changer la forme des phrases, pour montrer aux élèves la même pensée exprimée de différentes manières, et leur faire peu à peu sentir la supériorité d'une forme sur les autres. Quant aux tournures correctes et aux phrases conventionnelles, les élèves devront s'en rapporter là-dessus au jugement du maître (voyez chap. VII).

L'enseignement scolaire des premières années présente des difficultés plus grandes encore pour l'ordre des études. Il suffit d'examiner les exercices de lecture destinés aux enfants pour reconnaître les idées dominantes sur l'ordre dans lequel doivent être rangés les différents sujets. Ces livres contiennent ordinairement un mélange de vers faciles, de contes, généralement suivis d'une morale, et de leçons simples sur des sujets intéressants et à la portée des enfants. Ce que les auteurs de ces livres se sont proposé, c'est d'amuser l'enfant, de développer ses affections et ses sentiments moraux, et de commencer à lui donner quelques connaissances utiles, ou plutôt d'ajouter aux impressions irrégulières fournies par son expérience personnelle des leçons suivies qui puissent étendre, rectifier et fixer ces impressions passagères. En même temps, la première place est d'abord donnée aux exercices d'épellation, de prononciation, de lecture, et à des leçons sur le sens des mots.

Pour intéresser ou amuser l'élève, le conte ou le récit est le moyen principal ; et j'ajouterai que de nos jours l'art d'écrire pour les enfants a atteint une grande perfection. Un enseignement utile, une leçon morale sont souvent contenus dans un récit court et animé, qui les rend d'autant plus frappants. Comme le travail d'esprit est considérable par rapport au résultat, l'enseignement ou le précepte moral doit être bien choisi ; chaque petit point du vaste champ des connaissances utiles ne présente pas toujours les éléments nécessaires.

Après le conte, qui peut être en prose ou en vers, vient le petit poème. L'avantage spécial de la forme poétique consiste dans l'impression produite sur l'oreille, et par elle sur la mémoire ; il y a en outre le ton plus élevé, que l'enfant apprend assez vite à apprécier. Les vers servent à inculquer un précepte de morale, et aussi à donner d'une manière concise un enseignement utile : les mois de l'année, les caractères des saisons, les habitudes des animaux, la description des fleurs, les événements historiques, sont souvent présentés en vers, afin d'être mieux retenus ; d'ailleurs ils plaisent davantage sous cette forme. De tous ces petits ouvrages les plus amusants sont ceux où l'imagination se donne libre carrière, et va même jusqu'à l'extravagance ; mais on ne peut guère les considérer comme apportant un progrès véritable, bien que l'on prétende quelquefois qu'ils servent à développer l'imagination.

La question de la priorité à donner à tel ou tel sujet ne se présente que quand on examine de près l'enseignement que chaque genre de lectures apporte avec lui. Sur ce point, les maîtres semblent n'en être encore qu'à la période des tâtonnements, et, au fond, ce n'est pas chose facile que de tracer un programme où les sujets se suivent dans un ordre véritablement logique. En premier lieu, il est difficile de voir sur quelle base on peut s'appuyer, c'est-à-dire quelles connaissances un enfant de six ou sept ans apporte avec lui. Si l'on a recours à l'expérience, on ne réussit qu'avec peine à le découvrir, à cause du caractère essentiellement fugitif des impressions diverses de l'enfance. Puis il y a un obstacle plus sérieux encore, venant de la difficulté de trouver des connaissances qui vaillent la peine d'être enseignées, et qui cependant ne soient pas au-dessus de la portée du jeune âge.

Si l'éducation première pouvait être dirigée de manière à enrichir la faculté de conception et à lui donner de la force, un moment viendrait où les connaissances présentées d'une manière définie seraient absorbées par les élèves avec une rapidité qui dispenserait le maître de toute tentative prématurée. Toutes les connaissances contenues dans les exercices de lecture de la troisième catégorie, sur lesquels les élèves de nos écoles restent une année entière, pourraient être apprises en trois semaines par un enfant de quinze ans suffisamment développé.

Pour bien développer la faculté de conception, il est évident qu'il faut exercer avec soin la mémoire des objets extérieurs, des choses visibles, des sons et des mouvements. On commencera par bien graver dans l'esprit un certain nombre d'objets, puis on cherchera à en obtenir de nouvelles combinaisons.

Si l'enseignement régulier de l'école donne un résultat, c'est assurément celui-là ; mais il le fait en donnant aux élèves des connaissances définies et limitées sur les différents sujets qu'ils étudient. Pour cultiver l'imagination, selon l'expression généralement adoptée, il faut d'abord exciter dans les jeunes esprits des émotions agréables. L'excitation ainsi produite grave dans ces esprits certains tableaux, certaines images ou certaines descriptions, qui se classent parmi les conceptions permanentes de l'intelligence, non-seulement utiles par elles-mêmes, mais servant encore de matériaux pour produire d'autres conceptions. Plus les premières impressions sont extravagantes, plus elles contribuent à l'émotion du moment, et moins elles apportent à la masse des conceptions utiles. Jeannot et sa Fève, Cendrillon, le Chat botté, et toute la séquelle des contes de ce genre, ne contribuent que fort peu au développement véritable. Ce sont les incidents émouvants de la vie réelle qui ont incontestablement l'avantage sous ce rapport.

A ce propos, nous pouvons jeter un nouveau coup d'œil sur les leçons de choses et sur la manière de les diriger. Le maître peut en tirer tout ce qu'il veut ; elles peuvent servir au développement de la faculté de conception, ou ne lui être d'aucun secours. Leur premier bon résultat est d'appeler l'attention des élèves sur des objets connus, par des questions qui les forcent à examiner avec soin des choses sur lesquelles ils avaient jusqu'alors passé trop légèrement, ou encore des objets qu'ils ont sous les yeux au moment même. Tel est le début du développement auquel nous visons. Au contraire, nous donnons à la leçon une direction fausse lorsque nous admettons que les élèves peuvent se représenter tous les objets qu'ils ont vus une fois, et que nous leurs demandons de les grouper en combinaisons nouvelles.

La base de la faculté de conception est nécessairement l'expérience des choses — localités, demeures humaines, villes habitées et toutes les parties dont elles se composent, êtres vivants, hommes, animaux, plantes, actions, réunions et rapports sociaux. Plus cette expérience est étendue, plus le début est favorable. Après l'expérience viennent les motifs d'attention ou d'observation ; ces motifs dépendent du caractère de chaque esprit, et ne peuvent être déterminés artificiellement que dans une mesure très-restreinte. Parmi les circonstances extérieures les plus favorables à l'attention nécessaire, il faut mettre en premier lieu la présence de camarades intelligents. Il n'est pas possible de compter toujours sur le concours de quelque émotion vive, et, quand même on le pourrait, une émotion modérée serait, à tout prendre, bien préférable.

Le maître pourrait essayer de se rendre compte de l'état intellectuel de l'enfant, qui accumule les faits au hasard, et de se mettre à l'unisson avec lui. Il profiterait habilement de toutes les occasions qui s'offriraient de lui faire des questions de nature à le forcer à revenir sur ces faits, et à éveiller son attention sur ceux qui peuvent se présenter à l'avenir. Il est presque impossible de faire des livres qui remplissent ces conditions, et la diversité des intelligences auxquelles on a affaire dans une même classe rend même ces exercices assez difficiles à faire en commun. La méthode d'enseignement généralement prescrite aux maîtres ne s'y prête pas facilement ; mais il est tout au moins permis de leur signaler le but qu'il faudrait atteindre.

Je reviens encore à la composition des exercices de lecture ordinaires, au point de vue de l'ordre des morceaux dont ils se composent. Les plus élémentaires contiennent de petits morceaux en vers, des fables, des anecdotes sur les animaux, des histoires faciles. Ils sont destinés aux classes où le grand point est d'apprendre à lire, les sujets des exercices étant sans importance et tout à fait secondaires. Le peu que l'enfant arrive à comprendre satisfait en lui les émotions et les sentiments simples, et quant aux connaissances, il ne peut en acquérir encore beaucoup. L'enseignement moral n'y est jamais négligé, et les biographies des hommes utiles fournissent bien des passages intéressants.

Dans les livres du deuxième et du troisième degré, les morceaux en vers sont plus variés, les récits plus longs, et l'instruction proprement dite commence sous différentes formes. L'histoire naturelle offre un vaste domaine, sans cesse exploité. À côté d'elle se placent deux sujets presque aussi féconds, la géographie et l'histoire. Ensuite viennent les connaissances utiles : les arts mécaniques, l'industrie et les habitudes de la vie. Tous ces sujets sont d'abord présentés un peu au hasard et sous une forme pratique, et ce n'est que dans les livres des degrés supérieurs que l'on procède avec plus d'ordre et de suite. Lorsqu'on en arrive à donner des notions élémentaires de physique, de chimie et de physiologie, on peut procéder avec un ordre rigoureux, à moins que l'on ne préfère encore la méthode empirique, laquelle est bien plutôt une préparation à la science que la science elle-même.

L'histoire naturelle se compose de trois parties principales, qui correspondent à la division en trois règnes : minéral, végétal et animal. La compréhension parfaite de ces trois parties — je ne veux point dire la connaissance de tous les détails, mais celle d'un certain nombre, avec la faculté de comprendre les autres lorsqu'ils sont donnés — suppose une certaine connaissance des mathématiques, de la physique, de la chimie et de la physiologie. Si on suivait l'ordre régulier, on devrait commencer par les minéraux, puis passer aux plantes, et de là aux animaux. Mais ce sujet n'est pas absolument nouveau, et ce que l'on en a déjà appris dans les premiers exercices de lecture vient troubler l'ordre véritable. Parmi les sujets dont se composent les livres élémentaires, se trouvent les descriptions de certains animaux : la corneille, le papillon, l'abeille, l'araignée, le mouton, le chameau, l'éléphant. Ces différents sujets semblent disposés absolument au hasard. Le seul but de l'auteur a été de prendre des animaux avec lesquels l'expérience personnelle de l'enfant ou les récits qu'il a entendus l'ont déjà familiarisé, ou qui excitent sa curiosité. Ainsi il n'est pas d'enfant qui n'ait vu un papillon ; peut-on rien trouver de mieux pour sujet d'une leçon de lecture ? Partant de cette connaissance personnelle, bien imparfaite, le livre de lecture donne une foule de détails sur l'histoire naturelle du papillon. Il appartient à la classe des insectes ; ses larges ailes sont couvertes d'une poussière fine, qui, vue au microscope, est toute composée de petites écailles ; il se nourrit du nectar des fleurs, qu'il aspire au moyen d'une trompe osseuse ; il a dix antennes ; ses yeux sont composites ou à facettes ; comme bien d'autres insectes ailés, il passe par plusieurs états différents : œuf, chenille, chrysalide, papillon. Dans les exercices de lecture du troisième et du quatrième degré, les leçons de ce genre sont nombreuses.

Passons maintenant aux plantes. Elles sont bien moins populaires que les animaux : il leur manque l'intérêt de la personnalité. On se rejette sur les merveilles des forêts, sur le baobab et le banyan ; une esquisse en fait connaître la forme, et une description détaillée en indique les dimensions, avec les autres circonstances propres à inspirer l'étonnement. Pour présenter les fleurs à ses jeunes lecteurs, l'auteur profite de toutes les pièces de vers où il en est question, ainsi que de tous les détails de jardinage qui se rencontrent dans les contes familiers de son livre. Les connaissances botaniques ne viennent que bien plus tard.

Des considérations analogues font prendre certains minéraux comme sujets de lecture : leur éclat, par exemple, leur rareté, leur popularité, et d'autres circonstance frappantes. Mais c'est sans but bien défini que l'auteur choisit ces sujets : autant que j'ai pu en juger, bien peu de ceux qui composent des exercices de lecture se préoccupent de choisir des morceaux qui représentent les grandes branches des connaissances humaines.

Dans ces livres de lecture élémentaires, il est évident qu'on ne tient, pour ainsi dire, jamais compte de l'ordre logique, parce que l'on admet que le moment n'en est pas encore venu. Cependant on ne saurait s'en passer entièrement. Si l'on dit qu'un papillon appartient à la classe des insectes, on suppose par cela même une connaissance antérieure des insectes comme constituant une classe ; et, si ce fait n'a jamais été enseigné, l'explication donnée pèche évidemment par la base. Il faudrait alors présenter les faits tout autrement. On commencerait par décrire l'apparence ou les traits principaux du papillon ordinaire : l'enfant en reconnaîtrait une partie, et prendrait en lui-même la résolution de les observer avec plus de soin à la première occasion. On pourrait ensuite parler des organes moins visibles, et mentionner en même temps les faits révélés par le microscope. Cette part de description suffirait pour le moment. On s'occuperait ensuite du vol ou des mouvements du papillon ; puis viendrait son mode de nourriture, détail auquel tout le monde peut prendre intérêt. Ensuite on pourrait parler d'une manière générale des merveilles de ses transformations, et, si des figures ou des spécimens bien préparés venaient rendre ces explications plus claires, tout n'en irait que mieux. Enfin, si l'on ajoutait que le papillon appartient à la classe des insectes, on le ferait de manière à apprendre à l'enfant de quoi cette classe se compose, en citant d'autres exemples avec lesquels il est familier : la mouche, l'abeille, l'araignée. Même lorsqu'on cite un peu au hasard des exemples intéressants, l'ordre est toujours de procéder du connu à l'inconnu, du vague au précis, du particulier au général.

L'intérêt qui s'attache à la personnalité vient sans cesse troubler l'ordre des études. On parle à l'enfant d'hommes, de femmes, de petits garçons, de petites filles, de chats, de chiens, de chevaux, de serins, presque avant tout le reste. Dans la zoologie scientifique, les qualités intellectuelles ne viennent qu'en dernier ; souvent même on n'en dit pas un mot. Nous arrivons à une certaine connaissance superficielle des choses et des animaux, à force d'en voir les aspects et les mouvements extérieurs, et par nos sentiments sympathiques ou contraires. Le naturaliste part de l'extrémité opposée, et ce n'est pas chose facile pour nous de le rejoindre.

Évidemment, il y a lieu de distinguer dans l'étude de l'histoire na-

turelle trois époques bien distinctes. La première est éminemment
capricieuse et sans ordre. La seule méthode qu'on y suive est de commencer par ce qui peut intéresser l'enfance. Ce n'est en réalité que
la suite des premières impressions que les animaux, les plantes et les
minéraux font sur l'esprit par le plus ou moins d'intérêt qu'ils se
trouvent avoir. Puis vient une seconde phase, qui admet l'instruction
scientifique, mais sans s'astreindre encore à une méthode rigoureusement scientifique. Ici, l'ordre est loin d'être indifférent. Toutes les
descriptions doivent s'appuyer sur une connaissance antérieure, et
doivent elles-mêmes servir de base à une connaissance plus avancée.
La marche du connu à l'inconnu, du simple au complexe, doit être
la règle de tout l'enseignement, quelque loin qu'il puisse être de la
troisième phase, celle de l'ordre scientifique.

Je passe à l'enseignement de la géographie, qui est peut-être,
après l'arithmétique, l'étude la plus avancée au point de vue de la
méthode. La marche du connu à l'inconnu est régulièrement suivie
dans le plan général des leçons de géographie, surtout par les maîtres
des écoles allemandes. Il est bien admis que les premières notions
de géographie doivent être données à l'enfant d'après des exemples
choisis dans la région qu'il habite : on commencera par lui montrer
une colline, une vallée, un cours d'eau, un champ, une plaine ; il
sera même bon qu'il ait vu plusieurs exemples de chaque espèce
avant de commencer à étudier la géographie. Des enfants très-jeunes
ne savent pas considérer ces objets sous leur aspect géographique.
L'aptitude à se représenter les montagnes et les fleuves des autres
pays est une phase assez tardive de la faculté de conception. Pour
bien se représenter un fleuve, il faut une assez grande force de conception, puisqu'il est nécessaire de posséder en même temps la notion
de colline et de vallée, ainsi que celle d'une grande étendue de pays
composée de ces éléments, combinés de manière à donner un seul
chenal principal. Ces éléments doivent, bien entendu, être traités
séparément, mais en suivant un ordre raisonné, dans autant de
leçons de choses.

A ce premier effort il faut joindre celui qu'exige la détermination
des directions et des points cardinaux. C'est là une des premières
abstractions que l'élève ait à apprendre ; le moment à choisir pour
cela est le même que pour les parties les plus avancées de l'arithmétique. Le mieux est de faire cette étude sur le voisinage immédiat
de l'école, et d'en profiter pour établir une fois pour toutes les rapports géographiques des principaux points de ce voisinage ; on
pourra ensuite promener l'imagination successivement vers les
quatre points cardinaux, en nommant plusieurs localités situées dans
chacune de ces directions. Il sera facile de rattacher l'explication des

quatre points cardinaux à la marche apparente du soleil, et de commencer ainsi une leçon d'astronomie ; mais le maître devra se garder avec soin de poursuivre ces leçons collatérales au détriment du sujet principal.

« La géographie de l'enfance, nous dit Currie, doit être pittoresque et descriptive. Elle commencera par l'étude des éléments géographiques que l'enfant peut voir autour de lui, et par la constatation exacte de leur position par rapport à l'école et les uns par rapport aux autres, ainsi que de leurs distances respectives. On fera remarquer à l'enfant la colline, la montagne, le ruisseau, le fleuve, la plaine, la forêt, le marais, la terre végétale, l'île, la mer, la falaise, le cap, le château, le village, la ville que l'on peut apercevoir de l'école ; les produits de son pays, les animaux, les arbres, les fleurs, les herbes, les métaux ; les hommes de son pays, leurs travaux, leurs coutumes, leurs habitudes, leur nourriture, leurs vêtements ; de telle sorte qu'il puisse comprendre les détails correspondants relatifs à d'autres pays et à d'autres climats, en les comparant à ce qu'il a observé autour de lui. Il faut même, quand cela est possible, lui mettre sous les yeux des échantillons et des images de produits et de paysages des pays étrangers, et pour le reste compter sur son imagination et sur l'impression que pourront produire nos descriptions animées. Tel est le résumé rapide de la marche à suivre dans cette étude. »

Ce plan est séduisant, sans doute ; mais la réalisation m'en semble pour ainsi dire impossible avec de jeunes enfants. Et d'abord, il suppose que l'élève ait eu de nombreuses occasions de voir les lieux et les choses en question. En second lieu, il admet qu'en considérant un paysage l'enfant s'élève au-dessus de ses jeux pour saisir le sens général des grands objets qui l'environnent. Enfin il accorde à l'enfant une faculté de combinaison ou d'imagination qui lui permet de se représenter des dispositions différentes des mêmes éléments naturels. Or, il est impossible de croire qu'un enfant au dessous de dix ans soit capable d'un pareil effort. Ce plan devient exécutable avec des enfants de douze à treize ans, quand ils ont été bien commencés, et représente presque le maximum des résultats d'un bon développement de la faculté de conception.

Toutefois, une série de leçons de choses bien dirigées, qui pourront paraître sans ordre à un observateur superficiel, mais qui seront au fond absolument méthodiques, suffisent pour enseigner peu à peu à de jeunes enfants les faits élémentaires de la géographie, et pour les préparer à aborder enfin l'étude régulière des cartes. La méthode moderne, qui cherche à faire concevoir dans toute sa réalité l'aspect physique de chaque pays, suppose chez les élèves la connaissance d'un grand nombre de faits d'histoire naturelle et d'autres sciences encore. Bien qu'il soit permis de douter que l'on atteigne réellement le but que l'on se propose, il est certain que cette méthode ne fait aucun mal, et qu'elle donne même certains bons résultats.

Quand la faculté de conception est assez développée et qu'elle s'est bien exercée sur les faits géographiques, l'étude méthodique commence et marche avec assez de facilité. Le choix qui convient aux divers degrés d'instruction et de développement des élèves, n'offre que peu de difficultés. Nous reviendrons bientôt sur ce point à propos de l'étude qui suit.

De toutes les études du jeune âge, il n'en est pas de si embarrassante que l'histoire. Les formes variées sous lesquelles elle nous présente les faits, leur intérêt sans cesse changeant, le mélange constant de ce qui est attrayant pour les plus jeunes esprits avec ce que des esprits mûrs peuvent seuls comprendre, la rendent très-difficile à enseigner aux enfants. De tous les sujets, ceux qui intéressent le plus tôt un enfant sont les récits où il s'agit d'êtres humains, de leurs occupations, de leurs passions, de leurs succès et de leurs désastres, de leurs vertus et de leurs vices, de leurs récompenses et de leurs punitions, de leurs haines et de leurs amitiés, de leurs échecs et de leurs triomphes. Présentés sous la forme de récits détaillés, avec un plan qui tienne la curiosité en haleine et avec l'émotion du dénouement, ces incidents de l'histoire de l'humanité éveillent nos sentiments et notre intérêt dès l'apparition des premières lueurs de l'intelligence, et ne perdent jamais leur charme magique.

Comme nous l'avons vu, les histoires servent d'abord à diminuer l'aridité des leçons de lecture ; la seule chose qu'on leur demande alors est de produire une impression agréable ou morale. Peu à peu, elles sont employées pour donner aux enfants certaines notions utiles à la portée de leur âge, sans être encore utilisées au profit de l'histoire proprement dite. Bientôt les récits biographiques viennent faire connaître à l'enfant un certain nombre d'hommes supérieurs, mais surtout dans le but de l'émouvoir. Les premiers récits qui présentent à l'enfant une action sociale collective — laquelle seule appartient réellement à l'histoire, — sont des récits de batailles, qui éveillent dans les jeunes esprits des passions puissantes, et y font apparaître les premières lueurs des sentiments de nationalité. L'enfant en vient bientôt à comprendre le sens des mots invasion, agression, pillage, conquête, résistance heureuse, secours et alliance. Ces récits émouvants ne tardent pas à lui donner une idée vague du grand fait de la société, qui suppose un souverain et des sujets ; et cette conception est rendue plus facile par ce qu'il voit dans le cercle plus restreint de la famille. Peu à peu, l'enfant en arrive à comprendre les traits les plus saillants de l'action ordinaire du pouvoir souverain en temps de paix : justice, impôts, travaux publics. Avec l'idée de souveraineté entre les mains d'un seul apparaît la conception des règnes successifs des souverains, auxquels se rattache la mention des grands événements, et surtout des guerres et des autres changements violents.

Il en est de l'histoire comme de la géographie : il faut avant tout habituer l'esprit aux éléments qui constituent les changements historiques ou événements. Seulement ceux-ci sont plus complexes que les faits géographiques, et appartiennent par conséquent à une période bien plus avancée du développement intellectuel. En outre, l'enfant vit au milieu des éléments géographiques simples ; il voit de ses yeux des collines, des vallées, des plaines, des rivières, des villes. Il est moins facile de le mettre en présence des éléments historiques. Ses connaissances ne vont guère au delà du cercle de la famille ; c'est tout au plus s'il a vu le sergent de ville ou le garde champêtre, qui, dans l'exercice de leurs humbles fonctions, personnifient à ses yeux le pouvoir de l'État. Ce n'est donc que plus tard que l'enfant pourra comprendre bien des idées historiques, et jusque-là il est forcé de les accepter sur parole. Mais puisque le jeu des forces politiques, qui est au-dessus de sa portée, prend la forme d'un récit émouvant dont il comprend une partie, non seulement l'histoire est rarement sans intérêt pour lui, mais encore elle lui laisse des impressions dans lesquelles sont les matériaux qui constitueront plus tard la partie la plus élevée de ses connaissances historiques. L'histoire qui convient aux enfants se compose simplement du récit des événements les plus émouvants, dégagé autant que possible de toute explication abstraite. On peut et on doit disposer les faits de manière à présenter à l'élève les traits principaux d'un tableau chronologique exact, qu'il faut qu'il apprenne dès que le moment favorable à cette acquisition sera arrivé.

Il n'est pas besoin d'insister ici sur toutes les raisons pour lesquelles la première histoire à enseigner à l'enfant est celle de son propre pays. Nous supposons d'ailleurs qu'on lui a déjà donné une idée générale de la géographie de ce pays, de sorte que les deux connaissances se prêtent un secours mutuel. De plus, tout ce que l'enfant a appris au sujet du système politique au milieu duquel il vit — ordre législatif, administratif et judiciaire ; armée permanente et marine ; différentes sectes religieuses, éducation, agriculture, commerce, industrie — vient contribuer à lui faire comprendre l'histoire du passé.

On ne peut jamais enseigner l'histoire aux enfants d'une manière complètement systématique, parce qu'ils sont trop jeunes pour cela ; mais on peut au moins éviter avec eux les méthodes vicieuses et erronées. Si l'on essaye de faire aborder à des enfants de dix ans l'ensemble de l'histoire moderne de l'Europe, on ne réussira qu'à jeter la confusion dans leur esprit ; il faut se contenter avec eux d'épisodes frappants bien choisis. Je dirai la même chose de l'histoire ancienne, avec toute la variété de ses incidents et les splendeurs de sa mythologie ; cette dernière surtout, créée par l'enfance de notre race, a un attrait tout particulier pour l'esprit de l'enfant, et doit lui être présentée pour cette raison même. Comme tout cela ne donne au fond que très peu d'instruction réelle, le grand point auquel il faut viser est l'impression à faire sur les sentiments, et, par eux, sur la faculté de conception ou imagination ; si cette impression est nulle, et qu'il soit nécessaire d'avoir recours à la discipline pour ces leçons, il vaut mieux y renoncer pour le moment.

Lorsqu'on enseigne la géographie, il est bon d'y mêler quelques traits d'histoire, de même que l'enseignement de l'histoire doit être accompagné de certains détails géographiques ; la seule précaution a prendre est celle de ne pas trop étendre ces digressions.

L'enseignement de l'histoire proprement dite, à l'âge où cet enseignement devient possible, se ramène à la même méthode que l'explication des faits élémentaires et de l'action du gouvernement et de la société, c'est-à-dire de ce que nous appelons sociologie. On pourrait considérer cette question en même temps que celle de l'étude des lois de l'économie politique, qui constituent une partie de la sociologie plus simple à certains égards que les lois générales de la politique, bien qu'en dernier ressort elles s'y rattachent. Comme nous l'avons dit plusieurs fois, le courant des récits historiques émouvants emporte avec lui un certain nombre de fragments détachés de la sociologie, et un temps arrive où ces fragments peuvent être réunis de manière à permettre de compléter l'ensemble.

Comme l'enseignement de l'histoire commencera toujours bien avant l'âge où il est possible d'enseigner la sociologie comme science dépendant de celle de l'esprit, il faut nécessairement admettre l'existence d'une sociologie empirique. Cette étude peut convenir à la période moyenne de l'éducation complète, entre treize et seize ans, c'est-à-dire au moment où, d'après le plan actuel, l'enseignement classique approche de son maximum. On pourrait alors commencer l'étude des éléments de la science sociale, pour lesquels l'histoire fournirait tous les exemples nécessaires ; mais pour l'histoire elle-même, sauf certaines conceptions sociales définies, il faudrait se maintenir encore dans le champ des récits émouvants, ou tout au plus se contenter d'ajouter quelque chose aux faits les plus ordinaires de la nature humaine.

Il ne nous reste plus qu'à parler de l'ordre dans lequel il convient de placer les principales sciences : mathématiques, physique, etc.

Si nous considérons les cinq sciences fondamentales, les mathématiques, la physique, la chimie, la biologie, la psychologie, l'ordre dans lequel nous venons de les indiquer est celui qui serait adopté par le plus grand nombre. Les sciences naturelles — la minéralogie, la botanique, la zoologie — suivent un ordre semblable : la minéralogie vient après la physique et la chimie, et la botanique et la zoologie ne sont qu'un des aspects de la biologie. Si la psychologie était enseignée comme elle doit l'être, elle se placerait après la biologie ; mais elle peut également être enseignée d'une manière empirique, qui permet de se passer de la connaissance et de la discipline des sciences qui la précèdent logiquement. De la psychologie dépendrait la sociologie scientifique, nourrie par l'étude de la géographie et de l'histoire, mais exigeant néanmoins une étude rigoureusement scientifique, à la place qui lui convient dans la liste des sciences. Ce serait alors le moment d'aborder l'économie politique et l'enseignement moral supérieur ; mais nous avons déjà supposé que tous deux ont été donnés d'avance sous la forme empirique.

CHAPITRE IV

LES MÉTHODES

I. — LES DÉBUTS DE L'ENSEIGNEMENT.

Le maître peut tirer parti de tous les moyens de la rhétorique. — Cet art ne donne pas tout ce qu'il faut pour bien enseigner. — ÉTUDES QUI DÉPENDENT DE LA FACULTÉ DE COMBINAISON. — *La parole*. — Exercices d'articulation. — L'analyse des sons indique l'ordre à suivre. — *Combinaisons manuelles*. — L'écriture et le dessin. — Part des sens dans les aptitudes mécaniques. — Les exercices manuels du *Kindergarten*. — Il ne faut pas leur accorder une trop grande place dans l'éducation. — Combinaison de l'écriture et du dessin élémentaire. — *La lecture*. — Commencement de l'alphabet. — Les noms des lettres et les mots. — Moyens d'obvier à l'irrégularité de l'orthographe anglaise. — Prononciation et élocution. — Au début, les exercices de lecture ne doivent pas être destinés à l'acquisition de connaissances nouvelles. — Il ne faut pas faire deux choses à la fois.

Le chapitre précédent a rendu à celui-ci le service de le dégager, en traitant à part un des points principaux de la question des méthodes. Maintenant que nous avons étudié à fond ce qui a rapport à l'ordre logique, nous pouvons nous occuper de l'exposition détaillée des méthodes d'enseignement.

Il y a plusieurs manières d'arriver à déterminer la méthode à suivre pour enseigner. Une des principales est la pratique : c'est la voie inductive. On peut aussi procéder autrement et déduire la méthode des lois de l'esprit humain : c'est la voie déductive ou théorique. La troisième manière, et la meilleure, est de combiner les deux premières : les principes serviront à rectifier l'enseignement empirique, et l'expérience pratique permettra de modifier les déductions fournies par les principes.

Comme nous laissons en dehors de ce chapitre la religion, la morale et l'art, la discussion portera uniquement sur les moyens de donner l'instruction proprement dite, et suivra celle-ci sous ses différents aspects, — instruction particulière ou générale, relative à telle ou telle branche des connaissances humaines : aux sciences, par exemple, envisagées au point de vue de leurs différents modes d'enseignement.

Les moyens et les artifices qui peuvent servir à communiquer l'instruction nous sont enseignés par la science pratique de la rhétorique, et doivent être étudiés à fond dans cette science. Mais la rhétorique n'a pas encore été développée d'une manière assez complète pour suffire à tout ce qu'exigent les diverses nécessités de l'enseignement. Cependant l'étude de cet art est évidemment un des devoirs du maître ; et, comme le but de l'école n'est pas seulement d'aider l'intelligence, mais aussi de développer les sentiments, toutes les parties de la rhétorique y trouveront leur emploi.

Toutefois la rhétorique, telle qu'on l'enseigne ordinairement, néglige un assez grand nombre de points relatifs aux études scolaires. Les moyens d'exposition qu'elle fournit — exemple, comparaison, développement, preuve — sont nécessairement connus de tout bon maître ; mais la division et l'ordre des leçons, les interrogations de vive voix, la proportion à établir entre les leçons orales et celles apprises dans les livres, la manière de faire les leçons de choses, sont autant de sujets auxquels les auteurs de traités de rhétorique n'ont pas encore donné une attention suffisante.

L'esquisse que nous avons tracée plus haut des grandes fonctions dont se compose l'intelligence, nous fournit les points principaux de la méthode à suivre par l'instruction en général. Nous avons dit quelles sont les dispositions les plus favorables au discernement considéré en lui-même ; or, non seulement le discernement est le commencement de toute connaissance, mais encore, sous la forme plus marquée de sentiment des contrastes, il intervient dans chaque acquisition nouvelle. La faculté correspondante du discernement de l'accord a aussi ses conditions, que nous avons déjà énoncées plus haut, et répétées ensuite dans le chapitre qui précède celui-ci. Nous avons aussi exposé rapidement la nature de la grande fonction de rétentivité, son action et enfin ses conditions, qui sont non moins importantes que bien définies.

Si nous passons en revue les différentes branches de l'instruction de l'école, nous y reconnaîtrons plusieurs actions communes nécessairement soumises aux mêmes règles : ainsi le commencement de l'exercice de la parole, du chant, de l'écriture et du dessin nous présente des combinaisons d'actes mécaniques, et cette observation s'applique d'une manière encore plus complète aux arts manuels. L'action que nous signalons ici est simple et uniforme ; nous en avons déjà indiqué les conditions, et nous allons en donner des exemples plus nombreux. Quand des enfants apprennent à lire, la faculté de combinaison s'exerce en même temps que le pouvoir d'associer ensemble des sons articulés et des symboles visibles ; en même temps entre en jeu la sensibilité de l'œil pour le discernement des différences, de laquelle dépend la rétentivité ou mémoire des formes visibles.

La faculté de combinaison, considérée à part de la mémoire littérale, s'exerce dans toute l'éducation avancée et y prend différents noms, dont le mieux choisi est celui de faculté de conception. Nous pouvons dire que la base première de cette faculté est la mémoire, pourvu qu'il soit bien entendu qu'il s'agit ici de la mémoire du concret, c'est-à-dire de l'image exacte des objets qui ont frappé les sens. Quand nous avons visité un grand édifice, nous emportons avec nous le souvenir plus ou moins exact de sa forme, de ses dimensions, de sa surface et des objets qu'il contient, chacun à sa place particulière ; il y a là à la fois un acte de mémoire et un acte de conception. Plus nous sommes entrés souvent dans cet édifice, plus nous l'avons examiné avec attention, plus l'image que nous en conserverons dans notre esprit est complète et durable. Conserver des souvenirs de ce genre, c'est concevoir d'une manière plus ou moins parfaite ce que nous avons vu. C'est là une faculté et un talent à part, qui devient la base d'un talent plus difficile encore, celui de concevoir des objets dont nous avons seulement entendu parler ou lu la description, sans les avoir vus.

Etudes qui dépendent de la faculté de combinaison.

Nous envisagerons ensemble ces diverses études, parce que toutes sont soumises aux mêmes lois. Les premières acquisitions intellectuelles de l'enfance — parole, écriture et dessin — nous offrent des exemples de combinaisons absolument mécaniques.

Si nous revenons aux principes déjà établis pour la faculté de combinaison, nous constaterons d'abord la nature toute spontanée des différents mouvements de l'enfant. Une action quelconque précède celle que l'on voudrait voir s'effectuer, et l'enfant fait un grand nombre de mouvements avant celui qu'il faudrait. Le maître ne peut imposer ce dernier mouvement ; il doit se tenir aux aguets, et s'efforcer de le saisir quand enfin il se manifeste.

La parole.

C'est dans les bras de sa mère ou de sa nourrice que l'enfant apprend à balbutier ses premiers mots, et ces premières leçons ont évidemment toute la difficulté d'un début. Quant au maître d'école, il trouve la faculté déjà en jeu, et il lui reste à la développer. Son rôle est d'enseigner à l'enfant de nouveaux sons articulés, de corriger et de perfectionner ceux que l'élève possède déjà. Comme il aura souvent affaire à des organes et à des intelligences rebelles, il faut qu'il suive lui-même des principes tout à fait corrects. Sa manière d'articuler devra être nette et expressive, afin d'offrir aux enfants un bon modèle à suivre. Il ne devra pas oublier que ce commencement est un des moments les plus difficiles de l'éducation, et qu'il importe de se placer dans des circonstances aussi favorables que possible ; il faut surtout que les dispositions des élèves, et en général tout ce qui les entoure, favorisent la souplesse et le jeu spontané des organes vocaux. Il faut bien des essais répétés pour amener un enfant à modifier la prononciation d'une voyelle.

Tout en apprenant l'alphabet et les premières combinaisons des lettres, l'enfant étudie bien des sons articulés nouveaux pour lui, et le maître appliquera à ce travail les règles que nous avons données pour les combinaisons nouvelles. Un certain temps devra être spécialement consacré à cette partie de la leçon de lecture, en dehors de celui pendant lequel on exerce l'enfant à distinguer et à retenir les formes des lettres. La réunion des syllabes pour former des mots est une nouvelle combinaison articulée, qui exige un assez grand travail des organes vocaux aussi bien que de la plasticité intellectuelle.

Une bonne analyse des sons, confirmée par l'expérience de l'enseignement, indique le meilleur ordre à suivre pour les exercices d'articulation. L'ordre adopté pour les voyelles est assez indifférent ; mais il n'en est pas de même pour les consonnes, et certaines peuvent être plus faciles à prononcer que d'autres. Les combinaisons doivent être rangées d'après leur ordre de complexité, en commençant par les plus simples ; mais à chaque phase nouvelle le maître aura à compter avec le plus ou moins d'étendue et de flexibilité des organes vocaux, et ne pourra d'abord procéder que par tâtonnements. Son seul moyen de succès est de profiter de tous les hasards heureux qui lui offrent le son qu'il cherche, et d'insister dans ce sens jusqu'à ce que l'enfant le reproduise à volonté.

Cette seule partie de la leçon de lecture exige une part de temps considérable. A un âge où l'étude vient peut-être un peu tôt, l'attention de l'enfant ne saurait être mieux employée qu'à des exercices mécaniques, en tête desquels nous placerons le travail d'articulation. A ce travail on ajoutera bientôt celui de la prononciation et du ton, qui conviennent également comme exercices aux enfants de quatre à sept ans. Les règles déjà données s'appliquent encore à ces deux genres d'exercices : le maître devra consacrer beaucoup de temps et de soin à surmonter les difficultés du commencement ; il devra surtout suivre avec patience tous les mouvements spontanés de l'enfant, pour tirer parti de ceux qui sont bons, en les guidant par des exemples faciles à saisir.

Combinaisons manuelles.

L'enseignement de l'écriture et du dessin à l'école n'est qu'une des branches de l'éducation de la main. L'habitude généralement suivie d'apprendre aux enfants l'écriture comme premier travail délicat de la main, me semble mauvaise. L'art d'écrire occupe une place élevée dans la liste des talents manuels, et devrait être précédé d'exercices plus faciles. Les exercices de dessin les plus simples sont incontestablement moins difficiles que l'écriture, et en même temps il est plus agréable de tracer des lignes symétriques que de former des lettres. La marche naturelle à suivre est probablement la méthode adoptée dans les *Kindergartens :* on exerce d'abord les enfants à mouler des objets en terre glaise, puis à découper des figures en papier, et on arrive ainsi peu à peu aux premiers éléments du dessin, après lesquels l'écriture ne paraît pas trop difficile, tout en constituant un progrès considérable, comme le serait le commencement d'un métier.

Les aptitudes mécaniques exigent l'intervention d'un ou de plusieurs sens, dont les progrès doivent marcher de pair avec ceux de l'élément actif. L'enfant a à suivre un modèle ou un plan, et doit voir nettement l'objet à reproduire. On donne souvent à cet exercice le nom de culture des sens ; mais il serait plus exact de dire que c'est la culture de l'action ou de l'habitude d'examiner les aspects que les objets présentent aux sens et leurs propriétés, habitude qui dépend de l'existence d'un intérêt ou d'un but spécial. Cet intérêt pourra être le charme de l'objet en soi, ce qui a lieu pour les petits modèles que l'on donne aux enfants à reproduire en terre glaise, ou pour les dessins qu'on leur fait copier ; mais on n'en saurait dire autant des lettres de l'alphabet. On pourra aussi tirer parti du plaisir que cause le succès, après que l'enfant aura acquis un peu de facilité d'exécution ; ce plaisir peut accompagner même le travail le plus ennuyeux, et rendra de grands services pour les commencements de l'écriture.

Tout en approuvant la méthode des Kindergartens, d'après laquelle, avant d'aborder les difficultés de l'écriture, on a recours à des exercices manuels préparatoires, je dois signaler les inconvénients et les abus de cette manière de procéder. On aurait tort de faire de ces premiers exercices un but en soi, et de permettre aux élèves de s'y adonner, de s'y arrêter trop longtemps. Sans doute, tout le monde doit savoir se servir de ses mains et de ses sens pour les diverses nécessités de la vie, et même pour arriver aux connaissances les plus élevées ; mais il n'y a que certaines professions ou certains métiers qui exigent la perfection de telle ou telle aptitude donnée, et, lorsque l'enfant commence son éducation, il n'est pas bon de le faire tomber dans un apprentissage manuel. Dessiner des formes symétriques et des courbes élégantes est une bonne chose en passant, parce que cela exerce la main sur un travail qui offre un certain intérêt ; mais ce n'est, après tout, qu'un moyen d'arriver à un but plus élevé, et partant un exercice secondaire. Plus tard, certains élèves cultiveront leur talent pour le dessin et deviendront d'habiles artistes ; mais au commencement ce n'est pas de cela qu'il s'agit, et, en permettant à un enfant de se livrer à un goût spécial, on ne ferait que nuire à la marche générale de ses études.

En dehors même du système des Kindergartens, on ne saurait douter qu'il n'y ait avantage à combiner les exercices d'écriture avec les premiers éléments du dessin, comme Currie et d'autres auteurs recommandent de le faire. Pour l'écriture elle-même, il est bon de tenir compte de l'analyse des formes, comme on le fait dans la méthode de Mulhaüser. On ne fait en cela que suivre l'ordre du simple au complexe. La seule objection à faire à cette méthode, c'est son peu d'intérêt ; l'élève aime bien mieux tracer d'un seul coup une lettre entière qu'un de ses éléments. Des hommes faits, comme par exemple des conscrits, peuvent être exercés sur des mouvements élémentaires ; mais des enfants n'y trouvent que peu d'intérêt, et ne triomphent que bien lentement des difficultés qu'ils présentent. C'est comme l'exercice des gammes en musique, qui rebute les enfants. Aussi, dès que les progrès de l'enfant le permettent, peut-on aborder les lettres tout entières, sans renoncer pour cela aux exercices de bâtons, de jambages et des autres éléments simples.

L'inclinaison à donner aux lettres, leurs dimensions, les distances à laisser entre elles, ne s'apprennent que par une perception délicate des formes visibles, qui varie beaucoup chez les différents individus, et qui peut surtout être perfectionnée par des exercices de dessin. Bien entendu, pour l'éducation primaire il ne faut jamais viser à une délicatesse extrême, qui serait très-probablement accompagnée d'une infériorité regrettable de quelque autre qualité intellectuelle importante. Le maître devra amener tous les élèves à écrire d'une manière suffisamment nette ; il exigera qu'ils marquent avec soin les traits qui distinguent les lettres que l'on pourrait confondre entre elles ; mais ce n'est pas à lui de faire de l'écriture un travail artistique.

Bien que nous n'ayons jusqu'ici parlé de l'art du dessin que comme auxiliaire des premiers éléments d'écriture, son utilité intrinsèque est, je crois, assez évidente. Je ne m'occupe ici que des exercices élémentaires de cet art, parce que je ne considère pas que son étude approfondie fasse partie de l'éducation générale. Certaines personnes considèrent le dessin d'après nature comme très-utile au développement de la faculté d'observation. J'ai déjà dit que je doutais de la justesse de cette manière de voir : le dessin d'après nature apprend assurément aux élèves à observer les faits qui ont rapport au dessin lui-même ; mais le travail d'observation ne va pas plus loin, et la faculté d'observation a réellement un sens bien plus étendu.

La lecture.

L'étendue et la complication de cette acquisition intellectuelle sont si grandes, qu'elle exige plusieurs années de travail, même avec des élèves qui n'ont pas commencé de très-bonne heure. Nous admettons, bien entendu, que l'enfant sait parler, bien que la lecture soit indispensable à la perfection du langage. C'est à la vue et à l'action de l'intelligence que nous demandons tout le travail nécessaire pour cette acquisition.

Avant tout, on doit considérer l'art de lire comme distinct et du langage parlé, et de toute connaissance communiquée par la parole ; on doit aussi le distinguer de l'acquisition de nouvelles connaissances par les livres, bien qu'il soit destiné à nous en fournir les moyens. La lecture est l'art de prononcer des mots lorsqu'on voit les caractères conventionnels qui les représentent.

Si notre langue avait, comme celle des Chinois, un caractère distinct pour chaque mot, il faudrait d'abord exercer l'œil à distinguer les caractères entre eux, et ensuite établir une association d'idées entre chaque mot de la langue parlée et le caractère qui le représente. Le maître montrerait le caractère en prononçant le mot ; l'élève suivrait de l'oreille et de l'œil, mais surtout de ce dernier organe, parce que c'est la forme qui est nouvelle pour lui, et non le son. Nous ne connaissons pas, autant que je puis le savoir, les méthodes qu'emploient les maîtres d'école chinois pour se tirer du travail gigantesque qu'exige la formation de plusieurs milliers d'associations d'idées distinctes entre des sons et des symboles. L'expérience des siècles a dû leur indiquer le procédé qui exige le moins de dépense intellectuelle, et il ne serait pas sans intérêt de comparer la méthode qu'ils suivent avec les règles que nous pourrions déduire des lois de la rétentivité.

Comme l'anglais possède un alphabet, nous enseignons à lire à nos enfants en décomposant les mots en sons élémentaires, et en représentant ceux-ci par les lettres de l'alphabet. Mais, comme l'orthographe anglaise est trop souvent irrégulière, nous sommes quelquefois forcés de faire comme les Chinois, et de considérer certains mots dans leur ensemble, sans tenir compte de la valeur des lettres séparées [1].

L'élève qui apprend à lire doit d'abord savoir les lettres, et surtout celles qui ont entre elles une certaine ressemblance. Ici, nous avons recours à une des grandes conditions de la faculté de discernement, la concentration de l'attention sur les différences, et, pour mieux l'assurer, nous pouvons exagérer les différences en question.

Il faut ensuite rattacher aux caractères alphabétiques visibles les noms qui représentent ces caractères, afin de pouvoir en parler et de rendre possible l'épellation des mots.

Les caractères alphabétiques se gravent plus promptement dans la mémoire si l'élève a la main assez exercée pour les tracer sur le tableau noir ou sur l'ardoise. Il ne lui faudra alors que peu de temps pour distinguer les lettres et en savoir les noms.

C'est alors que commence la vraie difficulté, la lecture des mots. Comme ils se composent de lettres, il semble assez naturel de passer des sons des lettres à ceux de leurs combinaisons, et on pourrait croire que l'enfant qui connaît les lettres *p*, *u* et *n* va bien prononcer le mot *pun*, dès qu'il le verra. C'est ce qui arriverait si les lettres séparées pouvaient se prononcer exactement comme elles se prononcent dans leurs combinaisons ; les voyelles le peuvent — en faisant la part des irrégularités de l'orthographe anglaise, — mais non les consonnes, parce qu'il est impossible de prononcer une consonne sans une voyelle, surtout les consonnes dures *p*, *t*, *k*, *b*, *d*, etc. Les liquides *l*, *m*, *n*, *r*, ainsi que les sifflantes, peuvent se prononcer sans voyelles, et malgré cela, quand il s'agit de les nommer, nous y ajoutons une voyelle : *èm*, *ar* [2], *èss*. Il faut donc sans retard enseigner ce fait aux jeunes élèves, en prononçant devant eux et en leur faisant répéter des consonnes jointes aux voyelles ; dès qu'ils y sont habitués, ils ne peuvent plus être trompés par des sons qui ne servent en réalité qu'à nommer les consonnes. Quelques exercices sur des mots faciles, tels que *pat*, *put*, *pop*, *top*, ont bientôt fait connaître aux enfants la valeur du *p* en composition.

Un certain nombre de maîtres regardent comme très-important de commencer par faire prononcer les mots courts en bloc et sans les épeler, et condamnent sans appel l'ancienne méthode d'épellation. Au fond, il ne me semble pas qu'il y ait une grande différence entre les deux méthodes, qui reviennent au même une fois les premiers degrés franchis. Ce qui est bien plus important, c'est la manière dont il faut agir en présence des irrégularités de la prononciation anglaise. Quand on fait lire à l'enfant des phrases simples comme

---

1. Exemples, les mots *rough* et *through*, *faculties* et *facilities*.
2. La lettre *r* se nomme *ar* en anglais.

do I go — is it set on, on ne peut procéder que d'après le principe chinois, en faisant apprendre chaque mot en bloc, sans le comparer avec les autres, puisque ces petites phrases présentent au lecteur trois sons différents de la lettre *o*, deux de l'*i* et deux de l's. Sans doute, chacun de ces sons se représentera dans d'autres mots entre lesquels l'élève pourra faire des rapprochements : il apprendra donc à choisir entre deux ou trois sons possibles, et se laissera guider par l'analogie ; ainsi nous limitons le principe chinois, sans l'abandonner entièrement.

La meilleure méthode me paraît être d'exercer les élèves pendant un certain temps sur des mots *parfaitement uniformes*, de manière à leur faire concevoir ce que c'est que la régularité, et à leur enseigner en même temps le son le plus ordinaire de chaque lettre. Ceci n'est pas très-difficile pour les lettres *a, e, i, u*, dont les sons brefs sont presque toujours suivis d'une seule consonne, comme dans les mots *at, bet, it, nut* (prononcez *atte, bette, itte, neutte*). En outre, il est facile de ne présenter d'abord à l'élève que des mots où les consonnes se prononcent d'une manière régulière. De la sorte, il acquerra d'abord une certaine idée de règle et d'uniformité.

Les sons longs de quatre des voyelles sont le plus souvent indiqués par certaines lettres additionnelles, et, quoique cette addition de lettres se fasse sans aucune régularité, elle suffit pour montrer que le son n'est pas bref, comme on le voit dans les mots *came, meet, sign, full* (prononcez *caïme, mîte, saïne, foule*). Il faudra diviser les mots de ce genre en catégories, et commencer par la plus nombreuse, pour passer ensuite à celles qui le sont le moins.

Quant à la voyelle *o*, elle est absolument rebelle en anglais. Il est à regretter que, lors de l'introduction dans la langue anglaise du son de l'*a* tel qu'il se prononce dans les mots *awe* et *all*[1], on n'ait pas inventé une lettre spéciale pour représenter ce son, car on aurait ainsi épargné à la langue plusieurs de ses anomalies orthographiques les plus déplorables ; et, s'il était encore temps de le faire, ce serait peut-être une des plus grandes améliorations que l'on pût apporter à l'orthographe anglaise.

Assurément, il n'est pas impossible d'établir aussi des catégories pour les sons de la lettre *o* (souvent représentés par les combinaisons *all, al, au, aw*) ; mais ces catégories sont nombreuses et pleines de contradictions. Ainsi aux mots *all, fall, call*, on peut opposer *mall* et *shall* ; dans *cause* et *aunt*, la voyelle a un son différent ; enfin *awe* et *talk* nous offrent encore d'autres combinaisons. Pour le son bref de l'*o*, nous trouvons la même règle que pour les autres

---

1. C'est un son guttural de la lettre *a*, qui se rapproche de celui de l'*o*, sans être pourtant la même chose.

voyelles brèves; cependant les mots *God, Job, both, loth* y font exception. Malgré cela, il faut commencer par les mots qui suivent une règle commune, et donner ensuite les exceptions.

Quand on sait bien prononcer les monosyllabes, on a vaincu presque toutes les difficultés réelles de l'orthographe anglaise, et les anomalies des mots de plusieurs syllabes n'ont plus rien de bien formidable.

Quoique bien des auteurs se soient occupés de la réforme de l'orthographe anglaise, je ne crois pas que personne ait jusqu'ici accompli le grand travail de la réduction des mots de la langue en catégories à la fois phonétiques et orthographiques, suivies chacune de ses exceptions, en commençant par les catégories les plus nombreuses. Tant que ce travail ne sera pas fait, l'art d'apprendre à lire ne sera pas si facile qu'il pourrait l'être. La méthode qui consiste à réduire les exceptions au plus petit nombre possible, et à les réunir à la suite de la règle, est le seul moyen connu d'économiser la dépense de force intellectuelle de l'élève, et de renfermer l'opération chinoise dans les plus étroites limites.

Même avec la meilleure classification possible des mots, la connaissance de l'orthographe anglaise est un travail qui exige beaucoup de temps et de peines, et on n'y arrive qu'à force de lectures, de dictées et d'exercices spéciaux corrigés avec soin.

La prononciation marche de front avec l'orthographe, et se rattache ordinairement aux exercices de lecture. Elle ne peut être enseignée que par des maîtres qui aient eux-mêmes une prononciation correcte. La méthode généralement suivie consiste à corriger les fautes ordinaires chez les enfants, et qui sont le plus souvent dues à l'accent de certaines provinces ou de certaines localités. Une orthographe phonétique serait d'un grand secours pour la prononciation.

Une bonne diction est un talent d'ordre plus élevé, et ne peut être acquise que plus tard, puisqu'elle exige que les élèves comprennent bien le sens de ce qu'ils lisent ou de ce qu'ils récitent.

D'après le principe de la division du travail, il faut que l'attention de l'élève se concentre d'abord sur l'étude de la lecture proprement dite, sans que le maître cherche à étendre le champ de ses connaissances. Sans doute, il faut que les exercices de lecture roulent sur quelque sujet; mais la bonne méthode est de ne choisir que des sujets très-familiers et très-faciles. En effet, le sujet même doit attirer une part d'attention aussi faible que possible, afin qu'il en reste plus pour les mots écrits. S'il faut que l'esprit tienne compte du sens, on visera plutôt à l'amuser, afin d'alléger le travail. On pourra de temps à autre émouvoir quelque sentiment — l'affection, l'admiration, l'indignation, — et, dans les limites que je viens d'indiquer, il est bon que cette émotion ait une tendance morale; mais, si l'enseignement moral est une fatigue pour l'esprit, il faudra s'en abstenir aussi. Les petits morceaux où il s'agit de chiens, de chats, d'enfants qui jouent, de bonté pour les malheureux, sont propres à éveiller les bons sentiments des enfants, et surtout le sentiment si doux de la bienveillance, en leur présentant des faits et des situations en harmonie avec ces sentiments ; ces morceaux servent à récompenser l'enfant de l'application qu'exigent les premières leçons de lecture. En eux-mêmes, ces petits récits n'ont, pour ainsi dire, aucune valeur. Même les jolis petits morceaux en vers sont si enfantins, qu'il vaut mieux que l'élève n'en conserve aucun souvenir, si ce n'est pour les utiliser plus tard quand il aura à son tour des enfants à élever.

Pendant toute la première année des leçons de lecture, et même, au besoin, pendant la suivante, l'accroissement des connaissances de l'enfant devra dépendre en partie de son expérience personnelle, et en partie des leçons qu'on lui donnera de vive voix. Cependant le moment finit par venir où le livre ne doit plus servir seulement à lui apprendre à lire, mais bien à lui donner d'autres connaissances encore. C'est là un moment critique, un véritable début nouveau, bien qu'il soit souvent dissimulé par les précautions avec lesquel s la transition s'opère. Cette transition demande une étude attentive, pour bien nous rendre compte des conditions nécessaires au succès.

Déjà plus haut, à propos de la question de l'ordre des études, j'ai parlé de la nature des leçons graduées sur les connaissances générales, et des difficultés que présentent ces leçons. Je puis maintenant serrer le sujet de plus près, en indiquant ce qu'il convient d'éviter comme intempestif, ou tout au moins comme inutile.

Partant de ce principe, qu'il faut éviter tout sujet qui serait ou au-dessus de la portée des enfants, ou sans intérêt actuel à leurs yeux, le maître se gardera de gêner en rien le mouvement spontané par lequel leur esprit se porte dans telle ou telle direction. Un père ou une mère pourrait intervenir avec succès pour guider ce mouvement ; mais les moyens d'action du maître sont beaucoup plus bornés.

Je reproduis ici, d'après M. Morrison, un modèle de leçon de lecture sur un sujet aussi simple que possible :

« Le rat était sur un paillasson ; le gros chat courut vers le paillasson ; le rat s'enfuit dans la caisse. Le chat peut-il entrer dans la caisse ? Non, le gros chat ne peut pas entrer dans la caisse [1]. »

1. Voici le texte anglais, qui peut seul faire comprendre l'exercice phonétique contenu dans cette petite leçon : — *The rat sat on a mat, the fat cat ran to the mat, the cat ran into the box. Can the cat go into the box? No, the fat cat cannot go into the box.*

Cette leçon est composée uniquement en vue de la lecture des
mots et de la prononciation des syllabes, et, quoique les mots présentent un sens suivi, ils ont été choisis seulement comme exemples de la prononciation de certaines voyelles. Si 1 chat et le rat
sont les héros de ce petit morceau, c'est uniquement parce qu'ils
offrent deux exemples commodes du son de l'*a* bref. La souris (en
anglais *mouse*), sur laquelle s'exerce plus ordinairement l'action du
chat, n'est pas admise ici, parce que le mot *mouse* possède un son
moins simple. Or, il est incontestable que les rapports entre le chat
et le rat présentent un intérêt naturel assez émouvant pour l'esprit
de l'élève. L'action d'un animal qui poursuit sa proie est toujours
émouvante, même pour un jeune enfant, et tout récit où il en est
question l'émeut infailliblement, en présentant à son imagination
l'idée d'une chasse meurtrière, idée qui rompt la monotonie inséparable d'un exercice de lecture et de prononciation. Mais ceci ne
veut pas dire qu'il soit bon de développer ce sujet de manière à
donner à l'enfant des connaissances nouvelles, en le tournant sous
toutes ses faces, en faisant des suppositions sur les rapports du chat
et du rat, et en demandant à l'élève de dire ce qui arriverait si
ces suppositions se réalisaient. Ce genre d'exercices viendra en
temps et lieu, mais alors le choix du sujet dépendra du sens lui-
même, et non des mots qui servent à exprimer ce sens. Voici le
questionnaire proposé par M. Morrison pour la petite leçon que
nous venons de citer :

De quels animaux parle-t-on dans cette leçon? — Avez-vous jamais vu
un rat? — Et un chat? — Lequel des deux est le plus gros? — Lequel
est le plus fort? — Où était le rat? — Que faisait-il sur le paillasson? —
Qui est-ce qui était sur le paillasson? — Qu'est-ce qu'un paillasson? —
Où voyez-vous un paillasson? — A quoi cela sert-il? — Si un petit garçon
a des souliers crottés, que doit-il faire avant d'entrer dans la maison? —
Le paillasson sert à... *s'essuyer les pieds.* — Le rat était sur... *un paillasson.*
— Était-ce la place du rat? — Où aurait-il dû être? — Tandis qu'il était
ainsi sur le paillasson, qui l'aperçut? — Comment était ce chat? — Et
que fit le gros chat? — Le gros chat courut... *vers le rat* (le maître
dira de quelle manière le chat courait; il expliquera comment le chat se
poste, fait le guet, puis s'élance en avant; ceci amusera et intéressera les
enfants, et les tiendra en éveil pour les autres questions). — Croyez-vous
que le rat va attendre sur le paillasson? — Que fera-t-il plutôt? — Il
va... *se sauver;* se sauver dans... *son trou.* — Où le rat s'est-il sauvé? —
Qu'est-ce qu'une caisse? — De quoi est faite une caisse? — Comment le
rat peut-il entrer dans la caisse? — Qu'est-ce qu'il devait y avoir? —
Vous voyez alors que le rat s'est sauvé dans... *la caisse,* par... *un trou.* —
Le chat est-il entré dans la caisse? — Pourquoi pas? — Le trou n'était
pas assez grand pour.... *le chat;* mais il a laissé passer... *le rat.* — Le
chat va-t-il s'éloigner de la caisse? — Que va-t-il faire? — Il va... *guetter*
près de la... *caisse,* pour voir si le rat... *va sortir,* etc.

Quelques-uns des reproches que l'on peut faire à ce genre de questionnaires appartiennent à l'examen que nous ferons plus loin des leçons de choses. Pour le moment, nous dirons seulement que, si le but de l'auteur était d'interroger l'élève sur des faits connus de celui-ci, le chat et la souris auraient été un sujet mieux choisi, parce que ce sont des animaux qu'un enfant a plus de chances de voir ensemble. Il est rare qu'un enfant ait occasion de voir un rat de très-près, car il ne voit même pas souvent un chat jouer avec une souris. Une chatte avec ses petits serait un sujet présentant plus de réalité, et on pourrait dramatiser la situation par la méfiance qu'inspirerait à la chatte l'intervention du petit chien de la maison.

Mais le grand point sur lequel je veux insister en ce moment, le voici : quoiqu'il soit bon de composer de petites scènes, de petits tableaux et de petites actions pour alléger l'ennui des exercices de lecture, ces morceaux ne comportent cependant pas un questionnaire destiné à accroître les connaissances ou à exercer l'intelligence des élèves. Toutes les fois que les leçons de lecture offrent un sens suivi, ce sens est utile s'il amuse et intéresse un peu l'enfant; s'il laisse dans son esprit un précepte moral ou un fait utile, c'est tant mieux; mais ce dernier point ne doit pas être considéré comme indispensable, et le maître ne doit pas s'attacher à graver le sens du morceau dans l'esprit des enfants. Quand le moment en sera venu, il prendra des morceaux spécialement destinés à cet exercice, et qui ne seront pas faits dans un double but. On ne peut servir deux maîtres à la fois, et il y a bien peu de morceaux que l'on puisse employer à la fois à l'enseignement de la lecture proprement dite et à l'instruction générale.

Je ne prétends pas que pour développer l'instruction et l'intelligence des enfants il faille attendre qu'ils sachent bien lire; mais je dis que ces deux exercices doivent être distincts, et faits à l'aide de textes différents. On *pourra* se servir du même texte pour les deux, mais ce serait une erreur de croire que ce qui convient le mieux pour enseigner les mots convienne aussi le mieux pour le sens. De plus, il ne faut pas que les deux exercices se fassent à la fois; chacun doit avoir son moment spécial. Il peut y avoir bien des exemples de bonnes pensées bien exprimées, mais il n'est pas probable que l'expression et la pensée correspondront à la fois au même degré d'avancement d'un élève.

Si nous suivions la marche ordinaire, l'examen des méthodes nous amènerait ensuite, parmi les études élémentaires, à l'arithmétique, à la grammaire, à la géographie et à l'histoire; puis, pour les études supérieures, aux langues étrangères et aux sciences. Mais auparavant je veux examiner en détail les leçons de choses, qui servent d'introduction à l'étude plus régulière des différentes branches des connaissances naturelles, et dont le caractère vague les expose à dévier quelquefois de la bonne route. Nos exercices de lecture officiels contiennent des modèles de leçons de choses auxquels le maître peut se conformer exactement; mais on l'engage aussi à en inventer lui-même.

II. — LES LEÇONS DE CHOSES.

Inconvénients à éviter. — Les leçons de choses embrassent l'histoire naturelle, les sciences physiques et les arts utiles. — On doit indiquer d'abord les qualités des objets, puis leurs usages. — Propriétés peu évidentes ou cachées. — L'embarras des richesses. — Nécessité pour le maître de se tracer un plan général. — N'embrasser qu'un sujet défini. — Exemple fourni par un morceau de craie. — Différence entre la leçon spécialisée et la leçon généralisée. — Exemples tirés des minéraux et des plantes. — Nouvelles conceptions d'objets concrets. — Exemples tirés des animaux. — Individualité et généralité. — Exemple tiré du chameau. — Les leçons sur les sciences fondamentales. — Elles sont essentiellement empiriques. — Le point important est le principe qu'il s'agit d'enseigner. — Exemple tiré de l'atmosphère.

Les leçons de choses doivent s'étendre à tout ce qui sert à la vie et à toutes les actions de la nature. Elles portent d'abord sur des objets familiers aux élèves, et complètent l'idée qu'ils en ont en y ajoutant les qualités que ceux-ci n'avaient pas remarquées. Elles passent ensuite à des objets que les élèves ne peuvent apprendre à connaître que par des descriptions ou des figures, et finissent par l'étude des actions les plus cachées des forces naturelles.

Voici les inconvénients que peuvent présenter ces leçons : elles peuvent être superflues, et occuper un temps précieux à des choses que les enfants savent très-bien ou qu'ils apprendront bientôt de leur propre mouvement, par leurs observations personnelles et par leurs conversations avec leurs parents et leurs camarades. En second lieu, le maître regardera peut-être comme connus des faits que les élèves ne peuvent encore comprendre, ou qu'ils ne comprennent pas assez pour en faire le point de départ de quelque connaissance nouvelle; c'est là une erreur qui est à craindre à tous les moments de l'éducation. En troisième lieu, ces leçons mènent souvent à des digressions intempestives et sans règle, inconvénient sur lequel nous insisterons plus loin. Enfin il n'existe pas de liaison entre les leçons, et par conséquent point de rapports instructifs ni d'appui mutuel.

Toutes les considérations de choix, d'ordre et d'habileté d'exposition doivent ici céder le pas aux lois fondamentales d'explication par les accords et les différences, à celles des idées abstraites, et à la règle qui prescrit de passer du connu à l'inconnu, du simple au complexe, de l'empirique au rationnel. Tout maître doit être pénétré de ces vérités, de manière à les avoir toujours sous les yeux dans tous les détails de son enseignement.

Pour donner les règles des leçons de choses, il faut d'abord en distinguer les différentes formes, et déterminer la tendance exacte de chacune d'elles. Évidemment, nous devons observer un ordre qui corresponde à l'âge des élèves, et cet ordre suppose un classement bien défini.

Pestalozzi, l'un des premiers qui se soient servis des leçons de choses, les regardait uniquement comme un moyen d'enseigner aux enfants l'emploi des mots, c'est-à-dire de leur donner les moyens de connaître les objets exprimés par les mots. Mais la connaissance des choses a une valeur supérieure et indépendante, et n'est pas seulement un accessoire de la correction du langage; aussi devons-nous considérer les leçons de choses simplement comme des moyens d'instruction.

La leçon de choses laisse de côté l'arithmétique ou la considération de nombre, ainsi que les exercices sur la forme et la couleur, sur la géographie et l'histoire.

Elle ouvre aux élèves trois vastes domaines, l'histoire naturelle, les sciences physiques et les arts utiles, ou tout ce qui sert aux besoins journaliers de la vie ordinaire. Pour faire une leçon de choses, on recommande le plus souvent au maître d'indiquer d'abord l'apparence ou les qualités sensibles d'un objet, et d'en faire ensuite connaître les usages. Il vaudrait mieux commencer par indiquer ces usages, en choisissant ceux qui se présentent le plus naturellement, parce qu'un usage est une qualité en action, et que notre intérêt pour les objets est d'abord éveillé par l'action qu'ils exercent. Prenons par exemple un morceau de verre, et montrons-le aux élèves Ils ont tous eu occasion déjà de voir et de toucher du verre; ils le connaissent sous forme de vitres, de verres à boire, de bouteilles, de miroirs et d'ornements. C'est tout simplement une chose destinée à certains usages, et qui est créée en vue même de ces usages.

Comment le maître doit-il donc en parler? Il est inutile qu'il dise que le verre est dur, lisse et transparent; les élèves le savent très-bien. Ils savent encore que, si l'on frappe sur un morceau de verre ou qu'on le laisse tomber, il se fêle ou se casse; de plus, ils ont appris que les fragments de verre brisé coupent très-facilement les doigts. Sous le rapport de la perception par les sens, il ne semble pas qu'il y ait quelque chose à ajouter à ce qu'un enfant de cinq ou six ans sait des propriétés ordinaires du verre. Le maître pourra causer avec ses élèves et leur faire exprimer ce qu'ils savent, de manière à constater qu'ils ont bien observé, et aussi qu'ils ont des mots pour représenter et communiquer ce qu'ils savent. Cet exercice est bon, parce qu'il excite les enfants à observer, et qu'il les habitue à parler.

L'embarras commence lorsqu'il s'agit d'ajouter quelque chose à cette connaissance par les sens, en indiquant aux enfants les propriétés peu apparentes ou cachées du verre. Le maitre peut traiter à ce sujet vingt sujets différents; lequel choisir? Parlera-t-il des usages du verre qui dépassent le champ de l'observation familière? s'occupera-t-il de la fabrication du verre, des substances qui y entrent et des différentes espèces de verre? Racontera-t-il la découverte et l'histoire du verre? Recherchera-t-il ses propriétés optiques? Étudiera-t-il seulement sa transparence, en la comparant à celle d'autres substances? Tout maitre reconnaitra sur-le-champ que, pour une certaine catégorie d'élèves, plusieurs de ces choses seraient absolument inintelligibles. Cependant quelques points seraient à leur portée et les intéresseraient : par exemple, les usages du verre qui ne leur sont pas familiers, peut-être les circonstances de sa découverte et de son histoire, et peut-être aussi la connaissance de ses éléments, dégagée bien entendu des lois chimiques qui président à leur union.

Cependant, même parmi les sujets intelligibles, il doit y avoir motifs de préférence; il en est qu'il peut être absolument inutile de développer. Les usages qui ne font qu'en répéter d'autres déjà connus, qui n'inspirent aucun intérêt, que l'on ne pourra jamais imiter, qui ne mettent en lumière aucune loi scientifique importante, peuvent être passés sous silence. Le seul point sur lequel, à première vue, il me semble utile d'insister, c'est la circonstance essentielle de la fabrication du verre, la nécessité de chauffer le sable en présence de soude ou de cendres. A des élèves de sept ou huit ans il est possible d'en dire assez sur cette opération pour éveiller leur intérêt, et graver dans leur esprit un fait qui servira plus tard lorsqu'ils étudieront la science. Les changements frappants que produisent les combinaisons chimiques, font toujours une vive impression, et peuvent se fixer dans la mémoire au moyen d'exemples spéciaux, avant que les élèves ne puissent en comprendre la théorie; ils servent alors à les y préparer. Mais, si l'on cherchait à obtenir ce résultat, ce n'est pas le verre qu'il faudrait mettre en tête de la liste des leçons de choses; il ne devrait venir qu'après le sable, les cendres, la soude, et aussi après la chaleur dans une de ses applications les moins évidentes. Voilà un exemple des difficultés que présentent au début les leçons de choses; l'objet choisi pourra être familier, mais la circonstance intéressante à développer nous mènera peut-être à quelque chose de très-compliqué. On est donc en réalité entouré de difficultés. Si l'on se borne à ce que savent les élèves, on ne leur apprend rien ; si l'on cherche à ajouter à leurs connaissances, on arrive à quelque chose d'inintelligible pour eux. Il n'est pas de marchand ambulant qui ne sache tout ce qui concerne le verre, sans parler de bien d'autres connaissances qui ont peut-être demandé bien des heures d'étude à un de nos élèves.

Le seul moyen d'échapper à tous ces embarras, c'est de regarder avant de sauter, d'explorer d'avance la route que l'on va parcourir, et de savoir si la voie a déjà été tracée. Au début, on se trouve arrêté de tous les côtés ; cependant il faut marcher, et, pour éviter tout inconvénient, il faut ne parcourir qu'une très-faible distance, et ne demander que fort peu de chose aux connaissances déjà acquises par l'enfant. Mais cette prudence même ne pare pas à tous les inconvénients. Le vrai remède consiste à faire le plan d'une série de leçons arrangées de telle sorte que chacune prépare la suivante, et à se guider, à mesure qu'on avance, sur ce qu'on a déjà enseigné. Sans doute, il est impossible de le faire avec une exactitude rigoureuse à l'âge des connaissances décousues, mais on y réussit dans une certaine mesure. On peut présenter, à un moment donné, une certaine substance que l'on étudiera seulement autant que le permettent les connaissances antérieures ; puis on y reviendra plus tard avec de nouveaux développements. Quand on parlera du verre, on se contentera d'en citer les usages et les propriétés que les élèves ont pu observer, en n'ajoutant que fort peu de chose à ces connaissances. Plus tard, on pourra en exposer la fabrication, et, plus tard encore, les propriétés optiques.

La seconde condition essentielle pour une leçon de choses, c'est qu'elle ait un but défini, une portée limitée. Le maître devra réfléchir à la direction qu'il doit lui imprimer. Que les leçons soient d'abord plus ou moins décousues, c'est ce qu'il est peut-être impossible d'empêcher ; mais il faut que peu à peu il leur donne une certaine unité. Or, une leçon de choses peut avoir bien des buts différents, auxquels on n'arrive pas par la même voie. Je vais me servir d'un des exemples ordinaires des leçons de choses pour montrer l'inconvénient de mettre trop de faits dans une seule leçon, et je ferai voir en même temps qu'en dehors de l'observation rigoureuse de la règle de l'unité, il suffit de borner l'étendue des faits nouveaux pour obvier à tout inconvénient.

Prenons un exemple familier, une cloche. Pour de très-jeunes enfants, ce sujet ne sera guère qu'un exercice d'observation et de description. Il est naturellement présenté à leur esprit par la cloche qui les appelle en classe. On leur montre ensuite une cloche ; il est probable que la plupart des élèves ont déjà touché une cloche, ou tout au moins une sonnette. Ils en remarquent la forme, qui rappelle celle d'une coupe; ils examinent le battant suspendu à l'intérieur, ils le voient s'agiter et frapper les parois de la cloche, et entendent aussitôt le son. Au début, ce serait en faire assez pour une fois que de constater pour le son le rapport de cause et d'effet dans le choc d'un corps dur sur un autre, en y ajoutant quelques faits analogues fournis par l'expérience personnelle des élèves, et que le maître leur fera énoncer en les questionnant adroitement. Évidemment, il n'y a là rien que les enfants ne pussent, tôt ou tard, apprendre d'eux-mêmes; mais, en le leur présentant ainsi de bonne heure, on peut en faire un moyen d'arriver à quelque vérité plus cachée; ce sera ici le premier degré de l'échelle qui les mènera à l'acoustique. Quant aux nombreux usages des cloches, ces faits appartiennent à la causerie populaire et amusante, et non à l'enseignement proprement dit. Pour la structure métallique de la cloche, le moment n'est pas venu d'en parler; plus tard, au contraire, elle pourra servir à expliquer la sonorité de cet instrument. La leçon en question doit être seulement une leçon sur le rapport de cause à effet, présentée sous la forme expérimentale, et, quoiqu'une leçon de ce genre soit réellement scientifique, elle n'a rien qui ne puisse intéresser un enfant de sept ans, et qui soit au-dessus de sa portée.

J'ai dit plus haut qu'un simple morceau de craie avait été considéré comme un objet digne d'occuper l'attention d'un auditoire composé d'hommes faits. C'est qu'il appartient à plusieurs sciences à la fois, et que par conséquent il peut servir de point de départ à une excursion intéressante dans le domaine de l'une quelconque d'entre elles. Il touche à la zoologie, à la géologie, à la chimie et à la physique, et peut fournir l'occasion d'exposer ou de rappeler des vérités utiles empruntées à chacune de ces sciences, et de les graver dans la mémoire des auditeurs par le rapport qui existe entre elles et le morceau de craie. Il se rattache aussi à un grand nombre de procédés employés dans les arts. Il serait difficile à un maître de trouver un sujet plus commode à présenter successivement dans plusieurs leçons différentes, en se bornant chaque fois à un point de vue limité. Je n'ai pas besoin de dire que le point de vue de la zoologie et celui de la géologie ne peuvent venir que très-tard, soit lorsque ces sciences auront déjà été abordées, soit en guise d'introduction à leur étude. Ce dont on pourrait faire immédiatement le sujet d'une leçon — et ce dont le marchand ambulant dont nous parlions tout à l'heure ne s'aviserait généralement pas, — c'est la manière dont on brûle la craie et la pierre à chaux, son équivalent, dans un four spécial, pour obtenir la chaux vive, laquelle, mélangée avec de l'eau, deviendra de la chaux éteinte, base du mortier, que l'on fabriquera en y ajoutant du sable. Le simple énoncé de ces faits, sans aucune digression, serait un enchaînement intéressant d'expériences de cause et d'effet, que l'on pourrait plus tard rappeler quand on étudierait les forces chimiques et physiques.

Quand on parle d'une substance uniquement au point de vue de ses *usages*, on peut parler en même temps d'autres substances qui ont le même emploi; la leçon est alors une leçon de *généralisation*, et il faut en exclure les faits qui sont particuliers à la première substance seule. Par exemple, si nous parlons du charbon pour faire connaître aux élèves la combustion et la chaleur, nous pouvons leur parler d'autres substances combustibles : du bois, des chiffons, des feuilles sèches, du soufre; mais nous devrons nous abstenir de citer en même temps d'autres faits relatifs au charbon, sauf peut-être en le rapprochant du bois, à propos duquel il nous sera permis de signaler en passant la communauté d'origine. Le sujet de la leçon étant uniquement la *combustion*, nous nous garderons de dire autre chose sur les propriétés de la chaleur, lesquelles constituent un sujet à part.

Au contraire, une leçon destinée à faire connaître tous les usages et toutes les propriétés d'une substance donnée ne doit pas étudier spécialement une de ces propriétés, soit en en exposant les lois, soit en indiquant toutes les autres substances qui possèdent aussi cette propriété. Le but de la leçon est d'exposer d'une manière complète tous les caractères que possède une seule substance, de grouper ou de réunir toutes ses propriétés et tous ses usages. Ceci ne comporte autre chose que la simple énumération de ces différents usages, avec les explications nécessaires pour les faire comprendre. Le maître dira, par exemple, que le plomb est un des métaux (il en nommera deux ou trois autres); qu'il est lourd (il pèse dix fois plus que l'eau); qu'il est mou (pour un métal), ductile, fusible à la chaleur d'un feu ordinaire; qu'il ne se rouille pas comme le fer; qu'il sert à faire des tuyaux, des réservoirs, des balles, et à souder d'autres métaux. Il pourrait, dans une certaine mesure, établir un rapprochement entre les usages et les propriétés; mais ce serait déjà empiéter sur les leçons où les propriétés sont étudiées au point de vue du rapport de cause à effet. Une leçon de ce genre est un commencement d'étude de la minéralogie, et doit être suivie de leçons sur quelques autres métaux, faites d'après le même plan, et sur quelques substances qui n'appartiennent pas à la classe des métaux. On pourrait les mêler de leçons où l'on étudierait, dans une série de substances différentes, certaines propriétés spéciales, la densité, la ductilité, la corrosibilité, en citant aussi des exemples des propriétés contraires. Ces leçons feraient mieux comprendre les propriétés en question, lorsqu'il y aurait lieu d'en parler à propos d'une substance donnée; mais il ne faut jamais réunir ces deux types dans la même leçon.

Les leçons sur des fleurs, des plantes, des arbrisseaux, des arbres, comme représentant le règne végétal, sont soumises aux règles que nous venons d'expliquer; il faut les disposer dans un ordre qui permette d'atteindre un but défini, et veiller avec soin à l'unité de chaque leçon. Quand le maître présente pour la première fois une fleur ou une plante à ses élèves, il peut se contenter de leur faire dire ce qu'ils ont observé à son sujet, et de la leur faire décrire de vive voix. En effet, bien que l'aspect général de ces objets leur soit familier, il est bien rare que les élèves en aient étudié aucun d'une manière complète. On leur apprendra à le faire, et on leur enseignera en même temps à nommer chacune des parties d'une plante, la racine, la tige, les branches, les feuilles, la fleur, la graine, etc. On pourra se servir de différentes plantes, mais seulement pour en faire distinguer les parties. Puis viendra une leçon sur une plante particulière, la marguerite par exemple, pour étudier les formes que la racine, la tige et les autres parties affectent dans cette plante. Plusieurs autres leçons de même nature, sur des arbrisseaux ou des arbres que les enfants connaissent, se succéderont ensuite. Alors on pourra faire une leçon de *généralisation* sur les arbres, en prenant pour texte un petit nombre d'exemples familiers, et on se bornera d'abord à indiquer les traits saillants de grandeur, de force, de stabilité, de port, de feuillage et de floraison. La croissance des arbres, leur maturité, leur mort, exigeront plusieurs leçons distinctes; on étudiera de même à part leur manière de se nourrir, par les racines et par les feuilles, ce qui constituera un premier jalon empirique pour l'étude de la physiologie végétale.

Avant de citer des exemples relatifs aux animaux, je veux donner ici la troisième loi des leçons de choses, qui se rapporte à leur emploi pour augmenter le nombre des conceptions concrètes, fait que l'on exprime d'ordinaire en disant qu'elles cultivent ou développent la faculté de conception ou imagination. On se fonde sur ce que l'enfant connaît et conçoit déjà, pour lui dépeindre des objets qu'il ne connaît pas, et lui en donner ainsi des idées dont on pourra ensuite tirer parti pour d'autres études. C'est ainsi que l'on peut faire concevoir à des enfants une idée, un peu confuse peut-être, du chameau du désert, du palmier, des pyramides d'Égypte. Pour la faculté de conception, il n'y a pas grand mal à procéder d'une manière un peu décousue, parce que l'absence de plan ne nuit pas au développement de cette faculté. Tout ce qui fait impression est retenu par la mémoire.

Mais il peut arriver que le maître s'exagère le pouvoir qu'il a d'augmenter par ses descriptions le nombre des conceptions con-

crètes contenues dans l'esprit de ses élèves; il se peut surtout qu'il
se trompe sur les rapports réels des leçons de choses avec ce développement. Les premières manifestations de la faculté de concevoir
des objets qui n'ont pas encore été perçus par les sens, ont un
caractère éminemment, pour ne pas dire grossièrement, anthropomorphique, et sont généralement dues à quelque récit piquant. Une
leçon froide sur le plomb, le verre, une bulle de savon, ou sur les
nuages, ne peut servir que médiocrement à faire concevoir l'objet
lui-même dont il s'agit, si on ne le connaissait pas d'avance; le
principal résultat d'une leçon de ce genre est de graver dans l'esprit d'une manière plus complète et plus claire des faits déjà connus,
et de préparer ainsi les élèves à se figurer plus tard ce qu'ils ne
connaissent pas. En réalité, ce n'est qu'après bien des progrès,
lorsque la leçon de choses se trouve confondue avec l'étude méthodique de la géographie et de l'histoire, qu'on peut dire avec exactitude qu'elle contribue à accroître le nombre des conceptions que
l'esprit forme grâce à la puissance qu'il a de constituer l'inconnu par
la combinaison d'éléments connus. La seule exception apparente à
cette règle nous sera fournie tout à l'heure par les exemples empruntés aux animaux. C'est dans ce genre de leçons que l'abus des
digressions est le plus fréquent. Mais la différence énorme qui existe
entre les caractères de l'être le moins élevé dans l'échelle animale
et ceux d'un minéral ou d'une plante, fait au maître une loi d'autant plus rigoureuse d'observer la plus stricte méthode dans le choix
de ses exemples.

Les premières leçons sur les animaux ont ordinairement pour sujet
leurs instincts généraux, que tous les enfants comprennent facilement : ce sont, leur manière de chercher leur nourriture, la guerre
qu'ils font pour cela aux autres animaux, leur affection pour leurs
petits, celle qu'ils montrent pour l'homme. Les petits récits qui présentent quelques-uns de ces traits d'une manière plus intéressante,
sont toujours écoutés avec plaisir par les enfants, et, grâce à l'impression qu'ils produisent, se gravent facilement dans leur mémoire.
Une fois l'intérêt ainsi éveillé, les enfants retiennent sans peine la
forme et la physionomie des animaux dont on leur a parlé. Un maître
habile pourra partir de là pour donner quelques détails circon-
stanciés sur l'histoire naturelle de l'animal, sur ses griffes, ses dents,
son poil, sa laine, ses plumes, de manière à le faire mieux connaître. S'il veut aller plus loin, il devra choisir entre plusieurs
moyens, comme il a dû le faire pour la plante, mais avec un embarras encore plus grand. Il sera naturellement tenté d'établir des
comparaisons, soit entre des animaux de la même famille — le chat,
le tigre, le lion, — soit entre des animaux d'espèces plus éloignées
— le chat et le chien, par exemple, — et dans les deux cas le danger

sera le même. Une comparaison ne doit jamais être faite sans préparation suffisante, c'est-à-dire sans qu'on ait auparavant indiqué les cas les mieux choisis ; puis, quand on fait la comparaison, elle doit être rigoureuse, complète et appropriée au but que l'on a en vue : elle doit tendre à constituer une classe, avec tous les caractères qui conviennent à cette division, sans tenir compte des différences que peuvent présenter les divers membres de la même classe.

Comme nous l'avons vu pour les plantes, l'autre méthode, qui vient avant dans l'ordre logique, est celle de l'individualité, c'est-à-dire la mention des caractères particuliers, sans établir de comparaisons ou d'oppositions, et sans autres développements que ceux qu'il faut pour être compris. Par exemple, quand on décrit les corneilles et leurs nids, on doit parler de leur manière de se nourrir, de leur association par couples pour bâtir leurs nids, et des multitudes qui vivent ensemble en société organisée. Tous ces détails ont rapport au sujet spécial que l'on traite ; mais on aurait tort de se laisser entraîner à parler de tous les animaux qui vivent en société, comme les abeilles, les fourmis et les castors. C'est là un sujet à part, un sujet de généralité, qui ne doit être abordé qu'après une préparation convenable. Il faut le faire précéder du détail des exemples les plus remarquables, et ne le traiter qu'au point de vue de la comparaison entre les différentes espèces.

Dans les descriptions individuelles, il sera permis de dire un mot en passant de quelque autre espèce, surtout si celle-ci est déjà connue des élèves ; mais on ne doit le faire que comme exemple et sans y rien ajouter.

Pour mieux faire comprendre les différentes règles des leçons de choses, je prendrai pour exemple une leçon sur le chameau. Les élèves n'ont pas vu cet animal, mais on leur en montrera une image. Ce ne doit pas être une des premières leçons. Les animaux domestiques utiles qui vivent avec l'homme — le cheval, l'âne, la vache, le mouton, le daim, — doivent venir avant. Sans doute nous ne sommes pas tenus de suivre l'ordre rigoureux d'une description zoologique ; mais il y a une méthode à observer dans les détails. Nous pouvons d'abord désigner le chameau comme étant une bête de somme ; non seulement c'est là un détail assez général et qui donnera la clef de bien des choses qui vont suivre, mais encore ce détail constate l'utilité effective de l'animal en question. On peut à ce propos faire une comparaison rapide entre le chameau et les autres animaux qui servent au même usage — le cheval, l'âne, le renne, l'éléphant ; mais il ne faut pas insister sur cette propriété comme si elle faisait le sujet de la leçon. Le véritable intérêt que présente le chameau dépend de son organisation particulière pour le désert. Nous avons là un double sujet avec action mutuelle ; c'est un cas de corrélation où l'ordre n'est nullement imposé. Nous pouvons commencer par la situation, c'est-à-dire par le désert, mais en ne décrivant celui-ci *que dans ses rapports avec le chameau*; nous pouvons en donner les traits sans aborder la question des causes, laquelle forme une leçon à part, qui appartient strictement au domaine de la géographie. « Dans plusieurs parties de l'Afrique, de l'Arabie et de la Syrie, se trouvent de vastes espaces qui n'ont d'eau et de végétation que sur des points fort éloignés les uns des autres, et présentent presque partout une surface de sable aride ou de rochers dénudés; les points sur lesquels on trouve de l'eau et de la végétation sont appelés oasis. Il ne faudrait pas remonter aux causes du manque d'eau, et dire qu'il vient de la rareté des pluies, laquelle est due à l'éloignement des océans, et ainsi de suite. Ensuite viennent la forme et la structure du chameau. La bosse singulière qu'il porte est un point important dans la description de l'animal; il faut dire aussi que quand celui-ci manque de nourriture la bosse diminue, parce qu'elle lui sert de réserve alimentaire. Ensuite vient l'estomac, qui, par sa structure générale, ressemble à celui du bœuf, du mouton, du daim — c'est un estomac ruminant, — mais qui en diffère en ce qu'il peut emmagasiner de la nourriture et de l'eau pour un temps assez long. Les pieds sont larges, au lieu d'être compacts comme ceux du cheval; ils conviennent donc à la marche dans le sable; l'œil est protégé contre le sable qui s'élève en tourbillons dans le désert. Le genou permet à l'animal de s'agenouiller pour recevoir sa charge. Toute cette description tire son intérêt et sa raison d'être du seul point de vue de l'utilité. La description d'un naturaliste serait bien plus complète, et indiquerait certains points dont la raison immédiate échappe à l'observateur.

Jusqu'ici, nous avons vu dans les leçons de choses un moyen d'aborder les sciences naturelles, telles que la minéralogie et la botanique; plus loin, nous verrons comment elles s'adaptent à la géographie et à l'histoire. Les trois principes que nous avons posés — ordre, individualité et généralité — s'appliquent directement à cette catégorie de leçons. Mais les sciences naturelles nous amènent aux sciences fondamentales — mathématiques, physique, chimie, etc., — qui expliquent en dernier ressort toutes les forces actives de la nature, tout ce à quoi nous donnons le nom de puissance ou de cause : les lois du mouvement, la force de pesanteur, la chaleur, l'électricité, la vitalité, etc. Nous ne connaissons les phénomènes de la nature que quand nous les connaissons comme produits et produisant en vertu de leurs lois générales.

Toutes les descriptions d'histoire naturelle supposent au fond l'existence de ces forces supérieures. Un minéral a un poids spéciflique ; mais ce fait suppose la grande force de pesanteur. Il est transparent et réfringent ; ce fait suppose l'existence de la chaleur. Il est composé, ce qui suppose l'existence des forces chimiques. Mais le minéralogiste sait ce qu'il doit faire ; il se contente de nommer en passant ces grandes forces, et n'en fait pas le sujet d'un exposé méthodique. Sa réserve à cet égard n'est pas toujours imitée par le maître qui a choisi un point d'histoire naturelle pour sujet d'une leçon de choses ; ce dernier est trop souvent porté à passer des propriétés naturelles, simplement considérées comme caractères distinctifs, à un exposé complet de leur action; en un mot, à faire rentrer les sciences fondamentales dans les sciences naturelles.

Nous pouvons faire servir les leçons de choses à aborder les sciences, telles que la physique, la chimie et les autres de la même classe, afin d'expliquer la matière et le mouvement, la pesanteur, la chaleur et la lumière ; mais la manière de procéder exige une mûre réflexion. Avant tout, il faut renoncer complètement au type des leçons sur l'histoire naturelle, individuelles ou générales, et cela d'autant plus qu'il peut et doit nécessairement y avoir certains points de contact avec ces leçons, puisque les deux catégories de leçons s'appliquent aux mêmes objets concrets. Ainsi, par exemple, le plomb peut être le sujet d'une leçon de minéralogie, soit individuelle et destinée à l'étude de toutes les propriétés de ce corps, soit générale, en le considérant comme un des métaux; mais nous retrouvons aussi le plomb dans la physique et la chimie, à propos de la pesanteur, de la chaleur, de l'affinité chimique et des autres forces. Toutefois, dans ce dernier cas, le plomb ne se présente que comme un des corps innombrables auxquels s'appliquent également les grandes forces naturelles ; la pesanteur, la chaleur et l'affinité chimique ont un choix infini d'exemples pour faire comprendre leur action.

Nous savons que la meilleure manière, et la seule qui soit parfaite, d'expliquer les sciences fondamentales, c'est de suivre leur plan méthodique tel qu'il existe dans les cours de physique ou de chimie; mais ce que nous cherchons ici, c'est la direction à donner aux esquisses des sciences mises à la portée de l'âge où l'enseignement régulier ne peut être compris, et destinées à préparer la voie à cet enseignement et à donner des connaissances précieuses en elles-mêmes, quand même les élèves ne devraient jamais arriver aux cours supérieurs.

L'ordre régulier présente cependant des avantages si grands et si nombreux, que le maître doit toujours aspirer au moment où l'intelligence de ses élèves leur permettra de le suivre. En outre, il ne doit jamais perdre cet ordre de vue, même quand il semble marcher au hasard. Par exemple, dans les premières leçons relatives à la physique, c'est le mouvement, tel qu'il se présente dans les corps visibles, qui doit être l'idée principale. Les leçons relatives à la pesanteur doivent venir avant celles où il est question des forces plus subtiles de la chaleur et du magnétisme.

Si nous examinons plus à fond les règles de ce mode d'enseignement, nous verrons qu'il appartient à la forme empirique, ce qui veut dire un enseignement dans lequel les faits sont énoncés d'une manière complète, fidèle et exacte, mais sans être expliqués ou ramenés aux premiers principes dont ils dépendent. Ainsi l'on peut décrire les phénomènes des marées d'une manière complète et correcte en leur donnant la forme empirique sous laquelle ils étaient connus avant Newton, parce que dans ces premières leçons scientifiques il est impossible de faire comprendre aux élèves comment ces phénomènes sont dus à la gravitation. On peut bien dire que les marées sont dues à l'attraction du soleil et de la lune; mais il est impossible de l'expliquer complètement, et les seuls élèves qui pourraient comprendre l'explication sont ceux qui suivraient un cours régulier d'astronomie, auquel ils se seraient préparés par des études mathématiques convenables. On ne réussit guère qu'à jeter le trouble dans l'esprit des élèves quand on parle vaguement d'une cause, par exemple de la pesanteur ou de l'électricité, sans pouvoir expliquer l'action de cette cause. On ne gagne presque rien à dire que le tonnerre et l'éclair sont dus à l'électricité, quand celle-ci n'est pas encore comprise par les élèves. Malgré cela, on pourrait faire sur le tonnerre une leçon de choses dans laquelle on exposerait les principales circonstances visibles de ce phénomène, ainsi que tous les détails atmosphériques qui s'y rapportent, dans la mesure où ils peuvent être compris par les élèves. On pourrait dire qu'en général le temps a été lourd et chaud, qu'on voit s'amasser des nuages noirs qui obscurcissent le ciel, et d'où sort brusquement l'éclair ou la foudre; on parlerait des édifices qui sont frappés, des êtres vivants qui sont tués, du grondement du tonnerre qui suit l'éclair de plus ou moins près, indiquant ainsi la distance plus ou moins grande à laquelle il se trouve, et enfin des torrents de pluie qui accompagnent ordinairement le tonnerre. Une description bien faite rappellerait à certains élèves ce qu'ils ont déjà vu, en exciterait d'autres à observer le prochain orage, et ajouterait à ce qu'ils ont pu constater par eux-mêmes, en leur indiquant les formes ordinaires que présente l'éclair et les effets qu'il produit souvent, mais sans entrer dans la théorie de l'électricité atmosphérique, et en ayant soin de ne la nommer que pour dire que les élèves pourront plus tard bien mieux comprendre l'explication de ses phénomènes. La question de savoir si le maître doit profiter de cette occasion pour parler du temps que le son met à parcourir une certaine distance, fait assurément intéressant et intelligible, dépend du plan suivi jusque-là. On aurait pu

présenter ce fait auparavant dans une leçon sur le son et les échos ;
dans ce cas, on le rappellerait en passant, et on le confirmerait par
l'exemple que fournit le tonnerre. Le grand point est de ne jamais
surcharger les leçons de science ; il ne faut pas que les élèves puissent croire qu'il n'y a qu'un moyen d'expliquer une demi-douzaine
de lois naturelles qui s'appliquent aux différentes sciences. Parce qu'à
propos de l'eau on peut parler de toutes les sciences, ce n'est pas
une raison pour les réunir toutes dans une seule leçon, ni même pour
les rattacher toutes à ce seul objet. Les lois qui s'appliquent à l'eau
s'appliquent également à mille autres substances, dont un grand
nombre sont assez connues des élèves. On pourrait expliquer les marées à propos de l'eau ; mais il est tout aussi facile de le faire dans
une leçon spéciale sur les marées que dans une leçon sur l'eau. Le
meilleur titre à adopter pour ce sujet serait peut-être « les marées de
l'Océan ». La véritable place de cette leçon serait dans la géographie
physique ; mais on peut la présenter bien plus tôt à des enfants.

Quand nous choisissons une leçon de choses, il faut penser plutôt
aux principes que nous voulons enseigner qu'à l'objet lui-même qui
va nous servir pour cela ; le choix de cet objet ne doit venir qu'en
seconde ligne. Le maître ne doit pas se laisser dominer par l'objet
qu'il a choisi. Il peut prendre l'Océan pour sujet d'une leçon sur les
marées ; mais alors il ne doit pas se laisser entraîner à exposer des
faits qui n'auraient rien de commun avec le phénomène spécial de
l'action des marées. Le sujet des marées a son unité ; c'est celle de
toute leçon de choses qui possède un caractère scientifique, l'unité
du phénomène. Au contraire, l'Océan est un sujet qui n'a d'unité
qu'après que nous avons décidé ce que nous allons en tirer.

Les sujets qui conviennent aux leçons de choses dont nous nous
occupons en ce moment, sont représentés par des titres qui diffèrent
de ceux des deux genres de leçons dont nous avons parlé auparа-
vant. Certains titres indiquent des objets naturels — l'eau, le fer, le
chêne, le cheval, les étoiles, les montagnes ; tels sont les titres des
leçons qui précèdent — de celles sur l'histoire naturelle, la géographie et les autres sciences naturelles. D'autres titres expriment les
actions, les forces et les phénomènes que présente l'univers —
pesanteur, chaleur, rosée, attraction, polarité, respiration ; ces titres
sont les plus commodes pour les leçons de science dont nous nous
occupons maintenant, bien qu'il ne soit *pas impossible* de rattacher
une de ces leçons au nom d'un objet concret. L'eau pourrait
servir de titre à une leçon sur la chaleur ; le fer, à une leçon sur
l'électricité ; mais je ne recommande pas cette méthode, qui n'a
qu'un faux air de simplicité. Il faut toujours énoncer clairement
le sujet de chaque leçon, et la rattacher au titre qui indique et
définit le mieux ce sujet.

L'atmosphère est un sujet souvent choisi pour une leçon de choses. Ce choix ne me parait ni heureux ni commode. Rien ne serait plus maladroit que de vouloir expliquer dans une seule leçon, si c'était possible, tous les faits qui s'y rattachent, et de chercher à montrer les rapports physiques, chimiques et biologiques de l'atmosphère. On ne pourrait tout au plus que les effleurer; on n'enseignerait rien d'une manière complète, et de plus on risquerait de jeter la confusion dans l'esprit des élèves. La véritable manière de traiter ce sujet serait de l'envisager au point de vue de l'histoire naturelle; on en ferait une leçon individuelle ou concrète, en énumérant simplement les propriétés ou les divers aspects de l'objet choisi, comme on le fait en histoire naturelle. Après avoir indiqué la position de l'atmosphère à la surface de la terre, nous pourrions donner sa hauteur probable et son poids, parler de son état gazeux et de sa transparence. Nous nous occuperions ensuite de sa composition, ce qui nous amènerait à nommer l'azote, l'oxygène, la vapeur d'eau et une ou deux autres substances, en ajoutant peut-être à cette énumération un mot ou deux pour la rendre aussi intelligible que le permettrait le développement intellectuel des élèves. Il va sans dire que nous n'aborderions aucune des questions relatives à l'origine de la vapeur d'eau dans l'air, parce qu'elles nous écarteraient tout à fait du but de la leçon; nous pourrions nous contenter de dire en deux mots que la quantité de vapeur d'eau mêlée à l'air varie suivant les circonstances, qu'une grande partie de cette vapeur est invisible comme les autres éléments de l'atmosphère, mais qu'elle est visible aussi sous la forme de brouillards et de nuages, lesquels se résolvent en pluie. Nous n'en dirions pas davantage, sous peine de voir notre leçon perdre son caractère de leçon d'histoire naturelle. Nous parlerions ensuite, mais avec la même réserve rigoureuse, de l'acide carbonique que contient l'atmosphère, de sa quantité, de son origine comme provenant de la combustion du bois ou du charbon, de l'aliment qu'il fournit à la végétation. Enfin il resterait à parler des éléments les plus minimes de l'atmosphère, sans omettre les émanations gazeuses de la surface terrestre, les miasmes, les germes d'insectes, que l'on pourrait se contenter de nommer, sans aucun développement.

Si l'on veut pénétrer plus profondément dans les mystères de l'atmosphère et établir toutes les lois de causalité qui s'y rapportent, il faut donner aux leçons une direction bien différente, et étendre les rapports sous lesquels nous l'envisageons. Un ou deux exemples feront mieux comprendre ce que je veux dire. La propriété fondamentale de l'atmosphère, c'est le fait, peu évident à première vue, qu'elle est matérielle et inerte tout comme les corps visibles et tangibles qui nous entourent. Il y aurait une excellente leçon de choses à faire pour mettre en relief cette seule propriété, qui présente tout l'intérêt d'une surprise agré... .e. Les preuves et les exemples que l'on peut tirer de la résistance de l'air, du vent et d'autres phénomènes atmosphériques, sont bien connus et très-frappants. Mais cette leçon serait en réalité une leçon sur l'inertie de la matière, et son titre véritable devrait être, « la matière et le mouvement ». Comme la résistance que les masses solides et liquides opposent aux forces dont nous disposons, serait le premier fait énoncé dans cette leçon, on citerait naturellement l'air comme exemple de cette propriété, ce qui démontrerait que l'air est matériel. D'un autre côté, le poids et la pression de l'atmosphère se rattachent naturellement à une leçon sur la pesanteur, leçon qu'il ne serait pas difficile de faire comprendre à des enfants, mais en lui donnant, bien entendu, une forme pour ainsi dire tout à fait empirique. Elle ne pourrait cependant pas être placée parmi les premières leçons à tendance scientifique, parce que, pour être comprise, elle exige que les élèves connaissent la forme de la terre et aient déjà une idée générale du système solaire. Après le poids de l'air vient son élasticité; cette propriété rentrerait dans une leçon de mécanique sur les corps élastiques ou les ressorts, dans laquelle il faut nécessairement parler de l'élasticité de l'air. Cependant il ne serait pas naturel de parler dans la même leçon des conséquences intéressantes de l'élasticité de l'air combinée avec la pesanteur, telles qu'elles se manifestent par la raréfaction de l'air dans les régions supérieures; ce sujet exigerait une leçon à part.

L'examen de la composition de l'air, qui est un mélange d'azote et d'oxygène, est une question de chimie, et nous nous en occuperons à ce titre, mais dans une autre occasion. Dans la leçon dont il s'agit, on parlera en passant de l'oxygène, mais seulement sous forme empirique, en se réglant sur ce que l'on sait du degré d'avancement des élèves. Même dans les meilleures conditions, ces données empiriques sont incomplètes et insuffisantes; elles peuvent même quelquefois égarer les élèves, et le maître devra bien se garder de se laisser entraîner à les expliquer.

La vapeur d'eau qui est contenue dans l'atmosphère, avec ses transformations merveilleuses et sa circulation perpétuelle, est un des sujets favoris de leçons de choses, du moins s'il est permis d'en juger d'après les livres. La rosée est un sujet plus populaire encore, bien que la difficulté de cette question en fasse une leçon de physique très-avancée dans un cours régulier. Elle nous fournit un exemple commode de ce qu'il faut faire et de ce qu'il faut éviter dans une leçon de choses, et elle pourra nous montrer le caractère nécessairement empirique des leçons de science destinées aux enfants.

De ce que l'état de l'intelligence et des connaissances des enfants no permet pas encore de leur faire une leçon vraiment scientifique, il ne s'ensuit pas que le maître doive être incapable de faire une leçon de ce genre, ou ignorer la place qu'un sujet occuperait dans un ensemble scientifique régulier. Il vaut bien mieux, au contraire, qu'il soit au courant, afin de savoir pourquoi et comment il doit s'en écarter. Ainsi, dans un cours de physique, la rosée se trouve expliquée dans le chapitre de la chaleur, et celle-ci a nécessairement été précédée de l'étude de la dynamique, de l'hydrostatique' et des gaz. Une large base de connaissances physiques se trouve ainsi posée dans l'esprit des élèves; entre autres, les lois du mouvement et celles de la pesanteur ont été appliquées aux solides, aux liquides et aux gaz; de plus, lorsqu'on en arrive à la rosée, on a déjà vu un certain nombre des principaux faits relatifs à la chaleur — la dilatation des corps, la fusion, la vaporisation et leurs contraires, ainsi que la théorie de la chaleur latente. C'est quand il est muni de toutes ces explications préparatoires que l'élève d'un cours régulier de physique aborde l'étude de la rosée; et il reste encore au maître beaucoup à dire avant de faire comprendre ce phénomène d'une manière complète à un élève d'intelligence moyenne. Toutes ces considérations sont assurément de nature à décourager un maître qui a entrepris de présenter à des élèves de dix ans un sujet déjà difficile pour des élèves de seize, suffisamment développés et instruits. Ce sera là notre première impression; puis, la réflexion aidant, nous nous demanderons quelles restrictions, quelles omissions et quelles précautions la différence d'auditoire nous impose. Nous commencerons par repasser les raisons à invoquer en faveur de cet essai : nous voulons appeler l'attention des enfants sur les faits, les phénomènes et les actions du monde extérieur, afin de laisser dans leurs esprits des impressions dont profiteront plus tard leurs professeurs de sciences, car le professeur de physique qui voudrait faire une leçon sur la rosée serait fort embarrassé en présence d'élèves qui n'auraient jamais même remarqué que l'herbe est mouillée le matin après une nuit sereine et sans pluie. Nous songerons ensuite que les idées de cause et d'effet, sous une forme ou une autre, sont intelligibles pour des enfants; que souvent elles attirent spontanément leur attention, et que même les plus jeunes se font à eux-mêmes une théorie sur les conditions de tout changement qui les frappe. Tout enfant se fait une physique à lui sur la manière dont la pluie tombe, dont elle mouille le sol et remplit les ruisseaux; et quand il trouve que le pavé est mouillé et que les ruisseaux sont gonflés, il en conclut qu'il vient de pleuvoir. C'est pour guider, rectifier, diriger et favoriser ces observations et ces raisonnements spontanés que le maître fait les leçons dont nous nous occupons, tout en sachant bien qu'il ne peut encore présenter les vérités sous leur forme parfaite, et que l'élève devra, avant d'y arriver, passer encore par plusieurs degrés.

Avant d'appliquer ces réflexions à la leçon sur la rosée, il n'est pas inutile d'ajouter qu'il y a cent ans la véritable théorie de ce phénomène n'était nullement connue ; il fallait que Black eût expliqué la chaleur latente, et Dalton étudié la constitution de la vapeur d'eau mêlée à l'atmosphère, pour que l'on pût rendre compte du phénomène de la rosée. Malgré cela, ce phénomène n'était pas absolument inconnu, et le peu que l'on en savait était exact et utile. Ceci nous montre qu'une forme de la connaissance qui est encore loin de la perfection, peut cependant avoir sa valeur. Ce que l'on savait autrefois de la rosée n'était qu'une connaissance empirique, et les notions que nous donnons aux enfants avant de leur apprendre la science véritable sont empiriques aussi. Seulement, si elles le sont, ce n'est pas par nécessité absolue comme pour nos pères, mais en vertu d'un système volontaire de notre part. Nous connaissons la vraie solution du problème, son explication rationnelle ; mais nous la réservons parce qu'elle serait prématurée.

Mais voici l'avantage de notre position : nous pouvons profiter de la connaissance que nous avons de la vérité pour perfectionner l'enseignement empirique, pour le mettre mieux d'accord avec la réalité, et le rendre plus complet et plus intelligible pour ceux auxquels il est destiné. Nous pouvons laisser entrevoir ce que l'élève comprendra un jour pleinement ; nous pouvons même lui dire, d'une manière générale, la cause véritable du phénomène, quoique nous ne puissions lui indiquer tous les degrés par lesquels on arrive à la connaître. Il n'y a aucun inconvénient à compléter l'exposé empirique du phénomène des marées, en ajoutant qu'elles sont dues à l'attraction exercée à la fois par le soleil et par la lune ; l'erreur serait de chercher à en donner une démonstration détaillée à des élèves qui sont incapables de conceptions dynamiques abstraites. Nous pouvons leur faire une excellente leçon, sans vouloir immédiatement livrer un assaut inutile à une forteresse encore imprenable. Nous appelons l'attention des élèves sur un grand fait physique, et nous les excitons à l'observer ; nous leur mettons dans l'esprit une grande idée ; nous leur donnons une explication approximative d'un phénomène qui se reproduit sans cesse ; nous ramenons à un même fait général une multitude de faits épars : tels sont les motifs qui nous autorisent à prendre ce phénomène pour sujet d'une leçon instructive, en attendant que les élèves puissent l'aborder dans la classe de physique.

Revenons à l'exemple de la rosée. Bien que cette leçon soit ouvertement destinée à des élèves qui sont hors d'état de comprendre les raisons ou les applications du phénomène, et que par conséquent le maître ne compte pas sur toutes les connaissances qui, dans un cours scientifique régulier, devraient la précéder, cependant elle exige une certaine préparation antérieure, et prendra une forme en rapport avec le degré d'avancement de la classe. Il faut que d'autres faits aient été enseignés auparavant ; tels sont, la nature matérielle de l'atmosphère ; les trois états de la matière déterminés par la chaleur, excellent sujet de leçon empirique ; l'ébullition de l'eau ; la différence entre l'eau à l'état gazeux proprement dit et l'eau à l'état de vapeur visible ; le desséchement des surfaces mouillées et des étangs ; l'échauffement de l'air par la chaleur du jour, et son refroidissement pendant la nuit. Ces points une fois établis, voici la forme que l'on pourrait donner à la leçon sur la rosée : L'eau qui disparaît par le desséchement d'une surface mouillée se transforme en un gaz qui est absorbé par l'atmosphère. Celle-ci ne peut contenir qu'une certaine quantité de vapeur d'eau. Qu'en résulte-t-il ? Ou le desséchement s'arrêtera ou la vapeur sera rejetée sur le sol. Elle est en effet rejetée sur le sol sous forme de pluie. C'est là sa manière principale de revenir sur la terre. Avant de reparaître sous forme de pluie, la vapeur d'eau existe à l'état de nuages qui fournissent la pluie. Celle-ci tombe lorsque l'air est refroidi par la nuit qui succède au jour, ou par des changements de vent ; le point important, c'est le refroidissement de l'air. L'air peut abandonner de différentes façons l'eau qu'il contient, pourvu qu'il soit suffisamment refroidi. Le sol se refroidit pendant la nuit, et alors sa surface se couvre d'eau, bien qu'il n'y ait pas eu de pluie.

Le résultat essentiel de cette leçon serait de faire voir que, quand l'air est chaud, il s'empare de l'humidité qui est à la surface des objets, et que, lorsqu'il se refroidit, il la leur restitue ; si l'on gravait ce fait d'une manière générale dans l'esprit des élèves, ce serait tout ce qu'on pourrait faire en une seule leçon. Il est évident que la leçon sur la pluie et les nuages devrait précéder celle sur la rosée, qui n'est, après tout, qu'une conséquence assez difficile à deviner de la loi générale. Il faut une leçon spéciale pour faire bien comprendre pourquoi certaines nuits sont sans rosée, et pourquoi pendant une même nuit certains corps se couvrent de rosée, tandis que d'autres n'en ont pas. On pourra dire, comme simple fait d'observation, que l'herbe et la laine prennent mieux la rosée que la pierre et le métal ; mais la théorie du rayonnement superficiel et de ses différences selon les corps ne doit pas être abordée pour la première fois dans une leçon sur la rosée. Si l'on n'en a pas parlé dans une leçon antérieure, il vaut mieux n'en rien dire du tout ici, et se contenter d'énoncer le fait observé. L'empirisme est l'essence même de la leçon de choses. (Voir à l'appendice, p. 317.)

CHAPITRE V

LA GÉOGRAPHIE ET L'HISTOIRE

LA GÉOGRAPHIE. — Leçons de choses préparatoires. — Insuffisance des impressions fugitives de l'enfant. — Nécessité de suivre exactement les règles des leçons de choses. — Introduction dans les descriptions des idées de cause et d'effet. — Est-il bon de se servir d'esquisses faites d'après nature ? — L'élève comprend difficilement la véritable signification d'une carte. — Position, forme et grandeur des pays. — Description géographique. — La géographie physique. — Rapports entre la géographie et l'histoire. — La mémoire des mots. — Le dessin des cartes. — L'HISTOIRE. — Les premières leçons d'histoire ont pour sujet la nature humaine. — Leçons de choses sur les constitutions politiques. — Une esquisse de l'histoire universelle est indispensable à la chronologie. — Différents usages que l'on fait de l'histoire. — Multiplicité des méthodes. — La géographie politique est l'introduction naturelle de l'histoire. — Différentes formes des récits historiques. — L'histoire sous sa forme la plus élevée. — Pour l'histoire universelle, il faut employer la méthode de sélection.

Le but de la géographie est bien défini. Elle a pour fondement la conception de la surface terrestre; c'est le cadre qui embrasse le monde extérieur et son ordonnance. Sur une grande échelle, elle donne une place à toutes choses, et peuple tout. C'est le plus grand travail de la faculté de conception pure, dans son exercice littéral ou matériel, par opposition à l'exercice d'imagination que provoque le sentiment; cette considération seule indiquerait qu'il ne faut l'aborder qu'assez tard, parce que les enfants ont une faculté de conception concrète peu développée, et que ce peu est encore troublé par l'intervention d'émotions vives.

Une longue suite de leçons sur les objets du monde extérieur considérés séparément — outils et instruments, minéraux, plantes, animaux — doit servir à préparer en partie l'esprit des élèves à entrer dans le vaste champ de la géographie; mais ce champ leur présente

un exercice entièrement nouveau de la faculté de conception, exercice qui doit s'appuyer sur des observations et des faits d'expérience
distincts. Les objets les plus simples de la géographie — collines,
rivières, plaines, océans, villes — sont d'immenses agrégations, et
le but de la science est de saisir dans un ordre régulier les multitudes de ces agrégations dont se compose la surface de la terre habitée.

Quand il s'agit de présenter les éléments de la géographie dans
des leçons de choses, les impressions irrégulières d'un enfant de huit
ou neuf ans semblent bien au-dessous de cette tâche. Il faudrait
profiter des jours de promenade pour faire remarquer aux enfants
d'une manière toute spéciale les traits particuliers des endroits qu'ils
parcourent, et leur faire concevoir la ville ou le village qu'ils habitent comme un tout, qui a une forme et des parties distinctes. C'est
au sommet d'   colline élevée que l'enfant doit recevoir ses premières impressions de géographie, si l'on veut lui enseigner ce sujet
par la conception des objets concrets. Une région plate et monotone, comme le sont les comtés de l'est de l'Angleterre, n'offre pour
ainsi dire pas de matériaux de conceptions géographiques ; l'idée de
la mer, malgré sa simplicité, est complétement refusée à une multitude de personnes. Il est peu de gens qui n'aient aucune idée d'une
eau courante, et qui ne puissent s'en servir pour concevoir une
rivière comme étant une masse d'eau en mouvement ; mais la conception géographique complète d'une rivière exige que l'esprit se
soit d'abord familiarisé avec les idées de montagne, de vallée, de
plaine et de mer.

Malgré l'insuffisance et la difficulté de cet enseignement préliminaire, le maitre a raison de chercher à appeler l'attention des élèves
sur les traits principaux de la localité qu'ils habitent, et de s'en
servir pour leur faire concevoir d'autres localités où ces traits ne
sont pas combinés de la même manière ; il a raison de profiter de
l'expérience qu'ils ont du beau temps et de la pluie, de la chaleur et
du froid, de la neige et de la glace, pour leur donner l'idée de pays
où les plus grandes chaleurs qu'ils aient éprouvées pendant l'été
sont la règle ordinaire, et d'autres pays où la glace et la neige persistent pendant les trois quarts de l'année. Il n'y a là qu'un exercice
légitime de la faculté de conception, dans son application à la recherche de l'instruction et de la vérité ; mais il faut éviter avec soin
de chercher trop tôt à pousser très-loin cet exercice.

Lorsque l'on prend pour texte d'une leçon un des grands éléments
géographiques — un fleuve, par exemple, — il faut se conformer strictement aux règles et à la méthode des leçons de choses. La difficulté et l'étendue plus grandes de la conception qu'il s'agit de produire, exigent une observation encore plus exacte de l'ordre et de

l'unité. Nous venons de parler de l'ordre, dont la nécessité est encore plus évidente pour ce genre de leçons que pour les genres précédents. Quant à l'observation de l'unité de plan, si difficile dans les
leçons de choses à cause des occasions de digression qui se présentent sans cesse, elle est surtout indispensable pour la géographie.
Ainsi, pour l'exemple que nous avons choisi, le fleuve, une leçon à
part, qui est en réalité la principale d'après le plan général de la
géographie, consiste à faire concevoir aux élèves l'aspect visible des
eaux en mouvement, dans le cours d'eau principal et dans tous ses
affluents, en partant des premiers filets d'eau qui jaillissent des
sommets et des flancs des collines. Pour composer une image visible
d'un fleuve et de ses ramifications, telle que serait une vue à vol
d'oiseau de son bassin tout entier, il faut résister avec énergie à
tout désir d'explications accessoires, et, si l'on nomme la source
première de toute cette eau, la pluie, il faut se contenter de la
nommer ; il faut également s'abstenir de parler, dans la leçon ini-
tiale, de tous les services que rend un fleuve : fertilisation des
terres, eaux nécessaires aux villes, etc. La colline et la vallée sont
déjà connues, ainsi que la position du fleuve par rapport à elles;
quant au fait de son écoulement dans l'Océan, on se contentera de
l'indiquer sans en examiner aucune des conséquences. C'est déjà
assez de travail pour une semaine que de graver dans l'esprit, à force
de répétitions et d'interrogations, le plan visible d'un fleuve, type de
tous les autres, avec ses affluents, ses ruisseaux, ses filets d'eau et
ses chutes. Toutes les comparaisons et tous les contrastes à établir
doivent être renvoyés à une ou plusieurs leçons, que l'on fera sur
les fleuves envisagés comme formant une *classe*, avec leurs ressemblances et leurs différences générales. Les autres points réservés et
les digressions interdites, sont ceux qui doivent sans doute être
connus à propos d'un fleuve, mais qui ont chacun sa place et ses
rapports particuliers. La source première des fleuves, la pluie,
appartient au domaine de la géographie physique, ou encore à la
partie de la physique nommée météorologie. Les services que rendent les fleuves, comme moyen de drainage pour certains terrains
et d'irrigation pour d'autres, forment un sujet tout différent et qui
admet plusieurs subdivisions. Les rapports des fleuves avec les villes,
et les besoins divers auxquels ils répondent, sont un sujet qui ne
doit être traité que plus tard, bien qu'on puisse le citer en passant
dans plusieurs des premières leçons; par exemple, à propos de
l'eau, qui sert de point de départ à un grand nombre de leçons de
choses.

Le rapport de cause à effet est une circonstance qui se grave toujours sans peine dans l'esprit; mais nous avons vu que cette conception exige un effort d'abstraction en opposition avec le caractère

concret de l'idée principale qu'il s'agit d'établir. Il vaut mieux commencer par graver une fois pour toutes dans l'esprit des élèves
l'image du bassin d'un fleuve, tel qu'il s'offre en réalité à la vue, indépendamment de la considération des nombreux exemples de causalité qu'il présente; et plus tard, lorsque les rapports de cause
auront été établis, ils pourront réagir sur la conception concrète qui
les a précédés, et confirmer quelques-unes des idées dont elle se
compose, sans introduire aucune confusion dans l'image générale.
Par exemple, quand on considère la pluie comme la source première des fleuves, l'influence exercée par un temps pluvieux, qui
grossit tous les affluents et accroit ainsi la masse et la vitesse du
cours d'eau principal, vient encore ajouter à la netteté de l'image
antérieure.

Une ville est un excellent sujet de leçon de choses au début de la
géographie, à cause de ses rapports avec celle-ci et avec d'autres
sujets encore. Pour cette leçon, comme pour celle sur le fleuve, il
faut d'abord s'occuper uniquement de la conception concrète et de
l'image, et aussi éviter toute digression jusqu'à ce que cette conception soit bien gravée dans l'esprit. Dans des leçons subséquentes,
on pourra revenir sur ce sujet et exposer les raisons de toutes les
dispositions adoptées pour les villes, en donnant des détails intéressants sur chacune de ces dispositions envisagée à part; on pourra
aussi faire une leçon sur les villes considérées comme formant une
classe, en comparant plusieurs villes entre elles, d'après le principe
d'exposition par les accords et les différences.

On pense souvent que des dessins d'après nature peuvent faciliter la conception concrète des sujets géographiques. Mais ici il y a à
craindre un nouveau danger : il se peut que la réalité qui a servi
de modèle au dessin, réalité si difficile à atteindre par la faculté de
conception encore peu développée chez les enfants, soit supplantée
par le dessin, bien plus facile à saisir. Tous, jeunes et vieux, après
avoir vu un bon tableau, sont disposés à s'en tenir là. Telle est la
tendance de toutes les représentations matérielles, dessins, plans, etc.
Ce qui vaut le mieux pour la géographie, ce sont les modèles en
relief, qui rendraient de grands services à la conception des formes
générales des pays, s'il était possible de les multiplier dans les
écoles, et qui fourniraient aussi une base excellente aux leçons subséquentes sur la juxtaposition et la position relative de toutes les
contrées.

Dans les manuels de pédagogie, on insiste beaucoup sur la nécessité de faire comprendre les cartes aux enfants, en leur montrant
d'abord des plans de l'école et des endroits voisins qu'ils connaissent.
En effet, les enfants ne sont que trop portés à accepter la carte
comme étant le sujet véritable des leçons de géographie : ils y voient

la position des pays, le cours des fleuves, les contours des côtes, en un mot, tous les détails sur lesquels on peut les interroger. Aussi est-il généralement très-difficile d'obtenir qu'ils s'élèvent de la carte à la conception réelle d'un pays ; on n'y réussit que rarement, et avec des secours tout particuliers. Ce que la carte ne peut montrer, les élèves l'apprennent dans des leçons orales qui produisent leur impression propre.

La boussole donne une leçon de choses facile, en la rattachant, bien entendu, aux notions sur la marche du soleil. Il faut un pas de plus, mais qui n'a rien de difficile pour des enfants de huit à neuf ans, pour établir les rapports entre la forme de la terre et la latitude et la longitude ; on peut en parler à ce propos, mais sans rien de plus. L'idée de diviser une surface en carrés par un réseau de lignes également espacées, est assez facile, et elle sert à faire comprendre la disposition régulière des objets contenus dans ce réseau.

A tous les degrés de l'étude de la géographie, la position locale, la forme, la grandeur des pays doivent être apprises par un effort distinct de la mémoire, et l'esprit doit les retenir comme des faits visibles, fondés sur l'étude de la carte ou du relief. Cette impression peut être favorisée et confirmée par tous les détails de cause et d'effet, et par ceux sur les rapports mutuels entre les divers pays ; mais ces détails ne doivent être donnés qu'après que les élèves ont bien gravé dans leur esprit l'ordre dans lequel les pays se présentent sur la carte. Quelque chose que l'on veuille enseigner, il y a une règle qu'il ne faut jamais perdre de vue : c'est de séparer chaque fait de sa raison, et de décrire celui-là d'abord, pour le faire comprendre et retenir comme tel. Cette règle s'applique au sujet si vaste des rapports géographiques : on présente d'abord la surface comme un fait, puis on la considère au point de vue des nombreux rapports qui existent entre les différents éléments dont se compose une contrée.

L'art de graver les positions géographiques dans la mémoire des élèves, exige une certaine habileté de la part du maître. La méthode à suivre est celle qui a déjà été indiquée dans les principes de rhétorique relatifs à la description : la règle principale est de commencer par tracer un plan ou contour général, et de le subdiviser en parties, soit en une seule fois, soit en procédant par divisions successives, selon les circonstances. Quand les élèves sont assez avancés pour aborder la carte de la Grande-Bretagne, ils sont en état de considérer l'ensemble du globe, avec ses divisions en continents et en mers, et de revenir, par voie de subdivisions régulières, à leur propre pays. L'opération sur une grande échelle est aussi facile que sur une petite.

Les géographies dont on se sert dans les écoles présentent dans

un ordre excellent les points qui doivent être étudiés sur la carte
de chaque partie de la terre, grande ou petite. Ce n'est qu'assez
récemment que l'on a introduit dans nos classes la méthode descriptive, qui consiste à présenter par ordre tous les détails de la surface
de chaque contrée, en la divisant en chaines de montagnes, vallées,
plaines, que l'on énumère avec l'indication de leurs positions respectives. Ce système, que Ritter a appliqué sur une grande échelle, a
été adopté pour la première fois en Angleterre par la *Penny Cyclo-
pædia*. De là il a passé dans les petits manuels, parmi lesquels celui
de William Hughes a été le premier à le suivre. Quand l'élève a fait
assez de progrès pour qu'on lui mette entre les mains un de ces manuels, le travail du maître se trouve bien simplifié. Les rapports
qui existent entre la position, les bornes, la configuration, la grandeur, l'aspect général, en un mot entre tous les traits particuliers d'un pays et ses production végétales ou animales ; l'énumération de ces productions ; la description des habitants, de leurs travaux et de leur vie sociale (géographie politique), sont tous traités
d'une manière satisfaisante dans un grand nombre de livres classiques.

La science à laquelle on donne le nom de géographie physique
tient le milieu entre la géographie ordinaire et les sciences élévées —
physique, chimie, météorologie, botanique, zoologie et géologie. Elle
introduit dans les faits géographiques les considérations de cause
et d'effet, en choisissant et en exposant sous une forme empirique
les principes qui sont présentés d'une manière méthodique dans les
sciences proprement dites. Un cours de géographie physique doit
suivre et compléter la géographie proprement dite, en exerçant sur
celle-ci l'action que l'idée de cause exerce sur la connaissance des
faits. Il servira aussi d'introduction aux sciences fondamentales ;
mais, tant que les principes n'ont pas été étudiés dans l'ordre et
avec l'enchainement qui conviennent à ces sciences, ils ne laissent
point d'impression durable.

Le maître est quelquefois tenté de faire entrer dans la géographie
descriptive les explications scientifiques de la géographie physique.
Ces explications devront toujours être de simples allusions, car les
deux études ne doivent jamais être confondues.

Une tentation plus forte est celle de réunir l'histoire et la géographie
descriptive. Cette réunion a l'avantage de rendre plus intelligibles et
plus intéressants un grand nombre des faits, surtout de la géographie politique. Toutefois on ne doit le faire que très-brièvement et
avec une grande réserve, sans aller au delà de ce qui est nécessaire
pour faciliter l'étude de la géographie proprement dite. Comme
préparation à l'étude de l'histoire, on aura raison d'appeler l'attention sur les caractères géographiques qui ont déterminé de grands

évènements historiques, mais sans se lancer pour cela dans l'histoire
elle-même. Il existe une étude distincte, qui se rattache à la philosophie politique ou sociologie, et qui recherche l'influence exercée par
les circonstances physiques sur la forme et le développement des
sociétés. On pourra quelquefois signaler dans le cours d'une leçon
de géographie quelque fait saillant emprunté à cette science; mais
il est impossible de la faire entrer tout entière dans la géographie
telle qu'on l'enseigne à l'école. De même que la géographie physique,
cette science doit avoir sa place spéciale dans le plan général des
études; mais en même temps le maitre qui enseigne la géographie
descriptive fera bien de préparer la voie à cette application nouvelle
de son enseignement.

Dans la géographie une part considérable est faite à la nomenclature
des lieux; la mémoire des mots y joue donc un grand rôle. Le maitre
cherchera par tous les moyens à rendre ce travail moins aride, et il y
réussira surtout en ajoutant à chaque nom l'idée d'un fait qui s'y
rattache. Cependant il ne devra pas s'exagérer la faculté de conception des enfants, surtout pour un sujet qui ne comporte en général
aucune émotion bien vive. Il serait difficile à un enfant de dix ans
de se représenter les plaines de l'Inde, avec leur soleil vertical, leur
végétation particulière, leurs animaux et leurs milliers d'hommes au
visage basané. Les leçons de choses les mieux combinées ne peuvent
donner à de jeunes esprits une idée exacte de la faune et de la flore
qui caractérisent les régions tropicales, et l'effort de combinaison qui
est indispensable pour assigner à chaque objet sa place dans un
paysage de ce genre, n'est possible que dans la pleine maturité de
l'esprit; et, même alors, ce n'est qu'au petit nombre qu'il est donné
d'y réussir.

La géographie peut se rattacher de diverses manières à la pratique
du dessin. En dessinant une carte, l'élève grave dans sa mémoire les
traits principaux du pays que cette carte représente, tout comme en
copiant un passage d'un livre il grave dans sa tête les expressions et
les idées de l'auteur. Quand le dessin est cultivé avec passion, il
ajoute un intérêt nouveau à tous les traits de la nature, il double la
faculté de concevoir les beaux tableaux que présente le monde. L'influence de la poésie peut aussi favoriser les conceptions géographiques : le *Ruisseau* de Tennyson nous présente l'image d'un des nombreux affluents d'un grand fleuve.

L'histoire.

La géographie nous mène naturellement à l'histoire, lorsque celle-
ci est conçue sous sa forme définitive c'est-à-dire la plus élevée. Mais,

comme sujet d'enseignement, l'histoire passe par bien des formes différentes. Dans les petits récits qui semblent indispensables pour donner un peu d'intérêt aux premiers exercices de lecture, parce que c'est là presque le seul moyen de fixer l'attention des jeunes enfants, nous trouvons les premiers rudiments de l'histoire, car l'avidité des élèves pour les histoires finit par amener le maître à l'histoire véritable, en passant par la biographie. Les vies des rois, des hommes d'État, des généraux et des autres grands hommes, appartiennent en réalité à l'histoire.

Pour bien comprendre toute la portée de l'histoire, il faut une assez grande instruction préalable et une certaine expérience du monde, et les esprits qui réunissent ces conditions ont rarement besoin de maître. Les grands historiens anciens et modernes sont la lecture favorite de l'âge mûr.

Les premières leçons présentant un caractère de généralité qui aient un certain rapport avec l'histoire, sont les leçons sur la nature humaine et sur les manières, les actions et les motifs des hommes. Ces traits peuvent être tout à fait élémentaires et faciles à saisir, comme le sont les actes de dévouement ou d'égoïsme et les manifestations de toutes les autres passions humaines. Quand ces passions animent une nation entière ou une collection d'hommes, ce sont des faits historiques. Cependant il est bon de faire connaître aux élèves plus âgés la nature exacte de la *société*, et de leur dire que c'est une réunion d'êtres humains sur un territoire déterminé, organisée en vue de la sécurité et de l'intérêt de tous, sous une direction ou un gouvernement unique. De cette union naît la loi ou l'obéissance sociale, qui constitue une grande partie de la morale et qui est le type de la morale tout entière. L'histoire nous présente plusieurs formes de gouvernement différentes et plusieurs sortes de lois, et ses récits roulent sur les changements, plus ou moins violents, survenus dans les rapports entre les gouvernants et les gouvernés. Les exemples d'événements de ce genre font de l'histoire un enseignement politique aussi bien qu'un moyen d'influence morale. Voici quelques-uns des sujets que l'on pourrait choisir pour des leçons de choses relatives à l'histoire : les constitutions de quelques nations primitives, en commençant, par exemple, par les tribus des collines de l'Inde, et en s'élevant peu à peu jusqu'à la constitution anglaise; une révolution, en présentant cette idée sous les deux aspects que nous avons indiqués — aspect particulier et aspect général ou comparatif. Une révolution donnée — la révolution française, par exemple, — fournirait une leçon sur l'aspect particulier ou concret de cette idée, et une étude comparée de différentes révolutions serait présentée à part comme exercice *général*.

On enseigne l'histoire d'après deux plans qui se succèdent et qui

se complètent entre eux : une esquisse générale d'histoire universelle, et une histoire détaillée de certaines époques choisies. L'histoire universelle doit comprendre la chronologie, qui est le guide
de l'histoire, et les grands événements marquants de l'histoire du
monde. L'histoire de l'Europe moderne doit être présentée d'une
manière un peu plus complète, et l'histoire nationale d'une manière
plus complète encore. De plus, on fera le tableau détaillé de certaines périodes; par exemple, pour des Anglais, on choisira les
grands faits de leur histoire : la conquête de l'Angleterre par les
Normands, la Grande-Charte, les guerres entre l'Angleterre et l'Écosse,
la Réforme, la République. Les histoires les moins bien faites sont
celles qui ne sont ni assez étendues pour donner une esquisse générale de l'histoire du monde, ni assez détaillées pour faire voir le jeu
des forces historiques.

Jusqu'ici l'on a toujours joint l'histoire ancienne aux études classiques, de sorte qu'elle n'intervient que dans la seconde période des
études; dans la première, c'est à peine si l'on en parle, si ce n'est
à propos de quelques épisodes choisis.

L'enseignement de l'histoire semble presque échapper à toute méthode. Toute méthode, quelle qu'elle soit, semble bonne, si nous en
jugeons d'après la diversité des idées admises à ce sujet. Seulement
on ne tient pas assez compte de la situation exacte du maître. Quand
il commence l'histoire, ce n'est pas pour elle-même, mais c'est
comme auxiliaire d'autres études. L'histoire subit donc le sort
commun de bien des livres, sans en excepter la Bible elle-même.
Elle sert tout simplement à enseigner la lecture et l'orthographe.
Elle présente à l'enfant quelques-unes des premières leçons sur le
juste et l'injuste, le bien et le mal. Elle remplit la fonction que lui
assigne Gœthe : elle inspire l'enthousiasme; peut-être pourrait-on
donner à cette expression un sens un peu large, et la regarder
comme indiquant les passions en général. Toutes ces fonctions sont
assez éloignées de celles qu'on assigne d'ordinaire aux compositions
historiques. C'est à d'autres considérations qu'il faut demander les
règles de la méthode à suivre pour ces exercices.

L'histoire proprement dite a pour point de départ l'idée d'une ou
de plusieurs nations, et suppose par conséquent une certaine connaissance de la nature des sociétés politiques. Comme je l'ai dit
plus haut, ce point doit être le sujet de leçons distinctes, dont le
plus ou moins de facilité dépendra des progrès faits dans la géographie. Nous savons que la dernière partie de celle-ci, la géographie
politique, est la véritable introduction de l'histoire. Quand une fois
nous comprenons ce que c'est qu'une nation, nous sommes en état
de suivre ses mouvements, ses changements et ses progrès, et c'est
là ce qui compose l'histoire. Pour que le récit des événements ait

quelque valeur, il doit être en rapport avec les caractères de la nation et faire à son tour mieux comprendre ceux-ci, comme il arrive pour les organes et les fonctions dans l'étude de la biologie.

Il faudrait que les maîtres fussent bien plus forts en science politique qu'ils ne le sont ordinairement, pour diriger l'enseignement de l'histoire d'après cette méthode de dépendance mutuelle. Les élèves ne peuvent arriver à ces hauteurs que lentement et pas à pas, et le maître est absolument libre de choisir les explications qu'il donnera à chaque période, ou la période à laquelle il présentera l'histoire à ce point de vue. Laissant de côté l'emploi que l'on fait de l'histoire avec les jeunes enfants, nous passons à l'utilité qu'elle peut avoir pour des élèves un peu plus avancés, si on la présente sous la forme de chronologie animée, c'est-à-dire de l'indication des grands évènements de l'histoire universelle rangés par ordre de dates, de manière à former un cadre pour tout ce qui pourra y être ajouté. Le maître peut facilement ne pas se contenter d'énumérer sèchement des dates, de nommer des dynasties, d'indiquer l'époque de l'origine et de la chute des nations, mais faire un récit intéressant des circonstances qui ont accompagné les évènements. Pour faire un tableau de chronologie générale, il devra donner les dates des quatre monarchies de l'antiquité, de la chute de l'empire romain, de la formation des nations modernes, des croisades, de la prise de Constantinople, de la guerre de Trente ans, des guerres de la Révolution française, des progrès des colonies fondées par les nations européennes, et il pourra ajouter à ce tableau une indication générale des causes qui ont amené de si grands changements. L'histoire est une étude éminemment élastique ; elle peut être présentée d'une manière exacte dans bien des proportions différentes : un examen très-général de la naissance de la puissance grecque dans l'ancien monde et de sa destruction par les Romains, peut indiquer les causes des évènements dans un récit intelligible, intéressant et correct, bien que très-abrégé. Savoir modifier sur-le-champ les proportions d'un récit historique est le propre d'un maître habile. Il travaille d'après une histoire généralement trop détaillée pour le but qu'il se propose, et il doit savoir l'abréger ; une autre fois, il devra ajouter certains faits intermédiaires, afin d'agrandir les proportions du récit. Il ne fait là que répéter une opération souvent nécessaire pour l'enseignement de la géographie et d'autres sciences encore.

La forme la plus élevée de l'histoire nous est présentée par les grands ouvrages historiques des anciens et des modernes. Dans ces ouvrages, nous trouvons la nature des institutions politiques exposée d'une manière plus ou moins complète, et les évènements expliqués d'après les lois les plus profondes de la philosophie de l'histoire. Ce genre d'histoire est en harmonie avec la sociologie ou

philosophie politique la plus avancée du temps, et comme sa portée
est trop grande pour qu'il rentre dans un enseignement régulier, si
ce n'est par fragments, sa partie philosophique est plus importante
que sa partie narrative. En effet, dans l'enseignement supérieur des
collèges, l'histoire doit prendre un caractère scientifique, et les récits
ne doivent être cités qu'à l'appui des principes. Il est impossible de
s'occuper de l'histoire tout entière, et les abrégés ou les résumés faits
d'après la méthode qui convient aux commençants seraient tout à
fait insuffisants; il faut donc choisir les faits qui viennent à l'appui
des théories de la philosophie politique. Les détails historiques, tels
qu'ils sont présentés dans les histoires complètes de la Grèce et de
Rome, pour l'antiquité, et dans celles des grandes nations des temps
modernes, seront appris ensuite au moyen de lectures particulières.
Si le professeur voulait donner ces détails dans ses leçons, il perdrait
son temps sans arriver à être complet; et si les récits historiques
qu'il présente dans son enseignement ne sont pas pris au hasard et
sans règle, la considération dominante de cet enseignement devra
être celle des causes historiques présentées d'après un système qu'il
ne serait point difficile d'indiquer dans l'état actuel de la science politique. Les questions d'histoire que l'on pose de nos jours dans les
examens supérieurs, prouvent qu'il n'est point difficile de tracer le
plan d'un enseignement historique qui convienne aux élèves les plus
avancés.

Comme l'histoire universelle est devenue d'une longueur interminable, elle ne peut plus être embrassée par un seul esprit, et ce serait
d'ailleurs inutile. De même que bien d'autres sujets dans l'état actuel
de nos connaissances, parmi lesquels il faut compter les sciences
principales — les mathématiques, la physique, la chimie, la biologie
— elle ne peut être enseignée que par voie de sélection. Le principe à
suivre n'est pas difficile à trouver. Ce que nous avons déjà proscrit
pour les leçons d'histoire destinées aux jeunes enfants doit venir en
premier lieu. Ensuite viendront la théorie de la société politique et un
tableau comparatif des principales institutions. En dernier lieu, on
fera un exposé succinct des principes qui s'appliquent aux forces historiques, en choisissant dans certaines parties de l'histoire des exemples à l'appui de ces principes. Il est bon que ces exemples soient
empruntés à plusieurs périodes différentes, et que le monde ancien
y soit représenté aussi bien que le monde moderne.

Comme l'histoire ne présente aucune difficulté pour ceux qui ont
reçu la moyenne d'éducation et acquis la moyenne d'expérience
ordinaires, et que d'ailleurs c'est un genre de littérature intéressant,
il ne faut pas y consacrer beaucoup de temps dans le plan des études
du collège. Quand un point est douteux, le mieux est de décider la
question en le laissant de côté.

Une étude historique très approfondie des évènements modernes soulève tant d'opinions diverses sur la politique pratique et surtout sur la religion, qu'il est très difficile de s'en occuper dans les collèges. Cette difficulté se fait sentir en Allemagne même, quoique les professeurs y aient une plus grande liberté de parole qu'en Angleterre; il en est de même avec les catholiques irlandais des collèges de la reine. Une histoire approfondie de la Réforme doit nécessairement offenser ou les protestants ou les catholiques; bien plus, si elle ne heurtait les opinions de personne, l'histoire des premiers siècles du christianisme serait sans le moindre intérêt pour qui que ce fût.

CHAPITRE VI

LES SCIENCES

Pour enseigner les sciences, il faut posséder l'art de communiquer les connaissances en général, et surtout les idées abstraites. — L'*arithmétique*. — Emploi d'objets matériels. — Conception du nombre. — Le système décimal et les premiers exercices sur les nombres. — Moyens de faciliter l'étude de la table de multiplication. — Les raisons théoriques et le parti que l'on peut en tirer. — Ce n'est que par les mathématiques supérieures que l'on comprend tout à fait l'arithmétique. — Parti à tirer des problèmes d'arithmétique pour faire retenir des données numériques utiles. — Les *mathématiques supérieures*. — Méthodes à suivre pour graver dans l'esprit les idées et les principes abstraits et symboliques. — La géométrie est le véritable fondement des mathématiques. — Peu d'importance de l'enseignement concret. — Rôle du maître. — L'algèbre ne doit venir qu'après la géométrie. — Au point de vue de la méthode d'enseignement, les mathématiques sont le type des sciences de déduction. — Caractères spéciaux des sciences d'induction. — L'*histoire naturelle*. — Partie *générale* et partie *spéciale* des sciences naturelles. — La minéralogie et la botanique sont les moins compliquées. — Les subdivisions de la zoologie. — L'enseignement pratique. — Raisons pour lesquelles il faut habituer les élèves aux *objets* des sciences expérimentales. — Place que les exercices pratiques doivent tenir dans l'éducation générale. — L'enseignement oral et les livres. — Place et rôle du livre dans l'enseignement. — Les devoirs avec ou sans explication préalable. — Les examens. — Les interrogations en classe. — Inconvénients d'un questionnaire sous forme de catéchisme. — Questionnaires ajoutés à certains passages. — Examens à la fin du cours et à la fin de l'année. — Concours pour l'admission aux emplois publics — Considérations qui s'y rattachent.

Les méthodes d'enseignement scientifique sont aussi étendues et aussi diverses que le domaine des sciences. Elles exigent, plus que tout autre travail, la connaissance de tous les moyens de communiquer l'instruction d'une manière claire, et celle de l'enseignement plus spécial des idées et des vérités généralisées ou abstraites. Le maître se sert ordinairement d'un livre. Il va sans dire qu'il peut en

modifier le texte et être son propre livre; mais il est bon d'établir
une différence entre l'art d'écrire un traité scientifique et celui
d'enseigner les vérités qu'il contient.

Nous avons déjà indiqué en passant les méthodes à suivre pour
inculquer une idée abstraite. Ces méthodes sont complètes au point
de vue du fait principal de la science, c'est-à-dire de la généralité ou
abstraction; mais elles ne donnent pas tout ce qu'exige l'enseignement. Après l'exposition d'une idée ou d'un principe abstrait isolé,
vient la démonstration, qui se compose d'une série d'abstractions, et
ce travail offre certaines difficultés spéciales. Ce qu'il faut en réalité
pour y réussir, ce n'est pas une nouvelle méthode d'exposition, mais
bien une clarté extrême de langage, avec la précaution de veiller à ce
que chaque partie de la démonstration soit bien comprise.

L'arithmétique.

La manière d'enseigner l'arithmétique est peut-être, de toutes les
méthodes de l'enseignement élémentaire, celle qui est la mieux comprise. Renonçant complètement aux anciens errements, d'après lesquels on faisait apprendre par cœur les tables et les règles, en laissant ensuite aux élèves le soin de les appliquer de leur mieux, la méthode moderne fait comprendre les nombres à l'aide d'exemples concrets, et se sert de ces exemples pour démontrer les règles.

Les premières leçons sur les nombres ont une grande importance.
On montre aux yeux la différence qui existe entre un nombre et
un autre en se servant de groupes concrets d'objets; l'identité du
nombre se manifeste au milieu de la disparité des objets et des
manières de les grouper, et les élèves acquièrent ainsi les idées de
un, deux, trois, etc., jusqu'à dix objets réunis. On met en jeu la faculté de discernement aussi bien que celle d'accord : on placera
cinq objets côte à côte avec un groupe de quatre ou de six. Au
début, on se sert de petits objets faciles à manier — boules, cailloux,
pièces de monnaie, pommes; plus tard, d'objets plus volumineux,
par exemple de chaises, et des tableaux accrochés à un mur. En
dernier lieu, on prendra des points, des lignes assez courtes, ou
d'autres signes simples, pour habituer les élèves à des exemples qui
se rapprochent davantage de l'idée abstraite.

La conception de nombre n'est complète que quand elle contient
les idées d'augmentation et de diminution, d'addition et de soustraction, et de la transformation d'un nombre en un autre par ces
moyens. L'idée d'augmentation ou de diminution est en opposition
avec celle d'égalité, qui se présente aussi au début de l'étude des
nombres. La formation de l'idée de chaque nombre par la com-

paraison d exemples concrets nous présente l'identité dans la différence : l'idée d'égalité, qui nous est d'abord donnée par la coïncidence exacte de deux longueurs, est étendue aux nombres par la coïncidence numérique de deux groupes d'objets disposés d'une manière différente : par exemple, si l'on met neuf objets sur une ligne, et que l'on en arrange neuf autres sur trois lignes.

Ces exercices préliminaires sur les nombres concrets permettent d'arriver à la connaissance du système décimal, et, par là, à la méthode à suivre pour l'addition et la soustraction des nombres ; or, comme on procède toujours d'une manière à la fois intelligible et rationnelle, c'est une excellente préparation pour les calculs qui vont suivre. Après avoir montré par la pratique les sommes que donnent les nombres simples, on les fait apprendre par cœur, abordant ainsi les calculs proprement dits et la partie aride de cette étude. Comme l'abstraction nous permet d'arriver de prime abord aux conclusions, sans passer par tous les degrés intermédiaires, la mémoire doit retenir d'une manière exacte tout ce que contiennent les tables d'addition et de multiplication, et la promptitude plus ou moins grande avec laquelle un élève y réussit donne la mesure de son degré d'aptitude pour cette sorte d'études. Il y a là un genre de mémoire qui dépend très probablement d'une certaine maturité ou d'un certain développement du cerveau, de sorte que les exemples concrets les plus multipliés ne sauraient la faire apparaître avant le temps. Avec l'ancienne méthode, un élève commençait l'arithmétique lorsqu'il était en état d'apprendre les tables et de faire des calculs sans aucune explication préliminaire sur les nombres ; cette faculté se manifestait en son temps, lorsque le cerveau était assez développé, et ne dépendait point des secours du maître.

Je ne crois pas qu'il y ait de moyen spécial de faciliter cette partie de l'étude de l'arithmétique. Mais, ici comme ailleurs, l'application des règles générales de l'enseignement trouve sa place : longueur raisonnable des leçons, exercices gradués, application soutenue, patience et encouragement du maître. Toutefois, il est évident que la table de multiplication est un grand effort de la mémoire spéciale des symboles et de leurs combinaisons ; or, ce travail ne peut être allégé d'aucune façon. Il faut que les associations d'idées se forment avec assez d'énergie pour agir automatiquement, c'est-à-dire sans qu'on ait besoin de penser, de chercher ni de raisonner, et pour cela nous ne pouvons compter que sur le résultat de la répétition machinale de ces idées. Il n'est pas inutile d'avoir assez bien compris la raison du procédé pour arriver à obtenir un produit quelconque par voie de déduction, et on facilitera peut-être l'étude de la table en choisissant quelques-uns des produits pour les déterminer par la manipulation de leurs facteurs : quatre fois six donnent deux dizaines et quatre ;

sept fois douze font huit dizaines et quatre. Un autre exercice conduisant au même but serait de présenter chaque colonne comme
contenant l'addition de nombres tous égaux entre eux : deux fois
six, trois fois six, et ainsi de suite ; ce qui est la transformation de
l'addition en multiplication. Ces explications sont utiles par elles-
mêmes, parce qu'elles font approfondir le sujet ; de plus, elles sont
un léger secours pour la mémoire : nous sommes moins disposés à
oublier que quatre fois six font vingt-quatre, lorsque nous avons
formé le nombre vingt-quatre en ajoutant des six entre eux. Malgré
cela, il me semble que la formation des cent quarante-quatre associations d'idées entre les produits de la table de multiplication et
leurs facteurs doit être principalement une affaire de mémoire
des symboles, résultant d'un nombre énorme de répétitions,et que
ce travail ne doit être abordé qu'à un âge convenable.

Bien qu'il soit exact de ... e que cet acte de mémoire est la base
du procédé suivi pour la multiplication, qui se retrouve dans toutes
les opérations plus élevées, il y a dans les exercices pratiques divers
points pour lesquels la conception intelligente des nombres n'est
pas inutile; par exemple, la disposition du multiplicateur au-dessous
du multiplicande, et la manière de placer les produits partiels successifs. Pour tout cela, la connaissance des raisons de chaque détail
rend de grands services. On peut dire la même chose pour les fractions : la connaissance des raisons aide l'esprit à suivre les règles,
qui sont moins faciles à retenir sans avoir été démontrées, que ne le
sont les tables d'addition et de multiplication. La théorie rend plus
de services encore à la règle de trois, qu'il est fort difficile d'appliquer lorsqu'elle est présentée sans démonstration. Aussi la regarde-
t-on à juste titre comme le pont-aux-ânes de l'arithmétique, c'est-à-
dire comme le point pour lequel une règle simplement apprise par
cœur est absolument insuffisante. Tant que l'on pose les questions
sous une forme régulière, la règle sans démonstration peut suffire ;
mais, dès que l'énoncé est irrégulier, la règle ne peut plus être
appliquée. Dans l'application ordinaire de la règle de trois, la règle
pratique ne suffit que pour les cas les plus faciles.

Nous voyons donc que, si certains points des opérations arithmétiques peuvent être retenus à l'aide d'associations d'idées symboliques et dépourvues de sens, lesquelles sont possibles à un certain
âge que l'on peut appeler l'aube de l'âge de la raison abstraite,
parce que c'est le moment où l'esprit est en état de recevoir les signes
symboliques et représentatifs, de manière à penser et à travailler
par leur intermédiaire ; nous voyons, dis-je, qu'il se manifeste dans
toute cette étude un certain besoin d'apercevoir les raisons et les
rapports des différentes opérations, et que, si ce besoin n'est satisfait,
il faudra s'arrêter à chaque pas. Néanmoins, quand une fois un

élève a appris la marche à suivre pour tous les cas du même genre, la seule chose nécessaire est la facilité pour les opérations fondamentales, facilité qui dépend de la mémoire des symboles.

C'est seulement quand on a abordé l'étude des mathématiques supérieures que l'on peut se rendre compte de tous les rapports de l'arithmétique considérée comme science, et ces rapports ne sont jamais complètement connus que du petit nombre de ceux qui s'élèvent jusqu'à la conception de la méthode scientifique ou logique la plus élevée. Dans les études scolaires, il faut surtout viser à donner aux élèves de la facilité et de la justesse dans tous les calculs que comportent les problèmes usuels. Une pratique de plusieurs années doit amener ce résultat, et en même temps des exercices spéciaux de calcul mental doivent les habituer à calculer vite.

On peut appliquer à l'arithmétique et à d'autres études encore un principe important d'économie intellectuelle : je veux parler de celui qui consiste à tirer parti des problèmes pour faire connaître des faits utiles. Au lieu de faire entrer dans les additions, les soustractions, les multiplications et les autres calculs des nombres pris au hasard, nous pouvons, après les exercices préliminaires, faire entrer dans chaque question quelques données numériques importantes sur les phénomènes de la nature ou les usages conventionnels de la vie, et devancer ainsi, jusqu'à un certain point, les exigences de la position que les élèves occuperont plus tard. Il ne faut pas, bien entendu, exiger qu'ils apprennent ces nombres par cœur, ou les blâmer de ne pas les avoir retenus ; mais, dans les moments où leur attention n'est pas absorbée par les difficultés du travail purement arithmétique, il pourra se faire qu'elle s'arrête sur les données de la question et les grave dans la mémoire.

On pourra, par exemple, faire entrer dans une foule de questions les dates principales de la chronologie. Quelques additions et quelques soustractions fournies par les règnes des rois d'Angleterre ne seraient pas sans utilité pour graver dans la mémoire les dates qui s'y rapportent, et cela d'autant plus qu'elles n'auront pas été présentées comme le point principal de l'exercice. A propos de soustraction, on pourrait demander le nombre des années qui se sont écoulées depuis la conquête de l'Angleterre par les Normands, depuis la mort de Charles Ier, depuis l'union de l'Angleterre et de l'Écosse, soit en indiquant les dates dans la question, soit en profitant de ce qu'elles ont été données autre part ; et ces exercices serviraient à graver ces dates dans la mémoire.

On pourrait de même faire apprendre sans peine certains nombres importants pour la géographie, en les introduisant dans une foule de questions diverses. Les dimensions, la superficie et la population des trois royaumes, le rapport qui existe entre l'étendue des terres cultivées et celle des terres en friche, la population des plus grandes villes, les chiffres qui représentent les productions, le commerce et les impôts du pays, — données qui servent de base et de sujet constant aux raisonnements sur la politique, — ne se graveraient que mieux dans l'esprit des élèves s'ils les retrouvaient dans leurs calculs d'arithmétique.

Tout homme doit savoir parfaitement les tables de poids et mesures de son pays, et on pourrait les faire entrer dans les exercices de calcul de manière à les fixer dans la mémoire. Le seul fait de les écrire souvent sur l'ardoise pour résoudre les problèmes, attirerait forcément l'attention des élèves sur ces nombres. Un des nombres qu'il est le plus nécessaire de savoir pour la pratique ordinaire de la vie, est celui qui exprime le rapport entre le poids et le volume d'un corps, rapport pour lequel l'eau est le type fondamental. Un pied cube d'eau pèse 62 $^1/_2$ livres anglaises, et un gallon pèse 10 livres ; aucun Anglais ne devrait ignorer ces faits. En y ajoutant les poids spécifiques des principales substances — liège, bois (les espèces les plus usuelles), pierre de taille, fer, plomb, or, — on aurait les moyens d'arriver à bien des résultats intéressants.

Il serait bon de parler souvent des monnaies, des poids et des mesures des pays étrangers, et surtout du système décimal, en usage chez un grand nombre de peuples ; tous ces faits, d'un intérêt presque universel, peuvent facilement entrer dans des problèmes.

Je citerai à ce propos les échelles thermométriques. Quand on ne connait pas leur valeur relative, les indications de température que l'on rencontre sont, la plupart du temps, inintelligibles, car le thermomètre centigrade et celui de Réaumur sont maintenant plus souvent employés que celui de Fahrenheit.

On pourrait peut-être aussi faire apprendre aux élèves les quantités relatives d'alcool que contiennent les liqueurs fortes, les bières et les vins, en faisant entrer ces données dans des exercices de calcul.

Toutes les sciences pourraient nous fournir des nombres intéressants. En astronomie, par exemple, les données fondamentales, telles que la distance et le volume du soleil, la distance de la lune à la terre, celle des planètes principales au soleil, les temps que ces corps mettent à exécuter une révolution autour du soleil ou une rotation sur leur axe, pourraient être choisies comme ayant quelque chance d'être retenues en étant ainsi présentées incidemment dans des problèmes. Telle est la perversité de la nature humaine, que l'esprit prend souvent plaisir à s'arrêter sur ces nombres, parce qu'il *n'est pas tenu* de [les apprendre. D'ailleurs, en vertu d'une loi générale de l'esprit, si pour une raison ou une autre une question l'a occupé d'une manière exclusive, elle se grave dans la mémoire avec tous ses détails et toutes ses circonstances accessoires.

Les mathématiques supérieures.

Les méthodes de la géométrie, de l'algèbre et des mathématiques supérieures sont celles qui servent à l'étude des connaissances et des principes abstraits et symboliques. Désormais l'intelligence doit intervenir dans tout le travail; le temps de la simple routine, poussée quelquefois jusqu'à la perfection machinale, est passé. Cependant les procédés mécaniques peuvent, dans une certaine mesure, servir pour l'algèbre : l'élève à qui la règle aura été enseignée, pourra, sans en comprendre la raison, exécuter les opérations simples — addition, soustraction, multiplication — comme en arithmétique ; mais, pour la résolution des équations, il faut qu'il comprenne les principes.

Ne marcher que d'un pas égal et modéré, veiller à ce que chaque point soit bien su avant de passer à un autre, telles ont toujours été et telles seront toujours les règles de toute acquisition difficile. Ce sont les commencements de la géométrie et de l'algèbre qui exigent l'étude la plus lente ; ensuite l'on pourra marcher avec une vitesse toujours croissante. Quant aux mathématiques supérieures, il ne faut jamais les faire aborder par des esprits peu mûris ou incapables.

Les axiomes fondamentaux des mathématiques, sans en excepter l'arithmétique, sont présentés exclusivement avec la géométrie, qui a toujours offert le type le plus pur de la science démonstrative. De nos jours encore, la géométrie est toujours, comme elle l'était au temps de Platon, le portail des sciences. C'est Euclide qui, le premier, nous fournit le plan d'une démonstration régulière, toujours appuyée sur une définition, un axiome ou un postulatum, car la manière ordinaire de commencer l'arithmétique et l'algèbre ne nous montre, pour ainsi dire, rien d'analogue. Il est impossible de savoir la géométrie d'une manière scientifique sans comprendre la tendance exacte de tous ces éléments préparatoires, en même temps que la nature de la démonstration à laquelle ils servent de base. Mais il existe une manière concrète d'enseigner la géométrie, absolument analogue à la méthode employée par Pestalozzi pour l'arithmétique, et qui produit le même effet. Elle habitue l'esprit aux figures, fait comprendre ce que l'on entend par côtés et par angles, et donne pour quelques-uns des principaux théorèmes une sorte de preuve expérimentale qui est réellement convaincante par elle-même, bien que ce ne soit pas là le genre de preuve qui convient à la science. On peut prouver par des exemples matériels que la somme des angles d'un triangle est égale à deux angles droits, tout comme on peut prouver aussi par des exemples concrets que quatre fois six

font vingt-quatre. Mais on se tromperait si l'on croyait que prouver
des propositions par un procédé expérimental, en découpant et en
pliant des morceaux de carton, soit de la géométrie, ou une préparation à la méthode d'Euclide ou à toute autre méthode géométrique
véritablement scientifique. La vraie science exige de nous un tout
autre travail : il ne nous est plus permis d'avoir recours aux sens
ou à des exemples concrets ; il faut démontrer chaque propriété
comme résultant d'une propriété déjà démontrée, et en prenant pour
premier point de départ les définitions et les axiomes, qui doivent
être conçus comme s'appliquant à des idées purement abstraites. Le
devoir du maître est de se conformer à cette méthode, et de ne se
servir d'exemples concrets que pour faire comprendre les abstractions que présentent les définitions. Ainsi, après avoir dit qu'une
ligne est une longueur sans largeur, il pourra présenter aux yeux
des exemples de lignes concrètes, mais en faisant bien comprendre
aux élèves — non sans peine quelquefois — qu'aucune ligne concrète
ne répond à la définition, et qu'il faut que l'esprit fasse l'effort de
penser à la longueur seulement, sans tenir compte de la largeur. Ensuite on considérera la *ligne droite*, qui à son tour laissera bien loin
derrière elle toute ligne concrète de même nature. Sans doute,
quelques exemples concrets peuvent venir en aide à la définition, et
font mieux comprendre le maître, qui dit que deux lignes droites
ayant deux points communs coïncident dans toute leur longueur ;
mais il faut que l'idée soit conçue comme abstraction, et concoure
avec d'autres idées abstraites à toute la suite des démonstrations. Il
en est de même des autres définitions. Pour les axiomes aussi, l'on
pourra, au début, se servir de quelques exemples concrets, mais
ensuite on laissera de côté ces exemples, pour que l'esprit se concentre sur les conceptions abstraites, représentées à la fois par des
figures et par des mots, et apprenne à tirer des conclusions des
groupes de propositions présentées sous cette forme. Bientôt
l'exemple concret cesse d'exercer son influence, et l'élève doit
désormais marcher sans autre appui que la faculté de retenir et de
combiner les idées abstraites.

Le maître peut être d'un grand secours dans l'étude des démonstrations de la géométrie, en signalant aux élèves les points essentiels
souvent perdus au milieu d'une foule d'idées accessoires. On ajouterait à la clarté des propositions d'Euclide, si l'on imprimait les
points essentiels en plus gros caractères ; de plus, la voix même du
maître pourrait attirer l'attention sur l'endroit important, en la dé-
tournant de ce qui n'est qu'une répétition presque sans intérêt.

Il vaut mieux n'apprendre l'algèbre qu'*après* la géométrie, d'autant plus que la première se compose en partie de démonstrations
ou de déductions, et qu'il est plus facile d'aborder ce genre de tra-

vail par la géométrie. Le caractère spécial de l'algèbre est de représenter les données des problèmes par des symboles, de sorte que les
résultats obtenus dépendent de l'exactitude de ces représentations
symboliques et des opérations auxquelles on les a soumises. Les opérations sur les symboles doivent d'abord être justifiées par des explications et des démonstrations, et il faut avant tout que les élèves
les comprennent bien. Au fond, la plupart des élèves en croient le
maître sur parole; comme les résultats sont toujours corrects, et
qu'ils sont faciles à vérifier, ils suivent le principe que « tout est
bien qui finit bien ». Pour eux, la règle que deux facteurs négatifs
donnent toujours un produit positif, est prouvée par le fait qu'elle
ne donne jamais un résultat inexact.

Ce n'est qu'aux mathématiciens éminents qu'il est donné de simplifier les difficultés que présentent les mathématiques transcen-
dantes. La manière de ramener les problèmes physiques à une
forme mathématique — exemple, les problèmes de mouvement dans
la théorie des coefficients différentiels — est une difficulté constante
et au-dessus des ressources de l'enseignement ordinaire.

Au point de vue de la méthode d'enseignement, les mathématiques nous offrent le véritable type des sciences abstraites et déduc-
tives. Toutes les sciences qui viennent ensuite dans le groupe fondamental, physique, chimie, biologie, psychologie, ont un côté
abstrait et rigoureux, mais en même temps un côté concret de plus
en plus étendu. Un homme qui enseignerait bien les mathématiques
pourrait aussi être un bon professeur des autres sciences, à moins
qu'il ne manquât complètement d'aptitude pour les démonstrations
expérimentales; au contraire, un homme qui ne serait qu'habile
expérimentateur serait fort exposé à méconnaitre la condition essentielle de la science, qui est la vérité raisonnée, sans parler du risque
presque aussi grand de faire de son enseignement une affaire de
sensation, d'éclat et de représentations pyrotechniques.

Une SCIENCE D'INDUCTION — la physique expérimentale, la chimie,
la biologie — est toujours une science, c'est-à-dire qu'elle se compose de principes généraux et de cas particuliers. Ce qui lui manque,
c'est un long enchainement de démonstrations que les élèves aient à
apprendre successivement; mais ce travail est remplacé par d'autres
efforts. Les lois des sciences d'induction sont soumises à une multitude de modifications et de conditions différentes; au lieu d'un seul
attribut bien défini, on se trouve en présence d'une attribution
complexe et conditionnelle, de sorte que, si les élèves ont affaire à
une série de propositions moins étendue, la multiplicité des circonstances dont ils ont à tenir compte leur impose une tension
d'esprit d'un autre genre.

Il n'est pas sans importance de répéter ici, à propos des sciences

fondamentales, que, bien qu'un assez grand nombre de leurs vérités
puissent être présentées avec fruit sous forme de leçons de choses,
ces vérités ne se graveront dans l'esprit d'une manière durable et
précise que quand elles auront pris définitivement la place qui leur
convient dans les sciences auxquelles elles se rattachent. Il est bon,
sans doute, que des faits intéressants sur la chaleur ou sur la pression atmosphérique soient présentés sans suivre un ordre rigoureux,
à un âge où la physique ne pourrait être enseignée d'une manière
scientifique ; mais, tant que les rapports scientifiques de ces faits
n'auront pas été établis, leur connaissance n'aura qu'un caractère
vague et précaire. Le plus habile vulgarisateur de la science,
Huxley par exemple, pourrait bien rendre intéressantes les vérités
de la biologie ou de la géologie, mais il lui serait impossible, dans
une conférence isolée, de les graver d'une manière efficace dans
l'esprit de ses auditeurs.

L'histoire naturelle.

Les sciences naturelles ont pour types et pour divisions principales la minéralogie, la botanique et la zoologie. Les méthodes d'enseignement à suivre pour ces sciences ne sont pas difficiles à indiquer, bien que certaines circonstances viennent les rendre plus
compliquées. Nous savons qu'elles répètent des faits et des idées
déjà établis par les sciences générales, et qu'elles traitent de l'ordre,
de la classification et de la description d'un nombre énorme d'objets
distincts.

Une seule de ces sciences, et particulièrement une des deux dernières, suffirait pour absorber et accabler la mémoire la plus vigou-
reuse, sans qu'il fût possible de tirer parti des détails ainsi accumulés. Il faut donc que le maître trouve un principe de sélection
qui lui permette de tirer le meilleur parti possible du temps limité
dont il dispose.

Considérons la minéralogie. Cette science, comme les autres,
contient une partie *générale* et une partie *spéciale*. La partie générale
expose, d'une manière complète et avec ordre, toutes les propriétés
des minéraux, — propriétés mathématiques (formes cristallines), physiques, chimiques — et cite certains minéraux qui possèdent ces différentes propriétés et en présentent les modes et les degrés divers. Il
faut que l'élève apprenne à fond cette partie, et, s'il a bien étudié
les sciences fondamentales qui s'y rattachent, il le pourra sans peine.
Mais ce n'est là que la portion la moins étendue de la science qui
nous occupe. La partie spéciale de la minéralogie contient la classification de tous les minéraux connus, avec l'énumération et la

description de chaque espèce, à la place qui lui convient. Il n'est pas d'esprit qui puisse embrasser une étude si vaste. Le professeur réussit à exposer le plan général de classification, avec ses divisions et ses subdivisions, sans pouvoir y ajouter autre chose qu'une description complète de certaines espèces types. En effet, certaines espèces contiennent des substances dont le rôle dans l'économie générale de la nature est tellement important, que tout homme instruit doit les connaître : tels sont la silice, l'alumine, la chaux, le soufre, les principaux métaux, et leurs combinaisons les plus remarquables. D'autres corps, tels que les pierres précieuses, nous intéressent par leur beauté et leur rareté. De même aussi, nous désirons savoir quelque chose au sujet des corps qui arrivent sur la terre après avoir erré un certain temps dans l'espace. Mais, sur deux ou trois mille espèces, il n'est pas d'enseignement ordinaire qui puisse en embrasser plus de quarante ou cinquante, dont la mémoire ne peut saisir, dans tous leurs détails, que quinze ou vingt, avec un vague souvenir des autres. Quant aux matières contenues dans l'exposé général de la science, elles se graveront bien dans l'esprit et lui apporteront même un contingent précieux de connaissances spécifiques, sous la forme très utile d'une énumération de corps qui possèdent certaines propriétés générales : cristallisation en cubes, dureté, magnétisme, etc.

Même ordre pour la botanique. D'abord vient la botanique générale, puis suivent les principes de la classification, et enfin le détail des espèces, qui est la partie interminable du sujet. On peut abréger cette étude et ne s'occuper que de la botanique amusante, qui en enseigne assez pour permettre de reconnaître les plantes sauvages que l'on rencontre dans les régions spéciales où elles naissent. C'est en vue de cette forme spéciale de la botanique que sont rédigées les flores locales, qui dénaturent un peu la science proprement dite, et s'écartent encore davantage de la biologie des plantes. Celle-ci a pour sujet tous les détails de la vie des plantes, y compris la question si vaste de la fécondation.

Tout le monde sait que la zoologie est une science bien plus étendue que les deux précédentes, sous le double rapport de la multiplicité des individus et de leur complication. De plus, elle se trouve en présence de l'anatomie spéciale de l'homme, qui s'empare de l'espèce animale la plus élevée pour en faire le sujet d'une étude spéciale indépendante, et plus détaillée que toutes les autres. C'est aussi sur l'homme que l'on étudie les lois de l'organisme animal et des actions vitales, de sorte que la biologie animale s'occupe, pour ainsi dire, exclusivement de l'homme, et ne cite les autres animaux qu'à titre de renseignements accessoires. Ainsi l'anatomie et la physiologie de l'homme, l'anatomie et la physiologie comparées et la zoologie proprement dite, se disputent les esprits, et sont si étendues qu'il est impossible d'apprendre plus d'une de ces sciences, avec une faible partie des autres. Quant au choix de ce qu'il convient de comprendre dans l'éducation générale, il est encore à faire. La physiologie humaine, avec un cadre élargi par de nombreuses comparaisons avec les animaux, doit faire partie de toute éducation scientifique complète. L'anatomie de l'homme, qui ne peut guère être étudiée que dans une école de médecine, permet, dans une certaine mesure, de comprendre l'organisation des vertébrés en général et des mammifères en particulier, puisqu'elle contient toutes leurs parties avec quelque chose de plus; mais il reste encore des différences assez notables, et la zoologie est toujours une étude difficile et fort longue. Le seul moyen pratique est de la diminuer par voie de sélection, car, même en omettant des classes entières, sans parler des ordres naturels, des genres et des espèces, on se trouve encore en présence d'un cours fort étendu. Tout au moins peut-on poser des bases qui permettront plus tard de continuer cette étude, et c'est là tout ce qu'un maitre peut ou doit essayer pour plusieurs des sujets les plus féconds.

Bien que la géologie se rattache aux trois sciences qui précèdent, elle a cependant un domaine spécial. C'est encore une science de détails, mais bien moins que les précédentes; en outre, elle tient plus de compte des actions naturelles, et sous ce rapport elle peut être rapprochée de la météorologie, qui n'est qu'une application de la physique. On pourrait comprendre et étudier la géologie en s'appuyant sur la physique, et en y ajoutant simplement des leçons de choses sur les minéraux, les plantes et les animaux.

L'enseignement pratique.

On dit souvent, de nos jours, que, comme la physique, la chimie et la biologie sont des sciences expérimentales, elles doivent, ainsi que les sciences naturelles, être enseignées d'une manière pratique; et par là on veut dire, non seulement que le professeur doit montrer dans ses leçons des expériences et des spécimens véritables, mais encore que les élèves doivent manipuler eux-mêmes. M. Huxley semble penser que la zoologie ne peut être bien apprise que si les élèves peuvent disséquer.

On peut invoquer bien des raisons à l'appui de cette manière de voir. D'abord, l'impression faite sur l'esprit par des objets réels que l'élève a vus, maniés et soumis à des expériences, est bien plus profonde que celle que peuvent produire des mots ou des figures. Elle n'est pas seulement plus profonde, elle est encore plus conforme aux faits. Si les figures nous offrent l'avantage spécial de servir à mettre en évidence des rapports que les objets réels ne laissent pas apercevoir, elles ne peuvent jamais nous montrer les choses tout à fait comme elles se présentent à nos sens, et cette conception complète et précise de la réalité est la meilleure forme de connaissance : c'est la vérité, la vérité tout entière, et rien que la vérité. En outre, elle permet à l'élève de porter un jugement libre et indépendant sur ce qu'on lui enseigne.

La question de savoir si la faculté et l'habitude des manipulations expérimentales doivent être recherchées pour elles-mêmes, dépend du parti que l'on doit en tirer dans la suite. Dans le cours de zoologie de l'École des mines, il y a des classes destinées à préparer des maîtres, où l'on fait des travaux de dissection qui sont fort utiles ; mais je n'oserais pas affirmer qu'il soit impossible de donner de très bonnes leçons en montrant aux élèves des pièces disséquées et préparées d'avance, sans qu'ils y aient mis la main. Très souvent, une expérience exige, pour réussir, une foule de précautions minutieuses et de manipulations délicates, dont quelques-unes supposent des connaissances que les élèves ne possèdent peut-être pas encore, tandis qu'elles sont toujours présentes à l'esprit du professeur. La dextérité manuelle elle-même, quoiqu'elle ne fasse point partie de la science proprement dite, ne peut cependant s'acquérir qu'à force de temps et d'attention. Les manipulations de physique récemment introduites dans les hautes études, ainsi que les manipulations de chimie, sont une bonne préparation à plusieurs carrières scientifiques : génie civil, mécanique et industrie ; mais elles ne tiennent pas à l'essence même des études scientifiques, et ce serait les payer trop cher que de leur sacrifier quelque autre travail de science. Surtout si l'on a pour but principal d'habituer les élèves aux opérations intellectuelles les plus élevées, on aurait tort d'accorder une part trop large aux travaux pratiques.

Pour l'éducation générale, ce que l'on peut dire en faveur des études pratiques, c'est que les procédés, les artifices, les précautions indispensables pour les observations exactes doivent s'apprendre en étudiant *une quelconque* des sciences d'expérience ou d'observation. L'expérience pratique d'un seul sujet suffirait, et l'intérêt que présenterait ce travail compenserait assez la peine qu'il aurait coûtée. Il est clair que sans l'étude pratique d'une science expérimentale il serait impossible d'y devenir un adepte ou une autorité ; mais les résultats du travail théorique donneraient amplement tout ce qui est nécessaire pour aborder d'autres sciences. Il n'est pas indispensable d'avoir travaillé dans un laboratoire de physiologie pour appliquer les données de cette science à l'étude des conditions physiques de l'intelligence.

L'enseignement oral et les livres.

Pour l'instruction primaire, et, jusqu'à un certain point, pour l'instruction secondaire supérieure, on se sert de livres pour communiquer les connaissances. La manière de s'en servir est fort diverse. Quelquefois le maitre fait lui-même de vive voix toute la leçon, et ne renvoie les élèves au livre que comme à un secours accessoire. D'autres fois, il ne développe de vive voix que certaines parties, de manière à montrer aux élèves comment il faut s'y prendre, puis il leur laisse le soin de faire le reste. Enfin il pourra se contenter de faire réciter aux élèves, sous forme de leçon, le texte du livre, en corrigeant et en expliquant lorsqu'il y a lieu. La première méthode se rapproche beaucoup de l'enseignement purement oral, puisque le livre n'est qu'un auxiliaire et un accessoire. La combinaison de la leçon de vive voix et du livre, lorsqu'on sait les mettre en harmonie, est un excellent moyen à tous les degrés de l'enseignement. Le livre ne remplace pas la leçon de vive voix, mais la complète. Quand il ne se sert pas de livre, le maitre doit veiller à ce que les élèves prennent des notes suivies ; il aura soin aussi de n'aller que lentement, et de dicter ou d'écrire au tableau les sommaires et les principes les plus importants.

L'enseignement de vive voix, avec ou sans livre, a le grand avantage de l'influence qu'exerce la voix humaine, et de la sympathie qu'elle éveille dans l'auditoire ; on peut dire que ce mode d'enseignement est indispensable pour les écoles. De jeunes élèves ne réussissent qu'avec peine à démêler le sens d'un livre un peu succinct, et leur demander un pareil travail pour l'étude du soir, c'est leur imposer une véritable corvée. En pareil cas, lorsque vient le moment de réciter, presque tous les élèves sont en défaut ; si quelques-uns ont réussi, c'est leur récitation, aidée des observations du maitre, qui profite seule aux autres, et qui leur apprend tout ce qu'ils en retiennent. Quand une fois une leçon a été ainsi expliquée, si on la donnait à rapprendre, la classe entière la saurait très probablement.

Certaines leçons sont de nature à n'exiger aucune explication préliminaire, comme lorsqu'il s'agit d'apprendre une liste de mots ou un texte donné. Cependant il est bon que le maitre les lise d'abord à haute voix ; une seule lecture bien faite par lui grave mieux une leçon dans la mémoire des élèves que six lectures qu'ils font seuls. Ce n'est pas un mal, c'est au contraire une bonne chose, d'exiger des élèves assez âgés un certain travail indépendant ; mais la lecture de la leçon par le maitre, et la répétition qu'il en fait forcément pen.

dant la classe, sont les principaux moyens qui la font retenir; le travail des élèves est ce qui y contribue le moins.

Lorsqu'une leçon présente des difficultés, les explications préalables du maître sont indispensables. Je parlerai ici plus spécialement d'un genre de difficulté qui est à la fois sérieux et fréquent. Il se peut que l'on ait indiqué aux élèves un passage du livre qui doit être, non appris par cœur, mais bien compris et reproduit *en substance*. Ce cas se présente souvent pour les récits historiques, les tableaux géographiques, les descriptions d'histoire naturelle et les explications scientifiques; c'est là une épreuve difficile à la fois pour le livre, pour l'élève et pour le maître. Pour décider quels sont dans un sujet les points essentiels ou principaux et les détails accessoires ou subordonnés, il faut une grande maturité de jugement; au contraire, si une différence de caractères d'impression distingue entre eux ces différents points, une partie de l'effort de jugement sera épargné à l'élève, à moins qu'il ne s'agisse de montrer le rapport des uns avec les autres. Mais, pour qu'un élève pût découvrir ce que le maître jugera être les points principaux, il faudrait qu'il fût plus qu'un élève. C'est dans ce cas que le maître doit indiquer lui-même quels sont ces points, en appelant l'attention des élèves sur la différence qui existe entre eux et les détails accessoires.

Le cas le plus facile est celui où la leçon se compose d'un principe ou d'une règle, suivie d'une multitude d'exemples parmi lesquels on peut choisir; il suffit alors d'exiger la règle avec un choix d'exemples. Ce n'est pas là un travail de mémoire, mais bien de compréhension.

C'est une mauvaise politique de donner un devoir d'une longueur exagérée, en s'attendant bien à ce que les élèves n'en fassent qu'une partie. Si, dans l'intérêt des premiers de la classe, on juge à propos de donner un devoir qui dépasse ce que la généralité peut faire, le minimum devra être bien défini et exigé de tous sans exception; l'impossibilité où se trouve le maître d'examiner à fond chaque fois tous les devoirs est déjà en soi pour les paresseux une grande tentation de se dérober au travail, et, quand le devoir prescrit dépasse ce que l'on peut raisonnablement exiger, il y a là un véritable encouragement à la paresse.

Les interrogations.

Les interrogations sont un des moyens de faire mettre en pratique ce qui a été enseigné. Le premier point est de montrer ou de dire quelque chose aux élèves; le second est de le leur faire faire à eux-mêmes. Pour les choses qui ont été apprises, cet exercice consiste à les leur faire répéter, afin de prouver qu'ils les ont retenues. S'il s'agit de raisonnement, on demandera aux élèves de faire quelque chose qui montre qu'ils ont compris les raisons données ; et dans ce cas il faut que le maître imagine un moyen de reconnaître s'ils répètent seulement des phrases apprises par cœur, ou s'ils comprennent bien la portée de ce qu'ils disent. Un maître ou un interrogateur habile y réussit toujours, et ne va jamais en chercher bien loin les moyens. De toutes les ruses employées par les élèves quand on les interroge, la substitution de la mémoire au travail est la plus facile à déjouer.

De tous les abus dont la méthode des interrogations est susceptible, le plus singulier est, sans contredit, celui que nous présente la forme depuis si longtemps en usage sous le nom de catéchisme. Bien qu'elle soit surtout adoptée pour l'enseignement religieux, elle a été étendue à toutes sortes de sujets. Un catéchisme, considéré d'une manière générale, contient des questions que le maître doit poser textuellement aux élèves, et des réponses que ceux-ci, à leur tour, doivent répéter à la lettre, sans qu'il soit permis à l'un ni aux autres de s'écarter du texte. Il est vrai que, de nos jours, les maîtres habiles y ajoutent les questions qu'ils jugent convenables ; mais c'est là une innovation contraire à l'essence du catéchisme, et qui montre que le temps est venu d'y renoncer. Il a servi pendant des siècles à donner un enseignement purement machinal.

Il n'est pas mauvais, cependant, de mettre un questionnaire à la suite de certains passages des livres de classe : par ce moyen, on appelle l'attention des élèves sur les points importants, et on facilite à la fois leur travail et celui du maître. Ces questionnaires ne tendent en aucune façon à rendre l'enseignement machinal ; bien au contraire. Sans doute, chaque maître doit pouvoir se faire son propre questionnaire ; mais ceux qui sont donnés dans le livre ont l'avantage de montrer aux élèves ce qu'ils ont à faire.

Les interrogations étaient autrefois considérées comme inséparables de l'enseignement proprement dit ; la seule question était celle de savoir comment et dans quelle mesure elles devaient accompagner les leçons orales, et dans quelles circonstances il était à propos de faire celles-ci sans aucune interrogation, comme cela se passe dans les universités allemandes et dans d'autres encore. Les examens qui se faisaient à la fin du cours consistaient simplement en questions semblables à celles des interrogations ordinaires, pour savoir si les élèves avaient retenu jusqu'à la fin ce qu'ils paraissaient avoir appris de jour en jour. C'est d'après ces examens que l'on donnait les certificats et les prix, et que l'on conférait les grades.

Le système actuel des concours pour l'obtention d'emplois publics souvent importants, a donné une importance nouvelle aux méthodes à suivre pour les examens, et cette question est devenue le sujet d'une

étude approfondie. Pour aller au fond des choses, il faudrait examiner l'une après l'autre ces trois questions : 1º Quels sont les sujets
qui donnent aux facultés intellectuelles la base la plus solide? —
2º Comment faut-il les enseigner? — 3º Quelles sont les épreuves à
adopter pour les examens? La première de ces questions est encore
bien loin d'être résolue, et j'ai moi-même fait de longues recherches
pour arriver à la résoudre dans la mesure de mes forces. Ensuite
vient la question de la manière d'enseigner, qui tient une place encore plus considérable dans ce travail. Quant au troisième point,
je ne l'aborderai pas, parce que M. Henry Latham, de Trinity Hall,
université de Cambridge, en a fait une étude sérieuse dans son livre
intitulé, *De l'influence des examens imposés aux candidats aux fonctions publiques.*

CHAPITRE VII

LES LANGUES

1. — PRINCIPES GÉNÉRAUX

Première difficulté : fusion du langage et de la pensée. — Ne faire qu'une seule chose à la fois. — Exercice de la mémoire des mots. — Avantage qu'il y a à associer sur-le-champ les mots avec les choses qu'ils représentent. — Importance de bien comprendre le sens des mots. — Inconvénient de commencer trop tôt l'étude des langues étrangères. — Moyens généraux d'apprendre plus facilement les mots. — Moyens mnémotechniques. — Concentration de l'attention sur les mots à apprendre. — Les mots à apprendre d'abord sont ceux qui reviennent le plus fréquemment.

Les méthodes à suivre pour l'étude des langues présentent certaines particularités qui exigent un examen séparé. La manière dont la langue maternelle doit être apprise soulève des questions dont le nombre égale l'importance. Quant aux langues étrangères, on n'est d'accord ni sur les méthodes à suivre pour les étudier, ni sur leur *valeur relative*.

Il est facile d'imaginer un état de choses qui nous dispenserait d'étudier à l'école notre langue maternelle. Si un enfant n'était entouré que de personnes parlant correctement leur langue, s'il avait de fréquentes occasions de lire et d'entendre les plus beaux modèles et de s'en pénétrer, alors la simple imitation à laquelle il lui serait impossible de se soustraire lui apprendrait parfaitement sa langue maternelle, sans qu'il eût besoin d'autre enseignement qu'il n'en existe pour les locutions et l'accent particuliers à certaines provinces. C'est à peu près ce que nous voyons dans notre pays pour les classes supérieures de la société, et c'est ce qui est vrai d'une façon absolue chez les nations qui n'ont qu'une série d'expressions pour tous les sujets et toutes les personnes.

C'est seulement pour les différences qui existent entre cet idéal et notre position réelle que nous avons besoin d'un enseignement spécial de notre langue maternelle. Mais il faut toujours tenir compte de l'instruction accidentelle que les élèves ont acquise, pour ainsi dire, sans le vouloir. C'est une faute de répéter à l'école ce que les enfants ont déjà appris chez eux, et c'est une faute plus fréquente encore de consacrer une partie du temps de l'école à des choses qui ne peuvent manquer d'être apprises à la grande école du monde. Toutes les heures passées dans la société nous apprennent nécessairement notre langue. Tout ce qui nous est enseigné par les autres se représente à nous revêtu de certaines formes de langage. Les différents cours que nous suivons à l'école ou au collège développent inévitablement en nous la faculté de nous exprimer.

L'école primaire a à lutter contre le caractère peu élevé des habitudes contractées dans la maison paternelle, sous le rapport du langage comme sous tous les autres rapports. L'école secondaire poursuit cette tâche, en y ajoutant celle de corriger ce qu'il y a d'incorrect dans le langage même des enfants qui ont reçu une certaine éducation, sans parler du mélange d'ivraie et de bon grain que nous présente le champ littéraire.

La première difficulté qui s'offre dès le début de l'enseignement des langues en général, et de la langue maternelle en particulier, difficulté qui persiste fort longtemps, vient de ce que l'objet étudié est double, puisqu'il s'agit de l'union du langage et de la pensée. Le langage n'est rien sans la pensée qu'il exprime, de sorte que l'attention se partage entre ces deux éléments, au lieu de négliger l'un pour se concentrer sur l'autre. De plus, la nature de la pensée que l'on veut exprimer réagit nécessairement sur la forme de l'expression, de sorte que l'on est forcé d'en tenir compte; toutefois, un grand nombre de faits linguistiques sont les mêmes pour tous les sujets — les règles grammaticales, par exemple, et un certain nombre des préceptes de la rhétorique, — et ces faits constituent l'étude proprement dite d'une langue.

Il ne faut pas oublier qu'enseigner une langue n'est pas enseigner quelque connaissance, du moins dans le sens que l'on attache habituellement à cette expression, qui s'applique surtout à une étude telle que l'histoire, la géographie, les sciences, les arts. Ce n'est pas non plus présenter à l'esprit des idées élevées, poétiques ou morales. Dans ces études, la langue n'est que l'instrument, le moyen de communication; *s'en servir* ainsi n'est pas l'enseigner d'une manière expresse. Il est vrai que se servir d'une langue dans un but quelconque est une manière indirecte et involontaire de l'enseigner, et qu'une part considérable de ce que nous savons de notre langue s'acquiert par ce moyen; mais il faut distinguer ce résultat des exercices linguistiques proprement dits.

La nécessité de s'occuper d'un sujet double se présente souvent dans l'éducation ; un grand nombre d'études ont deux points de vue, et en pareil cas il est facile de faire fausse route. Ce qu'il ne faut jamais oublier, c'est que l'esprit humain ne peut s'occuper que d'une seule chose à la fois, bien qu'il lui soit possible de porter très rapidement son attention d'un point sur un autre, de manière à envisager tour à tour deux sujets. Mais quand il s'agit de l'éducation, qui nous force à étudier des sujets différents et à graver dans la mémoire des détails fort nombreux, il est indispensable de concentrer pendant un certain temps toute l'attention sur un seul exercice ; et, pour les études qui comportent deux éléments, il faut ne s'occuper que d'un seul à la fois, au lieu de voltiger de l'un à l'autre.

Presque tout le travail de l'étude d'une langue permet de suivre ce principe de concentration des forces sur un seul point. Toutefois, il y a quelques cas où le langage et la pensée sont unis d'une manière si intime qu'il est impossible même de les considérer séparément. Dans les traits d'esprit, les épigrammes et les expressions figurées, les idées et les mots sont à la fois le véhicule de la pensée. D'un autre côté, la connaissance des choses se présente souvent sous la forme d'une connaissance de la langue. Si l'on demande ce que signifie le mot épidémie, on semble faire une simple question sur un mot, et au fond on demande la connaissance d'un fait ou d'un phénomène naturel.

Conditions de l'étude des langues en général.

C'est en étudiant les langues étrangères que l'on se rend bien compte du travail qu'exige l'étude d'une langue. Ces langues nous montrent dans toute sa plénitude l'action d'adhérence verbale par laquelle les mots s'ajoutent les uns aux autres. Quant à notre langue maternelle, elle nous habitue à associer les mots avec les choses ou les pensées. Les lois de ces deux actions intellectuelles ne sont pas les mêmes.

Sous toutes ses formes, l'étude d'une langue est un travail très laborieux pour la faculté plastique de l'esprit ; elle exige par conséquent la réunion de toutes les conditions générales favorables à la rétentivité que nous avons énoncées plus haut. Les combinaisons élémentaires qu'il s'agit de former sont pour ainsi dire innombrables ; les vocables seuls d'une langue un peu développée se comptent par milliers, et un grand nombre d'entre eux ont plusieurs sens. Ajoutons à cela les sens particuliers des locutions, les idées ou les combinaisons qui exigent des actes rétentifs spéciaux.

L'action qui unit les mots entre eux nous montre la faculté

d'adhérence verbale de l'esprit, faculté exercée par l'oreille pour la langue parlée et par les yeux pour la langue écrite, la voix servant d'auxiliaire à l'oreille, et la main à l'œil. Cette manière d'apprendre une langue est bien loin d'être la meilleure. Pour rattacher un mot anglais au mot qui lui correspond en français, en latin, en grec, on ne met pas en jeu les forces d'association les plus puissantes ; ce travail ne suit pas les lignes de plus grande rétentivité, et n'est point soutenu par des motifs d'intérêt puissant.

C'est en associant les mots directement avec les objets ou les idées que l'acquisition d'une langue marche le plus rapidement. C'est ce que fait toujours celui qui apprend sa langue maternelle. Il est en présence de quelque objet — un feu, une boule, un chat — qui captive son attention pour le moment ; le nom qui vient frapper son oreille se confond dans le même acte d'attention, et se trouve bientôt associé à l'objet. Plus une chose fait impression, plus son nom se grave rapidement dans l'esprit : un éclair, un bruit soudain, un mouvement rapide, une rupture, si on les nomme au moment où ils se produisent, exigent rarement une répétition du nom.

L'acte par lequel nous unissons les noms aux impressions produites par les objets, reçoit un secours puissant de l'émotion qui suit de près toute impression un peu énergique. Toutes les fois que nous sentons une émotion, que nous recevons un choc ou que notre attention est vivement attirée sur un objet, nous nous sentons portés à pousser une exclamation ; et, si l'on nous fait entendre le nom de l'objet qui nous émeut, nous le saisissons aussitôt pour exprimer notre émotion. C'est chez l'enfant surtout que l'on remarque ce penchant à crier le nom de tout objet qui attire l'attention : « feu, chat, bébé ! » s'écrie l'enfant, et ces exclamations contribuent à lui faire mieux apprendre une foule de mots.

Quand on apprend une langue étrangère dans le pays où elle se parle, on reconnaît facilement la différence qui existe entre rattacher un mot à un autre mot et le rattacher immédiatement à un objet réel. Un Anglais qui se trouve dans une ville de France lit à tous les coins de rue le mot *rue* ; il voit aux devantures des boutiques différents objets avec des étiquettes qui en indiquent le nom. S'il passe en omnibus dans une rue mal pavée, et qu'il y ait un cahot un peu fort, il entend un de ses voisins s'écrier : « Quelle secousse ! » et cette seule fois lui suffit pour établir d'une manière ineffaçable un rapport entre le mot et le fait, tandis qu'il faudrait plusieurs répétitions du mot secousse et du mot anglais *shock* pour établir entre eux un rapport durable.

A la rigueur, le même effet devrait résulter de ce que le mot anglais, prononcé devant un Anglais, reporte son esprit vers l'objet ou le fait qu'il représente : par conséquent le mot secousse, lorsqu'il

est traduit par le mot anglais *shock*, devrait ainsi se rattacher au fait
représenté par ce mot, ce qui établirait une association entre le mot
français et le fait réel. Mais il est évident que par ce moyen on n'arrive que bien faiblement et avec une grande lenteur au résultat
voulu. Pour ajouter à l'impression produite par le mot français que
l'on veut apprendre à un Anglais, on peut insister un peu sur le sens
de ce mot, ou en donner quelque explication qui représente le fait
d'une manière plus vive : on lui dira, par exemple, que le mot *secousse* signifie un choc ou un cahot comme on en reçoit lorsqu'on
passe en voiture sur une route mal entretenue. Une explication de
ce genre, donnée de vive voix par le maître, suffit généralement
pour graver le mot dans la mémoire; si l'élève la lit simplement
dans le dictionnaire, elle produira sur lui moins d'effet.

Ce seul exemple suffit pour faire voir que la faculté de saisir le
sens des mots est la condition essentielle de tout progrès rapide
dans une langue, ou, en d'autres termes, que la connaissance des
choses doit toujours devancer la connaissance des mots. Présenter
trop tôt à l'esprit d'un enfant des sujets qui ne lui conviennent point
encore, afin de lui faire apprendre quelque langue difficile, comme
le latin, c'est faire fausse route. Si, comme exercice linguistique,
nous devons traduire un auteur, il est bon que nous comprenions
d'abord, comme exercice de connaissance, le sujet dont il parle; nous
sommes alors en état d'apprendre les vocables et les formes de
phrase dont il se sert pour exprimer cette connaissance. Pour apprendre les expressions que les Grecs employaient pour la géométrie, il faut d'abord que nous apprenions la géométrie en l'étudiant
dans notre propre langue; ensuite nous pourrons lire Euclide dans
l'original. Il n'y a aucune exagération à dire qu'en pareil cas c'est le
meilleur géomètre qui fera les progrès les plus rapides dans le grec :
même la mémoire des mots, bien plus vive dans l'enfance ou chez
quelques personnes exceptionnellement douées, ne saurait compenser
la connaissance imparfaite du sujet, et un bon mathématicien de cinquante ans réussirait probablement à lire tout Euclide en moins de
temps qu'un adolescent de quinze ans qui ne saurait pas bien sa géométrie, malgré sa facilité pour retenir les mots.

Ceci nous montre un des côtés faibles de l'étude prématurée des
langues étrangères, et surtout des langues mortes. Il est vrai qu'en
commençant de bonne heure on tire parti de la vivacité et de la force
de la mémoire, et que l'on utilise un temps que le peu de développement de la raison ne permet pas d'employer aux études plus difficiles. Mais, si l'on ne fait pas porter cette étude de la langue étrangère
sur des sujets que l'élève comprenne réellement, les mots échapperont à sa mémoire, fût-elle la meilleure du monde. Le plus ordinairement on ne se rend pas compte de cette difficulté, parce que les

récits faciles qui servent de texte à tous les exercices du premier âge ne se composent que d'idées accessibles à tous. Comme il est important d'enseigner de bonne heure la prononciation d'une langue étrangère, et que pour cela il faut que le jeune enfant sache un certain nombre de mots de cette langue, on pourra la lui apprendre dès le plus bas âge, dans les limites de ce que peut savoir un petit enfant, mais sans dépasser ces limites.

Nous verrons plus loin que l'inconvénient d'être forcé de s'occuper en même temps de l'étude de la langue et de celle des choses, est inévitable quand il s'agit de la langue maternelle, bien qu'il ne soit pas impossible de l'atténuer; mais pour les langues étrangères, on aurait tort de s'y exposer, comme on le fait souvent. Avec ces langues, il est toujours facile de faire en sorte que la connaissance des sujets devance d'assez loin l'étude du langage. Quant aux raisons qui semblent contraires à l'adoption de ce système, elles peuvent être combattues victorieusement par des motifs opposés.

Avant d'appliquer complètement ces principes généraux à l'étude de la langue maternelle, je veux m'arrêter un instant au cas le plus simple de l'acquisition verbale, c'est-à-dire à la réunion des mots entre eux, en dehors de toute considération de sens. Bien que le fondement de notre connaissance du langage doive être l'association des mots avec les choses, les faits ou les idées, cependant l'étude d'une langue et sa connaissance exigent un travail assez considérable d'acquisition purement verbale. Tels sont, par exemple, les détails grammaticaux — déclinaisons, conjugaisons, listes jointes aux règles et aux définitions; telles sont encore les premières phrases que nous apprenons à répéter dans notre enfance, et celles, plus compliquées, que nous employons plus tard presque machinalement : ce sont là autant d'associations, pour ainsi dire, purement verbales. Il en est de même des morceaux que nous apprenons par cœur, à un âge où le sens n'a que peu de valeur pour nous, ainsi que des proverbes que nous retenons plutôt à cause de la forme que du fond. Toute connaissance formulée en paroles reste gravée dans notre mémoire, en partie à cause de l'enchaînement des idées, et en partie à cause de celui des mots. La plupart des synonymes d'une langue sont réunis en groupes par la mémoire des mots, et ce fait s'étend des simples vocables aux constructions qui ont le même sens et aux diverses manières d'exprimer la même idée. Il va sans dire que toute la partie de la connaissance des langues étrangères qui repose sur une association entre un mot de la langue maternelle et le mot étranger qui y correspond, dépend du même principe. Le cas extrême est celui de l'étude des langues par le philologue, uniquement en vue de la connaissance de leurs rapports philologiques.

Ces associations purement verbales, dont un nombre si immense nous est indispensable, doivent être regardées comme une nécessité désagréable ; ce n'est que par hasard qu'elles sont intéressantes en elles-mêmes. Qui peut trouver du charme à apprendre par cœur la liste des verbes irréguliers et de leurs formes diverses ? Les conditions de ce genre de travail sont celles qui dominent toutes les études les plus arides. La plasticité seule doit entrer en jeu, sans que l'on puisse compter sur le stimulant que donne le charme naturel de l'étude ou le goût qu'elle inspire.

Partout où les éléments à retenir sont à la fois très nombreux et sans attrait, il faut se conformer strictement aux principes d'économie qui ont été établis pour les acquisitions intellectuelles. On partagera le travail en parties, dont une seule sera assignée à chaque jour, de manière qu'elle ait sa part de temps, de force et d'attention pendant les moments de plasticité intellectuelle ; les leçons seront soigneusement récitées au maître, et les devoirs corrigés et approuvés par lui. On fera, à certains intervalles réglés, des récapitulations régulières des parties déjà vues. On stimulera les jeunes enfants par de petites récompenses. Tels sont les principaux artifices par lesquels on triomphera de la monotonie de toutes les leçons de détail.

Quant aux leçons où il ne s'agit que de mots, il existe pour les rendre plus faciles des moyens qu'un maître habile ne néglige jamais. S'il les lit à haute voix, il doit le faire d'un ton clair, distinct et même agréable ; si elles sont écrites ou imprimées, les caractères doivent être bien nets, et les listes disposées d'une manière symétrique. Il y a aussi avantage à faire copier avec soin par les élèves toutes les listes importantes, les modèles des déclinaisons et des conjugaisons, et tous les détails du même genre. Ces moyens stimulent toujours l'attention, du moins quand les élèves ne se contentent pas de copier machinalement.

Après ces moyens d'assurer l'emploi judicieux de la plasticité, viennent les artifices spéciaux à l'étude des mots, en y comprenant ceux de la mnémotechnie.

Un moyen bien connu de rendre plus facile l'étude des détails du langage, consiste à trouver des points de ressemblance entre les mots que l'on peut associer ; c'est ce qu'il est facile de faire quand on apprend l'allemand, le français et le latin. Un grand nombre de ces ressemblances sont évidentes et bien marquées ; d'autres ne ressortent qu'après quelques légères transformations que le maître ou le dictionnaire indiquera. C'est ainsi que la philologie vient en aide à l'étude des langues étrangères.

La mnémotechnie nous fournit d'autres moyens. Pour apprendre plus facilement les listes de mots, on peut les arranger de manière à former des vers, et je dirai que cet artifice est souvent d'un grand secours. Si l'on en composait une phrase ayant un sens, le résultat serait à peu près le même, et, si ce sens présentait quelque intérêt, il serait supérieur.

L'arrangement par ordre alphabétique rend une liste de mots bien plus facile à apprendre; comme cet ordre est absolu, il aide beaucoup la mémoire des mots. Cet ordre doit toujours être suivi, à moins qu'il n'y ait quelque raison spéciale de s'en écarter.

Un autre moyen, dont le caractère est encore plus technique, consiste à disposer les mots de façon qu'il existe entre leurs sens un lien naturel qui vienne en aide à la mémoire. Ce n'est là qu'une modification de la mémoire topique des orateurs anciens.

Quand on veut établir entre deux mots une association solide et durable, il faut, pour ainsi dire, les isoler et concentrer sur eux toute l'attention des élèves. On y parvient de différentes manières. La plus ordinaire consiste à faire chercher le mot dans un dictionnaire; quand la mémoire est jeune et ouverte, il suffit généralement qu'un mot ait été vu une fois dans le dictionnaire pour qu'elle le retienne, surtout s'il se représente bientôt. Des mots pourront encore rester dans la mémoire si le maître les prononce de manière à y attirer l'attention, lorsqu'il traduit un passage. La méthode d'Hamilton ne propose aucun moyen d'appeler l'attention sur tel ou tel mot donné.

Le meilleur système semble être de préparer une série d'exercices présentant chacun deux ou trois mots nouveaux, mais pas davantage.

La méthode usitée en Angleterre pour l'enseignement des langues laisse ordinairement à l'élève le soin de trouver d'abord, à l'aide du dictionnaire, le sens d'un passage donné; puis le devoir est corrigé avec le concours du maître, et répété en sa présence. Je ne crois pas qu'il y ait de raison pour ne pas combiner cette méthode avec un peu de la méthode contraire, d'après laquelle le maître commence par bien expliquer un passage, et exige ensuite que les élèves le reproduisent de mémoire le lendemain, en s'aidant au besoin du dictionnaire lorsqu'ils ont oublié quelque chose. On pourrait expliquer de cette façon la première partie d'un devoir, et traiter la seconde partie par l'ancienne méthode. Assurément, l'exposition faite d'abord par le maître convient surtout aux sujets scientifiques, comme la géométrie, mais elle peut dans une certaine mesure s'adapter aux études de pure mémoire.

Je m'abstiens à dessein, pour le moment, de traiter ici les questions relatives à l'enseignement grammatical des langues, et je ne veux considérer que les cas où il s'agit au fond de joindre un mot à un autre.

Dans une conférence intéressante sur l'enseignement des langues, M. Alexandre J. Ellis propose d'appliquer la statistique à l'étude des mots, et de déterminer leur importance relative d'après la fréquence avec laquelle ils se représentent. M. Ellis voudrait que cette fréquence relative réglât l'ordre dans lequel on doit présenter les mots des exercices. M. David Nasmith a appliqué cette méthode à la langue anglaise et à la langue allemande. Pour le faire, il faut que l'on ait d'abord constaté la fréquence de récurrence de tous les mots. Envisagé dans toute sa généralité, ce principe s'appliquerait aux locutions tout aussi bien qu'aux mots isolés.

Pour ma part, je suis porté à croire que le même principe pourrait être adopté pour bien d'autres études que celle du langage. Il serait bon de pouvoir déterminer d'avance la fréquence probable de l'emploi de toutes les études, de manière à choisir de préférence celles qui servent le plus souvent, et j'ajouterai, dans les occasions les plus importantes. Un tel criterium prouverait la grande importance des sciences expérimentales, telles que la physique et la chimie, l'importance moins grande, mais considérable encore, de la minéralogie et de la botanique, et l'importance très minime de bien des études qui tiennent dans l'éducation actuelle une place bien plus grande qu'aucune de ces sciences. Cependant, pour les langues le principe a besoin d'être un peu modifié. Bien qu'un certain mot d'une langue puisse ne pas se représenter aussi souvent qu'un autre, il est possible que tous deux soient au fond également essentiels; il ne me semble donc utile d'établir qu'un très petit nombre de catégories, commençant par les mots les plus indispensables, prenant ensuite ceux qui se présentent dans le langage le plus ordinaire, et ainsi de suite, pour finir par les mots rares, techniques ou obscurs. D'ailleurs, le seul fait de la récurrence fréquente agit de lui-même; nous n'avons pas besoin de recourir à des moyens artificiels pour mettre en avant, dès le début, les mots qui reviennent d'eux-mêmes; il nous suffira d'écarter pendant quelque temps ceux qui ne sont ni fréquents ni essentiels. Cependant, s'il faut qu'un mot soit appris tôt ou tard, le moment où on l'apprend n'a pas grande importance, et, par la force des choses, l'introduction de mots rares avant d'autres mots plus ordinaires ne peut jamais passer à l'état d'abus.

Les considérations qui précèdent s'appliquent à toutes les langues, et portent sur le trait essentiel qui caractérise leur étude. Nous passons maintenant au point de vue spécial de l'étude de la langue maternelle; après quoi, nous pourrons revenir avec plus de fruit à la question des langues étrangères.

II. — LA LANGUE MATERNELLE.

Les enfants apprennent volontiers les noms des choses qu'ils connaissent. — Usage des leçons de choses. — La connaissance des mots par eux-mêmes. — Correction des fautes grossières et des locutions provinciales. — Etude de la langue proprement dite : les synonymes; les nuances qu'ils présentent. — L'enseignement de toutes les connaissances contribue toujours à l'enseignement de la langue. — La langue s'apprend au moyen d'histoires et de descriptions simples. — Les morceaux appris par cœur. — Les vers sont plus faciles; la prose est plus utile. — Comment s'apprend la construction des phrases. — Formes diverses que peut prendre la même phrase. — Ordre des mots et des membres d'une même phrase. — ENSEIGNEMENT DE LA GRAMMAIRE. — La grammaire simplifie le travail. — La grammaire sert : 1° à nous faire éviter les fautes de langage; 2° à isoler nettement la leçon de langue; 3° à enseigner la construction des phrases; 4° à enrichir notre vocabulaire. — *Age auquel il convient d'aborder l'étude de la grammaire.* — La grammaire doit-elle être enseignée sans livre? — Elle ne doit pas être commencée avant l'âge de dix ans. — Comment il convient d'occuper les années qui précèdent. — Exercices préparatoires. — Différences d'opinion sur certains points. — LA RHÉTORIQUE. — Définitions et règles. — Exercices divers. — LA LITTÉRATURE. — Choix des auteurs. — Les qualités littéraires doivent seules êtres prises en considération.

A tous les degrés de l'étude de la langue maternelle, les exercices de mots sont plus ou moins accompagnés de la considération des choses exprimées; c'est dans la grammaire que l'esprit est le plus complètement dégagé de cette considération.

Si nous supposons qu'un enfant ait d'abord appris à distinguer un certain nombre d'objets, il en apprendra volontiers les noms, et le rapport intellectuel entre chaque nom et l'objet qu'il représente s'établira promptement. Mieux l'objet nommé aura été perçu et distingué de tous les autres, plus son nom sera appris facilement. Si des objets excitent l'intérêt, s'ils éveillent ou attirent l'attention, l'enfant apprend leurs noms avec empressement. A tout âge, nous sommes avides de savoir les noms des personnes, des endroits, des actions et des circonstances qui appellent notre attention. Au contraire, si des objets n'excitent que peu d'intérêt, s'ils sont indistincts, s'ils se confondent avec d'autres, nous sommes aussi indifférents aux noms qu'aux réalités. Le premier point est donc de faire en sorte que l'objet qu'il s'agit de nommer produise une impression suffisamment vive.

Plus on examinera la question de l'enseignement des langues dès le premier âge, plus on reconnaitra qu'il est, presque sous tous les rapports, entouré de difficultés. On demande bientôt à l'enfant ce

comprendre des phrases suivies, dont certaines parties sont dénuées
de sens pour lui. Mais, pour lui expliquer les mots qui échappent à
son intelligence, il faut d'abord lui mettre sous les yeux des objets
qui jusqu'alors lui ont été absolument inconnus. Il faut lui donner
une leçon de choses suivie d'une leçon de mots, et c'est la première
qui est la plus difficile des deux; au fond, la seconde ne donne
aucune peine, si l'on a bien réussi dans la première. Dès que le
maitre a triomphé des difficultés qu'offre la connaissance de l'objet
en question, il ne lui faut ni efforts extraordinaires ni méthodes
compliquées pour faire retenir le mot qui le représente. Les facultés,
qui sont déjà éveillées chez le jeune enfant, lui permettent plutôt
d'apprendre les noms des objets, quand une fois il les a bien conçus,
que de former ces conceptions mêmes.

La véritable solution de la difficulté de l'enseignement d'une
langue dès l'enfance, se trouve dans les leçons de choses, c'est-à-
dire dans les premiers exercices de connaissance des choses, quelque
nom qu'il nous plaise de donner à ces exercices.

Le principal rapport entre la langue et ces leçons consiste en ce
que l'emploi de la langue, sous forme d'exercice oral ou de lecture,
devient l'occasion de présenter aux élèves les objets que l'on veut
leur enseigner et leur faire comprendre. La meilleure occasion de
présenter un fait serait son occurrence spontanée, comme par exemple
lorsqu'un enfant voit l'étoile du soir, et qu'à ce propos on lui en
parle sur-le-champ. Mais une conversation ou une lecture amène les
objets sans qu'ils se présentent en réalité aux sens, et alors il faut
un moyen de les montrer aux élèves, ce qui, dans bien des cas, est
prématuré et impossible [1].

En acquérant ainsi des bribes de connaissances, les enfants peuvent, grâce à leur mémoire des mots, retenir des expressions sans les
comprendre; nous avons déjà parlé plus haut (p. 152) de cette faculté
particulière. Quand une fois ces expressions sont entrées dans leur
esprit, celui-ci travaille à en chercher le sens en observant les occasions où elles sont employées. Un enfant pourra, par exemple, savoir
le mot lumière quelque temps avant d'en avoir saisi le sens. Il procé-
dera alors par une sorte d'induction à dégager le sens véritable de ce

1. L'explication des noms qui se rencontrent dans les exercices de
lecture est une partie importante du travail du maitre, qui doit étudier
avec soin les meilleures méthodes à suivre pour cette explication. Elles
ont une certaine analogie avec les leçons de choses, telles que nous les
avons présentées plus haut; mais en même temps elles s'en distinguent
par divers détails. J'ai donné plus loin, dans l'appendice, quelques
exemples pour montrer les précautions minutieuses qu'exigent les leçons
de choses sous leur forme ordinaire, et j'ai aussi dit quelques mots du
sujet qui nous occupe.

mot de toutes les circonstances accessoires, et, pour y arriver, il aura recours à toutes les méthodes inductives de la logique. Pour les mots qui indiquent une idée générale, il faudra exécuter un acte de généralisation : par exemple, s'il s'agit de trouver le sens des mots « rond, lourd, froid, mouvement ».

Mais tout cela n'est que la connaissance des choses et des faits envisagée dans ses rapports avec le langage, et non l'étude du langage en lui-même, qui constitue le domaine du maître de langue. Pour tracer le cadre de cette étude spéciale, il faut supposer la connaissance des choses comme arrêtée à un point donné, et considérer toutes les manières, bonnes ou mauvaises, d'exprimer un fait, une doctrine, ou un ensemble de faits ou de doctrines, qui sont déjà connus. Le maître qui enseigne les faits donne au moins une des manières d'exprimer ce qu'il enseigne, mais il ne s'occupe pas de comparer les mérites relatifs de toutes les formes verbales différentes sous lesquelles il est possible de présenter le même fait. Pour faire une éducation complète, la division du travail est indispensable ; c'est par elle seule que l'on peut obtenir, d'une part une quantité suffisante de connaissances, et de l'autre le nécessaire et même le superflu en fait d'expressions.

Nous admettrons d'abord que le maître se donne pour tâche de continuer et, en cas de besoin, de rectifier l'œuvre des parents, en donnant aux enfants une articulation nette, une prononciation distincte et un bon accent. Nous supposerons même que, dès le jour où un élève entre à l'école, le maître s'occupe de corriger chez lui toutes les expressions vulgaires et les locutions provinciales, car il n'est nullement nécessaire d'attendre qu'on en soit aux règles de la grammaire pour corriger les fautes grossières d'accord si fréquentes en Angleterre dans les classes inférieures de la population. Bien que l'oreille ne suffise pas pour nous prémunir contre les manquements à toutes les minuties de la syntaxe, les exemples que nous fournissent les enfants des classes éclairées prouvent qu'on peut, sans grammaire, habituer des enfants à dire, « il est, ils sont, cette sorte de choses », et à employer d'une manière correcte les différents verbes auxiliaires de la langue anglaise [1].

---

1. Comme, dans une école primaire, le maître a à combattre l'influence des locutions vicieuses et incorrectes que l'enfant entend sans cesse au dehors de l'école, il serait bon qu'il y eût pour chaque région un petit manuel imprimé, signalant les fautes et les locutions vicieuses les plus ordinaires : ce manuel serait rédigé de manière que les élèves pussent s'en servir bien avant d'être assez âgés pour apprendre la grammaire. Comme il n'aurait qu'une trentaine de pages, il pourrait ne coûter guère plus d'un sou par exemplaire. Ce petit livre, répandu dans toutes les familles des élèves, serait un puissant auxiliaire pour le maître. Il se

La véritable division du travail en enseignement des faits et enseignement de la langue, a lieu lorsque le temps est venu d'aborder la grammaire ; on ne confond jamais l'étude de la grammaire avec celle des autres connaissances. Le cours de grammaire a, entre autres avantages, celui de bien marquer cette distinction, et de permettre d'enseigner purement et simplement la langue. Tant qu'il n'en est pas là, le maître se demande souvent s'il enseigne des faits ou la langue, ou les deux à la fois, et, en réalité, il oscille toujours entre les deux. Il n'est pas inutile d'insister encore un peu plus sur la différence qui existe entre ces deux branches d'études.

Nous avons déjà vu que l'explication de mots nouveaux revient presque toujours à une leçon de choses. Quand le mot « esclave » se présente pour la première fois, le maître explique ce que c'est que l'esclavage, et donne ainsi à l'élève une idée nouvelle. Ce n'est là, sous aucun rapport, une leçon de mots, bien qu'un mot ait servi d'occasion à l'enseignement d'un fait. Si l'élève avait connu d'abord certaines choses sans en savoir les noms, l'indication de ces noms aurait été une leçon de mots ; ce cas se présente plus rarement que le précédent.

Le premier exemple bien net de leçons de langue un peu développées nous est fourni par l'étude des synonymes. Cette étude est rendue nécessaire par la constitution même de la langue anglaise, composée de deux vocabulaires juxtaposés, l'un saxon et l'autre latin. Les élèves apportent à l'école les noms familiers des objets qu'ils connaissent, et le maître remplace ces mots par d'autres plus exacts empruntés au vocabulaire plus noble ; ou bien encore, dans une lecture, il fait comprendre les termes savants en les expliquant par les termes familiers correspondants. On peut pousser plus loin encore la multiplication des synonymes en donnant les équivalents figurés, poétiques et scientifiques. Prenons le verbe *die* (mourir), ou le substantif *death* (mort) ; l'équivalent classique est *mortalité ;* mais ses équivalents figurés, joints aux locutions et aux périphrases qui expriment la même idée, sont très nombreux : perte de la vie, sommeil éternel, dette payée à la nature, sortie de l'existence, séparation de l'âme et du corps, etc. Quand il déroule ainsi la liste de ces expressions équivalentes, le maître donne une leçon de langue.

Cependant, même dans cet exercice, nous voyons reparaître l'influence de la connaissance des choses. Les équivalents figurés supposent des comparaisons entre l'objet en question et d'autres objets : ils servent surtout à rendre le sens d'un mot plus clair et plus frappant, pourvu qu'ils soient eux-mêmes bien compris ; si au contraire

composerait, non de règles proprement dites, mais d'exemples assez nombreux pour indiquer les formes correctes qui conviennent à tous les cas ordinaires.

ils ne le sont pas, le maître voudra sans doute les expliquer, et se trouvera amené à faire une leçon de choses. Mais en général il vaut mieux éviter toute digression de ce genre : si la figure porte sur un objet connu, elle produira l'effet voulu ; sinon, elle sera sans effet pour le moment, mais le nom de cet objet sera joint aux autres dans la liste des synonymes. L'expression, « séparation de l'âme et du corps », est peu intelligible pour des enfants ; mais une bonne mémoire l'apprendra par cœur, comme servant à désigner la mort, quoique sa signification ne soit pas encore bien comprise.

L'explication des figures n'est pas la seule manière dont une leçon de synonymes puisse se transformer en leçon de faits. Il est rare que deux synonymes aient tout à fait le même sens ; ils donnent des nuances ou des degrés différents du même sens ; ils présentent une chose à différents points de vue, ou encore ils sont ou plus vagues ou plus précis l'un que l'autre. Dès que le maître cherche à indiquer ces différences, il entre dans le domaine des faits. Les mots « vérité, véracité », présentent une idée commune, avec certaines différences qui ne permettent pas de les employer l'un pour l'autre. Indiquer ces différences, c'est faire une leçon sur le fait exprimé et non sur l'expression. Il ne faut pas se lancer à tout propos dans des leçons de ce genre.

On dira peut-être, avec une certaine apparence de raison, qu'il ne faut apprendre les mots qu'en apprenant aussi les idées exactes qu'ils représentent. Sans doute ce principe est juste ; mais il faut l'appliquer en ne présentant pas à dessein des mots dont il est impossible de faire comprendre le sens. Mais, comme nous ne pouvons pas toujours empêcher les mots de se présenter d'eux-mêmes, le seul moyen est de les expliquer par des à-peu-près que les élèves puissent facilement comprendre, en laissant à l'expérience à venir le soin de leur en faire comprendre les nuances plus délicates. Pour le moment, il en résultera peut-être que ces mots seront employés à faux ; mais il y aura aussi un avantage durable, qui est celui d'accroitre la richesse du vocabulaire.

Pour mieux nous faire comprendre, considérons aussi les cas où le maître qui enseigne une science devient forcément professeur de langage. Nous avons déjà dit plusieurs fois que dans l'ordre logique de l'enseignement les choses doivent venir avant les noms ; or l'application rigoureuse de ce principe ferait de celui qui enseigne les faits le seul maître de langage. Les limites de ce principe ont déjà été indiquées, et nous y reviendrons plus loin. En attendant, nous allons faire voir que, même au point de vue de l'abondance des synonymes, le professeur de sciences est forcé d'être presque au niveau du professeur de langage. Il ne cherche pas à épuiser toutes les manières imaginables d'exprimer chacun des faits qu'il enseigne ;

mais, quand un sujet est difficile, les nécessités de l'explication, le forcent à avoir recours à un assez grand nombre de manières différentes de présenter le même fait, et il est bien rare que ces expressions manquent de justesse.

Prenons, par exemple, la pesanteur. Pour expliquer cette force, le maître doit choisir principalement des faits familiers, tels que la chute des corps qui ne sont point soutenus. Mais en même temps il ne néglige pas d'avoir recours aux différentes expressions que l'on emploie à propos de cette force : poids, pression de haut en bas, chute vers le sol, attraction, déviation de la ligne droite.

Plusieurs de ces expressions sont déjà associées, dans l'esprit des auditeurs, avec l'action de la pesanteur ; les autres s'y associeront désormais, et par conséquent il est bon que la mémoire les retienne. Le maître de langage ne pourrait guère faire plus, du moins pour l'étude des synonymes, sans sortir du domaine rigoureusement scientifique pour s'égarer dans celui de l'imagination.

C'est à l'extension de nos connaissances au moyen de la parole que nous devons les additions les plus précieuses faites à notre vocabulaire, c'est-à-dire celles dont nous comprenons le mieux le sens. Les expressions figurées que nous y ajoutons ne sont qu'une manipulation de langage ; mais elles ont pour point de départ la perception des choses, et ne deviennent une affaire de synonymie que quand l'habitude a rendu familières les comparaisons qu'elles expriment.

Revenons maintenant au rôle du professeur de langage. Nous avons vu comment il étend le vocabulaire de ses élèves, en ajoutant à la liste des synonymes qu'ils possèdent. Il pourrait le faire sciemment et à dessein, pendant toutes les leçons de lecture ; mais la chose a lieu d'une autre façon, sans intention préconçue. J'ai déjà fait observer que pour les premiers exercices de lecture les livres dont on se sert habituellement donnent des histoires ou des descriptions faciles à comprendre, qui ne fatiguent pas l'attention, et sur lesquelles il n'y a pas lieu d'insister au point de vue des faits qu'elles contiennent. Ces morceaux sont préparés tout exprès pour servir de leçons de langage et pour enseigner des mots nouveaux. Les faits sont familiers et faciles ; le langage est choisi et même élégant, bien au-dessus de celui auquel les élèves sont accoutumés à propos des mêmes sujets ; en un mot, ces lectures sont destinées à accroître peu à peu le vocabulaire des élèves. C'est dans ce but que le maître intervient par des exercices spéciaux. Pour s'assurer si les élèves se rappellent le morceau qui a été lu, ses rapports et ses points principaux, il leur pose une série de questions auxquelles ils doivent répondre en se servant des expressions du livre, ou des autres formes diverses, toujours choisies, auxquelles leurs lectures doivent les habituer. Pour rendre cet exercice vraiment profitable, il faut que le maître n'oublie jamais que dans ces leçons c'est surtout du langage, et non des faits, qu'il doit s'occuper.

Nous pouvons maintenant examiner si les morceaux appris par cœur, surtout les vers, contribuent à l'étude du langage. Ils peuvent servir à l'acquisition de connaissances nouvelles; mais ce n'est pas la meilleure manière d'enseigner des faits, et nous ne voulons les apprécier ici qu'au point de vue du langage. La récitation de morceaux constitue un des moyens les plus anciennement usités dans les écoles; comme elle a le grand mérite d'être simple et pratique, elle peut être employée par les maitres les moins habiles, et personne ne saurait dire que cet exercice ne donne pas de bons résultats. Il est certain qu'il grave à la fois dans l'esprit les pensées et les formes du langage, et il faut que des élèves soient bien peu intelligents pour n'en pouvoir tirer aucun profit. Dans les écoles de la Grèce, on faisait apprendre par cœur et réciter des passages des poètes. Chez les Juifs, le soin d'élever les enfants resta pendant très longtemps confié uniquement aux parents, qui ne pouvaient guère se servir d'une autre méthode. De plus, l'enseignement roulait surtout sur la loi, l'Ancien Testament, et les traditions et les règles des rabbins; toutes choses pour lesquelles la mémoire jouait le rôle principal. Dans toutes les écoles modernes, les récitations de morceaux sont plus ou moins en honneur; de nos jours, par exemple, les élèves des lycées français apprennent par cœur des morceaux des classiques, pour se former le style. Je ne parlerai pas ici des catéchismes, des hymnes et des passages de la Bible que l'on fait apprendre aux enfants pour leur instruction religieuse.

Les morceaux en vers sont assez naturellement préférés pour ces exercices de mémoire. L'harmonie des vers, leur style élevé, l'émotion qu'ils éveillent, les font mieux retenir. En effet, celui qui sait par cœur un certain nombre de bons morceaux en vers possède un véritable trésor, au double point de vue des sentiments et de la culture de l'esprit: les pensées, les images et les expressions qu'il y trouve sont désormais à sa disposition, et il peut, s'il le veut, les faire entrer dans ses combinaisons intellectuelles. Nous citerons ensuite, au même point de vue, la prose animée et harmonieuse; bien qu'inférieure à la poésie sous le rapport de la forme, elle peut rendre plus de services encore pour la pratique de l'art d'écrire.

Pour que les vers nous préparent des souvenirs agréables pour l'avenir, il faut que nous trouvions du plaisir à les apprendre à l'école, et que cette leçon n'ait pas le caractère d'un travail fait à contre-cœur. Les morceaux en vers dont nous tirons le meilleur parti sont ceux que nous avons appris volontairement; pour qu'une étude laisse des souvenirs agréables, il ne faut pas qu'elle soit forcée. Si ces morceaux peuvent être imposés comme leçons, ce n'est que dans l'enfance, âge auquel les règles despotiques de l'école semblent moins dures, et laissent une impression moins vive. De sept à dix ans, l'esprit est, sous tous les rapports, plus souple pour ce travail qu'il ne l'est de dix à quinze.

Mais quelle est la valeur intellectuelle de cette étude, spécialement au point de vue qui nous occupe en ce moment, c'est-à-dire pour l'acquisition d'expressions et de tournures de phrases nouvelles? Tout en reconnaissant la facilité plus grande des leçons en vers, il ne faut pas nous aveugler sur leurs côtés faibles. La forme, la concision, le sentiment, le langage élevé, tout nous fait aimer l'ensemble d'un morceau de poésie, et nous ne songeons pas à nous inquiéter du sens de ses différentes parties, et surtout des mots pris un à un. C'est seulement pour les œuvres des grands poètes que l'on appelle notre attention sur le sens de chaque mot; et encore ne le fait-on pas toujours. Prenons, par exemple, les deux vers suivants, et examinons d'où vient l'impression qu'ils produisent sur l'esprit d'un enfant :

> Thy spirit, Independence, let me share,
> Lord of the lion heart and eagle eye [1]
>
> (SMOLLET.)

Il suffit de faire l'éloge de ces deux vers devant un enfant à l'esprit énergique, pour qu'ils agissent à l'instant sur son amour-propre, par l'idée d'être pénétré de l'esprit d'une reine, sans examiner qui elle est, ni de quoi elle est reine. Quant au sens du mot « indépendance, » l'enfant n'y songe en aucune façon ; il fait même assez peu d'efforts pour comprendre le cœur de lion ou l'œil d'aigle. En réalité, ces vers produiraient sur lui la même émotion, et seraient appris avec la même facilité s'ils étaient conçus ainsi :

> Thy spirit, Mumbo-Jumbo, let me share,
> Lord of the Tweedle-dum and Noodle-three [2]

On voit donc que, dans les vers plus que dans toute autre leçon que les enfants apprennent par cœur, ce sont les mots qui jouent le principal rôle ; le sens est tout à fait secondaire, et il suffit qu'une vague lueur serve de guide, pourvu qu'un sentiment d'intérêt s'y attache.

La prose est plus difficile à retenir, mais elle offre des avantages que ne donnent pas les vers. Mais ce serait dépenser inutilement

---

1. O Indépendance, reine au cœur de lion et à l'œil d'aigle, pénètre-moi de ton esprit

2. Il n'est pas besoin de dire que les mots nouveaux introduits dans ces vers sont des termes burlesques, et qui en détruisent absolument le sens.

les forces intellectuelles que de faire apprendre de trop longs morceaux. Ce qu'il nous faut dans la pratique, c'est ou un modèle de phrase bien faite ou quelque expression pour une idée que nous cherchons à rendre. Or, l'enchaînement des phrases d'un long morceau ne contribue en rien à nous fournir ce dont nous avons besoin ; nous aurions plus de chances de le trouver parmi des phrases détachées que nous aurions apprises par cœur, surtout si ces phrases offraient quelque chose de particulier et d'original sous le rapport de la construction ou des locutions. Il est impossible d'expliquer à de jeunes enfants le mécanisme de ces phrases, et, puisqu'il faut avoir recours aux moyens artificiels pour leur donner des modèles de langage, il n'y a d'autres ressource que de leur faire apprendre des morceaux par cœur. Mais, dès que l'âge de la compréhension raisonnée est arrivé, les morceaux complets devront être remplacés par des modèles choisis, sous la forme de phrases détachées, ou de petites séries de phrases, animées par l'exégèse critique, c'est-à-dire par l'indication de leurs beautés et de leurs défauts. Selon nous, les élèves des lycées français ont dépassé l'âge où il convient de développer la faculté d'expression en faisant apprendre machinalement des morceaux choisis, quel que soit d'ailleurs le mérite de ces modèles. Ce procédé nous fait penser involontairement à l'exercice des soldats français, et à l'inaptitude française pour les distinctions subtiles et la critique. Un élève apprend volontiers par cœur des phrases et des morceaux peu étendus qu'on lui a fait apprécier et admirer.

Les exercices de récitation et de déclamation fournissent aux élèves avancés une excellente occasion d'apprendre par cœur des morceaux choisis de prose et de vers.

Les observations qui précèdent sur l'étude spéciale du langage, ont porté principalement sur les vocables, bien que nous ayons quelquefois étendu nos remarques à la construction des phrases. Cette seconde partie de l'étude d'une langue mérite d'être traitée avec plus de détails. C'est en parlant, en écoutant les autres et en lisant, que nous apprenons à réunir les mots en phrases et les phrases en morceaux suivis ; et les passages des bons auteurs que nous apprenons par cœur nous fournissent des modèles de phrases aussi bien que de mots et de locutions. Bien avant d'en venir à la dissection grammaticale d'une phrase, nous devons avoir appris à en connaître toutes les formes diverses.

Le maître peut laisser les modèles de phrases s'accumuler peu à peu dans l'esprit des élèves pendant les leçons de lecture, sans intervenir lui-même, ou il peut au contraire agir d'une manière directe pour mieux les graver dans leur mémoire. Je suppose que l'âge de la grammaire ne soit pas encore arrivé, et que par conséquent les élèves n'aient pas encore étudié la *science* des phrases. Cet âge approche néanmoins, et il y a lieu par conséquent de préparer les élèves à cette étude nouvelle, si ce n'est même de commencer un travail spécial ayant le même but, quoique sous une forme moins complète.

Nous répéterons ici pour les phrases ce que nous avons déjà dit pour les mots : elles viennent après les pensées. Tout fait exige une phrase pour l'exprimer ; si le fait est simple, la phrase le sera aussi ; s'il est complexe, la phrase le sera également. Quand je dis, « le soleil s'est couché », j'énonce un fait simple à l'aide d'une phrase simple. Quand j'ajoute, « si vous montez sur une hauteur, vous verrez le soleil reparaître », j'énonce un fait conditionnel au moyen d'une phrase conditionnelle. Si nous avons appris oralement un certain nombre de faits simples et de faits complexes, nous avons appris autant de phrases simples et de phrases complexes. Que faut-il de plus? Je répondrai à cette question en répétant ce que j'ai déjà dit pour les vocables : il est fort commode de connaître toutes les formes de langage sous lesquelles on peut présenter un même fait, simple ou complexe. En apprenant ces formes nouvelles, nous n'étudions pas les faits, mais bien le langage.

La meilleure manière d'apprendre les formes des phrases est de les associer aux connaissances qu'elles doivent exprimer; cette étude ne doit donc pas venir avant ces connaissances. Nous avons déjà indiqué d'une manière suffisante les restrictions à apporter à ce principe.

Voyons maintenant ce que le maître doit faire pour enseigner ou faire retenir ces formes. L'exemple fourni par les mots peut encore lui servir ici. Le maître peut prendre une phrase donnée, qui exprime un certain fait, et indiquer à ses élèves d'autres dispositions de la même phrase, avec ou sans variation des mots qui y entrent, en leur demandant de les distinguer et de les produire à leur tour. C'est le meilleur moyen qui ait encore été proposé comme prélude à l'enseignement de la grammaire proprement dite; seulement cet exercice doit être conduit d'une manière systématique, bien qu'il soit inutile d'appeler l'attention des élèves sur le système suivi. Quand nous en serons venus à examiner ce que la grammaire de notre propre langue fait pour nous, nous reconnaitrons que c'est là un des grands services qu'elle nous rend.

Un des exemples les plus simples de formes différentes, mais équivalentes, de la même phrase, nous est donné par le changement de l'actif en passif : « César envahit la Bretagne; la Bretagne fut envahie par César. » On peut encore remplacer un nom par un pronom, et réciproquement; transformer les substantifs, les adjectifs ou les adverbes en locutions correspondantes.

Parmi les meilleurs exercices préparatoires de ce genre, il faut encore citer le rétablissement des mots omis dans les phrases elliptiques, si fréquentes dans toutes les langues. Une bonne moitié des difficultés de l'analyse grammaticale sont dues à ces ellipses. Une autre modification importante consiste à transformer les membres de phrase en noms abstraits ; ainsi la phrase, « ce que nous voyons nous le croyons », devient, « voir c'est croire », ou, « la vue est la croyance »,

Les mots et les différents membres d'une même phrase peuvent être disposés de bien des manières diverses. Les qualificatifs peuvent précéder ou suivre les mots qu'ils qualifient ; mais le plus ordinairement il y a pour chaque cas particulier un ordre qui convient mieux que tout autre. Au début de ces exercices, les élèves ne peuvent guère manifester de préférence, parce qu'ils ne sont pas encore assez avancés ; mais il faut profiter de toutes les occasions qui se présentent de les amener peu à peu à choisir l'ordre qui vaut le mieux, car c'est le but véritable de l'enseignement d'une langue.

Le maître pourra adopter un système régulier de transformations, pour lequel il se laissera guider par la grammaire et son propre jugement. Il ne multipliera pas les changements faciles, et n'insistera pas sur ceux qui n'ont pas d'importance. Il saura quelles transformations sont les plus usitées dans les exercices de style, et les plus propres à habituer les élèves à la clarté et à la concision ; mais il ne leur dira pas encore les motifs qui les lui font choisir. Bien qu'il puisse se contenter des considérations grammaticales, il pourra aussi présenter aux élèves quelques-unes des figures de rhétorique les plus usuelles : inversion du sujet et de l'attribut, interrogation, exclamation, métaphore et métonymie [1].

De toutes les formes verbales équivalentes, celle qui va le mieux au fond des choses est l'obversion, qui consiste à faire ressortir un fait par l'énonciation du fait contraire ; par exemple, « la vertu est digne d'éloges, le vice mérite le blâme » ; — « trois fois armé est celui dont la querelle est juste ; complètement désarmé est celui dont la querelle est injuste » ; — « la chaleur est favorable à la végétation, le froid lui est défavorable ». Ceci n'est plus de la grammaire, c'est de la logique et de la rhétorique ; et en même temps, comme discipline intellectuelle, c'est un des exercices les plus féconds que l'on ait

1. La méthode d'enseignement par les formes équivalentes a été exposée en détail et d'une manière systématique dans le *First Work on English* de M. A. F. Murison. Le plan de cet ouvrage embrasse toutes les parties du discours, ainsi que l'analyse de la phrase ; il peut servir soit avant toute définition grammaticale, soit avec ces définitions. Nous citerons surtout, à cause de son utilité, le chapitre relatif à l'ellipse, qui contient la meilleure explication publiée jusqu'ici de toutes les difficultés grammaticales auxquelles les nombreuses abréviations usitées en anglais ont donné naissance.

imaginés jusqu'ici. Le maître peut, sans ostentation, donner quelquefois ce petit travail à faire à une classe, lorsque les circonstances
s'y prêtent, et les résultats en seront très encourageants. Il ne faut
le faire que dans les cas qui s'expliquent d'eux-mêmes. « Si la vertu
est digne d'éloges, que devons-nous dire du vice, son contraire ? »
Un élève de huit ans répondrait sans peine à cette question [1].

L'enseignement de la grammaire.

Les limites exactes des exercices préparatoires à l'étude régulière
de la grammaire, et la manière dont il convient de les choisir, seront
rendues encore plus évidentes par un examen approfondi de la question si débattue de l'enseignement grammatical.

Nous admettons trop facilement en Angleterrre que notre langue
exige, au même degré que les autres, l'étude de la grammaire, et
qu'elle en tire les mêmes avantages; et cependant la situation est
bien différente. Avant de commencer la grammaire de sa langue,
un élève anglais a déjà appris à bâtons rompus presque tout ce
qu'elle enseigne; au contraire, quand il aborde la grammaire latine,
tout y est nouveau pour lui. Nous pourrions parler et écrire notre
langue d'une façon très correcte sans avoir jamais ouvert une grammaire anglaise; nous ne pourrions pas traduire une phrase de latin
sans avoir d'abord quelques notions de grammaire latine.

Sans doute, nous pourrions éviter cette difficulté en apprenant la
langue morte par le procédé qui nous a servi pour notre propre
langue ; mais il n'y aurait là qu'une tentative maladroite pour reproduire une situation à laquelle il est réellement impossible d'arriver.
La seule position analogue est celle d'une personne qui apprend
une langue vivante étrangère en habitant le pays où l'on parle cette
langue. Pour commencer une langue étrangère, si nous sommes à
un âge où les facultés de connaissance et de raisonnement soient suffisamment développées, le plus court est d'apprendre la grammaire.
La raison en est évidente. La grammaire abrège le travail en géné-
ralisant tout ce qui peut être généralisé.

Il est vrai que les règles et les usages sont hérissés d'exceptions
qui rendent l'étude de la grammaire fort pénible; mais ce n'est pas
une raison pour y renoncer. Un de nos grammairiens, Cobbett, qui

1. Citons un exemple facile des formes différentes que peut prendre la
même pensée : « Le soleil est levé, est au-dessus de l'horizon, s'est élevé,
s'est présenté à nos yeux, a repris son empire; il n'est plus en bas, au-
dessous de l'horizon, caché à la vue, détrôné. » Les variations d'expressions que peut nous fournir l'influence des rayons solaires, sont encore
plus nombreuses.

était parfois original, a proposé de renoncer à toutes les règles relatives au genre des substantifs français, et de l'apprendre en écrivant tous les substantifs du dictionnaire de la langue française. Il serait facile de montrer, non seulement que ce travail imposerait à la mémoire des efforts bien plus considérables qu'il n'en faut pour retenir toutes les règles avec leurs exceptions, mais encore que l'élève en viendrait infailliblement, et presque à son insu, à ériger en règles les analogies que présenterait ce catalogue : il ne tarderait guère, par exemple, à reconnaitre que les noms abstraits sont en général du genre féminin. Un examen rigoureux des services réels que nous rend la grammaire, sera le meilleur guide pour la manière de l'enseigner.

Il est indispensable d'apprendre aux élèves à éviter les fautes de langage les plus grossières, mais ce travail est loin d'exiger tous les détails techniques que contiennent les grammaires dont on se sert de nos jours. Les fautes d'accord les plus communes peuvent être corrigées d'une façon bien plus simple, dont nous avons déjà parlé. Mais il serait difficile de faire disparaitre toutes les fautes de syntaxe sans suivre un plan plus régulier, et sans passer par l'étude des parties du discours et de leurs variations, étude qui constitue l'essence même de la grammaire. Un petit nombre de personnes, qui n'ont jamais entendu autour d'elles qu'un langage élégant, pourraient peut-être arriver à la correction sans avoir appris la grammaire ; mais ce privilège n'est pas donné à tous. L'oreille seule suffirait pour nous empêcher de dire, « les maisons *est* » ; mais, quand le sujet et le verbe sont séparés par plusieurs mots, l'accord entre eux devient moins évident, et la connaissance des termes grammaticaux est indispensable pour faire comprendre en quoi consiste la faute. De même, les auxiliaires anglais ne donnent lieu à aucune faute dans les cas ordinaires, tandis que dans les phrases compliquées la grammaire est nécessaire pour bien les employer.

La grammaire a un grand mérite à mes yeux, celui d'être la première étude par laquelle le maître concentre l'attention des élèves sur la langue elle-même. Je viens d'indiquer une série d'exercices sur la langue que l'on peut faire avec des élèves qui n'ont pas encore atteint l'âge où l'on étudie la grammaire, et qui sont destinés à les préparer à cette étude ; mais ces exercices ont été imaginés par moi, et ne sont pas encore entrés dans l'enseignement ordinaire. Les maîtres en sont encore aux tâtonnements pour le partage du temps entre les leçons de faits et les leçons de langage qui peuvent précéder l'étude régulière de la grammaire ; mais nous pouvons dire d'une manière générale que jusqu'ici l'on ne s'est guère occupé de la structure des phrases avant d'y avoir été amené, pour ainsi dire, de force par les exercices d'analyse grammaticale. C'est la grammaître qui résout le problème de l'étude des formes du langage en dehors de toute considération du fond. Est-ce là un bien en soit. C'est ce que vont nous apprendre les considérations qui suivent.

L'étude de la structure, de la disposition et des éléments de la phrase, contribue évidemment à la facilité, à la correction et à la force du style. Sans doute, nous pouvons nous passer de cette étude ; mais nous y perdrons, et aucun autre exercice ne nous apprendra si vite l'art d'écrire. Il faut donc que la grammaire serve à autre chose qu'à nous faire éviter les fautes contre les règles ou les manquements à l'usage. Nous avons déjà indiqué cet autre rôle de la grammaire. La considération des formes de phrase équivalentes, qui serait possible sans le secours de la grammaire, est presque inévitable dès que l'on enseigne celle-ci. Ce n'est qu'en analysant les phrases d'une manière mécanique qu'elle ne se présente pas.

Quoique ce fait n'ait, pour ainsi dire, pas besoin de démonstration, il est facile de le prouver. Supposons qu'on soit embarrassé pour exprimer une certaine idée. La difficulté vient d'abord de ce que l'on manque de mots, et ensuite de ce que l'on ne sait pas bien former les phrases. Or, comment apprend-on à le faire ? De deux manières : d'abord en lisant beaucoup, et aussi en s'habituant à disséquer, à refaire et à varier les phrases qui servent de texte aux leçons de langage. C'est là un fait dont il est bon que les maîtres comprennent toute l'importance, afin de diriger en conséquence les leçons d'analyse grammaticale. Je veux dire qu'en analysant il faut étudier les rapports des mots, indiquer leur rôle, dire s'ils expriment des idées principales ou s'ils servent seulement à modifier ces idées, et examiner leur valeur relative en les comparant avec leurs synonymes. En suivant cette méthode, on met ainsi d'avance les élèves dans la position où ils se trouveront plus tard, lorsqu'ils auront eux-mêmes à écrire un exercice de style.

Les parties de la grammaire qui traitent plus directement de la structure des phrases, sont les chapitres sur les parties du discours, et la portion de la syntaxe qui a rapport à l'analyse des phrases et à l'ordre des mots.

La grammaire contribue, dans une certaine mesure, à enrichir le vocabulaire des élèves. D'abord tous les exemples qu'elle contient, et qui sont appris par cœur, ont ce résultat; puis les chapitres sur la dérivation et l'inflexion y travaillent d'une manière tout à fait directe. La dérivation force les élèves à passer en revue un nombre considérable de mots, dont la plupart se gravent dans la mémoire. Pour la langue anglaise, la comparaison entre les éléments saxons et ceux qui sont fournis par d'autres langues est un véritable exercice sur les mots. L'étude des préfixes et des suffixes vient encore nous faire mieux connaître les ressources de la langue, en nous montrant le parti que l'on tire de la composition des mots. Ce chapitre a l'avantage d'être dégagé de toute difficulté et de toute complication technique; aussi a-t-il été recommandé comme convenant mieux que tous les autres aux débuts de l'étude de la grammaire. De même, lorsqu'on étudie les mots variables, les listes des mots cités comme exemples des règles sur le genre et le nombre font sur la mémoire une certaine impression, qui contribue à nous faire retrouver plus facilement ces mots lorsque nous en avons besoin. Les maîtres ont raison de ne pas insister pour charger la mémoire de ces listes de mots; ils ont plus de chances d'obtenir un résultat durable par la nécessité où sont les élèves de s'y arrêter pour donner des exemples des règles, et cette circonstance est encore favorable à la récurrence de ces mots pour les exercices de style.

L'étude des mots variables est le fond même de la grammaire latine, parce que les terminaisons sont, en latin, le seul moyen de distinguer entre elles les différentes parties du discours. Aussi la grammaire latine est-elle bien plus facile que la grammaire anglaise, car la première est plutôt une affaire de mémoire qu'une affaire de raisonnement. Si le latin avait été notre langue maternelle et l'anglais une langue morte, la proposition de faire passer la grammaire étrangère avant celle de notre langue aurait été jugée monstrueuse.

De l'âge où il faut commencer la grammaire.

Bien des gens s'aperçoivent de nos jours que c'est une grande erreur de faire commencer la grammaire à des enfants de huit ou neuf ans. L'expérience a dû démontrer aux maîtres qu'il est inutile de l'essayer. On a cherché à simplifier le travail par différents moyens. On a conseillé de commencer par présenter ce sujet sous un aspect facile, et de remettre à plus tard l'examen des difficultés véritables. Malheureusement pour ces tentatives diverses, c'est au seuil de la science que se trouvent les difficultés, et il est impossible de les éluder sans entacher de nullité tout ce qui suit. Si les parties du discours ne sont pas complètement comprises, elles ne le sont pas du tout.

Quand on peut faire comprendre à un élève qu'une phrase se compose d'un sujet et d'un attribut, que l'attribut peut avoir un complément, et que le sujet, le complément et l'attribut peuvent être modifiés par des mots secondaires, alors il est temps de commencer la grammaire. Il est aussi à désirer que les idées logiques d'individuel, de général et d'abstrait soient comprises de l'élève, car toutes ces idées sont indispensables pour comprendre le nom et l'adjectif. Il faut du discernement pour saisir le sens des mots de *relation*, c'est-à-dire des pronoms, des prépositions et des conjonctions, et c'est pour cela que l'élève doit avoir atteint un certain âge.

On a souvent proposé d'enseigner la grammaire sans livre, et sans doute quelques maîtres suivent cette méthode ; on dit que les difficultés ne tiennent pas au sujet même, mais naissent seulement de la forme qu'on lui a donnée, et du livre que l'on met entre les mains des élèves. Il doit y avoir là quelque sophisme. Dans un livre on ne met que ce qu'il est bon de dire de vive voix, et, si le maître peut s'exprimer plus clairement que le meilleur livre qui existe, il n'y a qu'à rédiger ce qu'il dit et à en faire un livre. Quelque bonne que soit la méthode du maître, elle peut être imprimée pour servir d'exemple aux autres, ce qui produira des livres meilleurs, de sorte que la réforme qui propose de supprimer entièrement les livres, aboutira simplement à produire un livre nouveau.

Peut-être le maître répondra-t-il qu'il ne propose pas quelque chose d'absolument neuf, mais qu'il veut seulement choisir les points que les élèves peuvent comprendre, en se laissant guider dans ce choix par son tact et son jugement naturel. Mais, même dans ce cas, il est possible de donner à ce choix une forme arrêtée, et ce qui est bon pour une classe le sera probablement aussi pour toutes les classes de même force. On dira peut-être encore que les enfants ne sont pas d'âge à étudier dans un livre des règles qu'on peut parfaitement leur enseigner de vive voix. Dans cela il y a beaucoup de vrai, bien que ce ne soit pas une raison de supprimer le livre, dont les élèves pourront toujours se servir pour repasser l'enseignement du maître et pour se préparer aux interrogations sur ce sujet. Si l'enseignement d'une classe est exclusivement oral, ses progrès seront nécessairement très lents ; ce procédé ne convient donc qu'avec de très jeunes enfants, pour lesquels la perte de temps est insignifiante.

Enseigner la grammaire sans un texte imprimé est la même chose qu'enseigner la religion sans manuel ni catéchisme : ou le maître se sert en réalité du catéchisme, sans donner le livre aux élèves, ou il se fait un catéchisme à lui. Un enseignement n'est possible qu'avec un plan et un ordre bien définis, et la publication de ce plan sous forme de livre est un bien au lieu d'être un mal. Le maître de grammaire qui enseigne sans livre, ou bien se sert, sans l'avouer, de quelque grammaire qui existe réellement, ou bien enseigne d'après une grammaire mal digérée et échappant à tout contrôle, qu'il s'est faite à lui-même.

Si je considère l'ensemble de la grammaire anglaise dans ce qu'elle a de facile et de difficile, je dirai que la généralité des élèves ne peuvent l'étudier avec fruit avant l'âge de dix ans. Aplanir les difficultés et choisir les parties les plus simples pour les mettre à la portée d'enfants plus jeunes, ce n'est plus présenter la grammaire sous son vrai jour, mais c'est l'enseigner comme une science hybride, qui ne se comprend qu'à moitié, et qui ne remplit en aucune façon le véritable rôle de la grammaire. C'est un mauvais calcul de devancer l'aptitude naturelle de l'esprit pour un sujet donné; or, l'aptitude pour la grammaire proprement dite ne se manifeste pas à huit ou neuf ans. J'ai déjà dit qu'à mon avis la grammaire est plus difficile que l'arithmétique, et qu'à ce point de vue elle doit probablement être mise sur le même rang que la première partie de l'algèbre et de la géométrie. Si on ne la commence que quand l'esprit a acquis assez de maturité, non seulement elle cause bien moins de fatigue, mais encore elle donne des résultats qui ne sont jamais possibles quand on l'aborde trop tôt.

Cependant on peut faire une objection sérieuse, mais seulement une, au système que je défends. Ce système laisse dans l'enseignement un vide qui est assez difficile à remplir. Si le maître doit exclure la grammaire de son enseignement, il faut aussi qu'il en bannisse entièrement les exercices sur la langue, et qu'il fasse des exercices de lecture seulement des leçons de faits; or, dans ce domaine aussi, il est souvent exposé à aborder des sujets au-dessus de la portée des élèves. Il semble donc absolument nécessaire de trouver quelque moyen de faire faire aux enfants des exercices de langage, quand même ils équivaudraient au fond à des leçons de grammaire. Les difficultés de la grammaire sont celles de toutes les sciences, des généralités exprimées en termes techniques; et dans ce cas, comme dans celui de toutes les autres sciences, on peut toujours faire des exercices préparatoires empiriques sur des exemples concrets.

Ceci nous ramène à ce que nous avons déjà dit de la nécessité pour le maître de faire étudier les expressions en elles-mêmes et sans s'attacher à la pensée générale du morceau, en exerçant les élèves sur les formes équivalentes qu'on peut leur donner, et en ajoutant aussi à la richesse de leur vocabulaire par l'étude pratique des synonymes. Peu importe qu'il faille voir dans ces exercices une préparation directe à la grammaire; nous y voyons en tout cas une préparation au but de la grammaire, c'est-à-dire aux exercices de style, et c'est là un travail qui ne serait pas perdu, même si l'on n'abordait jamais l'étude régulière et technique de la grammaire.

Une préparation spéciale à l'étude de la grammaire proprement dite serait, par exemple, de montrer comment une phrase se compose d'un sujet et d'un attribut, sans pourtant se servir de ces mots effrayants. A propos d'une phrase sur un fait quelconque, « Le renard est un animal très rusé », il est toujours facile de demander à l'élève d'indiquer l'objet dont il est question dans la phrase : « Le renard. — Que dit-on du renard? — Que c'est un animal très rusé. »

A ces exercices on pourrait en ajouter d'autres sur les noms des objets, de manière à faire voir la différence qui existe entre les classes et les individus, et à montrer l'origine des noms de classe et la façon dont les adjectifs ramènent ceux-ci à des classes moins étendues. Il serait bon d'établir ces distinctions logiques quelques mois avant d'aborder la grammaire. Elles ne font que bien peu pour la véritable logique, et constituent le seul titre de la grammaire à être considérée comme un exercice de logique. Ainsi préparé, l'élève peut aborder avec fruit les parties du discours, et étudier le nom, sa définition et ses différentes espèces ; quant aux autres notions de logique, on pourra les laisser de côté jusqu'à ce que le moment soit venu d'y avoir recours. Je parlerai plus loin de la distinction si importante à faire entre la coordination et la subordination, distinction sans laquelle les pronoms relatifs et les conjonctions sont pleins d'obscurités, lorsqu'ils devraient être tout brillants de clarté.

Deux ans avant l'âge de la grammaire, on pourrait séparer la leçon d'anglais de celle de lecture ; c'est la seule manière de lui donner une place bien nette dans l'éducation. Faire une ou deux questions grammaticales pendant une leçon de faits, n'est qu'une plaisanterie. Si les faits sur lesquels porte la leçon ont une certaine importance, il est bon que l'attention y soit concentrée tout entière ; si c'est la leçon de langue qui est importante, elle exige également toute l'attention de l'élève ; de plus, un va-et-vient rapide entre deux études entièrement différentes ne peut que nuire à l'une et à l'autre. Une leçon de lecture peut servir à enseigner trois choses : d'abord l'art mécanique de la lecture, ainsi que l'orthographe ; en second lieu, des faits qui doivent être compris et retenus, et enfin la langue proprement dite. Pendant longtemps, le premier point est ce dont on s'occupe uniquement ; plus tard, on aborde le second, c'est-à-dire l'instruction générale, qui absorbe de plus en plus l'attention du maître, entraînant forcément une certaine étude de la langue. La troisième phase, celle de l'étude spéciale de la langue, ne vient qu'en dernier lieu ; elle exige un travail particulier auquel il faut qu'une certaine heure soit exclusivement assignée. Les morceaux d'instruction générale peuvent servir pour la leçon de langue ; mais on ne devra parler des faits eux-mêmes qui y sont contenus, qu'autant que cela sert à l'étude de la langue. D'un autre côté, des morceaux peu instructifs par eux-mêmes peuvent parfaitement convenir pour une leçon de langue : tels sont les extraits, en vers ou en prose, qui appartiennent aux belles-lettres proprement dites. Les leçons ainsi isolées prendraient naturellement une forme caractéristique et présenteraient une certaine suite, de manière à former un cours dans lequel chaque leçon serait la conséquence de celle qui l'aurait précédée. Le maître en viendrait nécessairement à se tracer un plan, et ne serait pas embarrassé pour trouver mieux que les exercices grammaticaux informes que j'ai indiqués plus haut. On pourrait de temps en temps joindre à la leçon de langue la récitation par cœur de morceaux choisis peu étendus.

Dès que les élèves ont atteint l'âge de la grammaire, le problème de l'enseignement grammatical est résolu. La grammaire est une science pratique, fondée sur des principes généraux qui deviennent des règles ; ces principes ont besoin d'être expliqués et appliqués aux cas particuliers. Au lieu de chercher des voies détournées pour éviter les difficultés, le maître n'a plus qu'à suivre la route directe tracée par les meilleurs grammairiens. On est bien loin de s'entendre encore sur tous les points de détail, et il n'est peut-être pas inutile de faire ici quelques observations sur les plus importants de ces points.

Je suis d'avis de séparer l'étude des variations des mots de celle des parties du discours. Définir chaque espèce de mots, la classer et en donner des exemples, constituent une opération distincte et homogène, bien différente de l'étude des variations de certaines espèces de mots, étude qui gagne à être faite avec suite et méthode.

L'analyse logique, qui a servi de base à la réforme radicale des définitions des parties du discours, n'a pas encore fait introduire dans la syntaxe anglaise les changements qui en sont la conséquence légitime. Grâce à elle, nous savons décomposer une phrase, et montrer les locutions et les propositions déterminatives sous leur vrai jour et comme les équivalents d'adjectifs et d'adverbes ; mais elle ne s'occupe pas de l'ordre qu'il convient d'assigner dans la phrase à chacun des déterminatifs. Cette considération est pourtant plus importante pour l'art d'écrire que tout le reste de la grammaire ensemble.

Il y a certainement un grand intérêt et une certaine utilité à étudier les origines de la langue anglaise ; mais il ne faut pas faire une part trop grande à ce travail pendant les premières années. Les acceptions et les tournures actuellement admises doivent être nos seuls guides, car, si la connaissance d'une forme archaïque peut quelquefois expliquer un usage, elle ne peut en aucune façon le modifier.

La rhétorique.

Il n'existe entre la grammaire et la rhétorique aucune ligne de démarcation bien tranchée, quoique ce soient en réalité deux études distinctes. Écrire seulement d'une manière correcte, ou écrire avec clarté, correction et élégance, n'est pas du tout la même chose.

L'enseignement de la grammaire tel que nous l'avons présenté nous donne bien plus que la simple correction. Néanmoins il reste encore beaucoup à apprendre sous le rapport du style; mais, pour y arriver, il faut avoir recours à d'autres méthodes que celles qui ont été indiquées jusqu'ici.

De même que la grammaire, la rhétorique a ses règles, que le professeur doit faire comprendre et enseigner par des exemples et par des exercices de composition. Il faut de plus que ces règles soient présentées d'une manière méthodique, avec les développements nécessaires et en définissant bien tous les termes importants. La rhétorique se divise en deux parties : la première traite du style en général, et comprend les explications, les règles et les principes qui s'appliquent à tous les genres de composition ; la seconde s'occupe de chaque genre en particulier, — description, narration, exposition, discours, poésie.

J'ai déjà dit, dans un autre ouvrage (*English Composition and Rhetoric*), comment il me semble qu'il convient de présenter les détails de la rhétorique, et en même temps j'ai réuni et développé les principes et les règles qui me paraissent de quelque importance. Si j'ai mis les figures de rhétorique en tête de la première partie ou de l'étude du style en général, c'est que les noms de plusieurs d'entre elles nous présentent, pour ainsi dire, d'avance un assez grand nombre des principes de la rhétorique. Au fond, une bonne explication de ces figures est en elle-même un petit traité de rhétorique. Les autres points qui complètent l'étude des règles générales de l'art d'écrire sont les qualités du style et les règles de la phrase et du paragraphe.

En disant que le professeur doit expliquer et enseigner par des exemples tous les termes de la rhétorique, ainsi que les règles et les principes de la composition, nous avons peut-être indiqué d'une manière assez claire la marche à suivre dans cette étude. Mais les exercices à donner aux élèves peuvent être choisis de bien des manières différentes, et les professeurs sont loin de procéder de la même façon à cet égard. Nous nous permettrons donc quelques conseils sur ce point.

Pour des élèves encore jeunes, il faut se garder de ne donner que le titre du sujet à traiter. En le faisant, on manquerait à la règle de tout enseignement, qui est de ne faire qu'une seule chose à la fois. La recherche des idées absorbe au moins la moitié des forces de l'élève, et ne laisse presque plus rien pour l'étude de la forme. En outre, il emploie nécessairement bien des expressions différentes, et il est impossible au maître de signaler toutes les fautes et les inadvertances; d'ailleurs la correction de ce genre d'exercices ne saurait guère profiter à la classe tout entière.

Dans les exercices de composition, le maître donnera donc les idées et demandera aux élèves de les présenter sous une forme convenable. Il pourra dicter un canevas que les élèves devront développer ; mais même ce genre d'exercice est au-dessus de la force des commençants. Le travail qui consiste à mettre des vers en prose est un exercice fort commode ; seulement il est à craindre qu'en dépouillant les idées de leur forme poétique l'élève ne leur laisse pas assez de force et d'élégance pour avoir de bonne prose. Un exercice qui vaut mieux encore, bien qu'il soit moins à la portée de tous, consiste à prendre un morceau de prose et à y introduire certains changements définis, en rapport avec la leçon de rhétorique dont la classe s'occupe au moment : il s'agira par exemple de supprimer ou d'ajouter des expressions figurées, de retrancher des détails inutiles, ou au contraire de donner à un passage trop bref un développement nécessaire ; de présenter la même idée sous différentes formes également bonnes ; enfin, pour la langue anglaise, de changer la proportion entre les mots empruntés aux langues anciennes et ceux d'origine saxonne. ·

Le maître devra profiter des exercices que fournissent naturellement les considérations d'accord et d'opposition. La première nous fournit l'exemple et la comparaison ; la seconde empêche le vague des idées, et contribue puissamment à la précision du langage.

La détermination de l'ordre des phrases dans un même paragraphe est un travail important et difficile. Le mieux est de l'étudier dans les morceaux choisis pour la lecture, et de demander aux élèves de changer cet ordre d'après certains principes déterminés. La composition d'un bon paragraphe est, pour ainsi dire, la plus belle application.des règles de l'ordre du style. L'arrangement des idées d'un discours n'offre guère de plus grandes difficultés sous ce rapport.

L'exercice qui me semble le plus profitable pour l'étude du style est l'examen critique de bons morceaux de prose ou de vers, combiné avec les leçons de rhétorique ordinaires. J'en ai donné de nombreux exemples dans un autre ouvrage (*English Composition and Rhetoric*). Dans ce travail, l'élève concentre toutes les forces de son esprit sur l'examen des expressions et de la forme, et je n'en connais guère qui présente d'aussi grands avantages.

L'enseignement de la rhétorique, considéré à ce point de vue, tend uniquement à éveiller chez les élèves le sentiment de ce qui est bon et mauvais dans la composition. Ce point, selon moi, doit passer avant tous les autres. En effet, quoique pour bien écrire une certaine abondance d'expressions soit encore plus nécessaire que la faculté de juger ce qui est bien, cependant le maître n'exerce qu'une faible influence sur la première, tandis qu'il en a une grande sur la seconde. L'abondance des expressions exige plusieurs années de travail ; au contraire, six mois d'étude nous suffisent pour reconnaître presque toutes les élégances et les délicatesses du style. Mais,

si l'on admet qu'un certain temps soit consacré pendant plusieurs
années à l'étude de la langue, le maitre pourra en même temps faire
acquérir à ses élèves une grande abondance d'expressions et leur
enseigner à en tirer parti.

Il existe pour l'enseignement régulier et méthodique de la rhétorique des exercices préparatoires semblables à ceux que nous avons
indiqués pour la grammaire ; ces exercices consistent à varier les
expressions que l'on rencontre dans un morceau, et à indiquer
celles qui sont préférables, mais sans donner les raisons de cette
préférence. Dans certains cas, le sentiment personnel de l'élève sur
la valeur d'une forme comparée à une autre pourra se manifester
et devra être guidé par le maitre. Les changements produits par la
présence ou la suppression des figures, et ceux qui seront apportés
à l'arrangement des phrases, pourront être compris avant l'âge où il
convient d'étudier la rhétorique.

Pendant les exercices de lecture, il sera bon d'appeler peu à peu
l'attention des élèves sur les qualités principales du style, telles que
la clarté, la force, le sentiment. Des exemples habilement choisis
pourront leur faire reconnaitre la différence entre la simplicité et la
trop grande recherche, entre la force et le sentiment. On pourrait
aller plus loin, et indiquer les méthodes et les moyens qui conduisent à ces effets ; mais il serait difficile de le faire en dehors de l'enseignement régulier de la rhétorique.

La littérature anglaise.

L'enseignement de la littérature anglaise offre les mêmes difficultés que celui de l'histoire. La littérature nous présente un mélange d'idées faciles, intelligibles et intéressantes, même pour des
enfants, et d'idées techniques, compliquées et accessibles seulement
à des esprits déjà mûrs. Pour cette étude, comme pour celle de
l'histoire générale, il est impossible d'imaginer une méthode qui
reste toujours à la portée de jeunes esprits.

Nous pouvons dresser une liste chronologique des grands écrivains anglais, et la faire apprendre aux élèves, bien avant qu'ils
soient en état de comprendre le caractère particulier de chacun
d'eux. Nous pouvons aussi faire lire les vies des écrivains comme
récits intéressants, en indiquant leurs ouvrages principaux, avec la
date et le sujet de ces ouvrages, et quelques mots nécessairement
assez vagues sur leur mérite. Ceci ne peut guère s'appeler un travail ; c'est plutôt un amusement pour des esprits en voie de développement.

Si on la renferme dans ses limites rigoureuses, l'histoire de la littérature est la critique des œuvres littéraires au point de vue du style ou de la composition. Ce travail mérite le nom d'histoire, parce qu'il fait des écrivains anglais une série suivie, dans laquelle chaque écrivain se rattache d'une manière plus ou moins directe à celui qui le précède. L'histoire de la littérature est elle-même une des formes de la littérature, dont elle suit toujours scrupuleusement tous les préceptes.

Le fondement de la critique littéraire, appliquée soit à un écrivain isolé, soit à toute la littérature d'un pays ou d'une époque, est la rhétorique, c'est-à-dire la connaissance exacte des qualités et des règles du style, connaissance à laquelle on arrive comme nous l'avons dit plus haut. Le grand inconvénient d'un enseignement prématuré de la littérature, c'est de s'adresser à des esprits si ignorants en matière littéraire qu'ils ne comprennent même pas le sens des termes que l'on emploie. Quand une fois les termes de la rhétorique sont bien compris, la critique et l'histoire littéraire s'expliquent d'elles-mêmes.

De nos jours, l'enseignement de la littérature dans les écoles a pris la forme d'une étude des œuvres choisies de nos plus grands auteurs, depuis Chaucer jusqu'aux écrivains modernes. Nous possédons maintenant un nombre plus que suffisant de ces ouvrages, avec tous les commentaires et les notes qui peuvent en faciliter l'étude. Les deux points de cette méthode qu'il importe de considérer sont le choix des auteurs et la manière de les présenter.

Pour le choix des auteurs, nous dirons qu'il faut préférer les écrivains modernes aux anciens, et les prosateurs aux poètes. La préférence à donner aux modernes se fonde sur ce que la prose anglaise a toujours fait des progrès et en fait encore de nos jours; en outre, les pensées et l'intérêt général des sujets militent également en faveur des modernes. Sans doute Hooker, Bacon et Temple ont été en leur temps de grands prosateurs; mais Burke, Hall et Macaulay sont évidemment pour nous une étude plus utile. On doit commencer par montrer aux élèves les meilleurs modèles de prose; après quoi l'on pourra remonter avec eux à des modèles moins parfaits. L'intérêt que présentent un grand nombre de ces prosateurs anciens, sans être tout à fait épuisé, diminue progressivement avec le temps, et ce n'est plus que sous forme d'extraits qu'il convient de les présenter aux élèves de nos écoles. C'est dans une histoire de la littérature faite au point de vue du développement de la forme littéraire, qu'ils ont leur place naturellement indiquée.

Bien que la valeur du style ne dépende pas du sujet, il est certain que l'intérêt présenté par celui-ci joue un grand rôle dans l'impression produite par le style. Si les pensées sont devenues banales, si le sujet, quel qu'il soit, a été traité d'une manière supérieure par des écrivains plus rapprochés de nous, notre attention chancelle, et il ne faut rien moins que des qualités de style extraordinaires pour la captiver. Pour que le style produise sur nous tout son effet, il faut qu'il soit accompagné d'idées qui nous intéressent par elles-mêmes.

J'ai dit aussi qu'au début les prosateurs doivent être préférés aux poètes, et ici je me fonde sur des considérations pratiques, puisque la prose est la forme dont nous nous servons habituellement, tandis que la poésie, de même que la musique et la peinture, n'est destinée qu'au plaisir de l'esprit. Si ce n'est pas une perte de temps, c'est tout au moins une grande exagération, de retenir une classe pendant plusieurs mois sur une pièce de Shakspeare ou sur trois livres du *Paradis perdu*. Sans doute, l'on peut faire sur des vers un grand nombre des exercices que l'on fait sur un morceau en prose, et en outre c'est chez les poètes que nous trouvons les plus grands effets de style. Malgré cela, il est incontestable que, si nous devons retirer quelque fruit de ces exercices, c'est pour notre prose ; or, pour avoir de bons modèles de prose, c'est aux prosateurs et non aux poètes qu'il faut nous adresser.

A moins qu'on n'accorde à l'étude de la langue anglaise une place considérable dans l'éducation, ce qui ne peut se faire qu'en réduisant dans une proportion notable le temps donné aux langues mortes, la poésie ne peut y entrer que sous forme de morceaux choisis. Elle sera nécessairement citée dans les leçons de rhétorique, pour montrer les qualités et les artifices du style, et il me semble que, dans l'état actuel des choses, c'est à peu près le seul rôle qu'il convienne de lui assigner. Nous pouvons admirer Chaucer, Shakspeare, Milton et Pope ; mais leurs œuvres ne sont pas la seule chose qui doive occuper une classe anglaise. La meilleure éducation anglaise est peut-être celle qui ne dit que peu de chose de ces auteurs, mais qui donne aux élèves le développement intellectuel et le goût nécessaires pour qu'ils les lisent avec plaisir après avoir quitté le collège. La lecture de ces auteurs n'est pas un jeu d'enfant : ce n'est pas avant dix-huit ou vingt ans qu'on peut les comprendre d'une manière passable, et c'est bien plus tard encore que l'on apprend à les aimer.

Pour déterminer la meilleure manière de tirer parti des œuvres choisies des grands écrivains, j'invoquerai encore ici le grand principe de la division du travail, c'est-à-dire, dans le cas qui nous occupe, celui de l'étude séparée de la forme et des idées. Une partie des écrits de Bacon, d'Addison, de Burke, de Macaulay, peut servir de leçon de faits ou de leçon de langage. D'après la façon do procéder actuellement en usage, ces auteurs servent également à ces deux fins. Mais, je l'ai déjà dit, le professeur qui enseigne la langue ne doit s'occuper des idées qu'au point de vue de la manière dont elles sont rendues. S'il lit avec ses élèves les réflexions de Burke sur la Révolution française, il devra les occuper non des pensées politiques, mais bien de la méthode avec laquelle elles ont présentées, des phrases, des paragraphes, des exemples, des figures et de toutes les qualités du style. Il ne songera pas un seul instant à leur faire apprendre par cœur tout cet opuscule, plein de redites perpétuelles. Son devoir est d'indiquer les traits les plus saillants du plan de l'ouvrage et de ses expressions, et d'en signaler les beautés et les défauts. Quand il aura tiré de cette étude tout ce qu'elle peut donner à ce point de vue, sa tâche sera achevée. L'enseignement de la philosophie politique ne le regarde pas; et, si elle le regardait, il trouverait sans peine pour les commençants un livre bien meilleur que celui-là.

Dans les classes supérieures, le professeur de langue ne cherche jamais à expliquer les difficultés ou les obscurités du sens, si ce n'est pour faire ressortir quelque règle. Je doute qu'il doive toujours aborder l'explication des allusions contenues dans les figures de style; mais, en tout cas, il doit s'abstenir de développer les comparaisons forcées de la prose poétique et de la poésie proprement dite, et d'en faire le point de départ de leçons décousues sur l'histoire, la mythologie, la géographie, l'histoire naturelle, les mœurs et les coutumes des peuples. Ce genre d'explications convient aux leçons de lecture des commençants, pour lesquelles on ne sépare pas encore l'étude du sens de celle de la langue; mais avec les élèves les plus avancés il faut s'en abstenir avec soin. Dans presque toutes les branches, les notions générales se donnent d'une manière systématique, et l'enseignement irrégulier que peuvent fournir les allusions des poètes est remplacé par quelque chose de mieux. Les seuls développements que comportent les comparaisons de Milton sont ceux qui peuvent en faire sentir la force; et, si quelques-unes d'entre elles exigeaient de longues explications, le mieux serait de les passer sous silence. Ce qui importe, c'est de faire comprendre aux élèves les effets produits par le style, et de leur signaler les moyens qui produisent ces effets.

La même application rigoureuse du principe de la division du travail nous fera exclure de l'étude de la langue proprement dite tout ce qui a rapport à l'histoire, aux mœurs et aux coutumes de l'Angleterre, et éviter toute occasion d'éveiller les sentiments patriotiques et moraux. Ces sujets appartiennent évidemment à l'histoire et à d'autres études, et le professeur de langue ne doit pas plus empiéter sur ce domaine que ne doit le faire le maître de dessin.

CHAPITRE VIII

LA VALEUR RÉELLE DES LANGUES MORTES

Raisons pour lesquelles on a d'abord étudié le latin et le grec dans
l'Europe moderne. — Arguments invoqués en faveur du maintien de
l'étude des langues mortes : — 1° Les auteurs grecs et latins peuvent
encore nous apprendre une foule de choses. — 2° Ce n'est que par les
langues mortes que nous pouvons connaître les trésors littéraires des
anciens. — 3° L'étude des langues anciennes est une véritable discipline
intellectuelle. — 4° Elle nous prépare à l'étude de notre langue maternelle. Mais, pour l'étude de la syntaxe, les langues anciennes sont
plutôt un obstacle. — 5° Les langues mortes nous initient aux études
philologiques. — Arguments invoqués contre l'étude des langues mortes :
— 1° Elles exigent beaucoup de travail. — 2° Le mélange d'études trop
différentes jette le désordre dans l'esprit des élèves. — 3° L'étude des
langues mortes est sans intérêt. — 4° Dangers de la servilité intellectuelle. — Opinions de MM. H. Sidgwich, A. J. Ellis et Matthew Arnold.

C'est à dessein que nous avons laissé une lacune dans le chapitre
de l'importance relative des différentes études, parce qu'il nous a
semblé que la question tant débattue de l'étude des langues mortes
demande à être examinée à part et d'une manière approfondie. Pour
l'éducation libérale, cette question est la plus importante que l'on
puisse soulever aujourd'hui. Les défenseurs quand même des langues
mortes soutiennent que le latin et le grec sont indispensables à une
éducation libérale. Ils n'admettent pas qu'on puisse arriver par une
autre route aux diplômes universitaires. Ils ne veulent pas reconnaître que trois siècles entiers, avec toutes les révolutions et toutes les
connaissances nouvelles qu'ils ont apportées, ont pu diminuer la
valeur éducationnelle de la connaissance des auteurs grecs et latins.
En vain nous leur objectons qu'on ne parle ni n'écrit plus ces langues; ils répondent par une longue liste d'avantages à en tirer, auxquels ni Erasme, ni Casaubon, ni Milton n'ont certes jamais songé.

Au moyen âge, on se servait partout du latin. Après la prise de

Constantinople, la littérature grecque se révéla brusquement à l'Europe occidentale, et séduisit certains esprits au point de faire en quelque sorte revivre le paganisme. Les chrétiens lettrés accueillirent favorablement la langue grecque, parce qu'elle leur faisait connaître le texte primitif du Nouveau Testament, ainsi que les Pères de l'Eglise d'Orient. L'ardeur de travail ainsi éveillée permit d'imposer aux élèves l'étude d'une langue nouvelle, qui aurait assurément pu sembler rendre la tâche trop lourde pour la paresse naturelle à l'homme. Nos universités acceptèrent ce surcroît de travail, et maîtres et élèves durent parler le latin et traduire le grec [1].

Les hommes du xv⁰ siècle et ceux du xvi⁰ avaient sans doute leurs préjugés, leurs erreurs et leurs superstitions; mais la façon dont ils appréciaient l'étude des langues mortes était d'accord avec le bon sens. Ecoutons Hegius, le célèbre érudit hollandais, le maître d'Erasme, qui dirigea le collège de Deventer de 1438 à 1408 : « Si l'on veut comprendre la grammaire, la rhétorique, les mathématiques, l'histoire ou l'écriture sainte, il faut apprendre le grec. C'est au grec que nous devons tout. » Luther recommande avec son énergie ordinaire l'étude nouvelle : « Bien qu'il soit vrai que l'Évangile est venu et vient seulement par l'Esprit-Saint, cependant il est venu par l'intermédiaire des langues; c'est par elles qu'il s'est répandu, et c'est par elles qu'il faut le conserver. » Mélanchthon considérait les langues uniquement comme des moyens, et son plan d'éducation comprenait toutes les études en vue de l'utilité de chacune d'elles. Hiéronyme Wolf, d'Augsbourg, s'exprime sur ce sujet de la façon la plus explicite : « Les Latins étaient bien heureux, s'écrie-t-il, car ils n'avaient à apprendre que le grec, et encore ne l'apprenaient-ils pas à l'école, mais de la bouche même des Grecs de leur temps. Plus heureux encore étaient les Grecs, qui, dès qu'ils savaient lire et écrire leur langue maternelle, pouvaient passer sur-le-champ à l'étude des arts libéraux et à la recherche de la sagesse. Pour nous, forcés de donner plusieurs années à l'étude de langues étrangères, nous trouvons bien plus difficile l'accès de la philosophie. En effet, la connaissance du latin et du grec n'est pas la

---

1. « Si le moyen âge a fait du latin la base de l'éducation, ce n'est ni à cause de la beauté de sa littérature classique, ni parce que l'étude d'une langue morte était la meilleure des gymnastiques intellectuelles, ou le seul moyen d'apprendre à fond les langues vivantes, mais uniquement parce que le latin était alors la langue de tous les hommes instruits de l'Occident, qu'il servait aux affaires publiques, à la littérature, à la philosophie, aux sciences, et surtout parce que, dans les vues de Dieu, le latin était essentiel pour l'unité de l'Eglise d'Occident, qui, pour cette raison, lui prêta l'appui de toute son autorité. » (M. E. S. Parker, cité dans *Farrar's Essays on a Liberal Education*, p. 7.)

science même, mais seulement le vestibule et l'antichambre de la science. » (Parker.)

L'importance de l'étude des langues mortes, considérées comme seules dépositaires de toutes les connaissances humaines, va nécessairement toujours diminuant par suite des travaux indépendants faits dans tous les pays depuis trois siècles. Depuis cent ans surtout, ce mouvement décroissant est encore accéléré, grâce au grand nombre de bonnes traductions des auteurs anciens qui ont été publiées. Un moment viendra infailliblement où, mettant en balance la peine que coûte l'étude des langues mortes et les connaissances qu'elle peut nous apporter, l'on trouvera celles-ci trop minimes pour celle-là. Cependant on a allégué d'autres avantages, que l'on considère comme suffisants pour compenser cette cause de dépréciation.

Connaissances que contiennent encore les auteurs grecs et latins. — C'est là le grand argument des professeurs de langues mortes; mais il est si facile d'y répondre, qu'il n'y a pas lieu d'insister longuement sur ce point.

Il n'y a pas un seul fait, pas un principe des sciences physiques ou des arts pratiques, qui ne soit exprimé de la manière la plus complète dans toutes les langues des peuples civilisés de notre temps; c'est là un point universellement reconnu. Peut-être l'accord sera-t-il moins unanime sur la question des sciences morales et métaphysiques, puisque certaines personnes affirment que Platon et Aristote, par exemple, contiennent des trésors de pensées inséparables de la forme sous laquelle elles sont présentées dans l'original. En outre, les langues anciennes conservent le dépôt exclusif des faits historiques et sociaux du monde ancien; mais les livres qui contiennent ces faits sont faciles à traduire, et ont été bien des fois reproduits dans les langues modernes. Ici encore, on fait certaines réserves, et l'on dit que pour la vie intime ou subjective des Grecs et des Romains les meilleures traductions doivent être en défaut.

Pour ce qui regarde la philosophie grecque, nous répondrons, avec assez de raison je crois, que ses doctrines et ses distinctions subtiles sont mieux comprises de nos jours, grâce aux travaux des traducteurs et des commentateurs modernes, écrits en anglais, en français et en allemand, qu'elles ne pouvaient l'être de Bentley, de Porson ou de Parr. Il est certain que, pour faire une bonne traduction, il est au moins aussi essentiel de bien connaître la question que de savoir la langue. Dans l'académie platonique de Côme de Médicis, à Florence, quand le professeur de littérature grecque faisait une leçon sur Platon, les aristotélistes latins demandaient avec indignation comment un philosophe pouvait être expliqué par un homme qui ne savait pas la philosophie.

Dire qu'il nous est impossible de bien comprendre la vie intime des Grecs et des Romains sans savoir leur langue, c'est émettre une affirmation qu'il n'est pas très-difficile de réfuter. La vie intime peut se déduire de la vie extérieure, et celle-ci peut être décrite dans une langue quelconque. Tout ce qui nous montre bien les usages, les manières d'agir et de penser, les institutions et l'histoire d'un peuple, nous aide à comprendre sa vie intime autant que nous pouvons le faire de si loin; et tout cela est possible par l'intermédiaire des traducteurs et des commentateurs.

Cela suffit, ce me semble, pour ce qui concerne les professions libérales. Pour la médecine, par exemple, on ne peut guère soutenir que nous ayons quelque avantage à tirer de la connaissance des langues mortes. Hippocrate a été traduit. Tout ce que Galien savait, nous le savons sans lire ses œuvres. En réalité, les ouvrages des médecins de l'antiquité ne peuvent avoir pour nous qu'un intérêt purement historique.

Il est évident aussi qu'un légiste peut parfaitement se passer du grec. On dira peut-être qu'il a besoin du latin, à cause des rapports entre le droit moderne et le droit romain. Mais celui-ci a été assez exposé dans des ouvrages en langue anglaise. Les mots latins que l'on est forcé de conserver, à cause de l'impossibilité de les rendre par des mots anglais correspondants, peuvent fort bien être expliqués à mesure qu'ils se présentent, sans qu'il soit nécessaire pour cela d'apprendre toute la langue latine.

On a toujours admis comme évident et incontestable le principe de la nécessité des langues mortes pour le clergé; mais, même ici, nous pouvons faire certaines réserves. Un ecclésiastique doit comprendre la Bible, ce qui rend nécessaire la connaissance de l'hébreu et du grec vulgaire. Mais le grec littéraire et les classiques grecs lui sont inutiles; quant au latin, il lui suffit de connaître les Pères de l'Eglise latine, la théologie scolastique et les théologiens savants de la Réforme, Luther, Mélanchthon, Calvin et Turretin.

Or il n'y a pas de livre qui ait été plus commenté que la Bible. Toutes les lumières que peut fournir l'érudition ont été données dans toutes les langues modernes. Il n'y a pour ainsi dire aucun texte qui ne puisse être compris d'un homme qui ne sait que l'anglais, tout aussi bien que des plus grands érudits, et pour aller au delà il faudrait commencer par apprendre, mieux qu'ils ne l'ont fait, les langues dans lesquelles la Bible a été primitivement écrite.

Parmi les caprices de l'opinion sur la question qui nous occupe, il nous sera permis de signaler le peu d'importance que l'on attache à l'hébreu pour l'éducation du clergé. Les Églises les plus exigeantes n'imposent à ceux qui aspirent aux ordres que des examens très-faciles sur la langue hébraïque, et il n'y a qu'un très-petit nombre de prédicateurs qui aient l'habitude de consulter la Bible hébraïque. Cependant l'Ancien Testament est un des livres les plus difficiles à bien traduire, parce qu'il contient un nombre énorme de maximes et de passages poétiques, et qu'il se rapporte à un état de société bien différent du nôtre. Si nous admettons que le fonds inépuisable d'idées que présente l'Ancien Testament exige la connaissance de l'hébreu, il demeure établi que cependant presque personne n'apprend cette langue. Pour le Nouveau Testament, au contraire, la connaissance de la langue originale ne peut, pour ainsi dire, rien ajouter à l'exégèse complète que nous ont donnée les théologiens savants. Whitfield ne savait pas l'hébreu et savait fort peu de grec.

Le grec vulgaire du Nouveau Testament n'exige pas la connaissance des auteurs grecs classiques. On pourrait l'enseigner comme on enseigne l'hébreu dans nos écoles de théologie, et sans aucun rapport avec la littérature de la Grèce païenne. Que ces auteurs païens soient les pères nourriciers de l'Église chrétienne, est certes une chose fort étonnante, et, ce qui ne l'est pas moins, c'est que la jeunesse chrétienne, élevée avec tant de soin sous le rapport des mœurs, soit autorisée à lire les immoralités contenues dans un trop grand nombre des auteurs anciens.

Le système qu'il conviendrait d'adopter pour le clergé serait d'encourager un petit nombre d'érudits à étudier à fond les langues dans lesquelles ont été écrits l'Ancien et le Nouveau Testament et tout ce qui s'y rattache, et de dispenser de ces études la grande majorité des membres du clergé, dont le temps serait mieux employé aux travaux de leur ministère.

Ce n'est que par les langues mortes que nous pouvons connaître les trésors littéraires des anciens. — Certaines beautés du style, et surtout de la poésie, tiennent à la langue même de l'écrivain, et ne peuvent se traduire. Mais ces effets particuliers ne sont ni les plus grands ni les plus utiles à la culture littéraire. Les beautés qui peuvent se traduire sont bien au-dessus de celles qui échappent à la traduction; sans cela, que serait devenue la Bible? L'harmonie est la qualité la plus difficile à reproduire, et c'est la seule dont la traduction ne puisse donner qu'une bien faible idée, si même elle y réussit. Les langues modernes arrivent à rendre même les rapports si délicats des mots avec les idées, tout comme elles doivent se présenter à l'élève qui étudie le texte ancien. Pour toutes les langues mortes, une grande partie de cette essence subtile doit être irréparablement perdue. L'étude du grec ne saurait nous mettre vis-à-vis d'Homère et de Sophocle dans la même position que l'étude de l'allemand vis-à-vis de Gœthe. Tout ce qu'un érudit peut apprendre, il peut arriver à le communiquer à ceux qui n'ont point étudié les langues mortes.

Le parfum subtil et intransmissible de la poésie ancienne n'est, après tout, qu'un des raffinements de l'éducation classique. Le plus grand nombre des élèves ne sauraient y arriver, et il se peut que ce luxe soit payé trop cher. D'ailleurs les grands poètes sont assez traduisibles pour que les traductions seules nous fournissent encore un riche festin; j'en citerai pour preuve l'admiration excitée par la version d'Homère que nous devons à Pope. Horace est peut-être de tous les poètes anciens celui qui se refuse le plus à la traduction; mais la difficulté même nous a valu des prodiges d'habileté de la part des traducteurs qui ont cherché à serrer de près leur modèle, et, quand on connait bien les traductions qui existent de nos jours, on n'est pas bien loin du royaume du ciel.

Les langues mortes sont une discipline intellectuelle que rien ne peut remplacer. — Jamais cet argument n'a été invoqué quand les langues mortes servaient réellement comme moyen de communiquer la pensée; ou bien on n'en sentait pas la force au XVIᵉ siècle et au XVIIᵉ, ou bien il était inutile. L'importance qu'on y attache de nos jours semble indiquer que l'on renonce aux arguments cités auparavant, ou tout au moins permet de les juger insuffisants. En tout cas, il est assez vague pour pouvoir servir commodément à défendre une mauvaise cause. Nous demandons qu'on nous dise d'une manière positive en quoi consiste cette discipline.

Sans doute, l'étude des langues mortes fait beaucoup travailler la mémoire; mais ce travail n'est pas une discipline, c'est bien plutôt une dépense. Une certaine quantité de la force plastique de l'organisme est consommée, et c'est, par conséquent, autant d'enlevé aux autres études. Il s'agit maintenant de montrer les avantages solides qui compensent ce travail et cette dépense de forces.

Les facultés auxquelles on admet que cette discipline a servi sont les facultés supérieures que l'on nomme raison, jugement, et faculté de combinaison et d'invention, et les exercices employés sont les leçons de grammaire et les traductions.

Il n'est pas difficile de nous rendre compte de l'influence exercée par la grammaire. Des leçons de grammaire supposent, outre le travail de la mémoire, la compréhension de certaines règles et leur application aux cas qui se présentent, en tenant compte des exceptions lorsqu'il y en a. L'étude des variations des mots est la partie la plus facile de la grammaire. Les noms latins en *a* de la première déclinaison se déclinent d'après un certain modèle; une fois ce modèle connu, — *penna*, par exemple, — l'élève décline de même tout autre nom de la même déclinaison. Ceci représente l'opération indispensable toutes les fois que l'on passe des faits particuliers à la connaissance générale. « Un beau jour, une bonne route, une bouilloire pleine, un pain, » sont des idées générales en rapport avec des règles pratiques, et quiconque veut appliquer ces règles doit comprendre les idées et les appliquer suivant l'occasion. Quelquefois l'idée est accessible à l'esprit le moins développé, quelquefois elle ne l'est pas; il y a des difficultés de tous les degrés, jusqu'aux subtilités des hommes spéciaux et aux profondeurs de la science ou de la philosophie. Le grand point, c'est qu'aucune étude n'a le monopole de l'exercice de voir le général dans le particulier; personne ne peut se soustraire à la nécessité de ce travail. La question de savoir si un sujet vaut mieux qu'un autre pour nous exercer sur ce point revient à demander s'il est possible de faciliter le travail de la conception des abstractions les plus difficiles par quelque chose qui leur soit étranger; en d'autres termes, si l'on peut rendre les mathématiques ou la métaphysique plus faciles, en se livrant à quelque étude qui leur soit étrangère, par exemple à celle de la grammaire latine, de la grammaire anglaise ou de la botanique. Il reste à démontrer qu'une influence de ce genre existe réellement; les arguments en faveur de l'efficacité de la grammaire comme discipline intellectuelle n'y arrivent pas : ils admettent en principe que la grammaire a le privilège exclusif d'exercer l'esprit sur les généralités, et ce point n'a encore jamais été démontré.

La grammaire de la langue latine et celle de la langue grecque sont d'une très-grande simplicité, jusqu'à ce que l'on arrive à certains points délicats de la syntaxe, par exemple aux règles relatives à l'emploi des temps et des modes des verbes. Les parties du discours n'ont même pas besoin de définition; on les reconnaît à leurs variations, et non au rôle qu'elles jouent dans la phrase. C'est là une des grandes différences entre le latin et l'anglais. Ce fait a servi d'argument à ceux qui veulent que l'on apprenne le latin avant l'anglais. « La grammaire facile doit, disent-ils, venir avant la grammaire compliquée. » Mais qui peut le plus peut le moins, répondrons-nous à notre tour. Si, à l'âge qui convient à cette étude, un élève sait sa grammaire anglaise, alors, sous le rapport de la faculté de raisonnement, il a dépassé la grammaire latine ou la grammaire grecque, et devrait par conséquent être dispensé de continuer à exercer cette faculté sur la grammaire.

Ce sont les versions et les thèmes latins ou grecs qui exigent le plus de travail et d'efforts intellectuels; c'est donc dans ces exercices qu'il faut chercher d'une manière plus spéciale la discipline intellectuelle que l'on veut bien attribuer aux langues mortes. Or l'action de triompher des difficultés n'est spéciale à aucun genre d'étude, et, de plus, il reste à examiner quelles sont les difficultés à vaincre dans le cas particulier qui nous occupe. Traduire est un travail de combinaison; étant donnés un texte, une certaine somme de connaissances grammaticales et verbales, et la faculté de se servir d'un dictionnaire, l'élève doit trouver le sens de ce texte. Or trois cas pouvent se présenter. Le premier est celui où le degré d'instruction et les ressources intellectuelles de l'élève sont au-dessous de la tâche qui lui est donnée, et dans ce cas le travail ne peut lui être que fort peu profitable : nous ne gagnons rien à travailler sur un point où le succès est impossible. Le second cas est celui où, avec un certain degré d'application, l'élève peut réussir ; alors le travail est agréable et fructueux, et l'élève en vient à bout. Enfin, dans le troisième cas, l'élève est en état de faire aisément et sans le moindre effort le travail qui lui a été donné, et alors il n'y a pas de difficulté à vaincre, de sorte que le succès même ne fait faire que bien peu de progrès. Il faut donc admettre, ce qui n'est pas toujours vrai, que l'élève se trouve invariablement dans le second cas, et examiner en quoi le travail particulier qu'on lui demande contribue à exercer, à former ou à fortifier les facultés supérieures.

Traduire est un travail de tâtonnements : il faut d'abord se rendre compte des différents sens de tous les mots, puis choisir pour chacun d'eux un sens qui soit d'accord avec ceux qui ont été adoptés pour tous les autres. On essaye donc différentes combinaisons ; lorsqu'on a échoué d'un côté, on revient à la charge d'un autre, et on répète ces tentatives jusqu'à ce qu'enfin l'on trouve une combinaison qui tienne compte de tous les mots et de leurs rapports grammaticaux. Ce travail exige une longue suite d'efforts patients, et ces efforts soutenus doivent certainement donner des habitudes d'application. Mais il n'y a rien de spécifique et d'unique dans cette action. Toute étude, quelle qu'elle soit, exige le même degré de patience et d'application, et bien des genres de travail prennent exactement la même forme et consistent à donner différents sens à des mots, jusqu'à ce qu'on en trouve un qui résolve le problème. Tel est le travail nécessaire pour deviner des énigmes et des rébus. Pour trouver le sens d'une proposition scientifique, pour arriver à la règle qui convient à un cas donné, nous sommes souvent forcés de faire bien des tentatives ; nous rejetons successivement bien des hypothèses, parce qu'aucune ne satisfait à toutes les conditions du problème, et nous réfléchissons patiemment jusqu'à ce que d'autres hypothèses se présentent à notre esprit.

C'est pour le travail de traduction qu'il est le plus difficile de maintenir les élèves toujours dans le juste milieu dont nous avons parlé plus haut, et de leur donner une tâche qui ne soit ni au-dessus ni au-dessous de leurs forces. S'il s'agit d'un texte que le dictionnaire ne fournisse pas les moyens de traduire, il est très-probable qu'aucune tentative sérieuse ne sera faite, et que, par conséquent, l'esprit ne sera pas éveillé et préparé à recevoir avidement l'explication donnée par le maître. De plus, il est généralement reconnu que l'emploi des traductions qui existent de nos jours pour tous les auteurs classiques, neutralise tous les avantages des versions; pour former l'esprit il ne reste donc que les thèmes latins ou grecs, c'est-à-dire les exercices les moins profitables en eux-mêmes.

Mais qu'il s'agisse de langues vivantes ou de langues mortes, le travail de traduction est nécessairement le même, et par conséquent une langue vivante quelconque offre sous ce rapport la même discipline intellectuelle. On me répond, il est vrai, que la grammaire latine et la grammaire grecque ont une syntaxe toute particulière, que les variations des mots sont bien plus multipliées; mais cet argument n'a pas grande valeur, puisque chaque langue a ses caractères spéciaux, et qu'on demande simplement à l'élève de tenir compte de ces caractères. Toutes les langues ont à exprimer les mêmes idées de temps et de mode, et il est peu important pour la discipline intellectuelle qu'elles le fassent au moyen de changements de terminaison ou d'auxiliaires. Il reste toujours assez de variations pour instruire les élèves, et le plus ou le moins sous ce rapport n'est qu'une considération secondaire.

Dans l'étude des sciences, bien plus que dans celle des langues, il est possible de proportionner toujours les difficultés à la force des élèves, bien que pour toutes les études les bons maîtres seuls y réussissent. La grammaire étant, dans chaque langue, la partie la plus scientifique, est aussi celle qui se prête le mieux à cette gradation; au contraire, dans les exercices de traduction, les difficultés surgissent brusquement et dans un désordre qui ne permet pas de les proportionner au degré de développement des élèves. C'est là un inconvénient inévitable.

L'argument tiré de la discipline intellectuelle est appliqué à certains points spéciaux, dont quelques-uns demandent à être traités à part; telle est, par exemple, l'utilité des langues mortes pour la langue anglaise et pour la philologie. On dit et on répète que, pour bien comprendre sa propre langue, il faut savoir au moins une langue étrangère, et on cite souvent comme exemple des difficultés de la langue anglaise le double sens du verbe être, qui exprime à la fois l'existence et l'attribution. Or, il se trouve que ce double sens était déjà signalé par Aristote (Grote, *Aristote*, I, 181) [1].

Dans son dernier discours prononcé devant les membres de l'Université de Berlin, M. le professeur Helmholtz nous a dit franchement

---

1. Dans un discours prononcé en 1870 devant l'Association des sciences sociales, lord Neaves recommandait l'étude du latin, du grec et du français comme le meilleur moyen d'arriver à la précision de la pensée. Or, sans examiner si les écrivains de ces trois langues l'emportent ou non en précision sur tous les autres, nous constaterons le fait assez singulier que ces langues sont justement celles des trois peuples qui sont cités comme n'apprenant guère que leur propre langue.

ce qu'il trouve de bien et de mal dans les Universités des différents pays de l'Europe. Pour les Universités anglaises d'Oxford et de Cambridge, il est d'avis que ses compatriotes devraient chercher à les imiter sur deux points : « D'abord, ces Universités développent à un très haut point chez leurs élèves et un sentiment très vif des beautés et de la vigueur des anciens, et le goût de la précision et de l'élégance du style, comme on le voit à la façon dont les élèves manient leur propre langue. » M. Helmholtz fait sans doute allusion à la prééminence dont les langues mortes jouissent encore à Oxford et à Cambridge, et pourtant on les étudie bien plus en Allemagne qu'en Angleterre : pour nous en convaincre, il suffit de considérer les programmes des gymnases allemands, où les langues mortes sont obligatoires, ou l'étude spéciale qu'en font certains membres des universités. S'il est un pays où l'étude exclusive des langues anciennes eût pu donner de bons résultats, c'est assurément l'Allemagne. Quant aux universités d'Oxford et de Cambridge, mais pour la première surtout, les meilleures parties de l'enseignement semblent y être les plus étrangères à l'étude des anciens; j'en citerai pour preuve l'importance extrême donnée à la dissertation anglaise. On dit souvent que, même dans les examens sur les langues anciennes, les candidats réussissent plutôt grâce à leur dissertation anglaise que par leur connaissance des auteurs grecs et latins.

Après avoir réfuté plusieurs des arguments fondés sur l'utilité des langues mortes, M. Sidgwick en signale cependant certains avantages bien marqués. « D'abord, les langues mortes fournissent aux élèves une abondance et une variété de matériaux presque inépuisables. Une seule page d'un auteur ancien présente à un écolier une suite de problèmes assez complexes et assez variés pour exercer sa mémoire et son jugement de bien des manières différentes. En second lieu, l'exclusion des distractions étrangères, la simplicité et la rigueur de la classification qu'il s'agit d'appliquer, la clarté et l'évidence des points qu'il faut observer, nous permettent de dire que cette étude amène, surtout chez les jeunes élèves, une plus grande concentration des facultés qu'elle développe, que ne pourrait le faire aucun autre travail. Si l'on renonçait à enseigner le grec et le latin dans nos écoles, on se priverait, je le crois, d'un instrument précieux, qu'il serait assez difficile de remplacer tout à fait. » (*Essays on a Liberal Education*, p. 133.)

Les matériaux dont il est question dans ce passage sont sans doute les sujets mêmes traités par les auteurs anciens, et non pas uniquement la langue; mais ceci ne change rien à ce que nous avons dit, car ces sujets sont bien plus faciles à comprendre dans des traductions. La seconde raison invoquée par M. Sidgwick — l'exclusion des distractions étrangères, et la simplicité et la rigueur de la classification qu'il s'agit d'appliquer — doit se rapporter au langage; mais elle n'a rien qui soit spécial aux langues mortes. D'ailleurs, pour présenter à l'esprit d'un élève un but distinct, et surtout pour proportionner la difficulté du travail à son degré de développement intellectuel, l'étude des langues me semble bien au-dessous de la plupart des autres études

La connaissance de notre langue exige celle des langues anciennes. — Cette affirmation doit s'appliquer ou aux vocables de la langue anglaise, ou à la grammaire et à la construction de la phrase.

Pour les vocables, il s'agit des mots latins et grecs qui se trouvent dans la langue anglaise. Comme il y a en anglais plusieurs milliers de mots qui viennent directement du latin, on peut supposer qu'il faut remonter directement à la source et apprendre le sens de ces mots dans la langue mère. Mais qui nous empêche d'apprendre ce sens tel qu'il se présente dans notre propre langue? Quelle économie de travail y a-t-il à l'apprendre autre part? Nous répondrons, en faisant toutefois une réserve sur laquelle nous reviendrons tout à l'heure, que c'est la première de ces alternatives qui donne la plus grande économie, et cela pour des raisons bien évidentes. D'abord, si nous apprenons les mots latins tels qu'ils se présentent en anglais, nous nous bornerons à ceux qui ont été réellement introduits dans la langue anglaise; au contraire, si nous apprenons la langue latine dans son ensemble, il nous faudra étudier un grand nombre de mots qui n'ont jamais été introduits dans notre langue. Mais une seconde raison peut-être encore plus forte que celle-ci, c'est que le sens d'un grand nombre de ces mots d'origine latine a beaucoup changé depuis leur introduction dans la langue anglaise; par conséquent, en remontant aux sources, il nous faut faire un double travail : apprendre d'abord le sens de chaque mot dans la langue mère, puis le changement de sens que nous lui avons fait subir après nous l'être approprié. La manière la plus facile d'arriver au sens du mot *servant*, par exemple, est d'observer l'emploi de ce mot en anglais, sans nous inquiéter de son origine latine; au contraire, si nous cherchons ce que le mot *servus* voulait dire en latin, il nous faudra apprendre ensuite que le mot anglais qui en dérive *n'a plus* le même sens ; de sorte que la recherche du mot primitif, bien que légitime et intéressante en soi, ne nous enseigne pas mieux notre propre langue.

Outre la multitude de mots latins qui font partie de notre langue, et qui y jouent un rôle aussi important que les mots d'origine teutonique, nous y trouvons un nombre limité de termes techniques et scientifiques qui viennent également du latin et du grec. L'importation d'un grand nombre de ces termes est toute récente, et continue encore de nos jours. Même pour le sens de ces termes, cependant, il n'est pas toujours bon de remonter aux langues mères, et il

faut examiner comment il a été modifié de nos jours. La connaissance du grec nous suffit, il est vrai, pour comprendre les mots
« thermomètre, photomètre » et quelques autres ; mais, pour la grande
majorité, elle serait tout à fait insuffisante, ou ne servirait qu'à nous
égarer. Le mot « baromètre », qui signifie littéralement mesure du
poids, conviendrait fort bien à la balance ordinaire, et il serait
impossible de deviner le sens que nous y attachons réellement. Le
mot « eudiomètre » serait également inintelligible pour celui qui ne
saurait que le grec ; le mot « hippopotame » ne serait pas moins énigmatique. Parmi les mots terminés en *ologie*, il en est bien peu dont
l'étymologie donne le sens exact. Les mots « astrologie et astronomie,
phrénologie et psychologie, géologie et géographie, logique, logographe et logomachie, théologie et théogonie, aérostatique et pneumatique », sont bien loin d'avoir le même sens, malgré la synonymie
de leurs racines. Puisque la théologie est la science de Dieu, la
philologie devrait être la science de l'amitié et des affections.
M. Lowe a dit avec raison que le mot « anévrisme » peut fort bien
tromper un helléniste, qui ne penserait pas à première vue que ce
mot vient du verbe grec ἀνευρύνω, j'élargis. De même pour le mot
« méthodiste », la connaissance du grec ne peut qu'égarer au lieu de
guider. Nous savons qu'une des raisons qui nous font emprunter nos
termes techniques aux langues étrangères, c'est que ces termes ne
présentent alors d'autre sens que celui que nous voulons leur donner.
Lorsqu'il s'agit de former des mots pour représenter de nouvelles
idées générales, les racines prises dans notre propre langue nous
rappellent des idées qui peuvent nous tromper ; le grand mérite des
mots « chimie, algèbre, rhumatisme, hydrate, artère, colloïde », c'est
que nous n'en savons pas le sens primitif ; toute désignation tirée de
notre propre langue, que nous pourrions inventer pour des sciences
aussi vastes que la chimie et l'algèbre, contiendrait quelque idée
limitée et insuffisante, qui serait une pierre d'achoppement perpétuelle pour celui qui voudrait les apprendre.

La seule raison qui empêche d'apprendre uniquement d'après leur
acception actuelle, le sens des mots empruntés aux langues mortes,
c'est que ces mots viennent d'un assez petit nombre de racines,
dont une centaine suffit pour donner la signification de plusieurs
milliers de mots dérivés. Cela ne nous dispense pas, il est vrai, de
nous rendre compte du sens moderne de chacun de ces dérivés ;
mais c'est toujours un grand secours pour la mémoire de connaître
le sens primitif des racines, qui est conservé tout au moins en
partie dans leurs nombreux composés. Nous sommes forcés de tenir
compte du sens moderne des mots « agent, acteur, action, transaction » ; mais, quand nous savons le sens primitif du mot *ago*, qui
est leur racine commune, nous retenons plus facilement celui de

tous les dérivés. Il en est de même des racines grecques *logos, homos, metros, zoon, théos,* etc. Mais pour y arriver il n'est pas nécessaire d'apprendre à fond le grec et le latin. Il suffit de séparer et de présenter séparément les racines anciennes réellement employées dans notre langue, et d'en montrer les dérivés : ainsi nous n'apprendrons que la partie du vocabulaire grec et latin dont nous avons besoin.

L'argument tiré de l'influence exercée par les langues mortes sur la grammaire ou la syntaxe de notre langue, est également en défaut. La marche naturelle à suivre pour apprendre l'ordre des mots dans les phrases anglaises, est d'étudier les règles de la grammaire anglaise et de s'exercer à les appliquer; s'habituer à un ordre différent doit être plutôt un obstacle qu'un secours. Toute comparaison avec une autre langue ne peut être qu'une affaire de curiosité. S'il est jamais arrivé à notre langue d'emprunter une règle de syntaxe à une autre langue, cet emprunt doit être un fait accompli, de sorte que les siècles suivants n'ont plus eu qu'à l'accepter comme un usage établi.

On ajoute souvent que les langues mortes sont une préparation à l'étude de la littérature générale, parce qu'elles nous offrent les meilleurs modèles sous le rapport du goût et du style, et que l'étude de ces modèles nous apprend à mieux écrire notre propre langue. Cet argument n'est qu'un tissu d'affirmations dont l'exactitude est tout au moins douteuse. Les auteurs anciens sont loin d'être tous des modèles parfaits, et l'élève a besoin qu'on lui apprenne à distinguer les beautés des défauts; or il serait plus profitable pour lui de faire ce travail sur les écrivains de son propre pays. D'ailleurs l'objection que nous venons de faire à l'argument précédent subsiste ici dans toute sa force. Les beautés que l'on peut faire passer des langues mortes dans notre propre langue ont dû y être introduites depuis longtemps. Le nombre des écrivains modernes qui se sont inspirés des auteurs anciens est si considérable, que depuis longtemps déjà ils doivent nous avoir donné toutes les beautés qui sont transmissibles d'une langue à une autre. La littérature moderne de l'Europe possède une école nombreuse d'imitateurs de l'antiquité, chez lesquels nous pouvons trouver la reproduction de tous les effets caractéristiques que les langues modernes peuvent s'assimiler.

Les langues mortes servent d'introduction aux études philologiques. — Cet argument en faveur de l'étude des langues mortes est de date toute récente. La philologie est une science nouvelle, et, avant de la faire entrer dans la discussion actuelle, il serait bon d'établir au préalable ses droits à être inscrite au programme des études de nos collèges. Comme la philologie a ses racines les plus profondes dans l'esprit humain, de même qu'un grand nombre d'autres sciences, elle se rattache de loin, sous le double rapport de la structure et de l'histoire, au vaste sujet de la sociologie ou de la société. Ses sources immédiates sont les langues humaines encore existantes, dont nous faisons une étude comparée, afin de constater leurs ressemblances et leurs différences de structure (ce qui donne naissance à la grammaire générale), ainsi que leurs liens et leurs origines historiques. Un tel sujet peut entrer dans le programme de l'éducation supérieure, mais il ne doit venir qu'après les sciences fondamentales.

Si l'on admet que la philologie puisse être admise au nombre des études de nos collèges, on reconnaîtra que le rôle des langues mortes y est assez insignifiant. L'enseignement du latin et du grec, comme il se fait d'ordinaire, donne à la fois trop et trop peu pour ce qu'exige la philologie générale. Ce ne sont, après tout, que deux langues sur une multitude qu'il faut comparer entre elles avec plus ou moins de détails. Les exemples fournis par d'autres langues, le sanscrit par exemple, ont une importance tout aussi grande que ceux empruntés au grec et au latin, et l'on ne peut nous demander d'étudier également toutes ces langues. En réalité, nous ne pouvons étudier la philologie qu'à l'aide d'exemples pris dans un grand nombre de langues dont nous ne savons que ces seuls exemples; il est donc permis de traiter le latin et le grec de la même façon. Ainsi la connaissance approfondie des auteurs grecs et latins nous est inutile pour la philologie 1.

Tels sont les principaux arguments invoqués en faveur du système actuel d'études classiques. Les partisans des langues mortes supposent que leur ensemble justifie le maintien de ce système après que la cause primitive de son adoption a cessé. Mais, si nous revoyons tous ces arguments, il ne nous semble pas qu'ils prouvent le point véritablement en question, et qu'ils démontrent que le latin et le grec doivent seuls, et sans pouvoir être séparés, continuer à servir de base à notre éducation supérieure. Plusieurs des raisons invoquées s'appliqueraient également bien aux langues vivantes, et certaines d'entre elles n'exigeraient que le maintien du latin, sans le grec.

Pour rendre cette discussion complète, il faut maintenant examiner les arguments en faveur de l'opinion contraire.

Ce que coûtent les langues mortes. — Bien qu'on ne donne pas partout le même temps à l'étude des langues mortes, elles prennent une

---

1. M. Sidgwick fait sur ce point des remarques pleines de justesse dans le mémoire dont nous avons déjà parlé (p. 94). M. A. H. Sayce insiste sur le peu de valeur linguistique des deux langues mortes. « Considérés uniquement au point de vue de la philologie, le latin et le grec sont moins importants que plus d'un jargon sauvage dont le nom est presque inconnu; ils le sont assurément moins que les langues vivantes de l'Europe moderne, dont nous pouvons suivre la vie et le développement comme ceux d'un organisme vivant, et étudier par nous-mêmes la phraséologie. » — « Plus une langue est parfaite au point de vue littéraire, moins elle est importante pour le philologue. » (*Nature*, 23 novembre 1876.)

grande partie des meilleures années de la jeunesse. Dans la plupart des établissements d'enseignement secondaire de l'Angleterre, pendant plusieurs années les élèves donnent plus de la moitié de leur temps à l'étude du latin et du grec, et il ne faut pas remonter bien haut pour trouver un grand nombre d'écoles où le temps pour ainsi dire tout entier était consacré à cette étude. En Allemagne, dans les gymnases, pendant quatre ans on donne au latin six heures par semaine, et pendant deux autres années sept heures par semaine (de douze à dix-huit ans); pendant deux ans on donne au grec sept heures par semaine, et pendant les deux années qui suivent six heures par semaine (de quatorze à dix-huit ans). A l'Université, l'étude des langues mortes est facultative.

Il est donc naturel de se demander si les résultats obtenus sont en rapport avec cette énorme dépense de temps et de forces. Nous pourrions admettre que ces résultats sont peut-être équivalents à deux ou trois heures de travail par semaine pendant un ou deux ans; mais il nous est impossible d'accorder qu'ils soient en rapport avec la dépense véritable.

Dans le système adopté depuis quelques années, et qui comprend l'étude de l'histoire et des institutions de la Grèce et de Rome, une certaine somme de connaissances utiles se trouvent mêlées à la partie inutile de l'enseignement, et il serait injuste de n'en pas tenir compte. Mais pour toutes ces connaissances il suffirait d'une fraction minime du temps qu'absorbent les langues mortes.

Les études classiques out eu pour résultat pratique de bannir de l'enseignement secondaire toutes les autres études. Pendant très longtemps, les seuls sujets qui fussent tolérés avec les langues mortes ont été les parties les plus élémentaires des mathématiques : la géométrie d'Euclide et un peu d'algèbre. La pression de l'opinion publique a forcé les collèges à y ajouter quelques études nouvelles, l'anglais, les langues vivantes et les sciences physiques; mais ou ces études ne sont admises que pour la forme, ou les élèves sont écrasés d'autres devoirs qui les en détournent. Cinq heures de classe par jour et deux ou trois heures consacrées à faire les devoirs, sont un fardeau trop accablant pour des enfants de dix à seize ans. En outre, dans les devoirs les langues mortes prennent la part du lion [1].

1. Nous sommes bien près d'arriver à un compromis entre le nouveau système et l'ancien, fondé sur l'abandon d'une des deux langues classiques, c'est-à-dire du grec, le latin seul restant obligatoire dans le programme des études supérieures. Sans doute, si l'étude du grec devient facultative, le fardeau des élèves sera bien diminué; mais le vice radical de notre système actuel d'études secondaires n'en subsistera pas moins. Pendant plusieurs années, les deux meilleures heures de la journée seront toujours données à un travail stérile, et la réforme complète du plan des études libérales se trouvera indéfiniment ajournée.

On répond quelquefois à cet argument en alléguant l'imperfection des méthodes généralement employées pour l'enseignement des langues mortes, et on a même proposé plusieurs méthodes rapides et faciles pour arriver au même but. L'expérience n'a pas encore prouvé qu'il soit possible de diminuer le travail d'une manière notable, et il n'est pas probable qu'on y arrive. Une langue cultivée est nécessairement une étude très considérable. Pour apprendre par cœur la grammaire et le vocabulaire, il faut une grande dépense de force intellectuelle ; en outre, chaque auteur que l'on traduit a ses caractères particuliers, qu'il faut étudier. En suivant une bonne méthode, on obtiendra sans doute une grande diminution de travail, mais on ne pourra se dispenser de consacrer deux ou trois heures par jour, pendant plusieurs années, à l'étude du latin et du grec, si l'on veut être d'une force raisonnable. En outre, le système actuellement en vigueur dédaigne le meilleur moyen connu d'accélérer l'étude des langues, qui est de familiariser d'avance les élèves avec le sujet traité par chaque auteur. Les élèves des classes de latin et de grec n'ont encore abordé aucun sujet important, et la seule chose qui rende supportable l'étude des langues mortes, c'est la part faite aux récits sur les personnes, sujet toujours intéressant.

Le mélange d'études qui se contrarient nuit aux progrès des élèves. — Si l'on suppose que les langues mortes sont enseignées, non pas seulement comme langues qu'il s'agit de retenir, mais pour faire apprendre en même temps aux élèves la logique, la langue maternelle, la littérature générale et la philologie, la recherche de tant de fins différentes, toutes à la fois et dans la même étude, ne peut qu'être fatale aux progrès dans toutes les branches. Bien que l'on ne doive jamais parler les langues mortes, il faut néanmoins vaincre toutes les difficultés de leur étude, et ces difficultés exigent d'abord toute l'attention de l'élève. Il y a donc une faute de méthode évidente à appeler l'attention sur d'autres points et d'autres idées avant que ces difficultés n'aient été vaincues. J'ai partout soutenu comme principe fondamental de la conduite et de l'économie de l'intelligence, la règle de ne jamais présenter des sujets différents que dans des leçons différentes. Il est assez difficile de suivre cette règle lorsque deux études sont représentées par le même morceau littéraire, comme le sont la forme et les idées; dans ce cas, la seule manière de séparer les sujets est de reléguer l'un des deux au second plan, pendant que l'on traite uniquement l'autre.

Le résultat le moins douteux des études classiques, bien que ce résultat puisse être également donné par les langues vivantes, est l'exercice de style que fournissent les versions. Malgré cela, nous ne donnons après tout à ce travail qu'une partie de notre attention. Nous avons nécessairement à chercher le sens du texte, et nous ne pouvons nous occuper que d'une manière accessoire de la meilleure forme à donner aux idées dans notre propre langue. Cette objection n'a évidemment pas toujours la même force. Il peut arriver que nous trouvions sans peine le sens de l'auteur, et que nous soyons libres de réserver tout notre travail pour la recherche de la forme. Mais c'est une pure affaire de hasard, et des accès intermittents de réflexion ne suffisent pas pour avancer dans une étude aussi longue. D'ailleurs le professeur est un homme qui a été choisi à cause de sa connaissance des langues mortes, et non parce qu'il sait plus spécialement la langue vivante dont il se sert. Or, on ne saurait contester que le seul moyen de réussir dans une étude étendue et difficile ne soit de s'y livrer d'une manière méthodique, à des heures régulières et en y donnant toute son attention, sous la conduite d'un homme tout à fait expert dans cette étude. L'expérience démontre que les versions latines ou grecques ne donnent jamais qu'un style anglais fort médiocre. Il faut nécessairement un effort assez grand pour mettre l'anglais d'accord avec le texte, et la plupart des tournures les plus utiles de la langue restent absolument sans emploi.

Assurément il y a quelque chose de séduisant dans l'idée d'exercer a la fois toutes les facultés, comme si l'on pouvait inventer un travail qui nous enseignât en même temps l'orthographe, la cuisine et la danse. De ce que le même texte dépend à la fois de la grammaire, de la rhétorique, de la science et de la logique, il ne faut pas conclure que ce morceau doive servir à enseigner à la fois toutes ces connaissances. Ce n'est pas seulement parce que le moyen de faire des progrès dans toutes ces études est de tenir l'attention fixée sur chacune d'elles pendant un certain temps; c'est aussi parce que, quoique chaque texte dont on s'occupe présente nécessairement des règles de grammaire et de rhétorique, et des connaissances utiles, cependant le même passage ne convient pas également à ces divers enseignements.

Il se peut que l'éducation classique présente plusieurs faces; mais qu'y gagne-t-on si elle est imparfaite sur chacune de ces faces? « Le fait même des diverses utilités que l'on tire de ce seul instrument, fait qui semble au premier abord être un argument très concluant en sa faveur, est en réalité, pour la majorité des élèves, un désavantage sérieux. » (Sidgwick, *ut supra*, p. 127.)

Ce n'est pas par le latin et le grec que l'on peut faire une étude suivie des beautés du style, et cela pour deux raisons : d'abord l'esprit est distrait par d'autres choses, et en second lieu les exemples ne se présentent que sans régularité, sans ordre et sans suite. Quand même il n'existerait pas d'ordre déterminé entre les parties d'un sujet, en les présentant d'une façon irrégulière on arriverait difficilement à une impression d'ensemble. Il en serait de même pour la philologie générale, si on la regardait comme un des résultats donnés par l'étude des langues mortes.

En résumé, nous dirons que l'enseignement d'une langue est rationnel quand elle joue le rôle que jouaient les langues mortes au XVᵉ et au XVIᵉ siècle, c'est-à-dire quand on l'enseigne uniquement pour elle-même et en vue de la communication de la pensée. On pouvait alors concentrer toute l'attention des élèves sur l'étude de la grammaire et des vocables, seules choses qu'il fallût chercher dans les auteurs dont on s'occupait. Celui qui enseigne une langue n'est pas un professeur d'histoire, de poésie, d'art oratoire et de philosophie, mais seulement un maître chargé de mettre les élèves en état d'aller puiser toutes ces connaissances à leurs sources premières dans une langue étrangère.

L'étude des langues mortes manque d'intérêt. — Les langues mortes ont l'aridité inséparable de l'étude de toute langue, surtout au début. J'ajouterai que les élèves ne sentent pas l'intérêt littéraire des auteurs anciens, faute de préparation convenable. Il est certain que, sans la ressource infaillible des récits émouvants dont on se sert pour éveiller l'attention, la traduction des auteurs anciens serait accablante pour les jeunes élèves auxquels on l'impose.

Toute science est naturellement plus ou moins aride ; tant que sa puissance ne s'est pas fait sentir, le chemin de celui qui l'étudie n'est qu'un sentier hérissé d'épines. Mais l'essence même de la littérature, c'est l'intérêt. Sans doute, la littérature aussi contient une certaine partie scientifique : les généralités, les mots et les règles techniques ; mais ces préliminaires sont bientôt franchis, et l'esprit peut alors jouir librement de toutes les richesses du domaine littéraire. Au lieu d'être la partie ennuyeuse des études scolaires, la littérature devrait servir à reposer l'esprit de l'étude des mathématiques et de toutes les autres sciences. C'est ce qui est impossible si l'on impose trop tôt aux élèves l'étude d'une littérature étrangère en même temps que celle de plusieurs vocabulaires nouveaux. Il est maintenant admis par les hommes les plus éminents qui se sont occupés des questions d'éducation, qu'il faut d'abord éveiller l'intérêt des élèves par l'étude de la littérature nationale, et les préparer ainsi à celle de la littérature universelle.

L'étude des langues mortes donne à l'esprit l'habitude de la servilité. — Le temps considérable qui est consacré à l'étude des auteurs anciens permet aux idées de ces auteurs de produire sur les élèves une impression beaucoup trop forte. Il y a longtemps, sans doute, que l'autorité d'Aristote, autrefois toute-puissante dans le domaine de la pensée, n'est plus considérée comme infaillible ; mais les opinions qu'on lui prête sont encore citées bien plus souvent que ne le mériterait la valeur qu'elles peuvent avoir de nos jours.

Ses idées sur la meilleure forme de gouvernement, sur le bonheur, sur le devoir, peuvent bien avoir un certain intérêt de curiosité ; mais elles n'ont assurément aucune utilité pratique.

Dans une des dernières sessions de l'Association britannique, nous avons été témoins d'un fait curieux et bien significatif : Sir William Thomson, lisant un mémoire devant sa section, a prié ceux de ses auditeurs qui possédaient les *Proceedings* de la Société royale, d'y biffer un travail qu'il avait autrefois publié dans ce recueil. Cet exemple devrait certes être suivi par tous les philosophes auxquels il est arrivé de changer d'avis sur quelque question. Même en accordant à Aristote une intelligence supérieure de la morale et de la politique, nous ne serions pas fâchés de savoir le jugement qu'il porterait sur ce que nous possédons maintenant comme venant de lui.

*Opinions de quelques écrivains contemporains sur la question
des langues mortes.*

M. Henry Sidgwick. — « La langue et la littérature anglaises, ainsi que les sciences naturelles, doivent tenir une place bien définie et importante dans nos écoles... Il faudrait aussi insister davantage sur l'étude du français... Pour faire une place à ces études nouvelles, le moyen évident est d'exclure le grec du programme, au moins pendant les premières années... On s'imagine gagner du temps en commençant de bonne heure l'étude du grec. Je suis porté à croire qu'on en perd bien plutôt par ce moyen, et que, si l'on veut apprendre plusieurs langues, il y a grand avantage à délier le faisceau pour en rompre successivement les différentes parties. Notre système d'éducation actuel convient, dans une certaine mesure, à deux classes de la société — au clergé, et ensuite aux personnes qui ont des goûts littéraires et auxquelles leur position laisse le loisir de s'y livrer. Les enfants destinés à ces carrières et préparés d'après la méthode que j'ai indiquée sentiraient presque tous pour la langue grecque, vers la fin de leurs études scolaires, un intérêt qui la leur ferait apprendre très rapidement... De ce que les jeunes enfants apprennent plus facilement que les jeunes gens une langue qu'ils entendent parler, on a conclu que les premiers ont sur ceux-ci la même supériorité quand il s'agit d'apprendre une langue sans l'entendre parler ; mais cette conclusion me semble démentie par l'expérience. »

M. Alexandre J. Ellis. — Dans une conférence sur l'étude des langues, faite au Collège des précepteurs, M. Ellis a fait une critique sévère du système d'éducation suivi dans les écoles anglaises. Il trouve absurde de parler d'humanités, de littérature grecque et latine, quand il manque la condition indispensable de tout cela, c'est-à-dire « la faculté de parler ces langues... L'arbre des langues est grand et touffu dans nos écoles, mais ce n'est après tout qu'une mauvaise herbe qui a trop grandi. De bons maîtres réussissent de temps en temps à suspendre à ses nœuds quelques guirlandes de fleurs, et à donner à plusieurs de ses branches des courbures forcées, mais plus ou moins utiles... Ces résultats ne sont pas des conséquences légitimes de l'enseignement des langues.

« Pour parler, il faut que nous sachions d'abord notre propre langue, sans tenir compte de langues étrangères... Les leçons de langue doivent être accompagnées de leçons de choses. Il nous faut d'autres sujets que la

langue même pour parler et pour écrire. » Après l'anglais doivent venir
l'allemand et le français. « Jusqu'ici, l'allemand et le français ont été regardés comme des études d'agrément, et le latin et le grec comme les
bases de l'éducation littéraire. Il est temps de renverser cet ordre ; le
latin et le grec ne doivent plus être que des études d'agrément .. Tout
élève qui sait bien l'anglais à dix ans, qui est assez avancé en allemand à
douze, et en français à quatorze, saura plus de latin à seize ans et de
grec à dix-huit que la majorité de ceux qui sortent de nos écoles publiques... La littérature est une des dernières études qu'il faille aborder.
Pour la comprendre, il faut beaucoup d'éducation, souvent une grande
expérience de la vie, une grande connaissance de la langue et aussi des
habitudes et des coutumes sociales. »

M. Matthew Arnold. — « Le but d'une éducation complète et libérale est
de nous donner la connaissance de nous-mêmes et de l'univers. Nous
sommes appelés à cette connaissance par des aptitudes spéciales et innées ;
le grand point pour le maître est de croire que tous ses élèves ont quelques-unes de ces aptitudes. L'un a celles qu'il faut pour connaître les
hommes, c'est-à-dire pour l'étude des humanités, l'autre a celle qu'exige
la connaissance de l'univers, c'est-à-dire l'étude de la nature. Le cercle des
connaissances embrasse ces deux études, et nous devons tous avoir au
moins quelques notions de ce cercle tout entier. Rejeter l'étude des humanités, comme le font les réalistes, rejeter celle de la nature, comme le
font les humanistes, c'est faire également preuve d'ignorance. Celui que
ses aptitudes poussent à étudier la nature, doit avoir quelques notions
des humanités ; celui que ses aptitudes portent vers les humanités, doit
avoir quelque connaissance des phénomènes et des lois de la nature. Il
est donc évident que les commencements d'une éducation libérale doivent
être les mêmes pour tous deux. La langue maternelle, les éléments du latin
et des principales langues vivantes, les éléments de l'histoire, de l'arithmétique et de la géométrie, ceux de la géographie et de la connaissance
de la nature, doivent former le programme des classes inférieures de
toutes nos écoles secondaires, et ce programme doit être le même pour
tous les élèves de ces classes. Jusque-là, il n'y a donc aucune raison de
séparer les écoles. Mais ensuite vient une bifurcation, d'après les aptitudes
des élèves et les carrières auxquelles ils se destinent. Ou l'étude des humanités ou celle de la nature doit désormais dominer dans l'éducation. »

L'ÉDUCATION MODERNE

CHAPITRE PREMIER

PLAN D'ÉTUDES NOUVEAU

Programme général. — Motifs sur lesquels il se fonde. — Réfutation des objections.

Si l'on admet que les langues ne sont à aucun point de vue la partie principale de l'éducation, mais n'interviennent que comme auxiliaires et dans des conditions bien définies, l'on doit, ce me semble, en conclure qu'elles ne doivent pas y occuper la place la plus importante, comme elles le font maintenant, mais seulement une place secondaire, comme sujets accessoires.

Selon moi, le programme de l'éducation secondaire doit d'un bout à l'autre avoir pour partie principale l'étude des connaissances proprement dites, y compris celle de la langue maternelle. Les meilleures heures de chaque journée doivent être consacrées à ces études, en laissant cependant un certain temps pour les langues et pour les autres connaissances qui ne sont pas nécessaires à tous, mais dont certains élèves peuvent avoir besoin.

Le programme des études secondaires doit se composer de trois parties essentielles :

I. LES SCIENCES, comprenant les sciences que nous avons appelées fondamentales, une ou plusieurs des sciences naturelles — minéralogie, botanique, zoologie, géologie, — et enfin la géographie. Nous avons déjà suffisamment montré dans quelle mesure ces connaissances doivent entrer dans l'éducation.

II. LES HUMANITÉS, en y comprenant l'histoire et toutes les branches de la science sociale que l'on peut faire entrer dans un cours régulier. L'histoire purement narrative se confondrait avec la science du gouvernement et des institutions sociales, et l'on pourrait y ajouter l'économie politique, ainsi qu'un aperçu sur la jurisprudence, si on le jugeait à propos. De cette façon, l'on mettrait à la place qui lui convient, et dans l'ordre le plus avantageux, une étude fort étendue, qui a été dernièrement jointe à l'enseignement des langues mortes pour en racheter un peu la stérilité.

Dans le chapitre des humanités on pourrait ensuite faire entrer un tableau plus ou moins complet de la littérature universelle. Comme les élèves auraient déjà reçu, en étudiant leur langue maternelle, des notions indispensables sur les qualités du style et sur le moyen de les acquérir, ainsi qu'une certaine connaissance de la littérature nationale, on pourrait immédiatement s'occuper de la marche et du développement de la littérature générale dans ses principales branches, en y comprenant nécessairement les auteurs grecs et latins. Il est inutile d'ajouter que l'on n'exigerait pas pour cela l'étude des textes originaux. Je n'examine pas ici dans quelle mesure la philosophie de la littérature devrait être réunie à cette étude. Les matériaux ne manquent pas pour ce cours d'humanités. C'est le beau idéal de la rhétorique et des belles-lettres, telles que les ont conçues les hommes les plus éminents qui s'en soient occupés, par exemple Campbell et Blair au siècle dernier. Seulement je propose de commencer par les éléments de la rhétorique, en les appliquant à la littérature nationale.

Ce cours d'humanités réaliserait d'une manière complète et efficace ce qui n'existe qu'à l'état d'essai très imparfait dans l'enseignement classique actuel. On pourrait faire d'abord un tableau assez détaillé des principaux auteurs grecs et latins, en s'arrêtant sur certaines parties des plus importants, et on arriverait sans doute à y joindre une connaissance suffisante des principales littératures modernes.

III. LA RHÉTORIQUE ET LA LITTÉRATURE NATIONALE. — Ce travail pourrait ou être réparti sur toute la durée des études, ou être fait dans les premières années, en réservant pour plus tard la littérature générale. Je crois avoir suffisamment indiqué ce dont elle se compose. Le tableau de la littérature générale ne pourrait que mieux faire comprendre celui de la littérature nationale.

L'ensemble de ces trois études me semble mériter à tous égards le nom d'éducation libérale; c'est d'ailleurs plutôt par la forme que par le fond que ce programme diffère de celui actuellement en vigueur. Les sciences seules ne constitueraient pas, selon moi, une éducation libérale; et cependant un plan qui embrasserait une connaissance suffisante des sciences fondamentales, une certaine partie des sciences naturelles et une connaissance étendue de la sociologie, armerait assez bien un jeune homme pour la lutte de la vie. Peut-être vaudrait-il mieux alors répartir sur toute la durée de l'éducation l'étude des matériaux sociologiques, et s'en servir pour faire diversion à l'aridité d'un travail purement scientifique.

Je crois, d'ailleurs, qu'en général on ne considérerait pas une éducation libérale comme complète sans la littérature, bien que les avis puissent être partagés sur la place à lui accorder. Il me semble que les trois branches de connaissances que j'ai indiquées comprennent tout ce qu'il faut pour constituer une bonne éducation générale, et qu'on ne doit rien exiger de plus pour le baccalauréat, cette estampille que doit porter tout homme qui a fait ses études.

Ce travail général devra être dirigé de manière à laisser aux élèves une partie de leur temps et de leurs forces pour des études complémentaires. De deux à trois heures par jour, en moyenne, seront consacrées d'une manière suivie aux trois branches principales. Si nous donnons à l'enseignement secondaire une durée totale de six années, on voit sans peine que ces limites permettent amplement de pousser à fond les études principales, tout en laissant environ un tiers du temps disponible pour les sujets complémentaires.

Parmi ces sujets, les langues doivent être mises au premier rang; seulement il ne faut pas les rendre obligatoires, ni les exiger pour les examens qui portent sur les connaissances fondamentales. On se contentera d'engager les élèves à apprendre au moins une langue étrangère — une langue vivante, de préférence, — en en poussant l'étude assez loin pour arriver à se servir de cette langue. Le nombre des langues qu'il sera bon d'étudier dépendra nécessairement des circonstances. Il ne faut jamais s'imposer sans une raison bien définie le travail qu'exige une langue nouvelle. Il n'est jamais trop tard pour apprendre une langue dont on reconnaît qu'on a besoin. Si elle n'est nécessaire que pour étudier un sujet donné, on pourra n'en apprendre que ce qui est indispensable, sans aller plus loin.

On doit pouvoir disposer d'une heure par jour, à un moment quelconque des études, pour une langue nouvelle, vivante ou morte. Si on choisit le latin ou le grec, il faut l'apprendre uniquement par la grammaire et le dictionnaire, tout comme on apprendrait le hollandais ou le gaélique, sans se laisser aller à des considérations littéraires ou à des recherches critiques sur le style; ce genre de travail pourra se faire rapidement après l'étude de la littérature, et quand on se sera familiarisé avec de bonnes traductions.

Il ne sera nullement nécessaire de commencer de bonne heure l'étude des langues, et il n'y aurait d'ailleurs que peu d'utilité à le faire; il vaut mieux aussi ne pas entreprendre deux langues à la fois. D'autres sujets doivent, avec les langues, partager le reste du temps disponible. Parmi ceux qui conviennent à tous les élèves, je citerai seulement l'élocution; parmi les études moins générales, la musique et le dessin. De plus, il faut qu'il y ait des cours spéciaux sur bien des sujets qui ne rentrent pas dans le programme régulier. Un établissement bien organisé devrait avoir des cours d'anglo-saxon, de philosophie générale, d'histoire spéciale, etc. Je ne parle pas ici des études nécessaires pour préparer les jeunes gens aux professions savantes.

Nous avons déjà donné en substance les raisons sur lesquelles se fonde le changement que nous proposons ici. Elles ressortent de la discussion qui a été faite au sujet du rôle à assigner aux langues en général et aux langues mortes en particulier. Après avoir montré que les langues ne doivent être apprises qu'en vue de leur utilité intrinsèque, j'ai insisté partout sur la perte de forces qu'entraine l'étude simultanée de plusieurs sujets de nature différente. A partir du moment où j'ai posé les lois de l'accord, j'ai soutenu la nécessité de ne jamais réunir que les semblables dans le même exercice.

J'ai aussi cherché à faire voir qu'il y a économie à n'apprendre les langues qu'après avoir accumulé un fonds considérable d'idées· Sans nous occuper ici de la question de prononciation, il est certain qu'on apprend plus facilement la grammaire et le vocabulaire d'une langue étrangère en commençant un peu tard; la diminution de la force plastique de la mémoire est plus que compensée par ce que l'esprit a gagné d'un autre côté.

Le plan que je viens d'exposer me semble le seul moyen de combattre la tendance de plus en plus marquée de notre époque à une spécialisation exagérée des études qui constituent une éducation libérale. Comme on croit indispensable de conserver les langues mortes et d'adopter les langues vivantes comme parties intégrantes de l'éducation, on est amené à exclure presque entièrement du plan général soit les sciences, soit la littérature. Un enseignement qui se borne aux langues, avec quelques bribes d'histoire et de littérature, ne donne pas aux facultés humaines une culture suffisante; il pèche sous le double rapport de la discipline intellectuelle et des connaissances qu'il donne. D'un autre côté, il ne me semble pas meilleur d'étudier exclusivement les sciences, surtout si l'on se borne aux sciences physiques, sans y ajouter la logique et la psychologie. Enfin le moins bon de tous les plans d'études serait celui qui n'admettrait que les mathématiques et la physique.

Passons maintenant rapidement en revue les principales objections que l'on peut faire à mon programme.

D'abord, on criera à la révolution. Pourtant ce programme n'est pas très révolutionnaire après tout, car il se contente de reléguer les langues au second plan, en mettant au premier l'étude des faits. Il respecte l'élément ancien représenté par Rome et la Grèce, et cherche à rendre plus générale et plus complète qu'elle ne l'est actuellement la connaissance de l'histoire et de la littérature de ces deux pays. Un jour viendra peut-être où l'on trouvera que c'est leur accorder une trop grande part.

En second lieu, on dira que c'est la ruine de l'étude des langues mortes. A cette objection l'on peut répondre de plusieurs manières. Chacun pourra conserver les langues mortes selon qu'il les juge plus ou moins utiles. Mais ces langues ne disparaîtront jamais, tant que dureront les fondations actuellement existantes. Un certain nombre de personnes seront toujours encouragées à apprendre à fond le grec et le latin, pour conserver l'étude de l'histoire et de la littérature du monde ancien. Ceux qui enseignent la littérature ancienne devront nécessairement connaître les textes originaux, et ces maîtres formeront déjà à eux seuls un corps considérable.

On m'objectera enfin que certains esprits sont incapables d'apprendre les sciences, et surtout les mathématiques, base de toutes les autres. J'accorderai sans peine que beaucoup d'esprits trouvent les idées abstraites fort peu attrayantes, et par conséquent difficiles. Des élèves d'une capacité reconnue, et qui se sont distingués dans l'étude des langues et de la littérature, n'ont jamais pu apprendre la géométrie. Mais il me semble que cet insuccès doit être attribué à un manque de proportion dans les études. L'expérience des universités actuelles démontre que quatre élèves sur cinq peuvent passer un examen qui exige les mathématiques élémentaires. Peut-être ne sont-ils pas tous très forts dans cette faculté; mais, si leur esprit était moins absorbé par d'autres études, ils pourraient assez bien comprendre les mathématiques pour aborder les sciences expérimentales et naturelles, dont l'intérêt est plus général.

Bien que certains hommes qui ne manquent ni de jugement ni de sens pratique ne se soient jamais occupés d'études abstraites, et semblent peut-être incapables de le faire, il n'en est pas moins vrai qu'un jugement supérieur exige la combinaison d'idées abstraites et de faits concrets, et que sans les sciences abstraites il ne saurait y avoir d'éducation vraiment libérale. Ajoutons qu'un homme qui sait bien la grammaire de plusieurs langues n'est pas dépourvu d'aptitudes pour les sciences abstraites; car, sans être elle-même une discipline scientifique, la grammaire prouve la possibilité de cette discipline pour l'esprit qui la comprend bien[1].

---

1. Le programme dont je viens de donner une esquisse rapide établirait une plus grande harmonie entre l'éducation primaire et l'éducation secondaire, et ferait disparaître la bifurcation incommode qui complique et embarrasse le plan d'études actuel de nos collèges. Les études des écoles primaires suivent naturellement la marche générale que j'ai indiquée, et gagneraient encore à la suivre de plus près. Il y aurait ainsi un terrain commun sur lequel se rencontreraient toutes les professions.

CHAPITRE II

L'ÉDUCATION MORALE

Les sources de la morale : tendances innées ; expérience personnelle ;
enseignement. — Les vertus fondamentales : prudence ; justice ; bienveillance. — Les motifs : personnels ; sociaux. — L'idéal en morale. —
Le dévouement. — L'humanité. — La véracité. — Le travail. — Rapports de la morale avec la religion.

Les difficultés de l'éducation morale sont bien plus grandes à tous
égards que celles de l'éducation intellectuelle. Les conditions à
remplir sont si nombreuses qu'il est à peine possible d'indiquer
d'une manière précise la meilleure méthode à adopter.

Il en est de la morale comme de la langue maternelle : ce n'est ni
du maître d'école ni d'une source unique qu'elle dépend ; elle vient
en réalité de bien des sources diverses, parmi lesquelles l'école n'est
pas même une des principales. Les hommes ont incontestablement
des tendances innées, plus en moins puissantes, à devenir prudents,
justes et généreux lorsqu'ils se trouvent placés dans des circonstances favorables. Mais l'expérience prouve que ces forces natives
ne suffisent pas à elles seules pour donner le résultat voulu, et la
société y ajoute une discipline spéciale, afin de remédier à leur
insuffisance. Seulement la partie principale de cette discipline n'est
pas un enseignement proprement dit, mais se compose de punitions
et de récompenses publiques

Comme l'homme n'est pas fait pour l'isolement, mais passe toute
sa vie dans la société de ses semblables, il se développe dans le
cœur de chaque individu un ensemble de sentiments sociaux d'une
nature très mêlée, le besoin que chaque homme a des autres se
faisant sentir tout aussi bien pour nos satisfactions les plus vulgaires
que pour les plus élevées. Dans tout ce que nous faisons il nous
faut tenir compte des autres ; nos désirs personnels sont influencés

par ceux des personnes qui nous entourent ; notre conduite est modifiée par tous nos rapports sociaux.

C'est l'expérience personnelle qui nous apprend d'abord comment nous devons agir envers les autres, et ce que nous avons à en attendre à notre tour. A notre entrée dans la société, nous sommes dans un complet état de dépendance, et nous ne faisons notre volonté qu'autant qu'on nous le permet : nous sommes forcés de nous plier aux circonstances, et d'agir ou de nous arrêter d'après les ordres d'une puissance supérieure à la nôtre. Cette contrainte nous habitue à l'obéissance, qui est pour nous le commencement de l'éducation morale, c'est-à-dire en réalité la plus grande partie de cette éducation. Nos rapports avec une foule d'individus différents dans toutes les relations de la vie sociale, nous donnent à la fois la notion du devoir et des motifs qui doivent nous y porter.

Non seulement nous sommes personnellement en contact avec nos parents, nos maîtres, nos supérieurs, nos amis ; non seulement toutes ces personnes exercent une influence constante sur notre conduite, mais encore nous voyons la manière dont nos compagnons se conduisent dans leurs rapports avec la société au milieu de laquelle ils vivent. Nous voyons les obstacles opposés au libre exercice de leur volonté, la punition de la désobéissance, l'approbation accordée à l'obéissance et à la docilité. En un mot, nous apprenons par une foule d'*exemples* ce que la société exige de chacun, et les conséquences dont elle fait suivre chaque action. Tous ces exemples produisent sur nous une impression qui ajoute encore à l'influence de la société sur notre éducation morale.

Cette première source, toute personnelle, d'éducation morale, peut être comparée à l'éducation sur les lois physiques qui nous est donnée par notre expérience personnelle du bien et du mal qu'elles peuvent faire. Nous apprenons à assujettir notre conduite aux influences du monde matériel, à éviter ce qui pourrait nous faire trébucher, à ne pas nous heurter aux obstacles, à ne pas nous brûler, à ne pas tomber à l'eau, à rechercher ce qui nous est agréable ou utile — le beau soleil, la chaleur, la nourriture. Nous nous habituons bientôt à régler tous nos mouvements d'après ces lois physiques, et cela sans que personne nous l'enseigne, bien que l'expérience d'autrui nous devienne plus tard fort utile.

On peut très bien admettre que nos rapports personnels et de tout genre avec nos semblables puissent suffire à eux seuls pour nous donner toutes les habitudes morales nécessaires à un bon citoyen, tout comme l'imitation pour ainsi dire involontaire suffit pour donner de bonnes manières et un langage élégant aux enfants d'une famille distinguée. Au fond, si nous parcourons l'histoire de la race humaine, nous reconnaîtrons que dans l'immense majorité des cas

elle ne reçoit pas d'autre éducation morale. L'enfant apprend à éviter
les coups, à gagner la faveur de ceux qui l'entourent, par ses rapports avec ses parents, ses camarades, ses supérieurs et ses égaux,
en y ajoutant ce qu'il voit faire à d'autres dans le même but. Ce
sont là les seules leçons de morale que nous présentent les usages
des tribus sauvages. Cette situation se reproduit encore de nos jours
parmi les peuples civilisés. C'est presque uniquement au Code pénal
militaire que le soldat doit ses vertus. Il sait par sa propre expérience
et par celle des autres, quelle est la punition de la désobéissance, et
il évite cette punition d'abord par un acte de volonté spécial, et plus
tard par une habitude acquise.

Après avoir clairement établi que les rapports mutuels des hommes
réunis en société sont la source unique et constante de la bonne
conduite sociale, c'est-à-dire de la morale sous sa forme primitive,
nous pouvons examiner quelles sont les imperfections de cette méthode et les meilleurs moyens d'y remédier. Ces moyens auxiliaires
constituent ce que l'on appelle ordinairement l'enseignement moral,
qui est le correctif de l'enseignement positif et plus dur donné par
les conséquences bonnes ou mauvaises de nos actes, tout comme la
science et les traditions de la race viennent ajouter à la connaissance
des lois physiques que chacun des membres de cette race doit à son
expérience individuelle.

Quelles que soient les autres manières d'inculquer la morale,
nous pouvons affirmer qu'elles sont d'accord avec la méthode primitive, sûre et éternelle des tâtonnements ou de l'expérience positive des rapports humains. On peut prévenir et détourner le choc
trop rude et trop pénible de la collision avec la volonté des autres,
tout en laissant subsister l'enseignement moral de ce choc ; ou, si
celui-ci a réellement lieu, un commentaire habilement ménagé peut
le faire éviter à l'avenir. Mais dans l'un et l'autre cas la puissance
motrice est celle des faits de la vie réelle ; le bien et le mal que
nous recevons des autres, sont les forces qui nous retiennent dans
l'orbite du devoir.

Le maître d'école, ainsi que toutes les personnes qui exercent
une autorité définie, est un maître de morale ou de discipline, qui
contribue pour sa part à graver dans l'esprit des élèves, les conséquences bonnes ou mauvaises de leurs actes. Pour ce qui le regarde, il doit régler les actions de ses élèves, et approuver ou blâmer
ce qu'ils font dans leurs rapports entre eux et avec lui-même. Il
exige et il développe en eux des habitudes d'obéissance, d'exactitude, de véracité, de loyauté, d'égards et de politesse pour les autres ;
en un mot, toutes les qualités nécessaires à l'école. Tout homme
qui sait maintenir l'ordre et la discipline indispensables à un bon
enseignement intellectuel, est sûr de laisser dans les esprits de ses

élèves des impressions de vraie morale, sans même avoir cherché à le faire. Si, en outre, le maitre possède assez de tact pour faire aimer le travail à ses élèves, et leur faire accepter librement et avec joie la contrainte qu'impose l'étude, de sorte qu'ils n'aient en somme que de bons sentiments pour leurs camarades et pour lui-même, il peut être appelé un excellent maitre de morale, qu'il ait voulu ou non mériter ce titre.

Mais ce n'est pas là tout ce qu'on demande au maitre ordinaire, du moins dans les écoles primaires. On lui demande de donner des leçons spéciales de morale, soit au moyen de l'enseignement religieux, soit en dehors de cet enseignement ; et ces leçons sont quelque chose de supérieur à l'enseignement intellectuel proprement dit. On admet que le maitre n'est pas seulement un de nos semblables chargé de répéter les expressions d'approbation ou de blâme, et de grossir le nombre des voix qui gravent les impressions morales dans l'esprit de la jeunesse. Dans tout son enseignement intellectuel ou scientifique, et probablement aussi dans tous les avis qu'il donne à ses élèves, il concentre sous une forme méthodique les impressions morales irrégulières de la vie ordinaire, de sorte qu'une seule journée passée auprès de lui porte plus de fruit que mille journées passées dans le monde.

Les leçons expresses de morale, ne se rattachant pas aux incidents qui se produisent dans l'école, doivent nécessairement s'appuyer sur des incidents et des situations imaginaires, que le maitre cite comme exemples. Après avoir rappelé des faits réels et amené les élèves à se représenter en imagination ceux qu'il invente, il en tire une leçon morale. Cet exercice a ses avantages et ses inconvénients.

Les avantages consistent dans la supériorité que l'expérience a sur l'observation dans toutes les sciences.

Le maitre invente des exemples frappants pour montrer les suites funestes de chaque vice et les bons résultats de chaque vertu. Il produit ainsi une impression bien plus forte en faveur de la ligne de conduite qui doit être suivie dans telle ou telle situation donnée. Le tableau des mauvaises conséquences et des dangers du mensonge, au lieu d'être tracé par la main du hasard, qui présente tantôt une petite circonstance et tantôt une autre, est rendu plus frappant par la réunion d'une multitude de faits, réels ou imaginaires, qui tendent tous à produire la même impression.

Les leçons de morale exigent avant tout une bonne classification des vertus et des vices. Il faut au maitre un plan bien clair, qui lui permette de concentrer son enseignement. S'il répète les mêmes choses sous des noms différents, il mettra la confusion dans l'esprit de ses élèves. Il faut qu'il commence d'abord par les vertus fondamentales, en les désignant par leur nom le plus usité ; il faut aussi qu'il en donne des exemples nets et frappants. C'est par ce moyen qu'il pourra facilement faire comprendre les vertus mixtes et modifiées.

Le principal inconvénient de cet enseignement vient de la faiblesse de conception des élèves ; des traits de vertu ou de vice imaginaires ne font pas toujours beaucoup d'effet sur des esprits qui ont peu d'expérience du monde. Il devient nécessaire de présenter les exemples sous des formes trop exagérées et qui laissent dans l'esprit des impressions fausses, difficiles à effacer ensuite.

Pour la morale, comme pour les autres études, on peut suivre d'abord une marche un peu décousue, comme préparation à une étude régulière et méthodique. On saisira les exemples commodes fournis par le hasard, et on en profitera pour produire une certaine impression ; mais ces exemples doivent toujours mettre en évidence un principe défini, ce qui exige une généralisation convenable. Ce travail demande, de la part de l'élève, la même subtilité de perception que l'intelligence de la classification des vertus.

Disons quelques mots de cette classification. Les vertus cardinales, d'après les idées modernes, sont la prudence, la probité ou justice, et la bienveillance. On dit quelquefois que la prudence se compose de tous nos devoirs envers nous-même, mais ce n'est pas la meilleure définition que l'on puisse en donner. La prudence, ou la bonne conduite de nous-mêmes, est dans une position bien différente de celle des deux autres vertus cardinales : elle s'appuie sur la tendance que nous avons naturellement à chercher notre bien. Les obstacles qu'elle a à surmonter sont l'ignorance et les impulsions du moment. L'ignorance diminue avec le temps, et peut être combattue par l'instruction ; quant aux impulsions du moment, il est possible de les modérer dans une certaine mesure, et de les diriger par de bons avis et la représentation des conséquences qu'elles peuvent entraîner. Ce qu'il importe de dire, c'est que nous ne sommes pas ici dans le domaine de l'autorité, si ce n'est pour ce qui regarde les parents ; pour tous les autres, les seuls moyens d'action sont les conseils bienveillants, l'instruction et des secours donnés à propos. Il est d'autant plus nécessaire de tenir strictement compte du caractère spécial de la prudence, que nous sommes toujours disposés à prendre un air d'autorité avec ceux qui sont en notre puissance ; de plus, nous trouvons facilement un prétexte pour imposer la prudence aux autres, parce que, si un homme manque de prudence dans ses propres affaires, il est bien probable qu'il manquera également à quelques-uns de ses devoirs envers les autres. Si un père est paresseux, dépensier ou ivrogne, sa famille en souffre nécessairement. Malgré cela, on reconnaîtra qu'il y a avantage, sous le rapport de la persuasion, à prendre d'abord chaque

vertu d'après son caractère particulier; et celui de la prudence est
la considération éclairée de l'intérêt personnel. C'est là la première
conquête, et la plus facile à faire, sur les faiblesses morales inhé-
rentes à l'humanité. La marche à suivre est spéciale et bien tracée.

Les qualités qui se rattachent à la prudence — activité, économie,
tempérance — sont faciles à comprendre, et le maître ne doit pas
les perdre de vue dans sa classification des vertus.

Nos rapports avec les autres nous fournissent évidemment de
nombreuses occasions de faire preuve de prudence; car, pour tirer
le meilleur parti possible de la vie, nous devons nous conduire
bien envers tous ceux qui peuvent nous aider ou nous nuire. Les
rapports sociaux mettent aussi en lumière nos devoirs proprement
dits, c'est-à-dire la justice et la bienveillance; mais il est indispensable de ne pas aborder l'étude de ces deux vertus pendant que
nous cherchons à bien connaître la prudence. On en verra tout à
l'heure les raisons.

La probité ou JUSTICE tient la première place parmi nos obliga-
tions ou devoirs sociaux. La justice est la protection d'un homme
contre tous les autres; elle est contenue dans les lois et sanctionnée
par des peines. La connaissance de ces peines, comme je l'ai déjà
dit, est le premier enseignement de la justice. L'action du maître
vient appuyer cet enseignement, en travaillant à corriger d'avance
les dispositions mauvaises qui nous exposent aux peines prononcées
par la loi. L'idée fondamentale de la justice est le bien réciproque,
et l'abstinence réciproque de tout ce qui pourrait nuire. C'est la
conduite imposée également à tous, pour l'avantage de chacun. On
ne demande à personne de faire plus ou moins que ce qui est prescrit à chaque membre de la société.

La vertu de BIENVEILLANCE est quelque chose de plus que la justice. Elle consiste à faire le bien en dehors des nécessités sociales
sur lesquelles se fonde la justice. Elle n'est pas sanctionnée par des
peines, mais seulement recommandée au choix volontaire de chacun. Elle s'exerce surtout pour soulager la détresse ou les privations qui viennent de la pauvreté, et pour remédier aux accidents
qui mettent nos semblables dans l'impossibilité de se suffire à eux-
mêmes. Abnégation, dévouement, bonté, pitié, compassion, bienfaisance, philanthropie, tels sont les principaux noms que l'on donne
à ce devoir moral. En outre, certaines qualités qui semblent ou
dépendre des deux autres vertus, ou être absolument indépendantes,
se rattachent réellement à la bienveillance. La fermeté, le courage,
la résignation semblent appartenir à la prudence, mais la haute
estime que l'on en fait indique qu'ils servent d'appui à la justice et
à la bienveillance; l'honnêteté n'est qu'un autre nom de la probité
poussée au point de devenir une bonté véritable.

La véracité est quelquefois considérée comme une vertu indépendante, mais en réalité elle se rattache aux autres. Elle est éminemment rigoureuse : elle n'admet point de gradation dans le même sens que les autres ; elle est ou elle n'est pas.

Ces trois vertus fondamentales ont tant de points de contact, qu'il faut une certaine pénétration pour en distinguer toujours la nature essentielle ; et pourtant cette distinction est indispensable à celui qui enseigne la morale, s'il veut rendre ses leçons aussi efficaces que possible. Un cours de science morale bien fait doit établir cette distinction fondamentale.

Après la classification des vertus vient la perception exacte des motifs. Ici encore, la confusion est à craindre. Les motifs se divisent essentiellement en motifs d'intérêt personnel et motifs d'intérêt social, et, comme chacune de ces classes imite facilement l'autre, il est également nécessaire d'étudier le caractère particulier de chacune d'elles dès le début. La prudence est le champ des motifs d'intérêt personnel ; la justice suppose un mélange des motifs personnels et des motifs sociaux, et la bienveillance est la région des motifs d'intérêt social proprement dit, ainsi que d'une certaine classe de motifs d'intérêt personnel plus élevés et moins vulgaires, qui viennent de notre amour pour la société.

Tout appel aux motifs d'intérêt personnel suit une marche particulière et bien connue de tous ceux qui étudient l'art oratoire. Cette marche consiste à montrer à chacun l'influence que sa conduite doit avoir sur son bien-être ; elle doit toujours être nettement indiquée. Le travail, l'économie, la tempérance, l'amour de l'étude ou de la science ont chacun sa récompense, et il est bon de la rendre aussi palpable et aussi évidente que possible. Ceci doit être clairement distingué des rapports sociaux de ces mêmes vertus, afin de donner à chacune des forces toute l'influence qu'elle doit avoir. D'ailleurs, il est bien plus facile, pour une foule de raisons inutiles à énumérer, d'agir sur les sentiments égoïstes des hommes que sur les autres.

C'est surtout lorsque nous nous adressons aux motifs sociaux que nous sommes exposés à nous tromper. Ici, nous avons affaire à la partie exceptionnelle de l'être humain, au champ limité du dévouement, et nous risquons sans cesse de quitter le sentier étroit qui y conduit pour entrer dans la voie large des sentiments de prudence et d'intérêt personnel. Jamais les leçons de morale et la persuasion ne réussiront à faire naître de grandes vertus, si nous n'avons toujours devant les yeux les motifs sociaux, d'abord sous leur forme la plus pure de dévouement absolu, et ensuite sous leur forme mixte de goûts et de plaisirs sociaux.

Pour y arriver il est bien des moyens, que nous avons étudiés

en détail à propos de la sympathie. Le seul point qu'il importe de
ne jamais perdre de vue est le suivant. Les aptitudes sociales, de
même que les autres aptitudes, ne se développent que par l'exercice ; or, on les exerce en dirigeant et en fixant son attention sur
les besoins et les sentiments d'autrui. La forme la plus marquée de
ces exercices est la pitié que nous inspire tout malheur évident ;
ensuite vient la sympathie pour les plaisirs de nos semblables : en
répétant souvent ces exercices, nous acquerrons peu à peu l'habitude de nous intéresser à ceux qui nous entourent. Le difficile est
d'exclure complètement de ces actes tout motif d'intérêt personnel.

Les motifs de sociabilité qui appartiennent à la seconde classe —
besoins d'affection, d'amour, de pitié — sont peut-être les moyens de
persuasion morale les plus puissants ; en effet, outre leur côté de
dévouement réel aux autres, ils comportent aussi une somme considérable de sentiments d'intérêt personnel. Les invoquer exclusivement serait renoncer aux vertus élevées qui naissent du dévouement pur et désintéressé, pour nous borner à celles d'ordre
inférieur. Mais il est possible de tomber plus bas encore, et l'on
doit craindre quelquefois que l'observation des égards mutuels n'ait
pour but véritable d'obtenir, non pas l'affection elle-même, mais
uniquement des avantages matériels.

Une troisième étude, également indispensable à celui qui enseigne
la morale, est celle des rapports sociaux, en commençant par la
famille, pour s'étendre jusqu'à l'Etat et au monde entier. Il faut qu'il
arrive à comprendre clairement les rapports exacts de chaque
groupe social, la position à laquelle il doit prétendre et celle qui lui
est refusée, de manière à bien définir la conduite qui convient à
chacun. Ceci rentre dans le vaste domaine de la sociologie, c'est-
à-dire de la science et de la philosophie sociales, qui n'occupent
qu'une place peu définie dans le plan d'études de nos écoles. L'étude
des rapports entre les parents et les enfants, les maîtres et les ser-
viteurs, les chefs et les sujets, a une importance morale facile à
comprendre, et peut être faite à ce point de vue.

Une autre condition indispensable à celui qui veut réussir dans
l'enseignement de la morale, est de posséder une grande facilité de
parole et un langage persuasif. Ceci nous amène immédiatement à
la région la plus élevée de l'art de bien dire, à laquelle les plus
grands orateurs ont seuls pu arriver. Sans une certaine abondance
d'expressions appropriées au sujet, on ne peut se flatter de produire
des impressions morales profondes par le simple enseignement ;
aussi ne pouvons-nous attendre que peu de résultats d'un maître
d'école ordinaire qui s'appuie sur ses seules forces. C'est seulement
au moyen d'un choix de bons livres, dont il tirera parti pour ses
leçons, qu'il pourra obtenir une influence qui dépasse celle des

lieux communs que nous entendons débiter dans le monde : « L'honnêteté est la meilleure politique ; soyez juste avant d'être généreux ; en tout il faut considérer la fin ; faites tout le bien que vous pouvez ; » et bien d'autres encore.

Quelque rapide que doive être ce coup d'œil sur l'enseignement de la morale, il est impossible de ne pas dire un mot de l'idéal en morale. C'est surtout pour la morale que le maitre propose souvent un idéal grand, élevé, et même impossible à atteindre, parce qu'il suppose que le charme et l'attrait de cet idéal feront sur nous une impression bien plus vive que l'exposé pur et simple des conséquences de nos actes. Depuis l'antiquité la plus reculée, l'éducation morale du genre humain a été faite d'après un système constant d'exagération, comme si la vérité toute nue ne suffisait pas. De tous les usages, c'est peut-être celui qui a été le plus sanctionné par le consentement général : les souffrances qu'entraine le vice, et les douceurs de la vertu sont toujours décrites en termes qui vont bien au delà de la vérité. Si elle n'atteignait jusqu'à un certain point le but, cette pratique ne serait pas si générale. L'influence morale qu'exerce un idéal exagéré de bonheur ou de ma'heur à venir, doit donc être regardée comme très considérable. Mais il est impossible de se dissimuler les dangers et les inconvénients de ce système. En mettant les caprices de l'imagination à la place de la rigueur de la vérité, on encourt toujours une responsabilité fort grave. Il faut mettre des limites à l'exagération, dans l'intérêt même du but qu'il s'agit d'atteindre, et ces limites sont loin d'avoir été respectées dans les récits par lesquels les livres de morale cherchent à nous porter à la vertu. Mais, tant qu'il n'y aura pas eu de réforme dans un enseignement moral qui porte pius loin que celui de l'école, il ne faut pas demander au maître d'école de trouver à redire aux matériaux qui sont mis entre ses mains. Tout ce qui lui est possible, c'est de ne pas perdre de vue les faits de la vie réelle, et de s'en servir pour faire contrepoids aux élans poétiques du livre de morale. Si dans l'idéal le dévouement ou le sacrifice est représenté de manière à nous enflammer d'une ardeur momentanée, la réalité plus sévère nous avertit qu'une bien faible partie de cette ardeur peut être développée dans la moyenne des hommes. D'un côté nous voyons l'esprit de lutte et de rivalité, l'ambition effrénée et le désir de supplanter les autres ; de l'autre sont les dispositions sociales, sympathiques et aimables, et ce n'est pas sans peine que la victoire reste à celles-ci.

Dans les quelques pages que je puis encore consacrer à ce sujet si important, je veux indiquer les points qui exigent le plus de précautions pour l'enseignement de la morale.

La tactique adoptée par le maitre est déterminée en grande partie par la répugnance que l'étude de la morale inspire naturellement aux hommes. Les élèves aiment bien mieux une leçon de sciences qu'un discours sur la morale; et, de plus, pour la science le manque de goût est moins fatal au résultat cherché que pour la morale. L'emploi des fables, des paraboles et des exemples a évidemment pour but d'éviter les leçons directes, et d'arriver à l'esprit d'une manière insinuante et détournée.

Une leçon qui se présente sans qu'on l'ait cherchée, qui s'impose à l'attention lorsque celle-ci est fixée sur un autre sujet, est la plus efficace de toutes. C'est là un des effets des lectures historiques; mais il faut éviter de laisser voir qu'on a cherché cet effet. Les réflexions morales qui se présentent naturellement d'elles-mêmes dans une situation donnée, peuvent produire une impression durable. Le spectacle d'un désastre causé par l'imprévoyance, par des querelles et des dissensions, par une ignorance coupable, fait sentir à tous ceux qui réfléchissent la valeur des principales vertus qui se rattachent à la prudence.

Les contes, les récits et les biographies où il est question des qualités morales élevées, produisent surtout de l'effet quand la lecture en est spontanée; au contraire, quand ils sont présentés comme devoirs dans un livre de classe, ils ont l'inconvénient de tout ce qui est imposé par la volonté d'autrui, et il faut au maitre beaucoup de tact pour dissimuler son influence. Les livres que les enfants choisissent d'eux-mêmes, et qu'ils lisent pour leur amusement, les persuadent bien mieux[1].

Celui qui enseigne la morale doit toujours agir par la douceur et non par la crainte. S'il ne s'agit que de produire une certaine apparence extérieure de bonne conduite, la crainte et les punitions peuvent réussir; mais ce n'est pas ainsi que l'on obtient le sentiment intérieur. Partout où la dissimulation est possible, il faut nous adresser à la volonté libre de l'élève. Toute tentative de contrainte ne fait qu'accroitre la perversité naturelle. Dans un âge encore tendre, quand l'enfant est accessible à l'influence des autres et moins porté à l'indépendance, le blâme et la punition se gravent dans son esprit et forment ses sentiments du bien et du mal; mais

1. Les phrases de ce genre : « Ceci doit nous apprendre »; « Comme il est important de se rappeler toujours », ne servent, dans l'éducation, qu'à donner congé à l'esprit des enfants, soit qu'ils les entendent, soit qu'ils les lisent; c'est comme si on leur disait : « Maintenant, vous pouvez vous en aller pendant que je vais prêcher. » Pour inculquer à l'esprit les principes moraux que nous fournit l'histoire, il faut profiter des rares moments où tous sont dans un état de douce émotion et dans une disposition d'esprit plastique, pour laisser tomber un mot ou deux de conclusion pratique, pour énoncer une maxime bien digérée. qui, grâce à son affinité naturelle avec l'émotion du moment, s'unisse d'une manière inséparable au souvenir des faits. (Isaac Taylor, *Home Education*, p. 258.)

nous devons soigneusement tenir compte du moment où cette humeur humble et flexible est remplacée par des sentiments de personnalité qui empêchent le même système de pouvoir désormais être appliqué. Pour des enfants au-dessus de douze ans, nous pouvons dire comme règle générale que des leçons directes de morale ne conviennent plus, si ce n'est comme moyen de discipline; le mieux est de ne plus se servir que d'allusions très indirectes à ce sujet. Dans les grandes écoles et les universités, on a, d'un commun accord, renoncé à faire entrer dans le plan des études l'enseignement direct de la morale.

On peut toujours invoquer les motifs de prudence ou d'intérêt personnel; seulement il faut avoir soin de ne pas paraître chercher des prétextes de multiplier les défenses et les punitions. Si nous nous montrons réellement soucieux des intérêts de nos élèves, ils nous écouteront avec attention; mais il faut bien nous garder de porter nos yeux plus loin que les leurs ne peuvent aller. La grande difficulté de leur présenter un tableau des conséquences possibles de leurs actes, qui ne soit ni exagéré ni inintelligible, cette difficulté, qui est insurmontable avec des enfants, diminue avec les années, mais est toujours une épreuve délicate pour le tact du maître, et les bons modèles dont il pourrait se servir sont rares.

Les motifs intermédiaires — qui ne sont ni purement égoïstes ni purement héroïques — sont les affections sociales, au nombre desquelles nous rangerons la compassion et la pitié. Les besoins d'affection varient d'une manière considérable aux époques critiques du développement intellectuel. D'abord le besoin que les enfants ont de leurs parents les dispose à être aimants; ensuite vient l'âge des instincts énergiques et de l'indépendance, où le sentiment de sa force porte naturellement l'enfant à la domination et à la cruauté; c'est ce qui arrive au début de l'adolescence. On obtient alors bien peu de chose en faisant appel à l'amour, à l'affection et à la pitié; il faut que le moment choisi soit bien favorable pour que l'on ait quelque chance de succès. Peut-être est-ce l'âge où l'on peut avoir recours aux motifs héroïques; mais c'est dans l'appel à ces sentiments supérieurs qu'une réserve prudente est surtout nécessaire. Il y a dans le cœur de tout homme un sentiment qui répond à l'idée d'un sacrifice héroïque; mais il faut le réserver pour les grandes occasions, au lieu de le perdre sans fruit. La proportion de ce sentiment qui se transforme en action est très faible dans la plupart des esprits; l'héroïsme n'appartient qu'au petit nombre.

Il existe un sentiment mixte, qui contient une parcelle d'héroïsme avec une quantité notable d'égoïsme, auquel on peut faire appel avec succès pour combattre les formes les plus prononcées de ce dernier défaut. Je veux parler du sentiment de l'honneur et de la

dignité personnelle, qui croit avec l'importance de la position sociale, et qui ne manque que chez les derniers des hommes. En présentant une action comme basse, dégradante, honteuse, déshonorante
et indigne, on peut faire beaucoup, à toutes les époques de la vie;
c'est le moyen d'action qui a le plus d'influence sur la jeunesse indisciplinée. Ceux qui ont prêché la tempérance n'ont pu découvrir d'argument plus énergique en faveur de leur cause; un bon maître doit
savoir user de ce moyen avec tact et adresse, en ayant soin de le
réserver pour les grandes occasions.

Bien que l'on ait blâmé avec raison la sentence sévère que Platon
a portée contre les poètes, il demeure établi que pour l'enseignement
de la morale ils sont enclins à l'exagération. Ils sont artistes d'abord
et moralistes ensuite; et l'art, qui cherche à plaire, n'est point disposé à prêcher l'abstinence ou le sacrifice. Quand on élargit la
sphère de la poésie de manière à y faire entrer le roman, qui lui
appartient en effet, on reconnaît sans peine l'exactitude de cette
observation. Le poète exprime bien mieux que tout autre les actions
grandes, nobles et sublimes, et il contribue ainsi à nous exciter à
l'héroïsme. Mais la base vraiment solide sur laquelle le maître peut
s'appuyer, c'est l'histoire : Périclès, Timoléon, le roi Alfred, John
Hampden, Grace Darling, peuvent être représentés sous des couleurs vraies et exactes, sans rien perdre de leur influence moralisatrice. Les héros du roman et de la poésie sont le plus souvent des
combinaisons impossibles. Un poète est ou enthousiaste, et alors il
nous présente des espérances trompeuses, ou cynique, et alors il
défigure à plaisir l'esprit humain. Dans les romans, les personnages
reçoivent toujours une récompense exagérée pour le bien qu'ils ont
fait. Un poète qui se consacrerait à l'enseignement de la morale
devrait chercher à être vrai, tout en prêtant à la réalité quelque
chose d'attrayant et d'agréable; tels seraient les écrits qu'il faudrait
aux instructeurs de la jeunesse pour les aider dans leur travail.

Nous ne trouvons rien à redire à ces vers de notre poète lauréat,
à propos du duc de Wellington :

> Plus d'une fois, dans l'histoire de notre belle île, —
> Le sentier du devoir a été le chemin de l'immortalité [1], —

mais nous savons que la gloire du duc de Wellington a exigé bien
des conditions outre le devoir, et qu'à toutes les époques on obtient
rarement l'immortalité en faisant seulement son devoir. Un maître
pourrait prendre la carrière de Wellington pour texte d'une bonne

---

1.   Not once or twice in our fair island story,
        The path of duty was the way to glory.
                                        (TENNYSON.)

leçon de morale, sans passer entièrement sous silence ses qualités personnelles et les avantages qu'il devait à la fortune.

Le sujet de la réciprocité des services, des bons offices et de l'affection est inépuisable. Le but de l'abnégation ou du sacrifice n'est pas de satisfaire l'égoïsme des autres, mais bien de les amener à l'échange de bons offices qui constitue le plus grand bonheur des hommes. Le dévouement qui n'est que d'un côté ne peut être que momentané et provisoire; s'il n'amène pas la réciprocité, il cesse naturellement. Cependant la réciprocité véritable est un si grand bien, qu'il faut faire de grands sacrifices pour l'obtenir.

L'exemple le plus ordinaire de réciprocité nous est fourni par la politesse, qui n'est qu'une bonté mutuelle dans les petites choses. Il n'est pas très difficile d'y amener presque tout le monde par l'éducation. Ce qui est beaucoup plus rare, c'est de voir les hommes aller jusqu'à prendre leur part des plus lourds fardeaux de leur prochain. Et pourtant il n'y a guère de vertu solide sans cela. Le difficile est de commencer, parce que nous ne sommes jamais sûrs de ne pas faire des sacrifices en pure perte. Un homme ordinaire ne se décide pas à être généreux lorsqu'il n'est entouré que d'êtres égoïstes.

Quand le maitre enseigne à ses élèves que c'est un devoir de travailler pour les autres, il doit certainement présenter à leurs yeux l'espérance d'être payés de retour. C'est le seul moyen d'avancer avec calme sous l'impression produite par un idéal exalté de dévouement; la récompense ainsi présentée n'est ni illusoire ni infiniment éloignée.

L'humanité, sous sa double forme d'indulgence d'abord, et d'assistance efficace quand le besoin l'exige, en second lieu, est le sujet qui réussit le mieux dans les leçons de morale que l'on fait aux enfants. Les histoires destinées à l'enseigner sont nombreuses et bien faites, et, si l'on revient souvent sur ce point devant des enfants, on ne peut manquer d'obtenir de bons résultats. Les leçons d'humanité, comme toutes les autres, doivent être présentées à propos et sans exagération; mais s'il est une impression morale que le maitre puisse produire, c'est assurément celle-là. Il est vrai que l'effet obtenu pendant les années affectueuses du jeune âge semblera s'effacer pendant les années plus dures qui suivront; mais il reparaitra plus tard. Il est bon que les enfants soient révoltés par la cruauté, l'oppression et l'intolérance, par les horreurs de l'esclavage et la brutalité du despotisme, et même par tout acte de dureté envers les animaux inférieurs.

La véracité demande à être considérée d'une manière toute spéciale. Le mensonge est un acte si explicite et si distinct, qu'il n'est guère possible à celui qui s'en est rendu coupable de dissimuler sa faute par quelque subterfuge. Mais c'est une erreur de considérer le mensonge comme un vice absolument indépendant. En réalité, il est toujours accompagné de quelque influence dont il faut tenir compte. Un enfant ment toujours dans un certain but — pour échapper à une punition, pour s'assurer quelque avantage; il faut donc rechercher la source du mensonge dans ces vues égoïstes, et nous occuper de celles-ci plus encore que de l'instrument qu'elles ont employé : la réprimande ou la punition pourra être rendue beaucoup plus efficace si nous connaissons le motif auquel le coupable a obéi. Un mensonge fait pour échapper à la brutalité d'un tyran, n'est pas du tout la même chose qu'un mensonge par lequel on cherche à s'assurer un avantage injuste, et la conduite du maitre devra varier avec le motif qui a provoqué la faute. Les enfants que l'on traite avec justice et bonté sont les seuls qui disent toujours la vérité; chez eux le mensonge est sans excuse; pour les autres il y a une grandeur morale véritable à dire toujours la vérité, et, quand on les cite comme exemples, on doit présenter leur conduite comme héroïque.

Il n'est peut-être pas inutile, en terminant ces diverses observations, de signaler d'une manière plus particulière quelques-unes des erreurs que commettent le plus ordinairement même les bons maitres de morale. Un grand nombre des maximes et des moyens dont on se sert le plus ordinairement pour enseigner la morale, ne supportent pas l'examen; ils sont ou fondés sur quelque principe faux, ou absolument enfantins. J'en citerai quelques exemples.

On présente souvent aux enfants l'exemple des animaux, surtout pour les exciter au travail. Il est convenu que l'abeille et la fourmi doivent faire rougir tous les paresseux. Comme exercice d'imagination agréable, des comparaisons de ce genre sont supportables; mais il est absolument illogique de comparer des êtres aussi différents que le sont des hommes et des insectes. Il est impossible de citer une seule personne que l'exemple de l'abeille ait réellement converti au travail, et on est en droit de douter qu'aucun animal ait jamais servi à nous inculquer quelque vertu ou à nous prémunir contre quelque vice. Des comparaisons de ce genre ne peuvent jamais être traitées sérieusement; ce sont tout simplement des jeux d'imagination et des amusements qui peuvent facilement dégénérer en niaiseries. Bien qu'il soit impossible de rendre les enfants logiques, il n'est pas nécessaire de les rendre illogiques par des comparaisons fausses. Si la fourmi est un modèle de travail, elle est également un modèle de tyrannie, puisqu'elle a des esclaves, et qu'elle se permet en outre des actes fort blâmables, dont sir John Lubbock nous a tout récemment révélé l'occurrence dans les peuplades de fourmis.

Quoique le travail ne soit pas la seule vertu demandée à l'homme, c'est au moins la base et la première condition des autres vertus.

Aussi un des points de morale qu'il est le plus indispensable d'inculquer aux enfants est-il le renoncement à toute habitude d'indolence et de paresse. Plus l'enjeu est considérable, plus il est important de bien calculer tous les coups. Les motifs que nous invoquons doivent être réels et de nature à agir sur ceux à qui nous nous adressons. Or, il me semble qu'on part d'un point faux en affirmant, comme on le fait si souvent, que le travail est par lui-même un bonheur, et que sans lui on ne peut être heureux; que les plus malheureux des hommes sont ceux qui n'ont rien à faire. Une idée plus juste, celle de la nécessité du travail, serait un motif tout aussi puissant. Tout être humain bien constitué a une certaine somme d'énergie disponible, et, tant qu'il se porte bien, il trouve un certain plaisir, ou tout au moins n'éprouve aucune souffrance à dépenser cette énergie. Il doit l'employer à gagner sa vie, et à se procurer autant de jouissances que possible. Il éprouve quelquefois une certaine répugnance à faire servir cette énergie à un usage défini, et une très grande répugnance à l'employer de telle ou telle façon. Cependant il faut que cette répugnance soit vaincue, et même que la dépense de force soit poussée souvent jusqu'à un état de fatigue pénible. Mais, comme nous ne pouvons, sans subir ces ennuis, nous procurer ni ce qui est nécessaire à notre existence, ni surtout les plaisirs de la vie, la sagesse nous conseille de nous soumettre au mal pour obtenir le bien. Tel est le résumé exact des conditions du travail. Il y a une grande exagération dans le tableau qu'on fait souvent des malheurs des riches qui ne travaillent pas; on peut même exagérer ceux des pauvres qui ne font rien, car ces derniers demandent aux autres ce qui est indispensable à leurs besoins, et peuvent bien renoncer au superflu en considération du nécessaire. Une telle position doit être présentée comme basse, méprisable et précaire, plutôt que comme absolument malheureuse.

On dit souvent que tout travail est également honorable; c'est là un sophisme évident et tout à fait inutile. Il est vrai, dans un certain sens étroit, que celui qui travaille pour gagner sa vie entre par là dans la fraternité générale des hommes, auxquels cette nécessité est imposée, à bien peu d'exceptions près. Mais le mot honneur signifie distinction, choix de quelques-uns dans une foule. Pour plusieurs raisons, les unes naturelles, les autres conventionnelles, certains genres de travail sont récompensés par beaucoup d'argent et par un rang élevé; en un mot, il existe dans tous les services des degrés différents, et cette différence ne peut être effacée. Si un simple soldat fait son devoir, il obtient une certaine somme d'argent et d'estime; mais l'un et l'autre sont, et doivent être, réellement assez modiques

Quand on s'occupe de la pauvreté, ce sujet si triste, il faut toujours examiner les moyens d'y porter remède. Pour ceux que l'âge

ou la maladie a mis hors de combat, il n'y a d'autre moyen que de
les faire vivre aux dépens de quelqu'un; mais pour ceux qui débutent
dans la vie, il faut tâcher de leur apprendre à triompher de ce mal.
Ce refrain de Burns, « Nous n'avons pas peur de la pauvreté malgré
tout », exprime un certain courage moral; mais c'est à peu près
tout ce que l'on peut dire en sa faveur. La résignation n'est pas une
vertu sans mélange; elle ne mérite d'être louée que chez ceux qui
ont fait tout ce qu'ils pouvaient.

C'est pour combattre la pauvreté que de bonnes leçons d'économie
sont vraiment précieuses. Nous nous trouvons actuellement en présence d'une masse écrasante de mécontentements, qui se manifestent
d'une manière plus ou moins ouverte. Le maître est bien forcé de
parler de l'inégalité énorme qui existe entre les conditions humaines,
et il lui faut une certaine habileté pour se tenir en garde contre les
sophismes; s'il se contente des lieux communs ordinaires, il ne
trouvera guère que cela. La première cause légitime de l'inégalité
entre les hommes vient des différences d'activité, d'énergie et d'habileté qui existent entre eux; la richesse est le fruit d'une vie de
travail. Tous, sauf les voleurs, respectent l'inégalité qui résulte de
cette cause. Mais c'est ensuite que commencent toutes les difficultés.
L'homme qui a réussi lègue à ses enfants la fortune qu'il a amassée,
et les délivre ainsi de toute nécessité de travail; le respect de la
propriété s'étend à ce cas aussi. N'y aura-t-il donc pas de limite à
l'accumulation des richesses? Cette question est politique ou sociale.
On ne peut répondre au mécontentement que causent naturellement
les inégalités existantes, que par une discussion de science sociale, et
les nécessités de notre temps exigent qu'elle soit complète.

Jusqu'ici, nous avons étudié la morale sans parler de ses rapports
avec la RELIGION. Nous demandons au maître de l'école primaire
d'enseigner la religion, en la présentant à la fois avec son propre
caractère et comme base de la morale la plus élevée. Si cet enseignement n'était pas accepté dans toute son étendue, il deviendrait pour
le maître un bien lourd fardeau. Pour moi, en traitant un sujet si
débattu, je suivrai la méthode générale que j'ai adoptée pour tout ce
travail, et je m'efforcerai de distinguer les éléments divers dont se
composent des sujets réellement complexes, mais qu'on a l'habitude de considérer comme indivisibles.

Certaines personnes affirment que la religion et la morale sont
absolument inséparables. Le philosophe Kant a cherché à prouver
qu'elles sont identiques : son but était de mettre la morale au-dessus
de tout. D'autres regardent cette identité comme nécessaire, afin
d'assurer la suprématie de la religion. Je suis d'avis que la vérité se
trouve entre ces deux extrêmes : la morale n'est pas la religion, et

la religion n'est pas la morale; et cependant elles ont des points communs. La morale ne peut être la même avec ou sans la religion; la religion, lorsqu'elle ne sort pas de sa sphère propre, ne pourvoit pas à toutes les nécessités morales de la vie humaine. Les préceptes de la morale doivent être surtout fondés sur nos rapports humains en ce monde, tels que l'expérience pratique les a fait connaitre; ses motifs aussi résultent principalement de ces rapports. La religion a des préceptes et des motifs qui lui sont propres; la meilleure manière de les étudier est de le faire séparément [1].

Nous avons vu quelles sont les difficultés de l'enseignement et les pièges qu'il doit éviter quand on étudie la morale à part; on doit craindre à chaque instant de confondre les motifs de prudence, d'intérêt social et de dévouement, sans donner à aucun le développement auquel il a droit. Cette confusion dans la méthode et dans l'ordre doit s'accroitre encore lorsqu'on ajoute à ces considérations celles des doctrines religieuses et des rapports de la morale avec la religion. De là viennent dans nos écoles des leçons du genre de celle-ci, sur la véracité par exemple : « La véracité est la qualité morale à laquelle nous manquons lorsque nous faisons un mensonge; elle n'a point de récompense extérieure; elle est agréable à Dieu; elle nous donne la paix de la conscience; c'est un devoir envers notre prochain. » Voilà un programme donné par le directeur d'une des écoles de Londres.

---

1. « Le premier instrument, et le plus nécessaire, pour enseigner la morale à des esprits absolument incultes, serait un catéchisme de morale. Il devrait passer avant le catéchisme religieux, et être enseigné séparément et d'une manière tout à fait indépendante de celui-ci, au lieu d'être enseigné en même temps et d'y être introduit pour ainsi dire par parenthèse, car c'est uniquement d'après des principes purement moraux que l'on peut passer de la vertu à la religion. Ceux qui disent qu'il en est autrement ne sont pas de bonne foi. » (Kant, *Métaphysique de la morale*, traduction de Semple, p. 329.)

« Peut-être sacrifions-nous jusqu'à un certain point la vérité à l'esprit de système, lorsque nous cherchons à marquer toujours bien nettement une ligne de démarcation entre la morale et la religion; mais il est vrai en général que la morale se rattache à la conduite et la religion aux sentiments; que la morale consiste dans la conscience d'une délivrance subjective de toute servitude. Les préceptes de morale, auxquels un grand nombre d'hommes obéissent, ne se déduisent pas des sentiments religieux, qui sont le partage d'un petit nombre; mais le lien dont on a longtemps admis l'existence entre la morale et la religion n'en est pas moins réel parce que l'ordre a été interverti, car c'est l'acceptation des conclusions les plus abstraites de la morale qui prépare l'esprit à recevoir les intuitions de la religion. Le fruit de la culture religieuse est une disposition à faire le bien sans contrainte, sans motif attrayant, par un instinct qui ne s'arrête pas à choisir ou à raisonner, et qui pour cette raison même peut triompher de la force de tous les motifs contraires. » (Miss Edith Simcox, *Natural Law*, p. 180.)

L'enseignement de la religion considérée à part se fait dans nos écoles au moyen de leçons prises dans la Bible, avec ou sans catéchisme doctrinaire. Un grand nombre de manuels d'enseignement contiennent un programme minutieux pour l'étude de la Bible. Dans les écoles allemandes, l'ordre à suivre pour l'enseignement religieux est prescrit officiellement : on commence par de simples récits tirés de la Bible, et on termine par l'abrégé des doctrines. Si le but de cet enseignement, comme celui de l'enseignement ordinaire, était uniquement d'instruire, les plans à suivre seraient ceux dont nous nous sommes occupés dans tout ce travail. Evidemment même il y a un élément intellectuel dans la religion ; mais cependant elle est essentiellement émotionnelle, et l'enseignement ordinaire de l'école n'est pas favorable à la culture des émotions. Le système qui convient le mieux à l'élément intellectuel n'est pas le meilleur pour l'élément émotionnel. La régularité des leçons, la méthode, la suite, une certaine sévérité de discipline, telles sont les conditions de tout progrès dans l'instruction ; mais pour produire et développer une affection vive ou un sentiment profond, il faut profiter de circonstances ou d'événements qui se présentent rarement dans la vie de l'école. La direction des écoles nationales de l'Angleterre, en se mettant en garde contre le prosélytisme et l'esprit de secte des maîtres, les prive de la liberté d'action nécessaire pour produire des sentiments profonds. Au commencement de ce travail, dans le chapitre sur les émotions morales, nous avons indiqué quelques-unes des conditions du développement des sentiments ; dans les circonstances les plus favorables, ce développement exige de longues années pour acquérir la force nécessaire à une grande influence morale. Ceci est surtout vrai des sentiments religieux, auxquels on demande d'être assez puissants pour contrebalancer tous les maux de la vie. Nous avons tort de charger le maître d'école de ce devoir. Le père ou la mère, l'Eglise, l'individualité de l'élève, l'esprit du temps tel qu'il se manifeste dans la société et dans la littérature, telles sont les influences qui contribuent à déterminer la présence ou l'absence de dispositions religieuses, et, dans cet ensemble, c'est l'école qui a le moins d'importance.

Pour l'école, on doit se contenter du ton éminemment théiste et chrétien qui domine dans les livres, et de la disposition naturelle qui porte les enfants à accepter l'explication de l'univers par l'intervention d'un Dieu personnel. C'est ailleurs qu'il faut chercher quelque chose de plus.

CHAPITRE III

LES BEAUX-ARTS

L'enseignement des arts consiste essentiellement dans la culture du sentiment artistique. — Il faut apprendre la *pratique* d'un art. — Culture de la sensibilité esthétique en elle-même. — Le goût du paysage; ses conditions. — La musique, la peinture, la sculpture, la poésie. — Le roman et le drame; influence qu'ils exercent.

La seule chose qui me semble nécessaire au sujet des beaux-arts, c'est de définir la position que doit occuper l'enseignement artistique dans le programme de l'instruction primaire et secondaire.

Nous avons déjà souvent parlé des beaux-arts. Comme ils sont une grande source de plaisir, on peut s'en servir comme de stimulants à l'étude aussi bien qu'à tout autre genre d'effort. Si nous considérons l'éducation comme un moyen de rendre les hommes heureux, elle doit certainement comprendre la connaissance des arts. D'ailleurs, parmi les branches reconnues de l'éducation ordinaire, nous trouvons le dessin, la musique, l'élocution, la politesse, la littérature, qui tous se rattachent aux beaux-arts. Enfin, on cherche toujours à donner une certaine élégance aux alentours de l'école.

Si on nous demande s'il existe une méthode pour enseigner les arts, nous répondrons qu'il y en a certainement une. Mais les détails de cette méthode sont si multipliés que je dois me contenter ici de les indiquer.

L'artiste proprement dit — peintre, musicien ou sculpteur — doit passer par une éducation mécanique et intellectuelle dont la nécessité est évidente par elle-même. Celui qui veut être musicien doit exercer par la pratique sa voix, sa main, son oreille, et les conditions générales de succès sont nécessairement les mêmes pour ce travail que pour tout autre : une bonne mémoire, un bon organe, un sens délicat, des exercices fréquents, et enfin une application qui résultera du plaisir ou de l'intérêt qu'il prend à cette étude. Le *sentiment* est la seule condition spéciale à l'art. Les mots goût, sentiment artistique, sentiment de la beauté, expriment un ensemble complexe d'émotions assez difficile à analyser. Cultiver un art signifie éveiller, développer, diriger, purifier cet ensemble de sentiments, et cette culture n'est pas nécessairement accompagnée de la faculté d'exécution artistique. Le goût de la musique peut exister sans la faculté d'exécution ; celui de la peinture n'exige pas que l'on sache dessiner ou peindre.

Sans aucun doute, une des manières d'arriver aux émotions artistiques, c'est de devenir artiste. En apprenant à chanter ou à jouer d'un instrument, nous nous familiarisons avec une multitude de compositions musicales, et nous acquérons ou nous développons en nous le goût de la musique. Certaines aptitudes naturelles sont nécessaires ; il faut être naturellement sensible aux sons harmonieux, savoir distinguer les tons, avoir le sentiment de l'accord et peut-être encore d'autres facultés délicates. Ces conditions nous font tout d'abord aimer la musique ; notre éducation musicale vient accroître et raffiner ce goût primitif. On pourrait tracer le même tableau pour le dessin.

Mais il faut envisager d'une manière plus large la culture du sentiment artistique ; très peu d'hommes sont artistes, et les autres jouissent des œuvres produites par les premiers. Il est bon, non seulement que les œuvres et les trésors des arts soient accessibles à tous, mais encore que tout le monde apprenne à en tirer toute la jouissance qu'ils peuvent donner.

Pour mieux faire comprendre ce que j'entends par la culture du sentiment artistique, je prendrai pour exemple le goût du paysage, qui représente bien une des nombreuses sources de nos jouissances artistiques. Commençons par certaines impressions des sens, et de la vue en particulier. Le sentiment des couleurs, très variable en lui-même, et quelquefois tout à fait défectueux, est évidemment nécessaire ici, dans une mesure raisonnable, sinon complète. La perception première des formes, moins facile à isoler, est également indispensable. Il faut aussi une certaine susceptibilité de sentiments tendres, qui est la principale source des émotions qu'inspire le paysage. Je me trompe beaucoup, ou il faut aussi une certaine part de sentiment malveillant, comme base du sublime, bien qu'il ne soit pas nécessaire que ce sentiment se manifeste par des actes positifs. Ces nécessités de sensation et de sentiment accompagnent tous les arts ; il est probable que leur somme naturelle ne peut être qu'assez peu augmentée, et que la culture doit porter sur quelque autre élément.

Le second point, dans le cas qui nous occupe, doit évidemment être de voir des paysages, et cela à loisir et avec réflexion, de manière à en examiner avec soin tous les détails. Cet examen satisfait les sens, éveille les facultés émotionnelles et détermine l'intérêt collectif. La vue d'un paysage nous dispose à en chercher d'autres.

Le résultat produit dépend beaucoup de deux conditions. La première est une bonne disposition d'esprit : par exemple, quand nous regardons un beau paysage dans toute la fraîcheur de notre jeunesse et sous l'influence des sentiments de gaîté qu'inspirent les vacances. C'est là une occasion d'amasser pour l'avenir des souvenirs agréables. La vue d'un beau paysage, lorsqu'on est soi-même heureux, est un bonheur à la fois pour le présent et pour l'avenir.

La seule condition favorable est d'être dirigé par un connaisseur. Devant une belle vue ou une œuvre d'art, il y a grand avantage à avoir quelqu'un qui nous montre ce qu'il faut observer et comment il faut l'observer. Nous pourrons quelquefois être mal guidés; mais j'admets que nous puissions trouver quelqu'un plus au fait que nous des conditions du plaisir esthétique. Tel est le rôle de celui qui enseigne un art.

Il est inutile d'ajouter que le goût des paysages croît en raison directe de l'attention qu'on leur donne. Un moment d'attention pour tuer le temps, un coup d'œil distrait en allant à ses affaires, ne suffisent pas pour développer un goût, pour faire éclater un sentiment profond d'admiration pour les œuvres de la nature ou de l'art. Il faut que nous donnions une part de notre énergie vitale à l'accumulation des innombrables petits sentiments de plaisir qui prennent naissance à la vue d'une scène de la nature ou d'un chef-d'œuvre humain.

Jusqu'ici je me suis occupé du point principal, qui est d'accroître notre sensibilité naturelle aux plaisirs artistiques, et de nous faire ainsi un fonds de bonheur durable. C'est là le goût dans le meilleur, mais non dans le seul, sens de ce mot. La culture du goût suppose encore le discernement et l'appréciation des effets; elle nous montre quels sont les objets qu'il ne faut pas aimer, soit parce qu'ils nous feraient perdre les jouissances les plus élevées de l'art considéré dans son ensemble, soit parce qu'ils sont en opposition avec quelqu'un des devoirs de la vie — véracité, utilité, morale — qui peuvent quelquefois être sacrifiés à l'art. Cette branche de l'esthétique, plus encore que la première, exige un bon guide, et, en prenant les deux ensemble, nous pouvons voir dans quelle mesure il est possible de donner à tous des notions d'art.

Passons maintenant rapidement en revue les principaux arts.

Sur la musique il ne nous reste rien à dire. C'est l'art le plus universellement cultivé, et la culture de la musique en a développé le goût. Sans jouer d'un instrument, on acquiert le goût de la musique en écoutant de bons morceaux, dans les conditions favorables que nous avons indiquées plus haut.

On commence à peine, de nos jours, à considérer l'élocution comme un plaisir social qui élève l'esprit. Nous y reviendrons plus loin

Le groupe des arts qui parlent aux yeux — peinture, dessin, sculpture, architecture — est une source de jouissances pour beaucoup d'hommes, mais n'est cultivé que par un petit nombre. C'est donc par l'étude de leurs chefs-d'œuvre qu'on peut en développer le goût. La jouissance croit comme nous l'avons déjà indiqué ; mais le goût éclairé peut exiger une instruction prolongée. L'ordonnance de tous les éléments d'un tableau ou d'un édifice demande bien des combinaisons et des calculs, que le sentiment naturel tout seul, quelque délicat qu'il soit, ne suffit pas pour faire comprendre.

La poésie est soumise à toutes les conditions de la culture de l'art, et nous pouvons la prendre pour texte de ce que nous avons encore à dire. Comme elle consiste dans l'union du langage avec les tableaux de la nature et de la vie, elle présente plus d'élémer . à concilier que les autres arts. Elle éveille plus de sentiments et d'émotions que ne le fait la musique toute seule ou la peinture.

L'étude de la poésie fait partie de la littérature, et commence avec celle de la langue maternelle. Les qualités les plus élevées de la poésie nous sont présentées par bien des genres de compositions. Tout professeur de littérature contribue à développer le goût poétique, au double point de vue du plaisir que nous y trouvons et du discernement des beautés. La lecture des poètes et des critiques, dans des conditions favorables, vient fortifier et confirmer ces résultats.

Pour bien sentir la poésie, il faut une oreille délicate, une certaine sensibilité, une assez grande expérience de la vie, et des connaissances littéraires assez développées. L'étendue toujours croissante du champ des allusions que présente la poésie moderne, en fait de moins en moins un plaisir pour les masses ; mais la généralité des poèmes possèdent les qualités nécessaires pour émouvoir la majorité des hommes.

Dans le chapitre sur la morale, nous avons déjà signalé le caractère idéal de la poésie. Ce caractère est à la fois sa force et sa faiblesse. En entrant dans le domaine de l'idéal, nous dépassons la réalité, et nous nous mettons en opposition avec le monde. La vivacité du plaisir que donne l'idéal compense ce désaccord. L'enthousiasme, l'extase du monde poétique inspire la vertu, en devenant la récompense spirituelle de l'abnégation. La poésie joue le rôle assigné à la religion. Aussi les poètes se considèrent-ils comme les meilleurs maîtres de vertu : tel est le témoignage qu'Horace rend à Homère, et Milton aux tragiques grecs. Ici encore se présente cette question : Par quels moyens les poètes produisent-ils leurs effets magiques, et ces moyens sont-ils en eux-mêmes toujours favorables à la vertu? Le poète doit plaire à la multitude, et pour cela il faut qu'il fasse des concessions à la faiblesse humaine ; la multitude exige surtout des plaisirs, des illusions et de belles promesses. Mais il y a bien d'autres choses encore dans un véritable poème, et le goût et la culture poétiques consistent à aimer toute autre chose que les exagérations qui plaisent aux esprits les moins cultivés.

Il ne faut pas une longue étude pour reconnaître que le stimulant le plus énergique des œuvres artistiques est du côté des appétits et des désirs illimités de l'amour, de la malveillance, de l'ambition et de la sensualité. Pour qu'un poème ou un tableau soit intéressant, il faut qu'il excite plus ou moins ces passions. L'art élevé et l'éducation artistique supérieure modèrent et dominent les mouvements des passions trop ardentes, et domptent les démons que l'art a évoqués. C'est là le plus grand triomphe de l'art et de l'éducation artistique.

Les deux genres qui font le mieux ressortir les bons et les mauvais côtés de la poésie, sont le roman et le drame. Tantôt on les admire, tantôt on leur reproche d'être contraires à la morale. Bien que le drame soit plus vivement attaqué que le roman, cependant on leur fait en réalité le même reproche.

Le nombre des romans est fort grand, et la différence entre le meilleur de ces ouvrages et le plus mauvais est aussi grande que celle qui sépare le bien du mal, le vice de la vertu. Mais cette considération ne résout pas la question. Les exemples les plus marquants sont les romans les plus répandus et les plus populaires ; ils sont lus sans hésitation par la grande majorité. Or, si nous prenons les romans qui réussissent de nos jours, nous y trouvons un art élevé, joint à une tendance marquée à l'exagération des sentiments. Tantôt l'art, tantôt l'élément plus grossier l'emporte, selon les lecteurs. Le vrai but de l'éducation et de la culture artistiques est de nous mettre en état de sentir ces effets artistiques élevés, en sacrifiant le moins possible aux passions basses et grossières. Une telle éducation devrait être encouragée par tous les moyens qui sont en notre pouvoir.

L'usage des plaisirs que donnent les livres d'imagination est soumis à une règle bien facile à comprendre : ces livres doivent être rangés parmi les stimulants, et par conséquent il ne faut en user qu'avec modération. Nous revenons sans peine aux réalités moins attrayantes de la vie, après une courte excursion dans le domaine de l'idéal ; il n'en est pas de même quand nous en avons abusé.

Les chefs-d'œuvre de la littérature romantique et de la poésie en général sont si nombreux, que leur lecture est une véritable éducation. La force, l'élégance et l'abondance du style considéré en général, la perfection et les nuances délicates du dialogue en particulier, l'art avec lequel les caractères sont tracés, les tableaux des lieux et des mœurs, la forme spirituelle donnée aux maximes, sans parler de la séduction de la partie idéale, toutes les qualités en un mot, agissent sur l'esprit des lecteurs. Mais l'influence qu'elles exercent est proportionnelle à la culture antérieure : chez l'immense majorité des lecteurs, elle est à peine perceptible, car ils lisent si vite qu'ils ne voient que l'intrigue, le sentiment et la passion, et laissent échapper tout le reste. Pour sentir tout l'effet d'un chef-d'œuvre, il faut le lire lentement et attendre longtemps avant d'en commencer un autre.

Il semble étrange que les excellents modèles de dialogues présentés par les romans en prose fassent si peu pour relever les conversations de la vie sociale. Peut-être l'effet produit sous ce rapport est-il plus grand que nous ne le croyons.

Le drame ne diffère de la généralité des romans que par l'action théâtrale. Cette action produit nécessairement une impression plus vive ; l'histoire, le sentiment ou la passion qui fait le sujet de la pièce ne change pas de caractère, mais devient bien plus frappant, et fait par conséquent ressortir le bien ou le mal, suivant le cas. Sans doute, une pièce de théâtre est plus émouvante qu'un roman, et par conséquent on doit en user moins souvent ; mais la tendance de l'œuvre reste la même. Si notre éducation nous a préparés à apprécier les éléments supérieurs, nous souffrons moins de l'intérêt plus grossier qui peut s'y trouver mêlé.

Le théâtre ne possède en propre qu'une seule influence éducationnelle, qui est l'art du débit et de l'attitude ; or, c'est là un des talents de la vie sociale qui manquent le plus en Angleterre. Nous voyons sur la scène les exemples les plus raffinés de bonnes manières et de débit dans toutes les situations possibles, avec le degré d'exagération que comportent les nécessités de l'effet scénique, mais presque toujours supérieurs à tout ce que nous offre la vie ordinaire. La vertu ou le vice se rencontre également sur la scène et dans le monde ; mais c'est au théâtre seulement que l'on peut apprendre dans toute sa perfection l'art du débit oratoire.

CHAPITRE IV

LES PROPORTIONS

La proportion est une des conditions d'un bon programme d'études. — Inconvénients de toute exagération. — Rapport qui doit exister entre l'instruction primaire et l'instruction secondaire.

Après la confusion, le plus grand défaut est le manque de proportion. Il se pourrait qu'un programme ne contînt que des matières utiles, et que pourtant il fût tout à fait manqué. Sans aller inventer des cas absurdes, nous pouvons citer des faits réels de ce genre, qui ne sont que trop évidents.

Prenons d'abord les examens de mathématiques de Cambridge. Celui qui obtient la première place dans ces examens est un homme très propre à remplir un poste où les mathématiques sont nécessaires; mais, s'il embrasse une autre carrière — le barreau, la médecine, l'Eglise, l'administration — il a dépensé en pure perte une portion notable de ses forces.

La même observation s'applique à une étude trop approfondie des langues mortes. Pour tous ceux qui ne se destinent pas à l'enseignement de ces langues ou à l'étude de l'antiquité, il y a encore là une énorme disproportion, en dehors même de ce que nous avons dit sur la question générale de l'étude du grec et du latin.

Il n'y a pas assez longtemps que l'histoire naturelle a été adoptée par nos établissements d'instruction publique pour qu'elle donne lieu aux mêmes abus. Mais, si l'on considère que les sciences naturelles sont caractérisées par une multitude infinie de détails, rien n'est plus facile que d'y perdre le temps et les forces des élèves, et d'exclure les autres études également indispensables au développement large et libéral de l'intelligence.

Le défaut que je viens de signaler dans les programmes de mathé-

matiques de Cambridge peut évidemment se répéter pour chacune
des sciences fondamentales — physique expérimentale, chimie,
physiologie, psychologie. Tout encouragement spécial donné à l'une
de ces sciences, s'il se joint à une préférence individuelle, fera
naturellement négliger les autres études et perdre en même temps
les lumières qu'elles se prêtent mutuellement. Une éducation uniquement psychologique ou métaphysique serait probablement la
plus mauvaise de toutes, car ces deux sciences exigent plus que
toutes les autres l'appui de toutes les méthodes scientifiques — déduction, induction, classification. La logique, qui va ordinairement avec
la métaphysique, ne lui suffit pas à elle seule.

C'est l'étude des langues qui nous fournit le plus d'exemples de
disproportion, et d'autres défauts encore. Pour ajouter à la langue
maternelle une seule langue étrangère, vivante ou morte, il faut
une dépense considérable de force intellectuelle, et on ne doit pas
entreprendre ce travail sans avoir bien calculé les fruits qu'on a
chance d'en retirer. Que dire alors de la multiplication des langues?
que penser des programmes qui en imposent deux, trois ou quatre
à la foule de jeunes gens qui se préparent aux carrières libérales?
Il est bien peu d'hommes auxquels il soit possible de tirer parti de
deux langues anciennes et de quatre langues modernes. Sir George
Cornewall Lewis, l'historien Grote, et ceux qui se sont livrés comme
eux aux recherches littéraires et historiques, ont pu se servir réellement du grec, du latin, du français, de l'allemand et de l'italien;
mais ce sont là des exceptions.

Dans l'éducation, très incomplète d'ailleurs, des jeunes personnes,
on croit nécessaire de faire entrer le français, l'allemand et quelquefois aussi l'italien. On ne se demande en aucune façon s'il est
probable qu'elles s'intéressent jamais à ce que ces langues peuvent
leur donner, au point de vue soit de l'instruction générale, soit de la
littérature. En dehors du parti qu'elles en peuvent tirer pour la
conversation, lorsqu'elles feront un tour sur le continent, où le français seul leur suffira parfaitement, le temps consacré à ce langues
me semble absolument perdu pour la grande majorité d'entre elles.

J'ai déjà parlé de la part exagérée qui est quelquefois faite à la
partie purement archaïque de la langue anglaise. Le vieil anglais a
une importance très minime pour l'emploi de la langue, et n'a que
peu d'intérêt comme affaire de curiosité. La place qui convient à
l'étude de l'anglo-saxon et de l'anglais ancien me semble être parmi
les études facultatives des dernières années, et nullement au début
de l'étude de la grammaire et de la rhétorique.

A toutes les époques de l'éducation, il faut observer une juste
proportion entre l'instruction et l'étude des langues, entre la pensée
et l'expression. L'exagération de celle-ci consiste surtout dans

l'addition d'un trop grand nombre de langues étrangères; on n'a pas encore donné dans nos collèges une attention exagérée à la langue maternelle, mais on y viendra sans doute.

Dans l'éducation primaire, le défaut de proportion n'est pas rare; mais il est moins marqué et moins constant que dans l'éducation secondaire. Les préférences de chaque maître d'école produisent des inégalités qu'il est presque impossible d'empêcher. De plus, on ne s'est pas encore suffisamment occupé de la meilleure composition à donner aux programmes en vue des besoins à venir des élèves. L'école primaire commence et termine l'éducation du plus grand nombre; elle commence l'éducation d'une partie de ceux qui entrent ensuite dans les écoles secondaires. Le mélange de ces deux classes d'élèves est embarrassant de nos jours, à cause des langues mortes qu'on exige dans l'enseignement secondaire. Avec un programme modifié ayant pour base les connaissances positives et la littérature, il pourrait y avoir harmonie complète entre l'instruction primaire et l'instruction secondaire, de sorte que d'un bout à l'autre l'enseignement fût homogène. Les dernières années des études primaires, de dix à treize ans par exemple, seraient occupées par des cours réguliers de sciences physiques et sociales, de rhétorique et de littérature anglaise; et la suite de ces études formerait le travail principal des trois ou quatre années d'instruction secondaire. Les programmes seraient gradués de telle sorte que, à quelque moment que l'élève quittât l'école, les connaissances qu'il aurait acquises pourraient toutes lui servir; il n'y aurait pas de commencement perdu. Chaque année du cours donnerait tous les fruits que le terrain pourrait produire. En fait de connaissances positives, on viserait à enseigner toutes les sciences fondamentales. L'étude de la géographie et de l'histoire ne serait pas poussée plus loin qu'il n'est nécessaire de le faire pour aborder les sciences naturelles et les généralités de la science historique ou sociale. A leur tour, ces sciences céderaient la place, aussitôt que possible, aux mathématiques, à la physique, à la chimie, etc., pour être reprises, s'il le fallait, sous leur forme la plus élevée, à côté des sciences fondamentales.

Ainsi, le seul programme que l'on puisse adopter, même pour la population ouvrière, est de lui donner une aussi grande connaissance méthodique du monde physique et moral, et une éducation aussi littéraire que son temps peut le permettre. On pourrait prendre pour règle de consacrer aux connaissances positives environ les deux tiers de la journée, et de donner le reste à la littérature; la musique, l'exercice militaire et la gymnastique seraient en dehors de ces deux études. Il me semble inutile de discuter ici aucun plan d'études plus spécialement adapté aux besoins présumés des masses.

APPENDICE

I. — Exemples de leçons de choses.

Difficultés que présentent les explications relatives aux sciences fondamentales. — Leçon sur le goulot de la théière. — Rapport de cause à
effet. — Le trou du couvercle est un sujet bien plus avancé. — Manière
de traiter cette question.

Pour mieux faire comprendre les formes, les conditions et les
limites des leçons de choses, j'en citerai ici quelques exemples
empruntés aux ouvrages d'enseignement. Il existe un assez grand
nombre de livres où l'on a cherché à faciliter le travail des maîtres
qui débutent, et à donner à ces leçons un caractère fixe et méthodique.

Nous en avons déjà dit presque assez dans ce travail sur les leçons
particulières ou générales qui ont rapport à l'histoire naturelle. Les
conditions de ces leçons sont peu nombreuses et faciles à comprendre. La grande difficulté pour le maître se trouve dans les leçons
du troisième genre, celles qui ont rapport à l'idée de cause, et qui
nous amènent à une des sciences fondamentales. Le rapport de
cause à effet est un fait d'expérience très simple et très frappant, et
en même temps très difficile à expliquer. Rien n'est plus amusant
pour un enfant que l'explosion d'un peu de poudre à canon; mais
pour l'amener à l'explication complète de ce fait, il faut des leçons
longues et arides. Même dans les leçons relatives à l'histoire naturelle, l'idée de cause se présente quelquefois; une leçon sur la
houille ou le charbon de bois ne peut omettre le fait de la combustion; mais si elle est bien dirigée, elle n'abordera pas la théorie
chimique de ce phénomène. Dans une leçon sur le fer, on dira probablement que ce métal fond sous l'influence d'une température
élevée, mais on ne s'étendra pas sur les lois générales de la chaleur.
Une des principales précautions à prendre pour les leçons d'histoire
naturelle, c'est de ne pas se laisser entraîner à aborder une des
sciences fondamentales. C'est dans ces dernières que se présentent

les plus grands dangers et les plus grandes difficultés, comme nous l'avons déjà fait voir. Parce que nous ne sommes pas tenus d'expliquer entièrement un fait — car cette explication exigerait des leçons régulières, comme celles d'un cours de physique, de chimie ou de physiologie, — nous admettons volontiers que l'ordre peut être absoment négligé. Nous supposons encore que nous pouvons, si cela nous convient, aborder dans une seule leçon plusieurs ordres de causes différentes. Enfin, nous établissons entre la forme empirique et l'explication rationnelle une lutte qui nuit à toutes deux. C'est seulement lorsque nous sentons que l'explication rationnelle dépasse absolument la portée des élèves, que nous préparons avec le soin qui convient un exposé empirique. Voici un exemple d'exposé de ce genre fait avec soin, à propos de l'énergie ou du travail, mesuré par le chemin que parcourt un certain poids. Le but de cet exposé est d'exprimer le rapport entre la vitesse et la hauteur, rapport que l'élève n'est pas encore en état de comprendre par les principes de la mécanique : « Un corps lancé de bas en haut avec une vitesse double monte, non pas deux fois, mais quatre fois aussi haut ; un corps lancé avec une vitesse triple ne monte pas trois fois, mais bien neuf fois aussi haut. » On dit encore : « Si plusieurs boulets sont lancés contre des planches réunies en masse compacte, un boulet animé d'une vitesse double percera quatre fois autant de planches ; un boulet animé d'une vitesse triple en percera neuf fois autant. » Plus nous sentons que nous ne pouvons donner les raisons scientifiques, plus nous visons à énoncer clairement le fait empirique ; et les faits ainsi présentés sont peut-être les meilleures données scientifiques que l'on puisse graver dans l'esprit des enfants. La règle de rhétorique qui veut que l'énonciation d'un fait soit séparée de celle de la raison de ce fait, est rarement suivie d'une manière exacte lorsque nous cherchons à donner les deux.

Pour mieux me faire comprendre, j'emprunte l'exemple suivant à un de nos meilleurs pédagogistes. Les objets pris pour texte sont le goulot d'une théière et son couvercle.

I. LE GOULOT. — Faites remarquer que le bec est plus élevé que le niveau supérieur de la théière. Quelle en est la raison ? Supposons que le goulot n'arrive qu'à la moitié de la hauteur. Qu'arriverait-il si l'on voulait remplir la théière ? Donnez des faits et des exemples mettant en lumière les points suivants :

1° Les liquides obéissent facilement à la pression.

2° Cette pression se transmet dans tous les sens.

3° Le liquide monte tant qu'aucune pression ne lui fait équilibre dans le goulot.

4° Conclure de là que l'eau montera dans le goulot à la même hauteur que dans la théière. Exemple du siphon et des tuyaux qui amènent l'eau des réservoirs publics dans nos maisons.

Voilà ce qui concerne le goulot. Le maître doit développer ce sommaire d'après les règles données.

Cette leçon se rattache aux sciences fondamentales, et met en évidence des rapports de cause à effet. Comme je l'ai souvent dit, le maître décidera s'il veut en faire une leçon empirique ou une leçon raisonnée, et jusqu'à quel point il peut étendre les explications rationnelles, ce qui dépend tout à fait des circonstances, et, entre autres, de la manière dont les élèves y ont été préparés par des leçons antérieures, et par les connaissances qu'ils ont acquises d'une façon quelconque. Quand on n'est pas au fait de ces circonstances, il est absolument impossible de décider si la forme donnée à la leçon convient ou ne convient pas. Dans la série présentée par l'auteur que nous citons, il n'y a pas d'autre leçon qui prépare directement à celle-ci; mais il se peut que les explications qu'il a données sur un grand nombre de faits familiers fassent juger au maître que les voies sont bien préparées pour le travail qu'il va entreprendre. Le simple examen du plan proposé pour cette leçon nous permet de dire qu'il nous semble embrasser trop de choses, et qu'en prenant un objet particulier pour point de départ d'une leçon aussi étendue on commet une faute. Cette leçon a réellement pour sujet le premier chapitre de l'hydrostatique, qui contient l'étude des effets de la pression sur les liquides, avec toutes les conséquences qui en découlent; or, pour bien faire une leçon de ce genre, il faudrait que le maître eût sur sa table un grand nombre d'objets, tous également importants. Le titre choisi devrait indiquer à première vue la portée de la leçon : « les liquides, et la manière dont ils prennent leur niveau. » Dans son *Science Primer*, M. Balfour-Stewart donne un exemple de la manière de faire une leçon de ce genre, à l'aide d'expériences bien choisies, dans lesquelles la simplification est poussée bien plus loin qu'elle ne pourrait l'être en suivant le plan tracé plus haut; cet exemple est précédé de toute une série de leçons de physique qui le rendent encore plus clair. Un grand nombre de leçons sur la mécanique du mouvement et sur la pesanteur doivent en effet précéder cette leçon sur les liquides, qui ne doit jamais être présentée isolément, même avec un plan rigoureusement empirique. On pourrait faire comprendre d'avance aux enfants ce que l'on entend par niveau; mais cette idée demande à être prise à part. Il serait possible de faire sur la théière et le siphon une leçon empirique, en disant que l'eau qui est dans la théière ou le siphon, ou dans tout autre vase analogue, *s'élève à la même hauteur* dans les deux branches; il n'y a là que des idées simples. On devrait renoncer à toute explication sur les premiers principes, comme étant évidemment au dessus de la portée des élèves auxquels la leçon est destinée. On pourrait leur faire saisir le fait, puis leur montrer ce qui arrive lorsqu'on verse une nouvelle quantité de liquide par l'orifice de la théière ou dans une des branches du siphon (un siphon en verre, redressé de manière que ses ouvertures soient tournées en haut, est l'instrument qui convient le mieux); on voit alors le liquide monter dans l'autre branche aussi, jusqu'à ce qu'il ait atteint la même hauteur dans les deux. On peut varier l'expérience avec un siphon à branches inégales; l'eau que l'on verse dans la longue branche s'écoule par l'autre, qui ne peut la maintenir à une hauteur convenable. On fait ensuite voir que, lorsqu'on abaisse le goulot de la théière, le liquide de celle-ci s'écoule par la même cause. Voilà un bon exemple de leçon de choses empirique sur un phénomène intéressant et fort ordinaire; au contraire, avec des enfants on ne ferait que gâter l'impression produite si l'on en faisait une vérité raisonnée, en s'appuyant sur les lois fondamentales du mouvement, de la pesanteur et de l'état liquide.

L'exemple de la théière et du siphon serait bien suffisant pour une leçon. Dans une leçon suivante, le maitre pourrait faire voir que, si l'on verse de l'eau à une extrémité d'une auge, cette eau coule vers l'autre extrémité, jusqu'à ce que la surface devienne immobile; il présenterait ce fait comme un exemple du même principe d'égalité de hauteur, et pourrait ensuite en déduire le sens du mot niveau, ce qui lui permettrait d'exprimer le principe en disant que l'eau et les autres liquides cherchent ou trouvent leur niveau, ou ne s'arrêtent que quand ils sont de niveau. Sans remonter à l'explication théorique, qui ne convient qu'à une classe de physique, le maitre pourrait insister sur les nombreuses conséquences de la loi qu'il vient d'énoncer, telles que le cours des fleuves, les marées, et bien d'autres faits. Il est probable que, si l'on interrogeait la généralité des élèves de physique, on en trouverait peu qui sussent exprimer avec rigueur la manière dont cette loi se déduit des lois fondamentales; et pourtant on leur a enseigné à l'exprimer et à la comprendre sous sa forme empirique (pour être rigoureusement logique, il faudrait dire *dérivée*). Ce n'est que dans cette mesure qu'on peut faire comprendre cette loi à des élèves plus jeunes.

Je reviens maintenant à la leçon sur la théière, en prenant le plan de sa seconde partie.

II. LE TROU DU COUVERCLE. — Pourquoi y a-t-il un trou dans ce couvercle? Peut-être un des enfants répondra-t-il : « C'est pour laisser échapper la vapeur. » Le maitre lui fera dire que de la chaleur s'échappe en même temps que la vapeur. Qu'en résultera-t-il? Est-ce une bonne chose?

Le maitre citera l'exemple du morceau de cuir mouillé avec lequel les écoliers s'amusent à soulever un pavé ou une brique. Comment le pavé y reste-t-il collé ? Faire des expériences qui montrent la pression de l'air. En conclure que l'air presse dans le goulot de la théière. Quel serait l'effet de cette pression ? etc.

Faites maintenant deux questions pour voir si les élèves ont bien compris. Comme une pression s'exerce par l'ouverture du couvercle, comment se fait-il que l'eau ne monte pas dans le goulot, de manière à déborder? La pression qui s'exerce dans le goulot fait équilibre à la première. Quand on tient la théière de manière à verser le liquide, quelles sont les forces exercées sur le goulot? Il y en a deux : la pression de l'air par le trou du couvercle, et le poids de l'eau.

Considérée en elle-même, cette leçon prête aux mêmes critiques que la précédente. Les idées préparatoires devraient être conçues d'une manière distincte ; il faudrait reconnaitre les limites des explications raisonnées, et donner en conséquence à la leçon une

forme empirique. De plus, il faudrait présenter le sujet sous son
véritable aspect, et en faire une leçon sur la pression de l'air ; enfin
on devrait s'arranger de manière à avoir les appareils les plus convenables pour faire voir les phénomènes. Faire cette leçon à propos
d'une théière est une véritable inconséquence ; c'est même quelque
chose de pis. En effet, nous dirons que les deux grands sujets que
l'on rattache ici à la théière ne doivent être présentés ni le même
jour, ni le même mois. Il faut qu'on ait fait un grand nombre de
leçons sur les liquides avant de parler de l'air ; et, quand on arrive
à celui-ci, il n'y a pas d'objet que l'on puisse montrer comme étant
la seule ou même la principale occasion de la leçon. Il faut alors une
table couverte d'instruments ; il faut qu'une série d'une douzaine de
leçons au moins ait été préparée d'avance ; et encore, avec tout
cela, ne peut-on arriver qu'à une leçon empirique. En effet, si l'on
ne doit pas s'attacher à ce que les élèves déduisent le mouvement
ascendant des liquides des lois de la pesanteur et de la fluidité, ils
sont encore bien moins en état de démontrer les conditions de
l'équilibre des gaz. Mais, comme on a réussi à donner à la leçon sur
les liquides la forme d'un empirisme intelligible, et à montrer qu'il
en résulte un grand nombre de faits naturels pleins d'intérêt, on
pourrait faire de même pour l'air ; seulement ce serait moins facile.
La nature invisible de l'air fait ici une énorme différence. Après
avoir préparé la voie en indiquant les propriétés mécaniques de
l'air, de manière à faire comprendre aux élèves qu'il est pesant et
qu'il exerce dans tous les sens une pression de 1044 grammes par
centimètre carré, on cherchera à montrer ce qui arrive quand l'air est
enlevé de dessus un corps. Les expériences sont ici indispensables,
en se bornant à un énoncé empirique, sans essayer de remonter à
'explication théorique des faits. Il faudrait un assez grand nombre
de leçons ; mais on finirait ainsi par donner l'explication d'une foule
de faits intéressants.

II. — Explication des termes dans le cours des leçons.

Différentes manières d'expliquer les mots que les élèves ne comprennent
    pas. — Inconvénients de l'emploi des synonymes. — Les circonlocu-
    tions. — Mots ambigus. — Les sens figurés. — Deviner le sens des
    mots. — L'explication des mots techniques. — Emploi d'exemples con-
    crets pour expliquer les mots abstraits.

Un des devoirs les plus importants du maître d'école est d'expliquer le sens des mots difficiles que l'on rencontre dans les leçons
de lecture. Il y a bien des manières de le faire. Le maître peut
voir qu'un certain nombre de mots ne peuvent pas être compris
par l'élève ; que d'autres exigeraient trop de temps pour être expliqués, et qu'il vaut mieux les renvoyer à plus tard. Pour ceux qu'il
est possible d'expliquer, nous allons considérer les moyens à employer.

La méthode de Pestalozzi, qui consiste à montrer les objets eux-mêmes, est la meilleure de toutes lorsqu'elle est applicable. Cette méthode est si évidente, mais en même temps si limitée dans ses applications, que je n'y insiste pas. Elle convient moins à l'école qu'au monde en général, où l'enfant rencontre sans cesse des objets nouveaux, dont il veut savoir les noms.

Si une école possédait un petit muséum et une collection d'instruments de physique pour l'enseignement supérieur, il y aurait là une facilité nouvelle pour l'explication des mots à toutes les époques de l'éducation.

Lorsqu'un objet, déjà connu ou familier, est désigné par un terme peu connu, il suffit de rappeler l'objet pour faire comprendre ce terme. C'est ce qui arrive à chaque instant pour le vocabulaire scientifique. Nous connaissons la chaleur et le froid, l'eau, le vent et la lumière sous ces noms familiers, et, lorsqu'on les désigne par des mots techniques, nous expliquons ceux-ci par les noms familiers. C'est ainsi que les expressions « zône glaciale, orbe lumineux, roches aurifères, vapeur d'eau, souterrain », s'expliquent sans peine.

Il y a là une facilité et un inconvénient pour l'explication des mots, dans les leçons ou les dictionnaires. Définir au moyen de synonymes, c'est transformer un accident en principe. Si la langue anglaise n'était pas composée de deux vocabulaires distincts, la futilité de ce procédé de nos dictionnaires serait reconnue depuis longtemps. L'idée de l'explication par les synonymes est tellement établie dans notre esprit, que nous sommes presque aussi disposés à expliquer un mot facile par un terme plus difficile à comprendre, qu'à expliquer le plus difficile par le plus facile : poids par gravité, maussade par morose, soin par circonspection, raisonnable par rationnel.

Il ne suffit pas que le maître se garde de croire qu'un synonyme quelconque en explique nécessairement un autre ; il faut encore qu'il tienne compte d'une autre considération également grave. Les mots que l'on nomme synonymes ne sont presque jamais absolument équivalents ; s'ils l'étaient, il faudrait débarrasser la langue des termes superflus. Il y a réellement une légère nuance, et quelquefois même une différence de sens très appréciable entre deux soi-disant synonymes. Remplacer ancien par vieux serait quelquefois fausser le sens ; une nation ancienne et une vieille nation, un philosophe ancien et un vieux philosophe, ne sont pas du tout la même chose. Il ne serait pas moins inexact de mettre vieux à la place d'archaïque ou de vieilli.

On complète l'explication par les synonymes en y ajoutant une circonlocution. Pour faire comprendre le mot « ancien », on ajoutera qu'il signifie appartenant aux premières époques de l'histoire des hommes, et surtout à la période qui a précédé l'ère chrétienne. Une explication de ce genre est souvent nécessaire. Si elle ne contient ni mots ni faits qui soient nouveaux pour l'élève, et si elle exprime exactement le sens du mot en question, ce sera une explication bonne et complète. On applique ainsi la règle qui ordonne de procéder du conn' à l'inconnu; mais il faut pour cela que l'objet à définir soit composé d'éléments déjà compris. Bien des mots difficiles doivent être traités ainsi : le mot « amphibie », par exemple, est facile à expliquer même à des enfants, parce que les idées qu'il faut leur présenter sont toutes familières. « Tempéré » signifie, qui n'est ni chaud ni froid, entre les deux.

Lorsque les élèves comprennent la nature de quelque institution fondamentale, telle que la famille ou l'État, on peut leur faire comprendre les noms différents qui correspondent à la même idée dans des positions analogues. Par exemple, les noms de mère et d'enfant peuvent être étendus aux animaux; les noms qui servent à désigner le souverain chez les nations étrangères, empereur, czar, sultan, khan, président, sont faciles à expliquer à des enfants qui comprennent le mot gouvernement. On peut même leur faire comprendre des différences importantes dans le même fait ou la même institution. Ceux qui savent ce qu'on entend par une église d'une dénomination quelconque, peuvent comprendre ce mot appliqué à d'autres sectes. Quand des enfants comprennent le mot jardin, il n'est pas difficile de leur apprendre le sens du mot verger. Planer est une manière de voler.

Cette méthode échoue nécessairement si l'explication contient un seul élément inintelligible, ou si les connaissances élémentaires qu'elle suppose sont confuses. Une combinaison intellectuelle ne peut réussir que si l'esprit est complètement maître de tous les éléments qu'il s'agit de combiner. Pour comprendre le mot « monopole », il faut bien savoir ce que c'est que vendre et acheter. L'explication de l'expression « trésor public » exige une assez grande somme de connaissances, politiques et autres. Ce n'est qu'assez tard que les élèves comprennent le mot « civilisation », parce que son explication suppose une connaissance générale de la science sociale ou historique.

Les différents sens d'un grand nombre de mots présentent une véritable gradation, qui procède du simple au complexe. Le mot « mystère » peut signifier simplement une chose cachée; de là nous passons à une chose incompréhensible, et enfin nous arrivons à une chose à la fois sublime et redoutable. Lorsque de grands mots sont employés dans leur sens le plus simple, la tâche du maître est facile : il bornera ses explications au sens dont il s'agit. Parce que le mot « raisonner » se présente dans une phrase avec son sens ordinaire de donner une raison, nous ne sommes pas forcés d'aller chercher sa signification plus profonde dans la philosophie de Kant.

Je ne sais si le maître doit insister d'une façon spéciale sur les mots ambigus. Quoique bien des mots aient plusieurs sens, cependant, pour tous les morceaux bien écrits, l'ambiguïté est écartée par le reste de la phrase, de sorte que toute difficulté disparaît pour le moment. Les lectures suivies font voir les ambiguïtés et en même temps y remédient. Le maître ne doit pas aborder ce sujet sans une raison spéciale, et il ne doit le faire que d'une manière méthodique, parce que le champ est trop vaste pour agir autrement. Il permettra aux élèves une question en passant, quand ils auront eu occasion de rencontrer le même mot dans plus d'un sens, pourvu toutefois que l'explication ne soit pas au-dessus de leur portée.

Le sens figuré des mots offre au maître un vaste champ d'explications. Il peut faire beaucoup pour aider les élèves, et cela en suivant une marche bien régulière.

Quand un mot a perdu, par l'usage, son caractère figuré, et qu'il est devenu l'appellation courante d'un objet, comme par exemple fortune, esprit, conception, cour, il n'est pas nécessaire de s'en occuper.

Les figures de mots proprement dites sont celles qui nous offrent une extension évidente de leur sens primitif, laquelle a besoin d'être expliquée à de jeunes élèves. « Un vent de doctrine, un océan de peines, une indigestion de lecture, le matin de la vie, un sang noble », sont des expressions qui surprennent les enfants au premier abord, et il est bon de profiter de la curiosité qu'elles éveillent pour les graver dans l'esprit des jeunes élèves. Il faut, bien entendu, que la figure repose sur une chose déjà comprise. Quant aux allusions lointaines, il ne faut les expliquer que dans des circonstances favorables.

Il faut tenir compte du procédé naturel ou spontané par lequel on trouve le sens des mots, quand une fois on en est arrivé à comprendre l'ensemble du langage ordinaire. Ce procédé consiste dans une série de tâtonnements et d'inductions. La première fois que nous entendons un mot nouveau, nous arrivons souvent à juger de son sens probable d'après le reste de la phrase. « Quelqu'un a commis une faute et a été l'objet d'une *censure* sévère. » L'enfant sait ce que c'est que commettre une faute, et s'attend par conséquent à entendre dire qu'elle a été punie; cependant on ne parle pas de punition, mais de quelque chose qui en approche. Peut-être censurer signifie-t-il gronder? Cette conjecture est tout ce que l'enfant peut faire pour le moment. Mais supposons que le même mot reparaisse une seconde fois : « Un journal *censure* le Conseil de ville; le Conseil mérite des louanges plutôt qu'une *censure*. » Ces nouvelles phrases montrent clairement que la censure n'est pas la même chose que la punition; ce mot signifie quelque chose de pénible que nous pouvons infliger même à des supérieurs, et l'instrument qui sert à cela, c'est la parole.

Nous prenons dès l'enfance l'habitude de deviner ainsi le sens des mots par la comparaison d'exemples différents, et nous la conservons jusqu'à la fin. Mais il est indispensable de comprendre le sens général de la phrase. Il se peut que tout un passage soit inintelligible, et qu'il y ait avantage à deviner le sens de quelqu'un des mots. Voici comment le maître viendra alors au secours de ses élèves. Supposons cette phrase : « L'armée s'avança pour attaquer l'ennemi, et laissa ses bagages à l'arrière, avec une garde suffisante. » — « Que signifie le mot bagage? Vous voyez que c'est quelque chose qui appartient à l'armée, et dont elle n'a pas un besoin immédiat pour combattre. » Le meilleur moyen de reconnaître si le sens général d'un passage est bien compris, c'est de voir si les élèves peuvent en tirer la signification probable d'un mot inconnu. Nous ne pouvons raisonnablement demander au maître d'ajouter sur-le-champ des exemples variés pour servir de terme de comparaison. Cependant cette opération n'a rien d'impossible, et elle contient le germe de ce que nous appelons induction dans les sciences les plus élevées.

Il est évident que des mots très importants ne doivent pas être examinés de la façon que nous venons d'indiquer. Les mots gravité, polarité, vibration, affinité, réciprocité, beauté, diplomatie, statut, formalité, emblème, civilisation, offriraient chacun un sujet suffisant pour une leçon entière, ou exigeraient, pour être bien expliqués, une étude méthodique des connaissances auxquelles ils se rapportent. Mais il se peut qu'on ne les emploie pas dans leur sens le plus scientifique, et qu'il soit possible de les expliquer pour le moment sans le secours d'une définition rigoureuse. Le mot « nature » a un sens très complexe, mais il est souvent facile de l'expliquer autant que l'exige la phrase où il se trouve. En pareil cas, le maître ne doit pas oublier qu'il n'a pas à donner la définition complète et exacte de mots de ce genre. Les livres que l'on met entre les mains des enfants pèchent quelquefois sous ce rapport. Les auteurs ne distinguent pas toujours entre une explication suffisante pour le cas dont il s'agit et une définition complète et rigoureuse. Ils pensent naturellement qu'un mot qui parait dans une leçon doit y être traité à fond, et qu'un des usages de la leçon est de présenter des mots importants pour en amener l'explication complète. Si cette idée était poussée jusqu'à ses dernières conséquences, elle détruirait l'unité de la leçon, et en ferait une sorte de lecture de dictionnaire. Le meilleur parti à tirer d'une leçon de lecture, et le point dont il faut s'occuper avant tout, c'est de donner aux élèves des idées qui se suivent, et qui se rattachent d'une manière bien appréciable les unes aux autres. Les parties claires doivent servir à donner de la clarté à celles qui sont obscures, et il ne faut jamais que cette action soit annulée par des digressions qui auraient pour but d'étudier à fond les mots rencontrés par hasard.

Il existe une classe de mots que l'on pourrait expliquer d'un seul coup, sans interrompre la marche régulière de la leçon. Ce sont les mots qui ne sont pas assez importants pour être des termes scientifiques essentiels, mais qui contribuent cependant à exprimer des faits ou des doctrines d'assez grande valeur. En voici quelques exemples pris au hasard : vétéran, soldat qui a servi assez longtemps pour avoir une grande expérience, mais qui n'est pas encore usé (par opposition à conscrit) ; frontière, la limite d'un pays ; rétrograder, reculer au lieu d'avancer ; bigarré, marqué de différentes couleurs ; réservoir, endroit où l'eau est recueillie pour en être tirée au fur et à mesure des besoins ; simuler, feindre d'être ce que nous ne sommes pas, afin de tromper, tandis que dissimuler veut dire cacher ce que nous faisons, toujours dans le même but ; le contraire de ces deux idées, c'est avouer ouvertement ce que nous faisons.

Pour cette classe de mots, les notes ajoutées aux leçons ne doivent donner que des explications exactes, et mûrement pesées. On ne saurait demander au maître d'improviser des définitions absolument rigoureuses ; cette tâche regarde l'annotateur et le lexicographe.

Nous ne devons pas oublier ici de signaler l'efficacité des leçons systématiques pour l'enseignement du sens exact de groupes entiers d'expressions. Chaque leçon de science, par exemple, contient un certain nombre de termes importants, qui se rattachent tous les uns aux autres de manière à former des groupes. Les premières leçons de géométrie nous enseignent d'un seul coup le sens des mots point, ligne, courbe, triangle, carré, cercle, etc. ; les rapports, les contrastes et l'ordre régulier rendent facile la définition de ces mots. Le mot parallélogramme ou le mot polygone est bien plus difficile à expliquer s'il se présente isolément dans une leçon.

Bien d'autres sujets nous présentent des cas analogues. Par exemple, une leçon où il s'agit d'un navire contient bien des mots nouveaux, et le moyen le plus court d'en retenir le sens, c'est d'apprendre par un travail suivi tout ce qui se rapporte au navire.

Il y a des métiers et des travaux qui, nous étant plus familiers que d'autres, sont plus souvent cités, soit dans les phrases ordinaires, soit dans nos expressions figurées. Tels sont l'agriculture, l'architecture, la navigation, le commerce, la justice criminelle, et, plus que tous les autres peut-être, l'art militaire. Chacun de ces arts a ses termes particuliers, que nous apprenons par la conversation, la lecture, et le procédé de tâtonnements que nous avons indiqué plus haut. Cette manière d'apprendre pourrait être abrégée par quelques leçons sommaires, qui nous présenteraient d'une manière méthodique les parties et les procédés principaux de chaque art, avec les termes techniques. Une leçon sur l'art militaire serait fort intéressante pour des garçons de dix à douze ans, et rendrait plus intelligibles les récits de campagnes que l'on trouve si souvent dans les livres de lecture.

Bien que j'aie cherché à mettre des bornes à l'explication des mots dans le cours des leçons, en indiquant les limites qu'il est bon de ne pas dépasser, et en recommandant d'éviter les définitions trop complètes, je ne prétends pas cependant que le maître ne doive pas être en état de donner des définitions complètes. Pour toutes les idées fondamentales — égalité, succession, unité, durée, résistance, douleur, etc., — et pour bien des idées complexes ou dérivées, il n'y a de définition possible que par les faits particuliers, ce qui nous ramène, après un long détour, à ce que nous avons dit sur la manière de présenter les idées abstraites. Dans des leçons qui sont essentiellement des leçons de faits, les exemples particuliers dont on se servira pour ces définitions devront être absolument familiers. Bien que cette méthode s'applique surtout aux termes scientifiques et philosophiques, on peut s'en servir quelquefois pour des termes moins élevés. Le mot « hallucination » pourrait être bien expliqué au moyen de deux ou trois exemples, réels ou imaginaires, de personnes dont l'esprit troublé leur fait voir des choses qui n'existent pas. De même, le mot « cérémonie » pourrait être expliqué à l'aide de quelques exemples bien choisis. Comme ces explications prennent nécessairement du temps et changent la direction des idées des élèves, il faudrait ou les donner au commencement de la classe, comme entrée en matière, ou les réserver pour plus tard, en se contentant de quelques indications provisoires.

Enfin, je ferai une dernière observation sur le choix des morceaux destinés aux exercices de lecture. On devra, autant que possible, bannir de ces leçons tous les mots qui peuvent embarrasser le maître et distraire l'esprit des élèves. Si un terme savant se présente dans un de ses sens simples, on peut le remplacer par un autre plus facile. D'un autre côté, on devra quelquefois chercher à introduire dans une leçon un terme important, que la manière dont il sera placé fera suffisamment comprendre, surtout avec des notes bien faites et un peu d'aide de la part du maître.

FIN

TABLE DES MATIÈRES

ANCIENNE LIBRAIRIE GERMER BAILLIÈRE ET Cie

FÉLIX ALCAN, ÉDITEUR

CATALOGUE

DES

LIVRES DE FONDS

(PHILOSOPHIE — HISTOIRE)

TABLE DES MATIÈRES

On peut se procurer tous les ouvrages qui se trouvent dans ce Catalogue par l'intermédiaire des libraires de France et de l'Étranger.

On peut également les recevoir *franco* par la poste, sans augmentation des prix désignés, en joignant à la demande des TIMBRES-POSTE ou un MANDAT sur Paris.

PARIS

108, BOULEVARD SAINT-GERMAIN, 108

Au coin de la rue Hautefeuille.

JANVIER 1888

Les titres précédés d'un *astérisque* sont recommandés par le Ministère de l'Instruction publique pour les Bibliothèques et pour les distributions de prix des Lycées et Collèges.

BIBLIOTHÈQUE DE PHILOSOPHIE CONTEMPORAINE

Volumes in-18 à 2 fr. 50

Cartonnés.... 3 francs. — Reliés.... 3 fr. 75.

H. Taine.
Le Positivisme anglais, étude sur Stuart Mill. 2ᵉ édit.
L'Idéalisme anglais, étude sur Carlyle.
* Philosophie de l'art dans les Pays-Bas. 2ᵉ éd.
* Philosophie de l'art en Grèce. 2ᵉ édition.

Paul Janet.
* Le Matérialisme contemp. 4ᵉ éd.
* La Crise philosophique. Taine, Renan, Vacherot, Littré.
* Philosophie de la révolution française. 3ᵉ éd.
* Le Saint-Simonisme.
* Dieu, l'Homme et la Béatitude. (Œuvre inédite de Spinoza.)
Les Origines du Socialisme contemporain. 4ᵉ édit.

Odysse Barot.
Philosophie de l'histoire.

Alaux.
Philosophie de M. Cousin.

Ad. Franck.
* Philos. du droit pénal. 2ᵉ éd.
Philos. du droit ecclésiastique.
La Philosophie mystique en France au XVIIIᵉ siècle.

Charles de Rémusat.
* Philosophie religieuse.

Charles Lévêque.
* Le Spiritualisme dans l'art.
* La Science de l'invisible.

Émile Saisset.
* L'Ame et la Vie, suivi d'une étude sur l'Esthétique franç.
* Critique et histoire de la philosophie (frag. et disc.).

Auguste Laugel.
* La Voix, l'Oreille et la Musique.
* L'Optique et les Arts.
* Les Problèmes de la nature.
Les Problèmes de la vie.
* Les Problèmes de l'ame.

Challemel-Lacour
* La Philosophie individualiste.

Albert Lemoine.
* Le Vitalisme et l'Animisme.
* De la Physionomie et de la Parole.
* L'Habitude et l'Instinct.

Milsand.
* L'Esthétique anglaise.

A. Véra.
Philosophie hégélienne.

Beaussire.
* Antécédents de l'hégélianisme dans la philos. française.

Hont.
Le Protestantisme libéral.

Ed. Auber.
Philosophie de la médecine.

Leblais.
Matérialisme et Spiritualisme.

Ad. Garnier.
* De la Morale dans l'antiquité.

Schœbel.
Philosophie de la raison pure.

Ath. Coquerel fils.
Premières transformations historiques du Christianisme.
La Conscience et la Foi.
Histoire du Credo.

Jules Levallois.
Déisme et Christianisme.

Camille Selden.
La Musique en Allemagne.

Fontanès.
Le Christianisme moderne.

Stuart Mill.
Auguste Comte et la Philosophie positive. 2ᵉ édition.
L'Utilitarisme.

Mariano.
La Philosophie contemporaine en Italie.

Saigey.
LA PHYSIQUE MODERNE, 2ᵉ tirage.
E. Faivre.
DE LA VARIABILITÉ DES ESPÈCES.
Ernest Bersot.
* LIBRE PHILOSOPHIE.
A. Réville.
HISTOIRE DU DOGME DE LA DIVINITÉ DE JÉSUS-CHRIST.
W. de Fonvielle.
L'ASTRONOMIE MODERNE.
C. Coignet.
LA MORALE INDÉPENDANTE.
Et. Vacherot.
* LA SCIENCE ET LA CONSCIENCE.
E. Boutmy.
* PHILOSOPHIE DE L'ARCHITECTURE EN GRÈCE.
Herbert Spencer.
* CLASSIFICATION DES SCIENCES. 2ᵉ édit.
L'INDIVIDU CONTRE L'ÉTAT.
Gauckler.
LE BEAU ET SON HISTOIRE.
Bertauld.
* L'ORDRE SOCIAL ET L'ORDRE MORAL.
DE LA PHILOSOPHIE SOCIALE.
Th. Ribot.
LA PHILOSOPHIE DE SCHOPEN-HAUER. 2ᵉ édition.
* LES MALADIES DE LA MÉMOIRE. 2ᵉ édit.
LES MALADIES DE LA VOLONTÉ. 2ᵉ édit.
LES MALADIES DE LA PERSONNA-LITÉ.
Bentham et Grote.
* LA RELIGION NATURELLE.
Hartmann.
LA RELIGION DE L'AVENIR. 2ᵉ édit.
LE DARWINISME. 3ᵉ édit.

H. Lotze.
* PSYCHOLOGIE PHYSIOLOGIQUE. 2ᵉ édit.
Schopenhauer.
LE LIBRE ARBITRE. 2ᵉ édit.
LE FONDEMENT DE LA MORALE.
PENSÉES ET FRAGMENTS. 4ᵉ édit.
Liard.
* LES LOGICIENS ANGLAIS CONTEM-PORAINS. 2ᵉ édit.
Marion.
* J. LOCKE. Sa vie, son œuvre.
O. Schmidt.
LES SCIENCES NATURELLES ET LA PHILOSOPHIE DE L'INCONSCIENT.
Haeckel.
LES PREUVES DU TRANSFORMISME.
PSYCHOLOGIE CELLULAIRE.
Pi y Margall.
LES NATIONALITÉS.
Barthélemy Saint-Hilaire.
* DE LA MÉTAPHYSIQUE.
A. Espinas.
* PHILOSOPHIE EXPÉR. EN ITALIE.
P. Siciliani.
PSYCHOGÉNIE MODERNE.
Leopardi.
OPUSCULES ET PENSÉES.
A. Lévy.
MORCEAUX CHOISIS DES PHILOSO-PHES ALLEMANDS.
Roisel.
DE LA SUBSTANCE.
Zeller.
CHRISTIAN BAUR ET L'ÉCOLE DE TUBINGUE.
Stricker.
ÉTUDES SUR LE LANGAGE.

Les volumes suivants de la collection In-18 sont épuisés; il en reste quelques exemplaires sur papier vélin, cartonnés, tranche supérieure dorée :

JANET (P.). Le cerveau et la pensée. 1 vol.	5 fr.
H. TAINE. De l'idéal dans l'art. 1 vol.	5 fr.
H. TAINE. Philosophie de l'art en Italie. 1 vol.	5 fr.
H. TAINE. Philosophie de l'art. 1 vol.	5 fr.

ÉDITIONS ÉTRANGÈRES

Éditions anglaises.

AUGUSTE LAUGEL. The United States during the war. In-8.   7 shill. 6 p.
ALBERT RÉVILLE. History of the doctrine of the deity of Jesus-Christ, 3 sh. 6 p.
H. TAINE. Italy (Naples et Rome). 7 sh. 6 p.
H. TAINE. The Philosophy of art. 3 sh.

PAUL JANET. The Materialism of present day. 1 vol. in-18, rel.   3 shill.

Éditions allemandes.

JULES BARNI. Napoléon I. In-18.   3 m.
PAUL JANET. Der Materialismus unsere Zeit. 1 vol. in-18.   3 m.
H. TAINE. Philosophie der Kunst. 1 vol. in-18.   3 m.

BIBLIOTHÈQUE DE PHILOSOPHIE CONTEMPORAINE

Volumes in-8°

Volumes à 5 fr., 7 fr. 50 et 10 fr.; cart., 1 fr. en plus par vol.; reliure, 2 fr.

JULES BARNI.
* La morale dans la démocratie. 1 vol. 2ᵉ édit. (Sous presse.)

AGASSIZ.
* De l'espèce et des classifications. 1 vol.   5 fr.

STUART MILL.
* La philosophie de Hamilton. 1 fort vol.   10 fr.
* Mes mémoires. Histoire de ma vie et de mes idées, traduit de l'anglais par M. E. Cazelles. 1 vol.   5 fr.
* Système de logique déductive et inductive. Traduit de l'anglais par M. Louis Peisse. 2 vol.   20 fr.
* Essais sur la Religion. 1 vol. 2ᵉ édit. 1884.   5 fr.

DE QUATREFAGES.
* Ch. Darwin et ses précurseurs français. 1 vol.   5 fr.

HERBERT SPENCER.
* Les premiers principes. 1 fort vol., traduit par M. Cazelles.   10 fr.
Principes de biologie. 2 vol., traduits par M. Cazelles.   20 fr.
* Principes de psychologie. 2 vol., traduits par MM. Ribot et Espinas.   20 fr.
* Principes de sociologie :
    Tome I, traduit par M. Cazelles. 1 vol. 1878.   10 fr.
    Tome II, traduit par MM. Cazelles et Gerschel. 1 vol. in-8. 1879.   7 fr. 50
    Tome III, traduit par M. Cazelles. 1 vol. 1883.   15 fr.
* Essais sur le progrès, traduit par M. Burdeau. 1 vol.   7 fr. 50
Essais de politique, traduit par M. Burdeau. 1 vol. 2ᵉ édit.   7 fr. 50
Essais scientifiques. 1 vol. traduit par M. Burdeau.   7 fr. 50
* De l'éducation physique, intellectuelle et morale. 1 volume. 5ᵉ édition.   5 fr.
* Introduction à la science sociale. 1 vol. 6ᵉ édit.   6 fr.
* Les bases de la morale évolutionniste. 1 vol. 2ᵉ édit.   6 fr.
* Classification des sciences. 1 vol. in-18. 2ᵉ édit.   2 fr. 50
L'Individu contre l'État. 1 vol. in-18, traduit par M. Gerschel. 1885.   2 fr. 50
Descriptive Sociology, or Groupes of sociological facts, FRENCH compiled by JAMES COLLIER. 1 vol. in-folio.   50 fr.

AUGUSTE LAUGEL.
* Les problèmes (Problèmes de la nature, problèmes de la vie, problèmes de l'âme). 1 fort vol.   7 fr. 50

EMILE SAIGEY.
* Les sciences au XVIIIᵉ siècle. La physique de Voltaire. 1 vol. 5 fr.

PAUL JANET.
* Histoire de la science politique dans ses rapports avec la morale. 2ᵉ édition, 2 vol.   20 fr.
* Les causes finales. 1 vol. 2ᵉ édition.   10 fr.

TH. RIBOT.
L'hérédité psychologique. 1 vol. 2ᵉ édition.   7 fr. 50
La psychologie anglaise contemporaine. 1 v. 3ᵉ édit.   7 fr. 50
La psychologie allemande contemporaine. 1 vol. 2ᵉ édit. 7 fr. 50

ALF. FOUILLÉE.
* La liberté et le déterminisme. 1 vol. 2ᵉ édition. 1884.   7 fr. 50
Critique des systèmes de morale contemporains. 1 vol. in-8. 1883.   7 fr. 50

DE LAVELEYE.

* **De la propriété et de ses formes primitives.** 1 vol. 3ᵉ édit.
1882. 7 fr. 50

BAIN (ALEX.).

* **La logique inductive et déductive,** traduit de l'anglais par
M. Compayré. 2 vol. 2ᵉ édit. 20 fr.
* **Les sens et l'intelligence.** 1 vol., traduit par M. Cazelles. 10 fr.
* **L'esprit et le corps.** 1 vol. 4ᵉ édit. 6 fr.
* **La science de l'éducation.** 1 vol. 4ᵉ édit. 6 fr.
Les émotions et la volonté, traduit par M. Le Monnier. 1 fort vol.
1885. 10 fr

MATTHEW ARNOLD.

La crise religieuse. 1 vol. 7 fr. 50

BARDOUX.

* **Les légistes, leur influence sur la société française.** 1 vol.
1877. 5 fr.

HARTMANN (E. DE).

* **La philosophie de l'inconscient,** trad. par M. D. Nolen, avec Préface de l'auteur pour l'édition française. 2 vol. 2ᵉ édit. (*Sous presse.*)

ESPINAS (ALF.).

Des sociétés animales. 1 vol. in-8. 2ᵉ édition. 7 fr. 50

FLINT.

* **La philosophie de l'histoire en France,** traduit de l'anglais par
M. Ludovic Carrau. 1 vol. 7 fr. 50
* **La philosophie de l'histoire en Allemagne,** traduit de l'anglais
par M. Ludovic Carrau. 1 vol. 7 fr. 50

LIARD.

* **La science positive et la métaphysique.** 1 v. 2ᵉ éd. 1883. 7 fr. 50
Descartes. 1 vol. 5 fr.

GUYAU.

* **La morale anglaise contemporaine.** 1 vol. 2ᵉ édit. 1885. 7 fr. 50
Les problèmes de l'esthétique contemporaine. 1884. 1 vol. 5 fr.
Esquisse d'une morale sans obligation ni sanction. 1884.
1 vol. 5 fr.

HUXLEY.

* **Hume, sa vie, sa philosophie,** traduit de l'anglais et précédé
d'une Introduction par M. G. Compayré. 1 vol. 5 fr.

E. NAVILLE.

La logique de l'hypothèse. 1 vol. 5 fr.
La physique moderne. 1 vol. 5 fr.

VACHEROT (ET.).

Essais de philosophie critique. 1 vol. 7 fr. 50
La religion. 1 vol. 7 fr. 50

MARION (H.).

De la solidarité morale. Essai de psychologie appliquée. 1 vol.
2ᵉ édition. 1883. 5 fr.

COLSENET (ED.).

* **La vie inconsciente de l'esprit.** 1 vol. 2ᵉ édit. (*Sous presse.*)

SCHOPENHAUER.

Aphorismes sur la sagesse dans la vie, traduit par M. Cantacuzène. 1 vol. 5 fr.
* **De la quadruple racine du principe de la raison suffisante,**
suivi d'une *Histoire de la doctrine de l'idéal et du réel.* 5 fr.

BERTRAND (A.).

L'aperception du corps humain par la conscience. 1 vol. 5 fr.

JAMES SULLY.

Le pessimisme, traduit par MM. Bertrand et Gérard. 1 vol. 7 fr. 50

BUCHNER.
Nature et science. 1 vol. 2ᵉ édition, traduit par M. Lauth. 7 fr. 50

EGGER (V.).
La parole intérieure. 1 vol.   5 fr.

LOUIS FERRI.
La psychologie de l'association, depuis Hobbes jusqu'à nos jours.
1 vol.   7 fr. 50

MAUDSLEY.
La pathologie de l'esprit. 1 vol., traduit de l'anglais par
M. Germont. 1883.   10 fr.

SÉAILLES.
Essai sur le génie dans l'art. 1 vol. 1883.   5 fr.

CH. RICHET.
L'homme et l'intelligence, fragments de psychologie et de physiologie. 1 vol. 1884.   10 fr.

PREYER.
Éléments de physiologie, traduits de l'allemand par M. Jules Soury.
1 vol. 1884.   5 fr.

WUNDT.
Éléments de psychologie physiologique, traduits de l'allemand
par M. le docteur Rouvier. 2 vol. avec figures. (*Sous presse.*)

E BEAUSSIRE.
Principes de morale, 1 vol. in-8 (*sous presse*).

COLLECTION HISTORIQUE DES GRANDS PHILOSOPHES

PHILOSOPHIE ANCIENNE

ARISTOTE (Œuvres d'), traduction de M. Barthélemy Saint-Hilaire.
— **Psychologie** (Opuscules), trad. en français et accompagnée de notes. 1 vol. in-8............ 10 fr.
— **Rhétorique**, traduite en français et accompagnée de notes. 1870, 2 vol. in-8............ 16 fr.
— **Politique**, 1868, 1 v. in-8. 10 fr.
— **Traité du ciel**, 1866; traduit en français pour la première fois. 1 fort vol. grand in-8..... 10 fr.
— **Météorologie**, avec le petit traité apocryphe : *Du Monde*, 1863. 1 fort vol. grand in-8.......... 10 fr.
— **La métaphysique d'Aristote.** 3 vol. in-8, 1879,........ 30 fr.
— **Traité de la production et de la destruction des choses**, trad. en français et accomp. de notes perpétuelles. 1866. 1 v. gr. in-8. 10 fr.
— **De la logique d'Aristote**, par M. Barthélemy Saint-Hilaire. 2 vol. in-8............ 10 fr.

* SOCRATE. **La philosophie de Socrate**, par M. Alf. Fouillée. 2 vol. in-8.................... 16 fr.
* PLATON. **La philosophie de Platon**, par M. Alfred Fouillée. 2 vol. in-8.................... 16 fr.
* — **Études sur la Dialectique dans Platon et dans Hegel**, par M. Paul Janet. 1 vol. in-8... 6 fr.
* ÉPICURE. **La Morale d'Épicure** et ses rapports avec les doctrines contemporaines, par M. Guyau. 1 vol. in-8........... 6 fr. 50
* ÉCOLE D'ALEXANDRIE. **Histoire de l'École d'Alexandrie**, par M. Barthélemy Saint-Hilaire. 1 v. in-8.................... 6 fr.
MARC-AURÈLE. **Pensées de Marc-Aurèle**, traduites et annotées par M. Barthélemy Saint-Hilaire. 1 vol. in-18................. 4 fr. 50
* FABRE (Joseph). **Histoire de la philosophie, antiquité et moyen âge.** 1 vol. in-18........ 3 50

PHILOSOPHIE MODERNE

* LEIBNIZ. **Œuvres philosophiques**, avec introduction et notes par M. Paul Janet. 2 vol. in-8. 16 fr.

LEIBNIZ. **Leibniz et Pierre le Grand**, par Foucher de Careil. In-8.................... 2 fr.

LEIBNIZ. Lettres et opuscules de Leibniz, par FOUCHER DE CAREIL. 1 vol. in-8............ 3 fr. 50

— Leibniz, Descartes et Spinoza, par FOUCHER DE CAREIL. 1 vol. in-8.................. 4 fr.

— Leibniz et les deux Sophie, par FOUCHER DE CAREIL. 1 vol. in-8.................. 2 fr.

DESCARTES, par Louis LIARD. 1 vol. in-8.................. 5 fr.

* SPINOZA. Dieu, l'homme et la béatitude, trad. et précédé d'une introduction par M. P. JANET. 1 vol. in-18.............. 2 fr. 50

— Benedicti de Spinoza opera quotquot reperta sunt, recognoverunt J. Van Vloten et J.-P.-N. Land, édition publiée par la commission de la statue de Spinoza. 2 forts vol. in-8 sur papier de Hollande. 45 fr.

* LOCKE. Sa vie et ses œuvres, par M. MARION. 1 vol. in-18. 2 fr. 50

* MALEBRANCHE. La philosophie de Malebranche, par M. OLLÉ-LAPRUNE. 2 vol. in-8...... 16 fr.

* VOLTAIRE. Les sciences au XVIIIe siècle. Voltaire physicien, par M. Em. SAIGEY. 1 vol. in-8. 5 fr.

FRANCK (Ad.). La philosophie mystique en France au XVIIIe siècle. 1 vol. in-18... 2 fr. 50

* DAMIRON. Mémoires pour servir à l'histoire de la philosophie au XVIIIe siècle. 3 vol. in-8. 15 fr.

* MAINE DE BIRAN. Essai sur sa philosophie, suivi de fragments inédits, par JULES GÉRARD. 1 fort vol. in-8. 1876......... 10 fr.

PHILOSOPHIE ÉCOSSAISE

* DUGALD STEWART. Éléments de la philosophie de l'esprit humain, traduits de l'anglais par L. PEISSE. 3 vol. in-12... 9 fr.

* HAMILTON. La philosophie de Hamilton, par J. STUART MILL. 1 vol. in-8............ 10 fr.

* BERKELEY. Sa vie et ses œuvres, par PENJON. 1 v. in-8. 1878. 7 fr. 50

* HUME. Sa vie et sa philosophie, par Th. HUXLEY, trad. de l'anglais par G. COMPAYRÉ. 1 vol. in-8. 5 fr.

PHILOSOPHIE ALLEMANDE

KANT. Critique de la raison pure, trad. par M. TISSOT. 2 v. in-8. 16 fr.

— Même ouvrage, traduction par M. Jules BARNI. 2 vol. in-8.. 16 fr.

* — Éclaircissements sur la critique de la raison pure, trad. par J. TISSOT. 1 volume in-8... 6 fr.

* — Principes métaphysiques du droit, suivis du *projet de paix perpétuelle*, traduction par M. TISSOT. 1 vol. in-8.......... 8 fr.

— Même ouvrage, traduction par M. Jules BARNI. 1 vol. in-8... 8 fr.

— Principes métaphysiques de la morale, augmentés des *fondements de la métaphysique des mœurs*, traduct. par M. TISSOT. 1 v. in-8. 8 fr.

— Même ouvrage, traduction par M. Jules BARNI. 1 vol. in-8... 8 fr.

* — La logique, traduction par M. TISSOT. 1 vol. in-8..... 4 fr.

* KANT. Mélanges de logique, traduction par M. TISSOT. 1 v. in-8. 6 fr.

* — Prolégomènes à toute métaphysique future qui se présentera comme science, traduction de M. TISSOT. 1 vol. in-8... 6 fr.

* — Anthropologie, suivie de divers fragments relatifs aux rapports du physique et du moral de l'homme, et du commerce des esprits d'un monde à l'autre, traduction par M. TISSOT. 1 vol. in-8..... 6 fr.

* FICHTE. Méthode pour arriver à la vie bienheureuse, traduit par Pr. BOUILLIER. In-8.... 8 fr.

— Destination du savant et de l'homme de lettres, traduit par M. NICOLAS. 1 vol. in-8. 3 fr.

* — Doctrines de la science. Principes fondamentaux de la science de la connaissance. In-8.. 9 fr.

SCHELLING. **Bruno** ou du principe divin, trad. par Cl. HUSSON. 1 vol. in-8................. 3 fr. 50
— **Écrits philosophiques et morceaux propres à donner une idée de son système,** trad. par Ch. BÉNARD. 1 vol. in-8......... 9 fr.
* HEGEL. **Logique,** traduction par A. VÉRA. 2e édition. 2 volumes in-8................... 14 fr.
— **Philosophie de la nature,** traduction par A. VÉRA. 3 volumes in-8................... 25 fr.
— **Philosophie de l'esprit,** traduction VÉRA. 2 vol. in-8. 18 fr.
* — **Philosophie de la religion,** traduction par A. VÉRA. Tomes I et II.................. 20 fr
— **Essais de philosophie hegelienne,** par A. VÉRA. 1 vol. 2 fr. 50
— **La Poétique,** trad. par Ch. BÉNARD. Extraits de Schiller, Gœthe, Jean, Paul, etc., et sur divers sujets relatifs à la poésie. 2 v. in-8. 12 fr.

* HEGEL. **Esthétique.** 2 vol. in-8, traduit par M. BÉNARD .... 16 fr.
— **Antécédents de l'Hegelianisme dans la philosophie française,** par BEAUSSIRE. 1 vol. in-18................. 2 fr. 50
— **La dialectique dans Hegel et dans Platon,** par Paul JANET. 1 vol. in-8............... 6 fr.
HUMBOLDT (G. de). **Essai sur les limites de l'action de l'État,** traduit de l'allemand, et précédé d'une Étude sur la vie et les travaux de l'auteur, par M. CHRÉTIEN. 1 vol. in-18................. 3 fr. 50
—* **La philosophie individualiste,** étude sur G. de HUMBOLDT, par CHALLEMEL-LACOUR. 1 vol. 2 fr. 50
* STAHL. **Le Vitalisme et l'Animisme de Stahl,** par Albert LEMOINE. 1 vol. in-18.... 2 fr. 50
LESSING. **Le Christianisme moderne.** Étude sur Lessing, par FONTANÈS. 1 vol. ir-18.. 2 fr. 50

PHILOSOPHIE ALLEMANDE CONTEMPORAINE

L. BUCHNER. **Nature et science,** traduction de l'allemand, par le docteur LAUTH. 1 v. in-8. 2e éd. 7 fr. 50
— * **Le Matérialisme contemporain,** par M. P. JANET. 4e édit. 1 vol. in-18......... 2 fr. 50
CHRISTIAN BAUR et **l'École de Tubingue,** par Ed. ZELLER. 1 vol. in-18.................... 2 fr. 50
HARTMANN (E. de). **La Religion de l'avenir.** 1 vol. in-18.. 2 fr. 50
— **La philosophie de l'inconscient.** 2e éd. 2 vol. in-8. (S. presse.)
— **Le Darwinisme,** ce qu'il y a de vrai et de faux dans cette doctrine, traduit par M. G. GUÉROULT. 1 vol. in-18, 3e édition........ 2 fr. 50
HAECKEL. **Les preuves du transformisme,** trad. par M. J. SOURY. 1 vol. in-18........... 2 fr. 50
— **Essais de psychologie cellulaire,** traduit par M. J. SOURY. 1 vol. in-18.......... 2 fr. 50
O. SCHMIDT. **Les sciences naturelles et la philosophie de l'inconscient.** 1 v. in-18. 2 fr. 50
LOTZE (H.). **Principes généraux de psychologie physiologique,** trad. par M. PENJON. 1 v. in-18. 2 f. 50

PREYER. **Éléments de physiologie,** traduits par M. J. SOURY. 1 vol. in-8. 5 fr.
SCHOPENHAUER. **Essai sur le libre arbitre.** 1 vol. in-18... 2 fr. 50
— **Le fondement de la morale,** traduit par M. BURDEAU. 1 vol. in-18................. 2 fr. 50
— **Essais et fragments,** traduit et précédé d'une vie de Schopenhauer, par M. BOURDEAU. 1 vol. in-18,.................. 2 fr. 50
— **Aphorismes sur la sagesse dans la vie,** traduit par M. CANTACUZÈNE. In-8............ 5 fr.
— **De la quadruple racine du principe de la raison suffisante,** suivi d'une *Histoire de la doctrine de l'idéal et du réel.* 1 vol. in-8.............. 5 fr.
RIBOT (Th.). **La psychologie allemande contemporaine** (HERBART, BENEKE, LOTZE, FECHNER, WUNDT, etc.). 1 v. in-8. 2e édition. 7 fr. 50
STRICKER. **Études sur le langage,** traduit de l'allemand par SCHWIEDLAND, 1 vol. in-18...... 2 fr. 50

PHILOSOPHIE ANGLAISE CONTEMPORAINE

STUART MILL*. **La philosophie de Hamilton.** 1 fort vol. in-8. 10 fr.

— *Mes Mémoires. Histoire de ma vie et de mes idées. 1 v. in-8. 5 fr.

— *Système de logique déductive et inductive. 2 v. in-8. 20 fr.

— *Essais sur la Religion. 1 vol. in-8. 2e édit............ 5 fr.

— Le positivisme anglais, étude sur Stuart Mill, par H. TAINE. 1 volume in-18............ 2 fr. 50

— Auguste Comte et la philosophie positive. In-18....... 2 fr. 50

— L'Utilitarisme, traduit par M. LE MONNIER. In-18........ 2 fr. 50

HERBERT SPENCER *. **Les premiers Principes.** 1 fort vol. in-8. 10 fr.

— *Principes de biologie. 2 forts vol. in-8.............. 20 fr.

— *Principes de psychologie. 2 vol. in-8............ 20 fr.

— *Introduction à la Science sociale. 1 v. in-8 cart. 6e édit. 6 fr.

— *Principes de sociologie. 3 vol. in-8.............. 32 fr. 50

— *Classification des Sciences. 1 vol. in-18, 2e édition. 2 fr. 50

— *De l'éducation intellectuelle, morale et physique. 1 vol. in-8, 4e édition.......... 5 fr.

— *Essais sur le progrès. 1 vol. in-8................. 7 fr. 50

— Essais de politique. 1 vol. in-8............... 7 fr. 50

— Essais scientifiques. 1 vol. in-8................ 7 fr. 50

— *Les bases de la morale évolutionniste. In-8.......... 6 fr.

— L'individu contre l'État. 1 vol. in-18. 2 fr. 50

BAIN*. **Des Sens et de l'Intelligence.** 1 vol. in-8. 10 fr.

— *La logique inductive et déductive. 2 vol. in-8. 20 fr.

— *L'esprit et le corps. 1 vol. in-8, cartonné, 2e édition.. 6 fr.

— *La science de l'éducation. In-8.................. 6 fr.

— Les émotions et la volonté. 1 vol. in-8. 10 fr.

BENTHAM et GROTE *. **La religion naturelle.** 1 vol. in-18. 2 fr.

DARWIN *. **Ch. Darwin et ses précurseurs français**, par M. de QUATREFAGES. 1 vol. in-8.. 5 fr.

DARWIN *. **Descendance et Darwinisme**, par Oscar SCHMIDT. In-8, cart. 4e édit. 6 fr.

— Le Darwinisme, ce qu'il y a de vrai et de faux dans cette doctrine, par E. DE HARTMANN. 1 volume in-18.............. 2 fr. 50

DARWIN. **Les récifs de corail**, structure et distribution, par Ch. DARWIN. 1 vol. in-8...... 8 fr.

FERRIER. **Les fonctions du cerveau.** 1 vol. in-8....... 10 fr.

CHARLTON BASTIAN. **Le cerveau**, organe de la pensée chez l'homme et les animaux. 2 vol. in-8. 12 fr.

CARLYLE. **L'idéalisme anglais**, étude sur Carlyle, par H. TAINE. 1 vol. in-18.......... 2 fr. 50

BAGEHOT *. **Lois scientifiques du développement des nations** dans leurs rapports avec les principes de la sélection naturelle et de l'hérédité. 1 vol. in-8, 3e édit. 6 fr.

DRAPER. **Les conflits de la science et de la religion.** 1 vol. in-8. 6 fr.

RUSKIN (JOHN) *. **L'esthétique anglaise**, étude sur J. Ruskin, par MILSAND. 1 vol. in-18 ... 2 fr. 50

MATTHEW ARNOLD. **La crise religieuse.** 1 vol. in-8.... 7 fr 50

MAUDSLEY *. **Le crime et la folie.** 1 vol. in-8. 5e édit........ 6 fr.

— La pathologie de l'esprit. 1 vol. in-8............. 10 fr.

FLINT *. **La philosophie de l'histoire en France et en Allemagne**, traduit de l'anglais par M. L. CARRAU. 2 vol. in-8. 15 fr.

RIBOT (Th.). **La psychologie anglaise contemporaine** (James Mill, Stuart Mill, Herbert Spencer, A. Bain, G. Lewes, S. Bailey, J.-D. Morell, J. Murphy), 2e éd. 1 vol. in-8................. 7 fr. 50

LIARD *. **Les logiciens anglais contemporains** (Herschell, Whewell, Stuart Mill, G. Bentham, Hamilton, de Morgan, Beele, Stanley Jevons). 1 vol. in-18. 2e édit... 2 fr. 50

GUYAU *. **La morale anglaise contemporaine.** Morale de l'utilité et de l'évolution. 1 vol. in-8. 2e éd. 7 fr. 50

HUXLEY *. **Hume, sa vie, sa philosophie**, traduit par G. COMPAYRÉ. 1 vol. in-8............. 5 fr.

PHILOSOPHIE ITALIENNE CONTEMPORAINE

JAMES SULLY. **Le pessimisme,** traduit par M. A. BERTRAND et GÉRARD. 1 vol. in-8. 7 fr. 50
— **Les illusions des sens et de l'esprit.** 1 vol. in-8...... 6 fr.
SICILIANI. **Prolégomènes à la psychogénie moderne,** traduit de l'italien par M. A. HERZEN. 1 vol. in-18......... 2 fr. 50
ESPINAS *. **La philosophie expérimentale en Italie,** origines, état actuel. 1 vol. in-18. 2 fr. 50
MARIANO. **La philosophie contemporaine en Italie,** essais de philos. hegelienne. In-18. 2 fr. 50

FERRI (Louis). **Essai sur l'histoire de la philosophie en Italie au XIXe siècle.** 2 vol. in-8. 12 fr.
— **La philosophie de l'association depuis Hobbes jusqu'à nos jours.** 1 vol. in-8. 7 fr. 50
MINGHETTI. **L'État et l'Église.** 1 vol. in-8.................... 5 fr.
LEOPARDI. **Opuscules et pensées.** 1 vol. in-18......... 2 fr. 50
MANTEGAZZA. **La physionomie et l'expression des sentiments.** 1 vol. in-8.............. 6 fr.

BIBLIOTHÈQUE D'HISTOIRE CONTEMPORAINE

Vol. in-18 à 3 fr. 50. — Vol. in-8 à 5 et 7 fr.

Cart., 1 fr. en plus par volume; reliure, 2 fr.

EUROPE

SYBEL (H. de). **Histoire de l'Europe pendant la Révolution française,** traduit de l'allemand par Mlle DOSQUET. 3 vol. in-8. 21 fr.
   Chaque volume séparément. 7 fr.
DEBIDOUR. **Histoire diplomatique de l'Europe depuis 1815 jusqu'à nos jours.** 1 vol. in-8. (*Sous presse.*)

FRANCE

CARLYLE. **Histoire de la Révolution française.** Traduit de l'anglais. 3 vol. in-18 ; chaque volume. 3 fr. 50
CARNOT (H.). **La Révolution française,** résumé historique. 1 vol. in-12, nouvelle édit. 3 fr. 50
ROCHAU (De). **Histoire de la Restauration.** 1 vol. in-18, traduit de l'allemand. 3 fr. 50
* LOUIS BLANC. **Histoire de dix ans.** 5 vol. in-8. 25 fr.
   Chaque volume séparément. 5 fr.
— 25 pl. en taille-douce. Illustrations pour l'*Histoire de dix ans.* 6 fr.
* ÉLIAS REGNAULT. **Histoire de huit ans (1840-1848).** 3 vol. in-8, 15 fr. — Chaque volume séparément. 5 fr.
— 14 planches en taille-douce. Illustrations pour l'*Histoire de huit ans.* 4 fr.
* TAXILE DELORD. **Histoire du second empire (1848-1870).** 6 vol. in-8, 42 fr. — Chaque volume séparément. 7 fr.
* BOERT. **La Guerre de 1870-1871,** d'après le colonel fédéral suisse Rustow. 1 vol. in-18. 3 fr. 50
LAUGEL (A.). **La France politique et sociale.** 1 vol. in-8. 5 fr.
GAFFAREL (P.). **Les Colonies françaises.** 1 vol. in-8. 2e édit. 5 fr.
WAHL. **L'Algérie.** 1 vol. in-8, 5 fr.

ANGLETERRE

SIR CORNEWAL LEWIS. **Histoire gouvernementale de l'Angleterre depuis 1770 jusqu'à 1830.** 1 vol. in-8, traduit de l'anglais. 7 fr.

REYNALD (H.). **Histoire de l'Angleterre** depuis la reine Anne jusqu'à nos jours. 1 vol. in-18. 2° édit. 3 fr. 50

* THACKERAY. **Les Quatre George.** Traduit de l'anglais par LEFOYER. 1 vol. in-18. 3 fr. 50

* BAGEHOT (W.). **La Constitution anglaise,** traduit de l'anglais. 1 vol. in-18. 3 fr. 50

* BAGEHOT (W.). **Lombart-street.** Le marché financier en Angleterre. 1 vol. in-18. 3 fr. 50

* LAUGEL (Aug.). **Lord Palmerston et lord Russel.** 1 vol. in-18. 3 fr. 50

* GLADSTONE (E. W.). **Questions constitutionnelles (1873-1878).** — Le Prince-époux. — Le droit électoral. Traduit de l'anglais, et précédé d'une Introduction par Albert GIGOT. 1 vol. in-8. 5 fr.

ALLEMAGNE

* HILLEBRAND (K.). **La Prusse contemporaine et ses institutions.** 1 vol. in-18. 3 fr. 50

* VÉRON (Eug.). **Histoire de la Prusse,** depuis la mort de Frédéric II jusqu'à la bataille de Sadowa. 1 vol. in-18. 8° édit. 3 fr. 50

VÉRON (Eug.). **Histoire de l'Allemagne,** depuis la bataille de Sadowa jusqu'à nos jours. 1 vol. in-18. 2° édit. 3 fr. 50

* BOURLOTON (Ed.). **L'Allemagne contemporaine.** 1 volume in-18. 3 fr. 50

AUTRICHE-HONGRIE

* ASSELINE (L.). **Histoire de l'Autriche,** depuis la mort de Marie-Thérèse jusqu'à nos jours. 1 vol. in-18. 2° édit. 3 fr. 50

SAYOUS (Ed.). **Histoire des Hongrois** et de leur littérature politique, de 1790 à 1815. 1 vol. in-18. 3 fr. 50

ESPAGNE

* REYNALD (H.). **Histoire de l'Espagne** depuis la mort de Charles III jusqu'à nos jours. 1 vol. in-18. 3 fr. 50

RUSSIE

HERBERT BARRY. **La Russie contemporaine,** traduit de l'anglais. 1 vol. in-18. 3 fr. 50

CRÉHANGE (M.). **Histoire contemporaine de la Russie.** 1 volume in-18. 3 fr. 50

SUISSE

DIXON (H.). **La Suisse contemporaine.** 1 vol. in-18, traduit de l'anglais. 3 fr. 50

* DAENDLIKER. **Histoire du peuple suisse,** traduit de l'allemand par Mme Jules FAVRE, et précédé d'une Introduction de M. Jules FAVRE. 1 vol. in-18. 5 fr.

AMÉRIQUE

DEBERLE (Alf.). **Histoire de l'Amérique du Sud,** depuis sa conquête jusqu'à nos jours. 1 vol. in-18. 2° édit. 3 fr. 50

* LAUGEL (Aug.). **Les États-Unis pendant la guerre. 1861-1864.** Souvenirs personnels. 1 vol. in-18. 3 fr. 50

---

* DESPOIS (Eug.). **Le Vandalisme révolutionnaire.** Fondations littéraires, scientifiques et artistiques de la Convention. 2° édition, précédée d'une notice sur l'auteur par M. Charles BIGOT. 1 vol. in-18. 3 fr. 50

* BARNI (Jules). **Histoire des idées morales et politiques en France au dix-huitième siècle.** 2 vol. in-18. Chaque volume. 3 fr. 50

* BARNI (Jules). **Les Moralistes français au dix-huitième siècle.**
1 vol. in-18 faisant suite aux deux précédents.   3 fr. 50
BARNI (Jules). **Napoléon Ier et son historien M. Thiers.** 1 vol.
in-18.   3 fr. 50
BEAUSSIRE (Émile). **La guerre étrangère et la guerre civile.**
1 vol. in-18.   3 fr. 50
DUVERGIER DE HAURANNE. **La république conservatrice.** 1 vol.
in-18.   3 fr. 50
* CLAMAGERAN (J.). **La France républicaine.** 1 vol. in-18. 3 fr. 50
LAVELEYE (E. de). **Le socialisme contemporain.** 1 vol. in-18.
3e édit.   3 fr. 50
MARCELLIN PELLET. **Variétés révolutionnaires.** 1 vol. in-18,
précédé d'une Préface de A. Ranc. 1885.   3 fr. 50

BIBLIOTHÈQUE HISTORIQUE ET POLITIQUE
Volumes in-8, à 5, 7 fr. 50 et 10 fr.

* ALBANY DE FONBLANQUE. **L'Angleterre, son gouvernement,
ses institutions.** Traduit de l'anglais sur la 14e édition par
M. F. C. DREYFUS, avec Introduction par M. H. BRISSON. 1 vol.   5 fr.
BENLOEW. **Les lois de l'Histoire.** 1 vol.   5 fr.
* DESCHANEL (E.). **Le peuple et la bourgeoisie.** 1 vol.   5 fr.
DU CASSE. **Les rois frères de Napoléon Ier.** 1 vol.   10 fr.
MINGHETTI. **L'État et l'Église.** 1 vol.   5 fr.
LOUIS BLANC. **Discours politiques** (1848-1881). 1 vol.   7 fr. 50
PHILIPPSON. **La contre-révolution religieuse au XVIe siècle.**
1 vol. in-8.   10 fr.
DREYFUS (F. C.). **La France, son gouvernement, ses insti-
tutions.** 1 vol. (*Sous presse.*)

PUBLICATIONS HISTORIQUES ILLUSTRÉES

HISTOIRE ILLUSTRÉE DU SECOND EMPIRE, par Taxile DELORD.
6 vol. in-8 colombier.
    Chaque vol. broché, 8 fr. — Cart. doré, tr. dorées.   11 fr. 50
    L'ouvrage est complet. On peut se procurer les livraisons de 8 pages
    au prix de 10 centimes.

HISTOIRE POPULAIRE DE LA FRANCE, depuis les origines
jusqu'en 1815. — Nouvelle édition. — 4 vol. in-8 colombier.
    Chaque vol., avec gravures, broché, 7 fr. 50 — Cart. doré.
    tranches dorées..................................... 11 fr.
    L'ouvrage est complet. Chaque livraison de 8 pages se vend sépa-
    rément 15 centimes.

RECUEIL DES INSTRUCTIONS
DONNÉES
AUX AMBASSADEURS ET MINISTRES DE FRANCE
DEPUIS LES TRAITÉS DE WESTPHALIE JUSQU'A LA RÉVOLUTION FRANÇAISE

Publié sous les auspices de la Commission des archives diplomatiques
au Ministère des affaires étrangères.

I. — AUTRICHE
avec une Introduction et des notes, par Albert SOREL.

Un beau vol. in-8 cavalier, imprimé sur papier de Hollande..... 20 fr.

ANTHROPOLOGIE

ET

ETHNOLOGIE

EVANS (John). **Les âges de la pierre.** Grand in-8, avec 467 figures dans le texte. 15 fr. — En demi-reliure. 18 fr.

EVANS (John). **L'âge du bronze.** Grand in-8, avec 540 figures dans le texte, broché, 15 fr. — En demi-reliure. 18 fr.

GIRARD DE RIALLE. **Les peuples de l'Afrique et de l'Amérique.** 1 vol. in-18. 60 cent.

HARTMANN (R.). **Les peuples de l'Afrique.** 1 vol. in-8, avec figures. 6 fr.

JOLY (N.). **L'homme avant les métaux.** 1 vol. in-8 avec 150 figures dans le texte et un frontispice. 4ᵉ édit. 6 fr.

LUBBOCK (Sir John). **L'homme préhistorique,** suivi d'une Description comparée des mœurs des sauvages modernes. 526 figures intercalées dans le texte. 3ᵉ édition, suivie d'une conférence de M. P. BROCA sur les *Troglodytes de la Vezère.* 1 beau volume in-8. (*Sous presse.*)

LUBBOCK (Sir John). **Les origines de la civilisation.** État primitif de l'homme et mœurs des sauvages modernes. 1877. 1 vol. gr. in-8, avec figures et planches hors texte. Trad. de l'anglais par M. Ed. BARBIER. 2ᵉ édit. 1877, 15 fr. — Relié en demi-maroquin, avec tranches dorées. 18 fr.

DE QUATREFAGES. **L'espèce humaine.** 1 vol. in-8. 6ᵉ édit. 6 fr.

WHITNEY. **La vie du langage.** 1 vol. in-8, 3ᵉ édit. 6 fr.

ZABOROWSKI. **L'anthropologie,** son histoire, sa place, ses résultats. 1 brochure in-8. 1 fr. 25

ZABOROWSKI. **Les mondes disparus.** 1 vol. in-18. 60 c.

ZABOROWSKI. **L'homme préhistorique.** 3ᵉ édit. 1 vol. in-18. 60 c.

ZABOROWSKI. **L'origine du langage.** 2ᵉ édit. 1 vol. in-18. 60 c.

ZABOROWSKI. **Les grands singes.** 1 vol. in-18. 60 c.

CARETTE (le colonel). **Études sur les temps antéhistoriques.** Première étude : *Le langage.* 1 vol. in-8. 1878. 8 fr.

REVUE PHILOSOPHIQUE
DE LA FRANCE ET DE L'ÉTRANGER
Dirigée par TH. RIBOT
Agrégé de philosophie, Docteur ès lettres

(10ᵉ *année*, 1885.)

La Revue philosophique paraît tous les mois, par livraisons de 6 ou 7 feuilles grand in-8, et forme ainsi à la fin de chaque année deux forts volumes d'environ 680 pages chacun.

CHAQUE NUMÉRO DE LA *REVUE* CONTIENT :

1° Plusieurs articles de fond ; 2° des analyses et comptes rendus des nouveaux ouvrages philosophiques français et étrangers ; 3° un compte rendu aussi complet que possible des *publications périodiques* de l'étranger pour tout ce qui concerne la philosophie ; 4° des notes, documents, observations, pouvant servir de matériaux ou donner lieu à des vues nouvelles.

Prix d'abonnement :

Un an, pour Paris, 30 fr. — Pour les départements et l'étranger, 33 fr.
La livraison...................... 3 fr.

Les années écoulées se vendent séparément, 30 francs, et par livraisons de 3 francs.

REVUE HISTORIQUE
Dirigée par G. MONOD
Maître de conférences à l'École normale, directeur à l'Ecole de Hautes-Études.

(10ᵉ *année*, 1885.)

La Revue historique paraît tous les deux mois, par livraisons grand in-8 de 15 ou 16 feuilles, de manière à former à la fin de l'année trois beaux volumes de 500 pages chacun.

CHAQUE LIVRAISON CONTIENT :

I. Plusieurs *articles de fond*, comprenant chacun, s'il est possible, un travail complet. — II. Des *Mélanges et Variétés*, composés de documents inédits d'une étendue restreinte et de courtes notices sur des points d'histoire curieux ou mal connus. — III. Un *Bulletin historique* de la France et de l'étranger, fournissant des renseignements aussi complets que possible sur tout ce qui touche aux études historiques. — IV. Une *analyse des publications périodiques* de la France et de l'étranger, au point de vue des études historiques. — V. Des *Comptes rendus critiques* des livres d'histoire nouveaux.

Prix d'abonnement :

Un an, pour Paris, 30 fr. — Pour les départements et l'étranger, 33 fr.
La livraison................... 6 fr.

Les années écoulées se vendent séparément 30 francs, et par fascicules de 6 francs. Les fascicules de la 1ʳᵉ année se vendent 9 francs.

Table des matières contenues dans les cinq premières années de la Revue historique (1876 à 1880), *par* CHARLES BÉMONT. 1 vol. in-8, 3 fr. (pour les abonnés de la *Revue*, 1 fr. 50).

BIBLIOTHÈQUE SCIENTIFIQUE INTERNATIONALE

Publiée sous la direction de M. Émile ALGLAVE

La *Bibliothèque scientifique internationale* est une œuvre dirigée par les auteurs mêmes, en vue des intérêts de la science, pour la populariser sous toutes ses formes, et faire connaître immédiatement dans le monde entier les idées originales, les directions nouvelles, les découvertes importantes qui se font chaque jour dans tous les pays. Chaque savant expose les idées qu'il a introduites dans la science, et condense pour ainsi dire ses doctrines les plus originales.

On peut ainsi, sans quitter la France, assister et participer au mouvement des esprits en Angleterre, en Allemagne, en Amérique, en Italie, tout aussi bien que les savants mêmes de chacun de ces pays.

La *Bibliothèque scientifique internationale* ne comprend pas seulement des ouvrages consacrés aux sciences physiques et naturelles, elle aborde aussi les sciences morales, comme la philosophie, l'histoire, la politique et l'économie sociale, la haute législation, etc.; mais les livres traitant des sujets de ce genre se rattachent encore aux sciences naturelles, en leur empruntant les méthodes d'observation et d'expérience qui les ont rendues si fécondes depuis deux siècles.

Cette collection paraît à la fois en français, en anglais, en allemand et en italien : à Paris, chez Félix Alcan ; à Londres, chez C. Kegan, Paul et Cⁱᵉ ; à New-York, chez Appleton ; à Leipzig, chez Brockhaus ; et à Milan, chez Dumolard frères.

LISTE DES OUVRAGES PAR ORDRE D'APPARITION

VOLUMES IN-8, CARTONNÉS A L'ANGLAISE, A 6 FRANCS.

Les mêmes en demi-reliure veau avec coins, tranche supér. dorée, non rogné...................... 10 francs.

Les titres précédés d'un *astérisque* sont recommandés par le Ministère de l'Instruction publique pour les Bibliothèques et pour les distributions de prix des lycées et des collèges.

* 1. J. TYNDALL. **Les glaciers et les transformations de l'eau**, avec figures. 1 vol. in-8. 4ᵉ édition. 6 fr.

* 2. MAREY. **La machine animale**, locomotion terrestre et aérienne, avec de nombreuses fig. 1 vol. in-8. 2ᵉ édition. 6 fr.

3. BAGEHOT. **Lois scientifiques du développement des nations** dans leurs rapports avec les principes de la sélection naturelle et de l'hérédité. 1 vol. in-8. 4ᵉ édition. 6 fr.

4. BAIN. **L'esprit et le corps.** 1 vol. in-8. 4ᵉ édition. 6 fr.

* 5. PETTIGREW. **La locomotion chez les animaux**, marche, natation. 1 vol. in-8, avec figures. 6 fr.

* 6. HERBERT SPENCER. **La science sociale.** In-8. 6ᵉ édit. 6 fr.

* 7. SCHMIDT (O.). **La descendance de l'homme et le darwinisme.** 1 vol. in-8, avec fig. 4ᵉ édition. 6 fr.

* 8. MAUDSLEY. **Le crime et la folie.** 1 vol. in-8. 5ᵉ édit. 6 fr.

* 9. VAN BENEDEN. **Les commensaux et les parasites dans le règne animal.** 1 vol. in-8, avec figures. 2ᵉ édit.   6 fr.

10. BALFOUR STEWART. **La conservation de l'énergie,** suivi d'une étude sur la *nature de la force*, par *M. P. de Saint-Robert*, avec figures. 1 vol. in-8. 3ᵉ édition.   6 fr.

11. DRAPER. **Les conflits de la science et de la religion.** 1 vol. in-8. 7ᵉ édition.   6 fr.

12. SCHUTZENBERGER. **Les fermentations.** 1 vol. in-8, avec fig. 4ᵉ édition.   6 fr.

* 13. L. DUMONT. **Théorie scientifique de la sensibilité.** 1 vol. in-8. 3ᵉ édition.   6 fr.

* 14. WHITNEY. **La vie du langage.** 1 vol. in-8. 3ᵉ édit.   6 fr.

15. COOKE et BERKELEY. **Les champignons.** 1 vol. in-8, avec figures. 3ᵉ édition.   6 fr.

* 16. BERNSTEIN. **Les sens.** 1 vol. in-8, avec 91 fig. 3ᵉ édit.   6 fr.

* 17. BERTHELOT. **La synthèse chimique.** 1 vol. in-8. 4ᵉ édition.   6 fr.

* 18. VOGEL. **La photographie et la chimie de la lumière,** avec 95 figures. 1 vol. in-8. 3ᵉ édition.   6 fr.

* 19. LUYS. **Le cerveau et ses fonctions,** avec figures. 1 vol. in-8. 4ᵉ édition.   6 fr.

* 20. STANLEY JEVONS. **La monnaie et le mécanisme de l'échange.** 1 vol. in-8. 3ᵉ édition.   6 fr.

* 21. FUCHS. **Les volcans et les tremblements de terre.** 1 vol. in-8, avec figures et une carte en couleur. 4ᵉ éd.   6 fr.

* 22. GÉNÉRAL BRIALMONT. **Les camps retranchés et leur rôle dans la défense des États,** avec fig. dans le texte et 2 planches hors texte. 3ᵉ édit.   6 fr.

* 23. DE QUATREFAGES. **L'espèce humaine.** 1 vol. in-8. 7ᵉ édition.   6 fr.

* 24. BLASERNA et HELMHOLTZ. **Le son et la musique.** 1 vol. in-8, avec figures. 2ᵉ édit.   6 fr.

* 25. ROSENTHAL. **Les nerfs et les muscles.** 1 vol. in-8, avec 75 figures. 3ᵉ édition.   6 fr.

* 26. BRUCKE et HELMHOLTZ. **Principes scientifiques des beaux-arts,** avec 39 figures. 3ᵉ édit.   6 fr.

* 27. WURTZ. **La théorie atomique.** 1 vol. in-8. 3ᵉ édition.   6 fr.

* 28-29. SECCHI (le Père). **Les étoiles.** 2 vol. in-8, avec 63 fig. dans le texte et 17 pl. en noir et en coul. hors texte. 2ᵉ édit.   12 fr.

30. JOLY. **L'homme avant les métaux.** In-8 avec fig. 4ᵉ éd.   6 fr.

* 31. A. BAIN. **La science de l'éducation.** 1 v. in-8. 4ᵉ édit.   6 fr.

* 32-33. THURSTON (R.). **Histoire des machines à vapeur,** précédé d'une introduction par M. HIRSCH. 2 vol. in-8, avec 140 fig. dans le texte et 16 pl. hors texte. 2ᵉ édit.   12 fr.

* 34. HARTMANN (R.). **Les peuples de l'Afrique.** 1 vol. in-8, avec figures. 2ᵉ édit.   6 fr.

* 35. HERBERT SPENCER. **Les bases de la morale évolutionniste.** 1 vol. in-8. 3ᵉ édit.   6 fr.

36. HUXLEY. **L'écrevisse,** introduction à l'étude de la zoologie. 1 vol. in-8, avec figures.   6 fr.

37. DE ROBERTY. **De la sociologie.** 1 vol. in-8.   6 fr.

* 38. ROOD. **Théorie scientifique des couleurs.** 1 vol. in-8 avec figures et une planche en couleurs hors texte.   6 fr.

39. DE SAPORTA et MARION. **L'évolution du règne végétal** (les Cryptogames). 1 vol. in-8 avec figures.   6 fr.

40-41. CHARLTON BASTIAN. **Le cerveau, organe de la pensée chez l'homme et chez les animaux.** 2 vol. in-8, avec figures.   12 fr.

42. JAMES SULLY. **Les illusions des sens et de l'esprit.** 1 vol. in-8 avec figures.

43. YOUNG. **Le Soleil.** 1 vol. in-8, avec figures. 6 fr.

44. DE CANDOLLE. **L'origine des plantes cultivées.** 2e édition. 1 vol. in-8. 6 fr.

45-46. SIR JOHN LUBBOCK. **Fourmis, Abeilles et Guêpes.** Études expérimentales sur l'organisation et les mœurs des sociétés d'insectes hyménoptères. 2 vol. in-8 avec 65 figures dans le texte, et 13 planches hors texte, dont 5 coloriées. 12 fr.

47. PERRIER (Ed.). **La philosophie zoologique avant Darwin.** 1 vol. in-8 avec fig. 2e édit. 6 fr.

48. STALLO. **La matière et la physique moderne.** 1 vol. in-8, précédé d'une introduction par FRIEDEL. 6 fr.

49. MANTEGAZZA. **La physionomie et l'expression des sentiments.** 1 vol. in-8 avec figures et 8 planches hors texte. 6 fr.

50. DE MEYER. **Les organes de la parole et leur emploi pour la formation des sons du langage.** 1 vol. in-8 avec 51 figures, traduit de l'allemand et précédé d'une Introduction par O. CLAVEAU. 6 fr.

51. DE LANESSAN. **Introduction à l'étude de la botanique** (le Sapin). 1 vol. in-8 avec figures. 6 fr.

52-53. DE SAPORTA et MARION. **L'évolution du règne végétal** (les Phanérogames). 2 vol. in-8 avec figures. 12 fr.

OUVRAGES SUR LE POINT DE PARAITRE :

POUCHET (G.). **Le sang.** 1 vol. in-8, avec figures.

ROMANES. **L'intelligence des animaux.** 1 vol. in-8.

SEMPER. **Les conditions d'existence des animaux.** 1 vol. in-8, avec figures.

LISTE DES OUVRAGES

DE LA

BIBLIOTHÈQUE SCIENTIFIQUE INTERNATIONALE

PAR ORDRE DE MATIÈRES

Chaque volume in-8, cartonné à l'anglaise.... 6 francs.

En demi-reliure veau avec coins, tranche supérieure dorée, non rogné......................... 10 fr.

SCIENCES SOCIALES

Introduction à la science sociale, par HERBERT SPENCER. 1 vol.

Les Bases de la morale évolutionniste, par HERBERT SPENCER. 1 vol.

Les Conflits de la science et de la religion, par DRAPER, professeur à l'Université de New-York. 1 vol.

Le Crime et la Folie, par H. MAUDSLEY, professeur de médecine légale à l'Université de Londres. 1 vol.

La Défense des États et des camps retranchés, par le général A. BRIALMONT, inspecteur général des fortifications et du corps du génie de Belgique. 1 vol. avec nombreuses figures dans le texte et 2 planches hors texte.

La Monnaie et le mécanisme de l'échange, par W. STANLEY JEVONS, prof. d'économie politique à l'Université de Londres. 1 vol.

La Sociologie, par DE ROBERTY. 1 vol.

La Science de l'éducation, par Alex. BAIN, professeur à l'Université d'Aberdeen (Écosse) 1 vol.

Lois scientifiques e développement des nations dans leurs rapports avec les principes de l'hérédité et de la sélection naturelle, par W. BAGEHOT. 1 vol.

La Vie du Langage, par D. WHITNEY, professeur de philologie comparée à Yale-College de Boston (États-Unis). 1 vol.

PHYSIOLOGIE

Les Illusions des Sens et de l'Esprit, par JAMES SULLY. 1 vol in-8.

La Locomotion chez les animaux (marche, natation et vol), suivie d'une étude sur l'*Histoire de la Navigation aérienne*, par J.-B. PETTIGREW, professeur au Collège royal de chirurgie d'Édimbourg (Écosse). 1 vol. avec 140 figures dans le texte.

Les Nerfs et les Muscles, par J. ROSENTHAL, professeur de physiologie à l'Université d'Erlangen (Bavière). 1 vol. avec 75 figures dans le texte.

La Machine animale, par E.-J. MAREY, membre de l'Institut, professeur au Collège de France. 1 vol. avec 117 figures dans le texte.

Les Sens, par BERNSTEIN, professeur de physiologie à l'Université de Halle (Prusse). 1 vol. avec 91 figures dans le texte.

Les organes de la parole, par H. DE MEYER, professeur à l'Université de Zurich, traduit de l'allemand et précédé d'une Introduction sur l'*Enseignement de la parole aux sourds-muets*, par O. CLAVEAU, inspecteur général des établissements de bienfaisance. 1 vol. avec 51 figures dans le texte.

La physionomie et l'expression des sentiments, par P. MANTEGAZZA, professeur au Muséum d'histoire naturelle de Florence. 1 vol. avec figures et 8 planches hors texte, d'après les dessins originaux d'Édouard Ximenès.

PHILOSOPHIE SCIENTIFIQUE

Le Cerveau et ses fonctions, par J. LUYS, membre de l'Académie de médecine, médecin de la Salpêtrière. 1 vol. avec figures.

Le Cerveau et la Pensée chez l'homme et les animaux, par CHARLTON BASTIAN, professeur à l'Université de Londres. 2 vol. avec 184 figures dans le texte.

Le Crime et la Folie, par H. MAUDSLEY, professeur à l'Université de Londres. 1 vol.

L'Esprit et le Corps, considérés au point de vue de leurs relations, suivi d'études sur les *Erreurs généralement répandues au sujet de l'Esprit*, par Alex. BAIN, prof. à l'Université d'Aberdeen (Écosse). 1 vol.

Théorie scientifique de la sensibilité : *le Plaisir et la Peine*, par Léon DUMONT. 1 vol.

La matière et la physique moderne, par STALLO; précédé d'une préface par C. FRIEDEL, de l'Institut.

ANTHROPOLOGIE

L'Espèce humaine, par A. DE QUATREFAGES, membre de l'Institut, professeur d'anthropologie au Muséum d'histoire naturelle de Paris. 1 vol.

L'Homme avant les métaux, par N. JOLY, correspondant de l'Institut, professeur à la Faculté des sciences de Toulouse. 1 vol. avec 150 figures dans le texte et un frontispice.

Les peuples de l'Afrique, par R. HARTMANN, professeur à l'Université de Berlin. 1 vol. avec 93 figures dans le texte.

ZOOLOGIE

Descendance et Darwinisme, par O. SCHMIDT, professeur à l'Université de Strasbourg. 1 vol. avec figures.

Fourmis, Abeilles, Guêpes, par sir JOHN LUBBOCK. 2 vol. in-8, avec figures dans le texte et 13 planches hors texte dont 5 coloriées.

L'Écrevisse, introduction à l'étude de la zoologie, par Th.-H. HUXLEY, membre de la Société royale de Londres et de l'Institut de France, professeur d'histoire naturelle à l'École royale des mines de Londres. 1 vol. avec 82 figures.

Les Commensaux et les Parasites dans le règne animal, par P.-J. VAN BENEDEN, professeur à l'Université de Louvain (Belgique). 1 vol. avec 83 figures dans le texte.

La philosophie zoologique avant Darwin, par EDMOND PERRIER, professeur au Muséum d'histoire naturelle de Paris. 1 vol.

BOTANIQUE — GÉOLOGIE

Les Champignons, par COOKE et BERKELEY. 1 vol. avec 110 figures.

L'Évolution du règne végétal, *les Cryptogames*, par G. DE SAPORTA, correspondant de l'Institut, et MARION, professeur à la Faculté des sciences de Marseille. 1 vol. avec 85 figures dans le texte.

Les Volcans et les Tremblements de terre, par FUCHS, professeur à l'Université de Heidelberg. 1 vol. avec 36 figures et une carte en couleur.

Origine des Plantes cultivées, par A. DE CANDOLLE, correspondant de l'Institut. 1 vol.

Introduction à l'étude de la botanique (le Sapin), par J. DE LANESSAN, professeur agrégé à la Faculté de médecine de Paris. 1 vol. in-8 avec figures dans le texte.

CHIMIE

Les Fermentations, par P. SCHUTZENBERGER, membre de l'Académie
de médecine, professeur de chimie au Collège de France. 1 vol.

La Synthèse chimique, par M. BERTHELOT, membre de l'Institut,
professeur de chimie organique au Collège de France. 1 vol.

La Théorie atomique, par Ad. WURTZ, membre de l'Institut, professeur à la Faculté des sciences et à la Faculté de médecine de Paris.
1 vol.

ASTRONOMIE — MÉCANIQUE

**Histoire de la Machine à vapeur, de la Locomotive et des
Bateaux à vapeur,** par R. THURSTON, professeur de mécanique à
l'Institut technique de Hoboken, près New-York, revue, annotée et
augmentée d'une introduction par HIRSCH, professeur de machines à
vapeur à l'École des ponts et chaussées de Paris. 2 vol. avec 160 figures
dans le texte et 16 planches tirées à part.

Les Étoiles, notions d'astronomie sidérale, par le P. A. SECCHI, directeur de l'Observatoire du Collège Romain. 2 vol. avec 63 figures dans
le texte et 16 planches en noir et en couleur.

Le Soleil, par C.-A. YOUNG, professeur d'astronomie au collège de
New-Jersey. 1 vol. in-8 avec 87 figures.

PHYSIQUE

La Conservation de l'énergie, par BALFOUR STEWART, professeur de
physique au collège Owens de Manchester (Angleterre), suivi d'une
étude sur *la Nature de la force*, par P. DE SAINT-ROBERT (de Turin).
1 vol. avec figures.

Les Glaciers et les Transformations de l'eau, par J. TYNDALL,
professeur de chimie à l'Institution royale de Londres, suivi d'une
étude sur le même sujet par HELMHOLTZ, professeur à l'Université de
Berlin. 1 vol. avec nombreuses figures dans le texte et 8 planches
tirées à part sur papier teinté.

La Photographie et la Chimie de la Lumière, par VOGEL, professeur à l'Académie polytechnique de Berlin. 1 vol. avec 95 figures dans
le texte et une planche en photoglyptie.

La matière et la physique moderne, par STALLO. 1 vol.

THÉORIE DES BEAUX-ARTS

Le Son et la Musique, par P. BLASERNA, professeur à l'Université
de Rome, suivi des *Causes physiologiques de l'harmonie musicale*,
par H. HELMHOLTZ, professeur à l'Université de Berlin. 1 vol. avec
41 figures.

Principes scientifiques des Beaux-Arts, par E. BRUCKE, professeur
à l'Université de Vienne, suivi de *l'Optique et les Arts*, par HELM-
HOLTZ, professeur à l'Université de Berlin. 1 vol. avec figures.

Théorie scientifique des Couleurs et leurs applications aux arts et
à l'industrie, par O.-N. ROOD, professeur de physique à Colombia-
College de New-York (États-Unis). 1 vol. avec 130 figures dans le
texte et une planche en couleurs.

PUBLICATIONS

HISTORIQUES, PHILOSOPHIQUES ET SCIENTIFIQUES

Qui ne se trouvent pas dans les Bibliothèques precédentes.

ALAUX. **La religion progressive.** 1 vol. in-18. 3 fr. 50

ALGLAVE. **Des Juridictions civiles chez les Romains.** 1 vol. in-8. 2 fr. 50

ARRÉAT. **Une éducation intellectuelle.** 1 vol. in-18. 2 fr. 50

ARRÉAT. **La morale dans le drame, l'épopée et le roman.** 1 vol. in-18. 1883. 2 fr. 50

AUDIFFRET-PASQUIER. **Discours devant les commissions de réorganisation de l'armée et des marchés.** 2 fr. 50

BALFOUR STEWART et TAIT. **L'univers invisible.** 1 vol. in-8, traduit de l'anglais. 7 fr.

BARNI. Voy. KANT, pages 4, 7, 11, 12 et 31.

BARNI. **Les martyrs de la libre pensée.** In-18. 2ᵉ éd. 3 fr. 50

BARNI (Jules). **Napoléon Iᵉʳ.** 1 vol. in-8, édition populaire. 1 fr.

BARTHÉLEMY SAINT-HILAIRE. Voy. ARISTOTE, pages 3 et 6.

BAUTAIN. **La philosophie morale.** 2 vol. in-8. 12 fr.

BÉNARD (Ch.). **De la philosophie dans l'éducation classique.** 1862. 1 fort vol. in-8. 6 fr.

BERTAUT. **J. Saurin**, et la prédication protestante jusqu'à la fin du règne de Louis XIV. 1 vol. in-8. 5 fr.

BERTAULD (P.-A.). **Introduction à la recherche des causes premières. — De la méthode.** 3 vol. in-18. Chaque volume 3 fr. 50

BLACKWELL (Dʳ Elisabeth). **Conseils aux parents, sur l'éducation de leurs enfants au point de vue sexuel.** In-18. 2 fr.

BLANQUI. **L'éternité par les astres.** 1872. In-8. 2 fr.

BOUCHARDAT. **Le travail**, son influence sur la santé (conférences faites aux ouvriers). 1863. 1 vol. in-18. 2 fr. 50

BOUILLET (Ad.). **Les Bourgeois gentilshommes. — L'armée d'Henri V.** 1 vol. in-18. 3 fr. 50

BOUILLET (Ad.). **Types nouveaux.** 1 vol. in-18. 1 fr. 50

BOUILLET (Ad.). **L'arrière-ban de l'ordre moral.** 1 vol. in-18. 3 fr. 50

BOURBON DEL MONTE. **L'homme et les animaux.** In-8. 5 fr.

BOURDEAU (Louis). **Théorie des sciences**, plan de science intégrale. 2 vol. in-8. 1882. 20 fr.

BOURDEAU (Louis). **Les forces de l'industrie**, progrès de la puissance humaine. 1 vol. in-8. 1884. 5 fr.

BOURDET (Eug.). **Principes d'éducation positive**, précédé d'une préface de M. Ch. ROBIN. 1 vol. in-18. 3 fr. 50

BOURLOTON (Edg.) et ROBERT (Edmond). **La Commune et ses idées à travers l'histoire.** 1 vol. in-18 3 fr. 50

BROCHARD (V.). **De l'Erreur.** 1 vol. in-8. 1879. 3 fr. 50

BUCHNER. **Essai biographique sur Léon Dumont.** 1 vol. in-18 (1884). 2 fr.

BUSQUET. **Représailles, poésies.** 1 vol. in-18. 3 fr.

CADET. **Hygiène, inhumation, crémation.** In-18. 2 fr.

CHASSERIAU (Jean). **Du principe autoritaire et du principe rationnel.** 1873. 1 vol. in-18. 3 fr. 50

CLAMAGERAN. **L'Algérie, impressions de voyage.** 3ᵉ édition.
1 vol. in-18. 1884. 3 fr. 50

CLOOD. **L'enfance du monde, simple histoire de l'homme des
premiers temps.** In-12. 1 fr.

CONTA. **Théorie du fatalisme.** 1 vol. in-18. 1877. 4 fr.

CONTA. **Introduction à la métaphysique.** 1 vol. in-18. 3 fr.

COQUEREL (Charles). **Lettres d'un marin à sa famille.** 1870.
1 vol. in-18. 3 fr. 50

COQUEREL fils (Athanase). **Libres études** (religion, critique,
histoire, beaux-arts). 1867. 1 vol. in-8. 5 fr.

COQUEREL fils (Athanase). **Pourquoi la France n'est-elle
pas protestante ?** 2ᵉ édition. In-8. 1 fr.

COQUEREL fils (Athanase). **La charité sans peur.** In-8. 75 c.

COQUEREL fils (Athanase). **Évangile et liberté.** In-8. 50 c.

COQUEREL fils (Athanase). **De l'éducation des filles,** réponse à
Mᵍʳ l'évêque d'Orléans. In-8. 1 fr.

CORLIEU (le docteur). **La mort des rois de France,** depuis
François Iᵉʳ jusqu'à la Révolution française, études médicales
et historiques. 1 vol. in-18. 3 fr. 50

**Conférences de la Porte-Saint-Martin pendant le siège
de Paris.** Discours de MM. *Desmarets* et *de Pressensé.* —
Coquerel : sur les moyens de faire durer la République. — *Le
Berquier :* sur la Commune. — *E. Bersier :* sur la Commune.
— *H. Cernuschi :* sur la Légion d'honneur. In-8. 1 fr. 25

CORTAMBERT (Louis). **La religion du progrès.** In-18. 3 fr. 50

COSTE (Adolphe). **Hygiène sociale contre le paupérisme**
(prix de 5000 fr. au concours Pereire). 1 vol. in-8. 1882. 6 fr.

DANICOURT (Léon). **La patrie et la république.** In-18. 2 fr. 50

DANOVER. **De l'esprit moderne.** 1 vol. in-18. 1 fr. 50

DAURIAC (Lionel). **Des notions de force et de matière
dans les sciences de la nature.** 1 vol. in-8. 1878. 5 fr.

DAURIAC. **Psychologie et pédagogie.** 1 br. in-8 1884. 1 fr.

DAVY. **Les conventionnels de l'Eure.** 2 forts vol. in-8. 18 fr.

DELBŒUF. **La psychologie comme science naturelle.** 1 vol.
in-8. 1876. 2 fr. 50

DELBŒUF. **Psychophysique,** mesure des sensations de lumière et
de fatigue ; théorie générale de la sensibilité. In-18. 1883. 3 fr. 50

DELBŒUF. **Examen critique de la loi psychophysique,** sa
base et sa signification. 1 vol. in-18. 1883. 3 fr. 50

DESTREM (J.). **Les déportations du Consulat.** 1 br. in-8. 1 fr. 50

DOLLFUS (Ch.). **De la nature humaine.** 1868. 1 v. in-8. 5 fr.

DOLLFUS (Ch.). **Lettres philosophiques.** In-18. 3 fr.

DOLLFUS (Ch.). **Considérations sur l'histoire.** Le monde
antique. 1872. 1 vol. in-8. 7 fr. 50

DOLLFUS (Ch.). **L'Ame dans les phénomènes de conscience.**
1 vol. in-18. 1876. 3 fr.

DUBOST (Antonin). **Des conditions de gouvernement en
France.** 1 vol. in-8. 1875. 7 fr. 50

DUCROS. **Schopenhauer et les origines de sa métaphysique,** ou les Origines de la transformation de la chose en
soi de Kant à Schopenhauer. 1 vol. in-8. 1883. 3 fr. 50

DUFAY. **Études sur la Destinée.** 1 vol. in-18. 1876. 8 fr.

DUMONT (Léon). **Le sentiment du gracieux.** 1 vol. in-8. 3 fr.

DUMONT (Léon). **Des causes du rire.** 1 vol. in-8. 2 fr.

DUNAN. **Essai sur les formes à priori de la sensibilité.**
1 vol. in-8. 1884. 8 fr.

DUNAN. **Les arguments de Zénon d'Élée contre le mouvement.** 1 br. in-8. 1884. 1 fr. 50

DU POTET. **Manuel de l'étudiant magnétiseur.** Nouvelle édition. 1868. 1 vol. in-18. 3 fr. 50

DU POTET. **Traité complet de magnétisme, cours en douze leçons.** 1879, 4e édition. 1 vol. in-8 de 634 pages. 8 fr.

DUPUY (Paul). **Études politiques,** 1874. 1 v. in-8. 3 fr. 50

DURAND-DÉSORMEAUX. **Réflexions et pensées,** précédées d'une notice sur la vie, le caractère et les écrits de l'auteur, par Ch. YRIARTE. 1 vol. in-8. 1884. 2 fr. 50

DURAND-DÉSORMEAUX. **Études philosophiques,** théorie de l'action, théorie de la connaissance. 2 vol. in-8. 1884. 15 fr.

DUTASTA. **Le Capitaine Vallé,** ou l'Armée sous la Restauration. 1 vol. in-18. 1883. 3 fr. 50

DUVAL-JOUVE. **Traité de Logique,** 1855. 1 vol. in-8. 6 fr.

DUVERGIER DE HAURANNE (Mme E.). **Histoire populaire de la Révolution française.** 1 vol. in-18. 3e édit. 3 fr. 50

Éléments de science sociale. Religion physique, sexuelle et naturelle. 1 vol. in-18. 4e édit. 1885. 3 fr 50

ÉLIPHAS LÉVI. **Dogme et rituel de la haute magie.** 1861. 2e édit., 2 vol. in-8, avec 24 fig. 18 fr.

ÉLIPHAS LÉVI. **Histoire de la magie.** In-8, avec fig. 12 fr.

ÉLIPHAS LÉVI. **Clef des grands mystères.** In-8. 12 fr.

ÉLIPHAS LÉVI. **La science des esprits.** In-8. 7 fr.

ESPINAS. **Idée générale de la pédagogie.** 1 br. in-8. 1884. 1 fr.

ÉVELLIN. **Infini et quantité.** Étude sur le concept de l'infini dans la philosophie et dans les sciences. In-8. 2e édit. (*Sous presse.*)

FABRE (Joseph). **Histoire de la philosophie.** Première partie : Antiquité et moyen âge. 1 vol. in-12, 1877. 3 fr. 50

FAU. **Anatomie des formes du corps humain,** à l'usage des peintres et des sculpteurs. 1 atlas de 25 planches avec texte. 2e édition. Prix, fig. noires. 15 fr. ; fig. coloriées. 30 fr.

FAUCONNIER. **Protection et libre échange.** In-8. 2 fr.

FAUCONNIER. **La morale et la religion dans l'enseignement.** 1 vol. in-8. 1881. 75 c.

FAUCONNIER. **L'or et l'argent.** 1 brochure in-8. 2 fr. 50

FERBUS (N.). **La science positive du bonheur.** 1 v. in-18. 3 fr.

FERRIÈRE (Em.). **Les apôtres,** essai d'histoire religieuse, d'après la méthode des sciences naturelles. 1 vol. in-12. . 4 fr. 50

FERRIÈRE. **L'âme est la fonction du cerveau.** 2 vol. in-18. 1883. 7 fr.

FERRIÈRE. **Le paganisme des Hébreux jusqu'à la captivité de Babylone.** 1 vol. in-18. 1884. 3 fr. 50

FERRON (de). **Institutions municipales et provinciales dans les différents États de l'Europe.** Comparaison. Réformes. 1 vol. in-8. 1883. 8 fr.

FERRON (de). **Théorie du progrès.** 2 vol. in-18. 7 fr.

FIAUX. **La femme, le mariage et le divorce,** étude de sociologie et de physiologie. 1 vol. in-18. 3 fr.

FOX (W.-J.). **Des idées religieuses.** In-8. 1876. 3 fr.

FRIBOURG (E.). **Le paupérisme parisien.** 1 vol. in-12. 1 fr. 25

GALTIER-BOISSIÈRE. **Sématotechnie,** ou Nouveaux signes phonographiques. 1 vol. in-8 avec figures. 3 fr. 50

GASTINEAU. **Voltaire en exil.** 1 vol. in-18. 3 fr.

GAYTE (Claude). **Essai sur la croyance.** 1 vol. in-8. 3 fr.

GILLIOT (Alph.). **Études sur les religions et institutions comparées.** 2 vol. in-12, tome 1er, 3 fr. — Tome II. 5 fr.

GOBLET D'ALVIELLA. **L'évolution religieuse chez les Anglais, les Américains, les Indous,** etc. 1 vol. in-8. 1883. 8 fr.

GRESLAND. Le génie de l'homme, libre philosophie. 1 fort
vol. grand in-8. 1883. 7 fr.

GUICHARD (V.). La liberté de penser. In-18. 3 fr. 50

GUILLAUME (de Moissey). Nouveau traité des sensations.
2 vol. in-8. 1876. 15 fr.

GUILLY. La nature et la morale. 1 vol. in-18. 2ᵉ éd. 2 fr. 50

GUYAU. Vers d'un philosophe. 1 vol. in-18. 3 fr. 50

HAYEM (Armand). L'être social. 1 vol. in-18. 1881. 3 fr. 50

HERZEN. Récits et Nouvelles. 1 vol. in-18. 3 fr. 50

HERZEN. De l'autre rive. 1 vol. in-18. 3 fr. 50

HERZEN. Lettres de France et d'Italie. 1871. In-18. 3 fr. 50

HUXLEY. La physiographie; introduction à l'étude de la nature,
traduit et adapté par M. G. Lamy. 1 vol. in-8 avec figures dans
le texte et 2 planches en couleurs, broché, 8 fr. — En demi-
reliure, tranches dorées. 11 fr.

ISSAURAT. Moments perdus de Pierre-Jean. In-18. 3 fr.

ISSAURAT. Les alarmes d'un père de famille. In-8. 1 fr.

JACOBY. Études sur la sélection dans ses rapports avec
l'hérédité chez l'homme. 1 vol. gr. in-8. 1881. 14 fr.

JANET (Paul). Le médiateur plastique de Cudworth. 1 vol.
in-8. 1 fr.

JEANMAIRE. L'idée de la personnalité dans la psychologie
moderne. 1 vol. in-8. 1883. 5 fr.

JOZON (Paul). De l'écriture phonétique. In-18. 3 fr. 50

JOYAU. De l'invention dans les arts et dans les sciences.
1 vol. in-8. 5 fr.

KRANTZ (Émile). Essai sur l'esthétique de Descartes, rapports de la doctrine cartésienne avec la littérature classique du
XVIᵉ siècle. 1 vol. in-8. 1882. 6 fr.

LABORDE. Les hommes et les actes de l'insurrection de
Paris devant la psychologie morbide. 1 vol. in-18. 2 fr. 50

LACHELIER. Le fondement de l'induction. 1 vol. in-8. 3 fr. 50

LACOMBE. Mes droits. 1869. 1 vol. in-12. 2 fr. 50

LAUGROND. L'Univers, la force et la vie. 1 vol. in-8.
1884. 2 fr. 50

LA LANDELLE (de). Alphabet phonétique. In-18. 2 fr. 50

LANGLOIS. L'homme et la Révolution. 2 vol. in-18. 7 fr.

LA PERRE DE ROO. La consanguinité et les effets de
l'hérédité. 1 vol. in-8. 5 fr.

LAUSSEDAT. La Suisse. Études méd. et sociales. In-18. 3 fr. 50

LAVELEYE (Em. de). De l'avenir des peuples catholiques.
1 brochure in-8. 21ᵉ édit. 1876. 25 c.

LAVELEYE (Em. de). Lettres sur l'Italie (1878-1879). 1 vol.
in-18. 3 fr. 50

LAVELEYE. Nouvelles lettres d'Italie. 1 vol. in-8. 1884. 3 fr.

LAVELEYE (Em. de). L'Afrique centrale. 1 vol. in-12. 3 fr.

LAVERGNE (Bernard). L'ultramontanisme et l'État. 1 vol.
in-8. 1875. 1 fr. 50

LEDRU-ROLLIN. Discours politiques et écrits divers. 2 vol.
in-8 cavalier. 1879. 12 fr.

LEGOYT. Le suicide. 1 vol. in-8. 8 fr.

LELORRAIN. **De l'aliéné au point de vue de la responsabilité pénale. 1 brochure in-8.** 2 fr.

LEMER (Julien). **Dossier des jésuites et des libertés de
l'Église gallicane. 1 vol. in-18. 1877.** 3 fr. 50

LITTRÉ. **Conservation, révolution et positivisme. 1 vol.
in-12. 2ᵉ édition. 1879.** 5 fr.

LITTRÉ. **De l'établissement de la troisième république.
1 vol. gr. in-8. 1881.** 9 fr.

LOURDEAU. **Le Sénat et la magistrature dans la démocratie française. 1 vol. in-18. 1879.** 3 fr. 50

MAGY. **De la science et de la nature. In-8.** 6 fr.

MARAIS. **Garibaldi et l'armée des Vosges. In-18.** 1 fr. 50

MASSERON (I.). **Danger et nécessité du socialisme. 1 vol.
in-18. 1883.** 3 fr. 50

MAURICE (Fernand). **La politique extérieure de la République française. 1 vol. in-12.** 3 fr. 50

MAX MULLER. **Amour allemand. 1 vol. in-18.** 3 fr. 50

MAZZINI. **Lettres de Joseph Mazzini à Daniel Stern (1864-
1872), avec une lettre autographiée.** 3 fr. 50

MENIÈRE. **Cicéron médecin. 1 vol. in-18.** 4 fr. 50

MÉNIÈRE. **Les consultations de Mme de Sévigné, étude
médico-littéraire. 1884. 1 vol. in-8.** 3 fr.

MESMER. **Mémoires et aphorismes, suivis des procédés de
d'Eslon. 1846. In-18.** 2 fr. 50

MICHAUT (N.). **De l'imagination. 1 vol. in-8.** 5 fr.

MILSAND. **Les études classiques et l'enseignement public.
1873. 1 vol. in-18.** 3 fr. 50

MILSAND. **Le code et la liberté. 1865. In-8.** 2 fr.

MORIN (Miron). **De la séparation du temporel et du spiri-
tuel. 1866. In-8.** 3 fr. 50

MORIN (Miron). **Essais de critique religieuse. 1 fort vol.
in-8. 1885.** 8 fr.

MORIN. **Magnétisme et sciences occultes. In-8.** 6 fr.

MORIN (Frédéric). **Politique et philosophie. In-18.** 3 fr. 50

MUNARET. **Le médecin des villes et des campagnes.
4ᵉ édition. 1862. 1 vol. grand in-18.** 4 fr. 50

NOEL (E.). **Mémoires d'un imbécile, précédé d'une préface
de M. Littré. 1 vol. in-18. 3ᵉ édition. 1879.** 3 fr. 50

OGER. **Les Bonaparte et les frontières de la France. In-18.** 50 c.

OGER. **La République. 1871, brochure in-8.** 50 c.

OLECHNOWICZ. **Histoire de la civilisation de l'humanité,
d'après la méthode brahmanique. 1 vol. in-12.** 3 fr. 50

OLLÉ-LAPRUNE. **La philosophie de Malebranche. 2 vol. in-8.**
16 fr.

PARIS (le colonel). **Le feu à Paris et en Amérique. 1 vol.
in-18.** 3 fr. 50

PARIS (comte de). **Les associations ouvrières en Angleterre (trades-unions).** 1 vol. in-18. 7° édit. 1884.   1 fr.
  Édition sur papier fort, 2 fr. 50. — Sur papier de Chine:
  broché, 12 fr. — Rel. de luxe.   20 fr.
PELLETAN (Eugène). **La naissance d'une ville (Royan).**
  1 vol. in-18.   2 fr.
PELLETAN (Eug.). **Jarousseau, le pasteur du désert.** 1 vol.
  in-18. 1877. Couronné par l'Académie française. 6° édition.
                                                       3 fr. 50
PELLETAN (Eug.). **Élisée, voyage d'un homme à la
  recherche de lui-même.** 1 vol. in-18. 1867.   3 fr. 50
PELLETAN (Eug.). **Un roi philosophe, Frédéric le Grand.**
  1 vol. in-18. 1878.   3 fr. 50
PELLETAN (Eug.). **Le monde marche (la loi du progrès).**
  In-18.   3 fr. 50
PENJON. **Berkeley, sa vie et ses œuvres.** In-8. 1878. 7 fr. 50
PEREZ (Bernard). **L'éducation dès le berceau.** In-8.   5 fr.
PEREZ (Bernard). **La psychologie de l'enfant (les trois pre-
  mières années).** 2° édition entièrement refondue. 1 vol. in-12.
                                                       3 fr. 50
PEREZ (Bernard). **Thiery Tiedmann. — Mes deux chats.**
  1 brochure in-12.   2 fr.
PEREZ (Bernard). **Jacotot et sa méthode d'émancipation
  intellectuelle.** 1 vol. in-18.   3 fr.
PETROZ (P.). **L'art et la critique en France depuis 1822.**
  1 vol. in-18. 1875.   3 fr. 50
PETROZ. **Un critique d'art au XIX° siècle.** 1 vol. in-18.
  1884.   1 fr. 50
PHILBERT (Louis). **Le rire, essai littéraire, moral et psycholo-
  gique.** 1 vol. in-8. 1883. (Ouvrage couronné par l'Académie
  française.)   7 fr. 50
POEY. **Le positivisme.** 1 fort vol. in-12. 1876.   4 fr. 50
POEY. **M. Littré et Auguste Comte.** 1 vol. in-18.   3 fr. 50
POULLET. **La campagne de l'Est (1870-1871).** 1 vol. in-8
  avec 2 cartes, et pièces justificatives. 1879.   7 fr.
QUINET (Edgar). **Œuvres complètes.** 28 volumes in-18.
  Chaque volume. . . . . 3 fr. 50
      Chaque ouvrage se vend séparément :

* I. — Génie des Religions. — De l'Origine des Dieux (nou
    velle édition).

* II. — Les Jésuites. — L'Ultramontanisme. — Introduction à la
    Philosophie de l'Humanité (nouvelle édition) avec Préface
    inédite. — Essai sur les Œuvres de Herder.

* III. — Le Christianisme et la Révolution française. Examen de
    la vie de Jésus-Christ, par STRAUSS.

* IV. — Les Révolutions d'Italie.

* V. — Marnix de Sainte-Aldegonde.

* VI. — Les Roumains. — Allemagne et Italie. — Mélanges.

VII. — Ahasvérus.

VIII. — Prométhée. — Les Esclaves.

IX. — Mes Vacances en Espagne.

Suite des Œuvres de EDGAR QUINET.

. — Histoire de mes idées.

XI. — L'Enseignement du Peuple. — La Croisade romaine. — L'État de siège. — Œuvres politiques, *avant l'exil.*

* XII-XIII-XIV. — La Révolution, 3 vol.

* XV. — Histoire de la Campagne de 1815.

XVI. — Napoléon (poème), *épuisé.*

XVII-XVIII. — Merlin l'Enchanteur, 2 vol.

* XIX-XX. — Correspondance, *lettres à sa mère,* 2 vol.

* XXI-XXII. — La Création, 2 vol.

XXIII. — Le Livre de l'Exilé. — Œuvres politiques, *pendant l'exil.* — Le Panthéon. — Révolution religieuse au XIXᵉ siècle.

XXIV. — Le Siège de Paris et la Défense nationale. — Œuvres politiques, *après l'exil.*

XXV. — La République, conditions de régénération de la France.

* XXVI. — L'esprit nouveau.

* XXVII. — La Grèce moderne. — Histoire de la poésie. — Épopées françaises du XXᵉ siècle.

XXVIII. — Vie et Mort du Génie grec.

Les tomes XI, XVII, XVIII, XIX et XX peuvent être fournis en format in-8. 6 fr. le volume.

RAMBERT (E.) et P. ROBERT. **Les oiseaux dans la nature,** description pittoresque des oiseaux utiles. 3 vol. in-folio contenant chacun 20 chromolithographies, 10 gravures sur bois hors texte, et de nombreuses gravures dans le texte. Chaque volume, dans un carton, 40 fr.; relié, avec fers spéciaux. 50 fr.

RÉGAMEY (Guillaume). **Anatomie des formes du cheval,** à l'usage des peintres et des sculpteurs. 6 planches en chromolithographie, publiées sous la direction de FÉLIX RÉGAMEY, avec texte par le Dʳ KUHFF. 8 fr.

RIBERT (Léonce). **Esprit de la Constitution** du 25 février 1875. 1 vol. in-18. 3 fr. 50

ROBERT (Edmond). **Les domestiques.** In-18. 1875. 3 fr. 50

SECRÉTAN. **Philosophie de la liberté.** 2 vol. in-8. 10 fr.

SIEGFRIED (Jules). **La misère, son histoire, ses causes, ses remèdes.** 1 vol. grand in-18. 3ᵉ édition. 1879. 2 fr. 50

SIÈREBOIS. **Autopsie de l'Âme.** Identité du matérialisme et du vrai spiritualisme. 2ᵉ édit. 1873. 1 vol. in-18. 2 fr. 50

SMEE (A.). **Mon Jardin,** géologie, botanique, histoire naturelle. 1 magnifique vol. gr. in-8, orné de 1300 fig. et 52 pl. hors texte. Broché, 15 fr —Demi-rel., tranches dorées. 18 fr.

SOREL (Albert). **Le traité de Paris du 20 novembre 1815.** 1873. 1 vol. in-8. 4 fr. 50

SOREL (Albert). **Recueil des instructions données aux
ambassadeurs et ministres de France, en Autriche,**
depuis les traités de Westphalie jusqu'à la Révolution française,
publié sous les auspices de la Commission des archives diplomatiques. 1 fort vol. gr. in-8, sur papier de Hollande.   20 fr.

STUART MILL (J.). **La République de 1848,** traduit de l'anglais, avec préface par SADI CARNOT. 1 vol in-18.   3 fr. 50

TÉNOT (Eugène). **Paris et ses fortifications** (1870-1880).
1 vol. in-8.   5 fr.

TÉNOT (Eugène). **La frontière** (1870-1881). 1 fort vol. grand
in-8. 1882.   8 fr.

THIERS (Édouard). **La puissance de l'armée par la réduction du service.** 1 vol. in-8.   1 fr. 50

THULIÉ. **La folle et la loi.** 1867. 2e édit. 1 vol. in-8. 3 fr. 50

THULIÉ. **La manie raisonnante du docteur Campagne.**
1870. Broch. in-8 de 132 pages.   2 fr.

TIBERGHIEN. **Les commandements de l'humanité.** In-18.
3 fr.

TIBERGHIEN. **Enseignement et philosophie.** In-18.   4 fr.

TIBERGHIEN. **Introduction à la philosophie.** In-8.   8 fr.

TIBERGHIEN. **La science de l'âme.** 1 v. in-12. 3e édit. 1879. 6 fr.

TIBERGHIEN. **Éléments de morale univ.** 1 v. in-12. 1879. 2 fr.

TISSANDIER. **Études de Théodicée.** 1869. In-8 de 270 p. 4 fr.

TISSOT. **Principes de morale.** In-8.   6 fr.

TISSOT. Voy. KANT, page 7.

TISSOT (J.). **Essai de philosophie naturelle.** Tome Ier.
1 vol. in-8.   12 fr.

VACHEROT. **La science et la métaphysique.** 3 vol. in-18.
10 fr. 50

VACHEROT. Voyez pages 3 et 5.

VALLIER. **De l'intention morale.** 1 vol. in-8.   4 fr. 50

VAN DER REST. **Platon et Aristote.** In-8. 1876.   10 fr.

VALMONT (V.). **L'espion prussien,** roman anglais. In-18. 3 fr. 50

VÉRA. **Introduction à la philosophie de Hegel.** 1 vol. in-8,
2e édition.   6 fr. 50

VERNIAL. **Origine de l'homme,** d'après les lois de l'évolution
naturelle. 1 vol. in-8.   3 fr.

VIDAL. **La croyance philosophique en Dieu.** 1 vol. in-18.
2e édition.   1 fr. 50

VILLIAUMÉ. **La politique moderne.** 1873. In-8.   6 fr.

VOITURON (P.). **Le libéralisme et les idées religieuses.**
1 vol. in-12.   4 fr.

X***. **La France par rapport à l'Allemagne.** Étude de
géographie militaire. 1 vol. in-8 (1884).   6 fr.

YUNG (EUGÈNE). **Henri IV, écrivain.** 1 vol. in-8. 1855. 5 fr.

ENSEIGNEMENT SECONDAIRE

I. — HISTOIRE, GÉOGRAPHIE
COURS COMPLET D'HISTOIRE
Publié sous la direction de
M. GABRIEL MONOD
Maître de conférences à l'École normale supérieure,
Directeur à l'École des Hautes-Études.

CLASSE DE NEUVIÈME. — **Récits et biographies historiques,** par MM. G. Dhombres, professeur agrégé d'histoire au lycée Henri IV, et G. Monod. 1 vol. in-12, cart. 3 fr.

On vend séparément :

Première partie : *Histoire ancienne, grecque et moderne.* 1 vol. in-12, cartonné. 1 fr.

Deuxième partie : *Histoire du moyen âge et histoire moderne.* 1 vol. in-12, cart. 2 fr.

CLASSE DE HUITIÈME. — **Histoire de France jusqu'à Henri IV,** par P. Bondois, professeur agrégé d'histoire au lycée de Versailles. (*Sous presse.*)

CLASSE DE SEPTIÈME. — **Histoire de France depuis Henri IV jusqu'à nos jours,** par Bougier, professeur agrégé d'histoire au collège Rollin. (*Sous presse.*)

CLASSE DE SIXIÈME. — **Histoire de l'Orient,** par MM. Basset, professeur à l'École supérieure des lettres d'Alger; et Le Monnier, professeur agrégé d'histoire au lycée Louis-le-Grand. (*Sous presse.*)

CLASSE DE CINQUIÈME. — **Histoire de la Grèce ancienne,** par M. Normand, agrégé de l'Université. (*Sous presse.*)

CLASSE DE QUATRIÈME. — **Histoire romaine,** par MM. P. Guiraud, professeur à la Faculté des lettres de Toulouse, et Lacour-Gayet, professeur agrégé d'histoire au lycée Saint-Louis. 1 vol. in-18 avec 26 figures dans le texte, et 4 cartes coloriées hors texte. 4 fr. 50

CLASSE DE TROISIÈME. — **Histoire de l'Europe de 395 à 1270,** par MM. Perroud, recteur de l'Académie de Toulouse, et G. Monod. (*Sous presse.*)

CLASSE DE SECONDE. — **Histoire de l'Europe de 1270 à 1610,** par MM. Rod, Reuss, professeur d'histoire au gymnase de Strasbourg, et G. Monod. (*Sous presse.*)

CLASSE DE RHÉTORIQUE. — **Histoire de l'Europe de 1610 à 1789,** par MM. Ammann, professeur agrégé d'histoire au lycée Louis-le-Grand, et G. Monod. (*Sous presse.*)

CLASSE DE PHILOSOPHIE. — **Histoire contemporaine de 1789 à 1875,** par MM. Bougier, professeur agrégé d'histoire au collège Rollin, et Francis de Pressensé, secrétaire d'ambassade. (*S. presse.*)

Précis d'histoire des temps modernes, à l'usage des candidats à l'École spéciale militaire de Saint-Cyr et aux deux baccalauréats, par M. G. Dhombres, ancien élève de l'École normale supérieure, professeur agrégé d'histoire au collège Rollin. 1 vol. in-12 de 500 pages, broché. 4 fr. 50

Géographie de la France et de ses possessions coloniales, par Louis Bougier, ancien élève de l'École normale supérieure, professeur agrégé d'histoire au collège Rollin. (*Classe de rhétorique.*) 3 fr. 50

Précis de géographie physique, politique et militaire, à l'usage des candidats aux écoles militaires et aux deux baccalauréats, par Louis Bougier. 1 vol. in-12, broché, de 820 pages. 7 fr.

DESCARTES. Discours sur la méthode et première méditation, avec notes, introduction et commentaires, par M. V. Brochard, professeur agrégé de philosophie au lycée Fontanes. 1 vol. in-12.   2 fr.

LEIBNIZ. Monadologie, avec notes, introduction et commentaires, par M. D. Nolen, recteur de l'Académie de Douai. 1 vol. in-12. 2 fr.

CICÉRON. De legibus, livre I, avec notes, introduction et commentaires, par M. G. Compayré, professeur de philosophie à la Faculté des lettres de Toulouse. 1 vol. in-12.   1 fr.

SÉNÈQUE. De vita beata, avec notes, introduction et commentaires, par M. L. Dauriac, professeur de philosophie à la Faculté des lettres de Montpellier. 1 vol in-12.   1 fr.

PLATON. République, livre VIII, avec introduction, notes et commentaires. par M. A. Espinas, professeur de philosophie à la Faculté des lettres de Bordeaux. 1 vol. in-12.   2 fr.

ARISTOTE. Morale à Nicomaque, livre VIII, avec introduction, notes et commentaires, par M. L. Carrau, maître de conférences de philosophie à la Faculté des lettres de Paris. 1 vol. in-18.   1 fr. 50

Traduction française des auteurs latins, expliqués dans la classe de philosophie, par MM. Compayré et Espinas. 1 vol. in-12.   1 fr

Traduction française des auteurs grecs, expliqués dans la classe de philosophie, par MM. Carrau et Espinas. 1 vol. in-18.   1 fr.

Morceaux choisis des philosophes allemands, avec notices, par M. Antoine Lévy, professeur agrégé au lycée Charlemagne. 1 vol. in-18.   2 fr. 50

Résumé de philosophie et analyse des auteurs, à l'usage des candidats au baccalauréat ès sciences, par MM. Thomas, professeur agrégé de philosophie au lycée de Tours, et Keynier, professeur agrégé de rhétorique au lycée de Toulon. 1 vol. in-18.   2 fr.

ENSEIGNEMENT PRIMAIRE ET POPULAIRE

GRAMMAIRE, LITTÉRATURE, HISTOIRE

Éléments de grammaire française de Lhomond, revus, corrigés et augmentés d'exercices, de questionnaires et de modèles d'analyse grammaticale, par M. Taratte, ancien directeur de l'École primaire supérieure de Metz, chevalier de la Légion d'honneur. 1 vol. in-12, cart. 97ᵉ édit.   70 cent.

Corrigé des exercices, contenus dans la *grammaire.* 1 vol. in-12, broché   60 cent.

Dictées grammaticales, ou complément des exercices contenus dans la *grammaire*, par M. Taratte. 1 vol. in-12, 4ᵉ édit.   1 fr. 25

Premiers éléments de littérature, par M. Taratte. 1 vol. in-12, 5ᵉ édition.   1 fr. 25

Traité d'analyse logique, suivi des principaux homonymes français, avec exercices, par M. Taratte. 1 vol. in-12, cart.   60 cent.

Lectures choisies pour les classes supérieures des écoles primaires, par Mᵐᵉ Colin, inspectrice des écoles de la Ville de Paris. 1 vol. in-12, cart.   1 fr. 50

Récits et biographies historiques, par MM. Dhombres, professeur agrégé d'histoire au lycée Henri IV, et G. Monod, maître de conférences à l'École normale supérieure.

Première partie : *Histoire ancienne, grecque et romaine.* 1 vol. in-12, cartonné.   1 fr

Deuxième partie : *Histoire du moyen âge et histoire moderne.* 1 vol. in-12, cart.   1 fr. 50

Le titre de cette collection est justifié par les services qu'elle rend et la part pour laquelle elle contribue à l'instruction populaire.

Les noms dont ses volumes sont signés lui donnent d'ailleurs une autorité suffisante pour que personne ne dédaigne ses enseignements. Elle embrasse *l'histoire, la philosophie, le droit, les sciences, l'économie politique et les arts,* c'est-à-dire qu'elle traite toutes les questions qu'il est aujourd'hui indispensable de connaître. Son esprit est essentiellement démocratique; le langage qu'elle parle est simple et à la portée de tous, mais il est aussi à la hauteur des sujets traités. La plupart de ces volumes sont adoptés pour les Bibliothèques par le *Ministère de l'Instruction publique, le Ministère de la guerre, la Ville de Paris, la Ligue de l'enseignement,* etc.

HISTOIRE DE FRANCE.

* **Les Mérovingiens,** par BUCHEZ, ancien président de l'Assemblée constituante.

* **Les Carlovingiens,** par BUCHEZ, ancien président de l'Assemblée constituante.

Les luttes religieuses des premiers siècles, par J. BASTIDE, ancien ministre des affaires étrangères. 4e édition.

Les guerres de la Réforme, par J. BASTIDE, ancien ministre des affaires étrangères. 4e édition.

La France au moyen âge, par F. MORIN, ancien professeur de l'Université.

* **Jeanne d'Arc,** par Fréd. LOCK.

Décadence de la monarchie française, par Eug. PELLETAN, sénateur. 4e édition.

* **La Révolution française,** par CARNOT, sénateur (2 volumes).

La défense nationale en 1792, par P. GAFFAREL, professeur à la Faculté des lettres de Dijon.

* **Napoléon 1er,** par Jules BARNI, membre de l'Assemblée nationale.

* **Histoire de la Restauration,** par Fréd. LOCK. 3e édition.

* **Histoire de la marine française,** par Alfr. DONEAUD, professeur à l'École navale. 2e édition.

* **Histoire de Louis-Philippe,** par Edgar ZEVORT, inspecteur de l'Académie de Paris. 2e édition.

Mœurs et institutions de la France, par P. BONDOIS, professeur au lycée d'Orléans. 2 volumes.

Léon Gambetta, par Joseph REINACH (avec 2 gravures).

PAYS ÉTRANGERS.

* **L'Espagne et le Portugal,** par E. RAYMOND. 2e édition.

Histoire de l'empire ottoman, par L. COLLAS. 2e édition.

La Grèce ancienne, par L. COMBES, conseiller municipal de Paris. 2e édition.

L'Asie occidentale et l'Égypte, par A. OTT. 2e édition.

* **L'Inde et la Chine,** par A. OTT. 2e édition.

* **Les révolutions d'Angleterre,** par Eug. DESPOIS, ancien professeur de l'Université. 3e édition.

Histoire de la maison d'Autriche, par Ch. ROLLAND. 2e édition.

L'Europe contemporaine (1789-1879), par P. BONDOIS, professeur d'histoire au lycée d'Orléans.

Histoire contemporaine de la Prusse, par Alfr. DONEAUD. 1 vol.

Histoire contemporaine de l'Italie, par Félix HENNEGUY. 1 vol.

Histoire contemporaine de l'Angleterre, par A. REGNARD.

Histoire romaine, par CREIGHTON.

L'Antiquité romaine, par WILKINS.

GÉOGRAPHIE. — COSMOGRAPHIE.

Torrents, fleuves et canaux de la France, par H. BLERZY, ancien élève de l'École polytechnique.

* **Les colonies anglaises,** par le même.

Les mers du Pacifique, par le capitaine de vaisseau JOUAN (avec 1 carte).

Les peuples de l'Afrique et de l'Amérique, par GIRARD DE RIALLE.

Les peuples de l'Asie et de l'Europe, par le même.

* **Notions d'astronomie,** par L. CATALAN, professeur à l'Université de Liège. 4e édition.

Géographie physique, par GEIKIE, professeur à l'Université d'Édimbourg (avec figures).

Continents et océans, par GROVE, membre de la Société royale de géographie de Londres (avec figures).

* **Les entretiens de Fontenelle**

au courant de la science par BOILLOT.

* Le soleil et les étoiles, par

NAY. 2e édition.

* Les phénomènes célestes, par ZURCHER et MARGOLLÉ.

PHILOSOPHIE.

La vie éternelle, par ENFANTIN. 2e édition.

Voltaire et Rousseau, par Eug. NOEL. 3e édition.

Histoire populaire de la philosophie, par L. BROTHIER. 3e édition.

* La philosophie zoologique, par Victor MEUNIER. 2e édition.

* L'origine du langage, par L. ZABOROWSKI.

Physiologie de l'esprit, par PAULHAN (avec figures).

L'Homme est-il libre? par RENARD.

La philosophie positive, par le docteur ROBINET. 2e édition.

SCIENCES.

* Le génie de la science et de l'industrie, par B. GASTINEAU.

* Télescope et Microscope, par ZURCHER et MARGOLLÉ.

* Les phénomènes de l'atmosphère, par ZURCHER, ancien élève de l'Ecole polytechnique. 4e édition.

* Histoire de l'air, par Albert LÉVY, ancien élève de l'Ecole polytechnique, physicien titulaire à l'observatoire de Montsouris (avec figures).

* Hygiène générale, par le docteur L. CRUVEILHIER. 6e édition.

* Causeries sur la mécanique, par BROTHIER. 2e édition.

* Histoire de la terre, par le même. 5e édition.

* Principaux faits de la chimie, par SAMSON, professeur à l'Ecole vétérinaire d'Alfort. 5e édition.

* Médecine populaire, par le docteur TURCK. 4e édition.

* Les phénomènes de la mer, par E. MARGOLLÉ. 5e édition.

Origines et fin des mondes, par Ch. RICHARD. 3e édition.

L'homme préhistorique, par L. ZABOROWSKI. 2e édition.

Histoire de l'eau, par BOUANT, agrégé de l'Université (avec figures).

* Introduction à l'étude des sciences physiques, par MORAND. 5e édition.

* Les grands singes, par le même.

* Le darwinisme, par E. FERRIÈRE. 3e édition.

* Géologie, par GEIKIE; traduit de l'anglais par H. Gravez, avec 47 figures dans le texte.

Les migrations des animaux et le pigeon voyageur, par ZABOROWSKI.

Premières notions sur les sciences, par Th. HUXLEY, membre de la Société royale de Londres.

Petit Dictionnaire des falsifications, avec moyens faciles pour les reconnaître, par DUFOUR.

La chasse et la pêche des animaux marins, par le capitaine de vaisseau JOUAN.

Les mondes disparus, par L. ZABOROWSKI.

Zoologie générale, par H. BEAUREGARD, aide naturaliste au Muséum d'histoire naturelle, avec figures dans le texte.

ENSEIGNEMENT. — ÉCONOMIE DOMESTIQUE.

De l'éducation, par HERBERT SPENCER.

La statistique humaine de la France, par Jacques BERTILLON.

Le Journal, par HATIN.

De l'enseignement professionnel, par CORBON, sénateur. 3e édition.

Les délassements du travail, par Maurice CRISTAL. 2e édition.

Le budget du foyer, par H. LENEVEUX, anc. conseiller municipal de Paris.

Paris municipal, ses services publics et ses ressources financières, par le même.

Histoire du travail manuel en France, par le même.

L'art et les artistes en France, par Laurent PICHAT, sénateur. 4e édit.

Économie politique, par STANLEY JEVONS, professeur à l'University College de Londres; traduit de l'anglais par H. Gravez, ingénieur. 3e édition.

Le patriotisme à l'école. Guide populaire d'instruction patriotique et militaire, par JOURDY, capitaine d'artillerie.

Histoire du libre échange en Angleterre, par MONGREDIEN.

DROIT.

La loi civile en France, par MORIN. 3e édition.

La justice criminelle en France, par O. JOURDAN. 3e édition.

www.ingramcontent.com/pod-product-compliance
Ingram Content Group UK Ltd.
Pitfield, Milton Keynes, MK11 3LW, UK
UKHW020119130726
13696UKWH00001B/119